Eva Jaeggi, Walter Hollstein

Wenn Ehen älter werden

SERIE PIPER

Zu diesem Buch

Die »Beziehungskiste«, die Fage nach der Liebe, ist nun schon seit Jahrzehnten das Thema Nr. 1, das die Menschen bewegt – will man Bücher, Zeitungen, Fernsehen als Barometer nehmen. Was ist überhaupt Liebe? Wie ist heute Partnerschaft möglich? Wie lassen sich Liebe und Leidenschaft mit Alltag und Dauer verbinden? Was tun, wenn die Liebe in die Jahre kommt? Die Psychologin Eva Jaeggi und der Soziologe Walter Hollstein stellen hier Liebes- und Trennungsschicksale von zwölf Paaren vor – anhand von Berichten, Tagebuchnotizen, Interviews und Erzählungen der Betroffenen, die von den Autoren kommentiert und interpretiert werden. »Dem Autorenpaar ist zweifellos ein unterhaltsames und anregendes ›Lesebuch‹ gelungen, hilfreich für Situationen, in denen man/frau sich fragt: Wie schaffen es eigentlich die anderen?« (Psychologie heute)

Eva Jaeggi, geboren 1934 in Wien. Studium der Psychologie und Geschichte in Wien. Seit 1978 Professorin für Klinische Psychologie an der TU Berlin. Arbeitet als Psychoanalytikerin in eigener Praxis. Zahlreiche Veröffentlichungen.
Walter Hollstein, geboren 1939. Studium der Soziologie, Philosophie, Publizistik und Germanistik in Basel und Münster. Seit 1971 Professor für politische Soziologie in Berlin. Zahlreiche Veröffentlichungen.

Eva Jaeggi
Walter Hollstein

Wenn Ehen älter werden

Liebe, Krise, Neubeginn

Piper München Zürich

Von Eva Jaeggi liegen in der Serie Piper außerdem vor:
Ich sag' mir selber Guten Morgen (1933)
Gibt es auch Wahnsinn, hat es doch Methoden
(zusammen mit Robert Rohner und Peter M. Wiedemann, 2334)

Ungekürzte Taschenbuchausgabe
1. Auflage Mai 1989
4. Auflage November 1998

Umschlag: Büro Hamburg
Simone Leitenberger, Susanne Schmitt, Annette Hartwig
Foto Umschlagvorderseite: Stefan May / Tony Stone
Foto Umschlagrückseite: Georg Rieppel (Eva Jaeggi),
Claire Niggli (Walter Hollstein)
Gesamtherstellung: Clausen & Bosse, Leck
Printed in Germany ISBN 3-492-20867-3

Inhalt

Vorbemerkung

Wir versuchen in diesem Buch, Liebe und Trennung in der Partnerschaft von Frau und Mann zu beschreiben. Für unsere Darstellung haben wir eine Mischform gewählt: Interviews, Zwiegespräche, Erzählungen der Betroffenen, Resümees dieser Erzählungen, Tagebuch-Notizen und Berichte der Partner wechseln sich mit unseren Beobachtungen, Kommentaren, Analysen, Einordnungen und Interpretationen ab. Ergebnis dieser Mischform ist ein eigentliches *Lesebuch* über die Mühen und Freuden der Partnerschaft zwischen Mann und Frau.

Das vielfältige Material stammt aus mehr als hundert Interviews und Gesprächen. Aus den Paaren, die wir aufgesucht, gesprochen und beobachtet haben, wurden von uns schließlich jene für die vorliegende Darstellung ausgesucht, deren Liebes- und Trennungsschicksal uns für Leserinnen und Leser am aussagekräftigsten und damit vor allem auch am lehrreichsten erschien.

Wir unterscheiden in unserem Buch zwischen den *Hauptpaaren*, die sich durch alle Bereiche unserer Darstellung ziehen, zwischen *Nebenpaaren*, die nur für wichtige Einzelaspekte beispielhaft stehen, und *Einzelpersonen*, die ebenfalls bestimmte Problematiken unseres Themas illustrieren.

Die *Hauptpaare* sind:

– die Journalistin Rebecca und ihr Mann Michael, der als Maler arbeitet; die Familie hat eine Tochter. Rebecca und Michael waren zwanzig Jahre verheiratet; sie leben seit drei Jahren getrennt.

– Sven und Margarete, die beide als Physiologen tätig sind; sie haben einen Sohn. Sven und Margarete waren siebzehn Jahre verheiratet, als sie sich für zwei Jahre trennten. Sie leben heute wieder zusammen.

– die Ärztin Anna und der Soziologe Thilo. Beide waren vierzehn Jahre zusammen und davon zehn verheiratet; nach vierjähriger Trennung haben sie wieder zusammengefunden.

– die Malerin Chloé und der Journalist Thierry waren sieben Jahre verheiratet; sie leben seit sechs Jahren getrennt.

– die Sozialarbeiterin Silvia und der Versicherungsangestellte Ernst;

die Familie hat zwei Söhne und eine Tochter. Silvia und Ernst sind inzwischen dreizehn Jahre verheiratet.

Die *Nebenpaare* sind:

– die Arzthelferin Karin und ihr Mann Fred, der als Immobilienmakler arbeitet, waren fünfzehn Jahre verheiratet. Seit zwei Jahren leben sie getrennt.

– der Betriebsingenieur Hans und seine Frau Monika, die als Psychologin in einer Beratungsstelle tätig ist, waren neun Jahre verheiratet; sie leben in Scheidung.

– der Architekt David und Ruth, die erst als Designerin und später als Therapeutin arbeitet; die Familie hat eine Tochter. David und Ruth waren fünf Jahre verheiratet, lebten drei Jahre getrennt und sind seit vier Jahren geschieden.

– die Hausfrau Gertrude und der Bürovorsteher Werner; die Familie hat sechs Kinder. Werner und Gertrude leben seit vierzehn Jahren verheiratet zusammen.

– die Studentin der Theologie Corinna und der technische Direktor Herbert; die Familie hat einen Sohn und eine Tochter. Corinna und Herbert sind seit fünfundzwanzig Jahren verheiratet.

– der Historiker Max und Isabella, der eine Boutique gehört. Isabella hat eine Tochter aus einer früheren Ehe. Max und Isabella hatten eine dreijährige Beziehung.

– Marion, die als Erzieherin mit behinderten Kindern arbeitet und mit dem Techniker Karl verheiratet ist; das Paar hat eine Tochter und einen Sohn. Karl und Marion sind seit acht Jahren verheiratet.

Die *Einzelpersonen* sind:

– die Kunstlehrerin Marlene war siebzehn Jahre mit Frank verheiratet; sie lebt seit zwei Jahren getrennt.

– die Physiotherapeutin Brigitte lebte vier Jahre lang mit ihrem Freund zusammen.

Namen und z. T. äußere Lebensumstände wurden von uns auf Wunsch der Betroffenen verändert; die Schicksale sind authentisch. Unsere Darstellungen wurden jeweils den Gesprächspartnern vorgelegt und im Regelfall mit ihnen diskutiert.

Das Buch gliedert sich wie folgt: In einem einleitenden Teil wird das Thema von Liebe und Trennung in der Partnerschaft allgemein beschrieben. Im zweiten sehr ausführlichen Teil geht es um die einzelnen Lebensbereiche der geschilderten Paare und Personen; anhand des vielfältigen Materials über Alltagsorganisation, Wohnen, Kinder, Freunde, Sexualität, Arbeit und Beruf, Geld und Finanzen, Freizeit und Ferien, Außenbeziehungen und Eifersucht werden die Gemeinsamkeiten, Unterschiede und Probleme der Paare in ihrem alltäglichen Leben veranschaulicht. Im dritten Teil rekonstruieren wir anhand mehrerer Paare die Entwicklung von Liebe, Krise und Auseinandersetzung; dabei verknüpfen wir einige im zweiten Teil geschilderte getrennte Daseinsbereiche nun ganzheitlich in chronologischen Liebesgeschichten als Lebensgeschichten. Im Anschluß daran entwickeln wir eine Systematik von Partnerschaft und Trennung, in der das grundsätzliche, das beides bedingt, auf den Begriff gebracht werden soll. Unser vierter Teil beschreibt Veränderungsprozesse, die durch Krisen- und Trennungssituationen in der Partnerschaft als Chance ausgelöst werden können. Der fünfte Teil handelt davon, wie Frauen, Männer und Paare mit Krisen und Trennungen in ihren Beziehungen umgehen, aber auch davon, wie aus solchen Situationen Menschen wieder zusammenfinden können. Im letzten Teil verallgemeinern wir unsere Erfahrungen und Erlebnisse mit dem Thema dieses Buches und dessen Personen, indem wir versuchen, einige Maximen für gelingende Partnerschaften zu skizzieren.

In allen Teilen haben wir Widersprüche und Aporien menschlicher Beziehungen beschrieben. Von dem, was unsere Interviewpartner uns berichtet haben, wurde nichts beschönigt und nichts geglättet. Das Leben selber ist widersprüchlich und manchmal aporistisch; in der Liebe kann es nicht anders sein. Die Frage ist nur, wie wir Menschen damit umgehen. Was dies angeht, so hoffen wir, Wege gewiesen zu haben.

I. Partnerschaft als soziales Problem

Die Partnerschaft zwischen Mann und Frau ist in unseren Tagen zu einem *sozialen Problem* geworden. Ein soziales Problem setzt sich im wesentlichen aus drei wichtigen Bestandteilen zusammen: den sozialen Bedingungen, die es überhaupt erst schaffen, der kollektiven Definition, die es klar bezeichnet, und den unruhestiftenden Auswirkungen auf die Gesellschaft und deren Institutionen.

Folgt man der Literatur – aus welcher weltanschaulichen Richtung auch immer sie kommt –, so ist klar, daß unsere Gesellschaft sich rasant entwickelt und damit ständig verändert, daß orientierende Traditionen und Werte immer unverbindlicher und auch widersprüchlicher werden, daß das alltägliche Leben deutlich desorganisierte und chaotische Formen annimmt, daß Verhaltensanforderungen wechseln und sogar sich konterkarieren.

Diese Entwicklung wirkt auf die Beziehungen zwischen Frau und Mann in mehrfacher Weise zurück: Zum einen wankt die Partnerschaft unter dem wachsenden Außendruck von Veränderungen, Chaos, Wertewandel und Reizneuheit; zum zweiten weckt die gesellschaftliche Desorganisation nachgerade den Wunsch nach Verhaltensstabilität in Ehe und Beziehung; zum dritten führt dieser gesellschaftliche Widerspruch zwischen Auflösung der Partnerschaft und Wunsch nach derselben zur Unklarheit der kollektiven Definition von Partnerschaft und deren Inhalt.

1. Der Disput um die Liebe

Die Verwirrung beginnt inzwischen schon damit, daß sogar der Begriff der Liebe als Substanz jedweder Partnerschaft fragwürdig geworden ist. Das folgende Frage- und Antwortspiel ist nahezu schon zum geflügelten Wort geworden: »Was ist Liebe?« – »Ein Wort, das aus drei Vokalen, zwei Konsonanten und zwei Dummköpfen besteht.« Statt von Liebe wird von »Liebesunordnung« gesprochen; die Liebe wird entmythologisiert und zur »sogenannten Liebe«. Ebenso nennt die Engländerin Jill Tweedie ein dickbändiges Buch über dieses menschliche Phänomen. Darin weist sie nach, daß die Liebe ein Mythos ist, den im wesentlichen die Männer zu ihrem eigenen Nutzen konstruiert haben. Die Liebe gibt es nicht; sie ist Einbildung, Illusion, Täuschung, Irrtum. Von ihren »früheren Ehen und einer Vielzahl anderer Liebschaften« berichtet Jill Tweedie, daß nur »sehr wenig übrig geblieben ist, und es sind überwiegend häßliche Erinnerungen«. Solche Erfahrung läßt für sie »nur sichtbar werden, daß das, was man für wertvoll gehalten hat, nichts als ein nackter, stumpfer Kiesel wie jeder andere ist«. Sind also Generationen von Liebenden in Jahrtausenden von Menschheitsgeschichte nur einem Mythos aufgesessen, einer Illusion erlegen? Oder ist umgekehrt vielleicht auch die Frage erlaubt, ob es Jill Tweedie ganz einfach an Liebesfähigkeit mangelt?

Dagegen ist für Luce Irigaray – eine durchaus feministische Autorin – in ihrem Buch »Ethique de la différence sexuelle« die Liebe eine »göttliche Erscheinung«, »die Gegenwart des Unsterblichen im sterblichen Lebenden«. Ähnlich argumentiert Michel Leiris, für den Liebe die einzige Möglichkeit darstellt, Subjekt und Objekt zur Deckung zu bringen; auch für Leiris ist die Liebe ein Mittel, um Zugang zum Heiligen zu finden.

Das Moment der Einheit, welches die Liebe stiftet, betont auch Camus. Der Mensch, der als Subjekt grundsätzlich von Welt, Natur und Mitmenschen getrennt ist, kann in der Liebe Vereinigung als Einssein finden. Im Wir der liebend-erotischen Vereinigung transzendiert der Mensch Ich, Tod und Beschränkung – freilich nur temporär; auch die Liebe ist nicht ewig und impliziert also immer wieder die Trennung der sich Liebenden als partielles oder grundsätzliches Auseinandergehen. Es liegt im Wesen des Menschen, daß er nur augenblicksweise eine Einheit herzustellen vermag und dann wieder die Erfahrung der Trennung von Subjekt und Objekt machen muß. Nichtsdestotrotz bestimmt ihn die Sehnsucht nach der Vereinigung und nach dem, was sie als Ganzheit, Ewigkeit, Sicherheit und Überwindung des Alltäglichen beinhaltet. Im »Belagerungszustand« von Camus sagt Victoria nostalgisch zu Diego: »Wo ist die Zeit, da ich eine Stimme mir ›Heimat‹ rufen hörte, sobald Du erschienst?«

All dies zeigt sich in den Mythen, Märchen und Geschichten der Menschheit. Es ist vor Jahrhunderten nicht anders beschrieben worden als heute, und daraus ist zu schließen, daß es sich bei der Liebe und dem, was mit ihr verbunden wird, um Archetypen handelt, die anthropologische Konstanten des Menschseins ausdrücken. Damit ist die existentielle und lebenstiftende Bedeutung der Liebe bezeichnet, aber nicht die Unveränderlichkeit ihrer Ausformung postuliert.

Das leitet zur Frage hinüber, was denn nun eigentlich Liebe ist und wie sie geschieht.

Sam Keen schreibt, »daß Liebe nicht primär etwas ist, das wir *machen* oder *tun*, sondern etwas, das wir *sind*. Wir definieren sie nicht so sehr, wie sie uns definiert. Bevor sie sich jemals als eine Tätigkeit oder ein Verhalten manifestiert, ist Liebe jener Impuls, jene Motivation oder Energie, die uns mit dem ganzen Gewebe des Lebens verknüpft.« Liebe ist ein allumfassendes Gefühl und wohl sogar mehr als das: ein Gestimmtsein, das uns trägt und durchdringt. *»Die Liebe des Menschen«*, so notiert Erich Fromm, *»ist eine aktive Kraft*, die die Mauern durchbricht, durch die der Mensch von seinem Mitmenschen getrennt ist, und die ihn mit den anderen vereint. Die Liebe läßt ihn das Gefühl von Isolation und Getrenntheit überwinden, erlaubt ihm aber, sich selbst treu zu bleiben und seine Integrität, sein So-Sein zu bewahren. In der Liebe ereignet sich das Paradox, daß zwei Wesen eins werden und doch zwei bleiben.« Ähnlich argumentiert Georges Bataille, wenn er schreibt: »Für den Liebenden bedeutet das geliebte Wesen die Transparenz der Welt. In dem geliebten Wesen wird . . . das volle, unbeschränkte Sein sichtbar, das keine persönliche Diskontinuität mehr begrenzt.«

Verbal ist das alles schwer beschreibbar, da die nüchterne Banalität der Worte vor der Allmacht des Liebesgefühls, des Liebesrausches sich blaß ausnehmen muß. Doch versagt nicht nur die Sprache; auch die Vernunft gelangt an ihre Grenzen, wenn sie erfassen soll, was in der Liebe geschieht und wie es geschieht. Rational ist dieses Phänomen – zumindest ausschließlich – nicht zu ergründen; auch dann nicht, wenn es in institutionalisierte Formen wie Beziehung, Ehe und Familie sich transformiert. Mit Fug und Recht notiert Georg Simmel: »Daß zwei so grundverschiedene Wesen wie Mann und Weib eine derartige enge Vereinigung bilden; daß der Egoismus des einzelnen so gründlich nicht nur zugunsten des anderen, sondern zugunsten des Gesamtverhältnisses, das die Familieninteressen, die Familienehre, vor allem die Kinder einschließt, aufgehoben wird – das ist eigentlich ein Wunder, das geht auf die rationalistisch nicht mehr erklärbaren, jenseits des bewußten Ich gelegenen Grundlagen eben dieses zurück.«

Rekurrieren wir, um zu verdeutlichen, auf die Belletristik. In seiner Erzählung »Liebesnacht« schreibt Urs Widmer: »Ich war hungrig und durstig und ging – es gab keinen anderen Weg – auf das Haus zu, aus dessen Tür plötzlich Kinder herausquollen – nun war es nicht mehr ruhig – und davongingen, drei nach Ost, drei nach West, drei nach Nord, drei nach Süd. Eine Schule. Gleich trat auch die Lehrerin unter die Tür: Eine Frau, der nur noch der riesige Brotlaib über der Schürze fehlte und ein irdener Krug; aber wahrscheinlich hatte sie Brot und Milch schon vor der Heimatkundestunde verteilt. Ich stand und starrte solange, bis sie den Kopf wandte; Augen, daß mir sofort alles verschwamm.« Das ist Liebe, sogar die Liebe auf den ersten Blick.

Die plötzliche Heftigkeit, mit der einen dieses Gefühl überkommt, wie der Liebende geradezu ungebührlich überwältigt wird, drückt die deutsche Sprache gar nicht zureichend genug aus. Sich verlieben erscheint als Verbum zu gebremst für jenen Schlag, der einen trifft und öffnet. Engländer und Amerikaner kommen dem Ereignis schon näher, wenn sie das ganze kennzeichnen als »to fall in love«; da fällt man, fällt man wohl sogar irgendwie um. Den Franzosen geht es ebenso: »tomber amoureux«; die Liebenden, die sich erblicken, werden quasi vom Blitzschlag des neuen Gefühls getroffen: »le coup de foudre«. Nichts läuft dann mehr normal, gesittet, eingefahren, alltäglich. Der Wanderer und die Lehrerin bei Urs Widmer geraten also nur konsequent aus dem Gleichmaß in vulkanische Dimensionen: »Wir saßen uns gegenüber und beugten uns beim Reden so sehr vor, daß sich unsere Köpfe berührten. Wahrscheinlich sah jeder im Restaurant, was aus uns zu werden begann ... draußen war eine kühle Nacht. Wir fuhren durch die Hohlwege zurück, Hand in Hand in einem schönen Mondlicht, hielten immer wieder und küßten uns. Wölfe hätten heulen können, wir hätten sie nicht gehört. Die Schule stand noch viel ruhiger als am Tag in den blau leuchtenden Wiesen, und nur, als die Frau die Tür aufschloß, huschte so etwas wie eine Katze über das Dach. Wir schliefen zusammen, natürlich, obwohl es für mich ein Wunder war, daß die Frau einfach so selbstverständlich mit mir sein wollte.«

Zurückhaltung und Distanz schwinden; Moral und Sitte verblassen. Wen es wirklich ergreift, ergreift es ganz und ungeteilt. Das Liebesgefühl als Totum überwuchert den Alltag. Ingeborg Bachmann bringt es auf die pathetische Kurzformel: »Lieben – Lieben, das ist es. Lieben ist alles.« Liebe, wen sie umfaßt und durchdringt, verändert das Lebensgefühl; sie hebt Alleinsein auf, enthusiasmiert, setzt Energien und Phantasien frei, taucht Zukunft in Rosarot, bietet Schutz und Geborgenheit.

Christa Wolf beschreibt es in ihrer Erzählung »Der geteilte Himmel«. Rita lebt in einem Dorf in der DDR: »Sie war zufrieden mit ihrem Dorf: rotdachige Häuser in kleinen Gruppen, dazu Wald und Wiese und Feld und Himmel in dem richtigen Gleichgewicht, wie man sich's kaum ausdenken könnte. Abends führte aus dem dunklen Kreisstadtbüro eine schnurgerade Straße mitten in den untergehenden Sonnenball, und rechts und links von dieser Straße lagen die Ortschaften.« Eines Tages kommt ein junger Mann: »Als er damals vor zwei Jahren in unser Dorf kam, fiel er mir sofort auf. Manfred Herrfurth. Er wohnte bei einer Verwandten, die vor niemandem Geheimnisse hatte. Da wußte ich bald so gut wie jeder andere, daß der junge Mann ein studierter Chemiker war und daß er sich im Dorf erholen wollte.«

Rita verliebt sich in Manfred, der ihr – weniger spontan als sie – seine Gefühle schriftlich gesteht; in diesem Brief und in dem, was er auslöst, kumuliert das Ganze an Bildern, Hoffnungen, Sehnsüchten und Projektionen, was wohl die Liebe ausmacht: »Rita, 19 Jahre alt und oft genug mit sich selbst uneinig, weil sie sich nicht verlieben konnte wie andere Mädchen, mußte nicht erst lernen, einen solchen Brief zu lesen. Auf einmal zeigte sich: die ganzen 19 Jahre, Wünsche, Taten, Gedanken, Träume, waren zu nichts anderem da gewesen, als sie gerade für diesen Augenblick, gerade auf diesen Brief vorzubereiten. Plötzlich war da eine Menge von Erfahrung, die sie gar nicht selbst gesammelt hatte. Wie jedes Mädchen war sie sicher, daß vor ihr keine und keine nach ihr gefühlt hatte und fühlen konnte, was sie jetzt empfand.«

So verdichtet sich in einem einzigen Moment und in einem einzigen Menschen, was sich jahrelang emotional und kognitiv vorbereitet hat. Trotzdem geschieht, was Descartes »die plötzliche Überraschung der Seele« genannt hat.

Zwei Menschen überwinden nahezu abrupt ihre Fremdheit und öffnen sich einander. In diesem Zusammenhang entsteht ein wechselseitiger Weitungsprozeß, den Verena Kast in ihrem Buch »Paare« folgendermaßen beschreibt: »Vielleicht entsteht Liebe nur dann, bricht Liebe nur dann auf, wenn wir in einen geliebten Menschen seine besten Möglichkeiten hineinsehen und diese aus ihm herauslieben können, Möglichkeiten, die ihn über die Enge des bisherigen Gewordenseins hinaustragen, die sein Leben für etwas öffnen, was er nicht für möglich gehalten hätte. Und indem wir die besten Möglichkeiten in einen geliebten

Menschen hineinsehen – oder vielleicht besser: aus ihm herausssehen –, gewinnen wir als Liebende teil an ihm, und es werden auch in uns Aspekte wach, die über das hinausgehen, was wir geworden sind, worauf wir uns festgelegt haben.« Doch das ist nicht alles. Liebe als Gefühl impliziert nicht nur die Veränderung der Liebenden selbst, sondern zielt auch auf die Umgestaltung der Welt. Dieser Aspekt, der in bornierten Liebesbüchern meist untergeht, wird z. B. von Giorgio Cesarano in seinem Buch »Der erotische Aufstand« herausgearbeitet: »In jeder tumultuarischen Geburt einer Liebe wird der Wunsch wiedergeboren, sich zu verändern, indem man die Welt verändert. Der Haß und das Mißtrauen, das die Liebenden um sich hervorrufen, sind die automatische und defensive Antwort auf den Kriegszustand, in dem diese leben, allein aufgrund der Tatsache, daß sie sich lieben, gegen die Welt, in der jede Leidenschaft sich selbst verkennen und sterben muß.«

Erste und zweite Liebesphase

Das alles gehört zur ersten Liebesphase der Vereinigung: Eine Frau und ein Mann erblicken sich; die Gefühle schlagen zu; der Wunsch nach näherem Kennenlernen entsteht und wird verwirklicht; Bilder, Phantasien und Projektionen leben auf und werden am Partner gemessen; Hochstimmung und Verzauberung setzen ein und unterbrechen die Zeit; alles weist zur Umarmung der Liebenden.

Dabei ist bemerkenswert, daß das Paar in dieser Phase räumlich zumeist getrennt ist. Mann und Frau sind noch in ihrer jeweils eigenen Lebenswelt. Diese Separation wird freilich durch die Stärke der Emotionen und die Nähe der Gedanken relativiert; aber sie besteht unzweifelhaft. Später dreht sich dieses Verhältnis um: Entschließen sich Frau und Mann zur Paarbildung, wird die räumliche Trennung im Regelfall durch den gemeinsamen Haushalt aufgehoben. Jene Nähe, die während der Phase räumlicher Separation durch Phantasien und Träume, durch das stetige Aneinander-Denken der Liebenden, hergestellt werden mußte, gerät nun zur alltäglichen Selbstverständlichkeit. In dieser räumlichen Vereinigung entsteht für das Paar die nachgerade existentielle Notwendigkeit, sich beruflich, kognitiv, emotional und sexuell immer wieder auf Zeit zu trennen; Romeo und Julia sind nur als Todesphantasie zu konzipieren. Die räumliche Nähe erfordert dialektisch die geistige Distanz, wenn im Paar die zwei Menschen überleben wollen als Menschen und als Paar. Es tritt unabwendbar, ja geradezu erforderlich der Moment ein, den

Christa Wolf in ihrer Erzählung »Der geteilte Himmel« beschreibt: »Sah sie ihn denn zum erstenmal? Das nicht. Doch wer kennt nicht die Schwierigkeit, den wirklich zu sehen, den man liebt? In diesen wenigen Sekunden rückte Manfred sie aus der unscharfen Nähe in einen Abstand, der erlaubt, zu mustern, zu messen, zu beurteilen. Es heißt, dieser unvermeidliche Augenblick sei das Ende der Liebe. Aber er ist nur das Ende der Verzauberung. Eine der vielen Augenblicke, dem die Liebe standzuhalten hat.«

Der Geliebte wird zum Gegenüber. Christa Wolf bemerkt nur zu recht, daß solches mitnichten das Ende der Liebe bedeutet. Aber die Liebe nimmt eine andere Realität an; es ließe sich auch schreiben, daß sie sich erweitert. Bewunderung, Verzauberung und Vereinigung bleiben, wenn die Partnerschaft einzuhalten vermag, was entstandene Liebe versprochen hat und vor allem auszuhalten imstande ist, was die räumliche Nähe ganz einfach bedingt: Die Liebenden treten aus der Idealisierung der räumlichen Distanz und der ersten Verzückung hinaus und werden in der Gemeinsamkeit des Ortes und der Zeit im Alltag sichtbarer. Für die Geliebte wie für den Geliebten beginnt die Entdeckung des jeweilig anderen und damit die Fahrt in eine neue Wirklichkeit. Nichts führt mehr am *Diskurs des Paares* vorbei; der Count-down für die zweite Phase der Liebe hat eingesetzt.

Verstohlen hat dieser Diskurs freilich schon früher begonnen. Bewußte und vor allem unbewußte Aushandlungsprozesse über die Gestaltung der Partnerschaft scheinen bereits in der ersten Liebesphase der Vereinigung auf. Elemente von Geben und Nehmen, Komplementarität, Machtkampf, Universum (siehe Kapitel: Systematik von Partnerschaft und Trennung) bilden sich in dieser Zeit durchaus schon vor, um dann in der zweiten Liebesphase des Diskurses konkrete Gestalt anzunehmen, in die Versprachlichung einzutreten. Je deutlicher in den Liebenden die Entscheidung heranreift, ihre Verbindung zur Bindung zu institutionalisieren, desto mehr greift Realität ganz vielfältig in die Liebe ein. Benennen wir hier nur einige Beispiele: Die individuellen Bedürfnisse werden daraufhin abgeklopft, was sich an Gemeinsamkeiten entwickeln läßt; Eltern und Freunde werden informiert; die Wohnungssuche beginnt. Diese und andere Probleme durchbrechen die Verzauberung der Liebenden notwendigerweise. Es ist schier unrealistisch, wenn z. B. Peter Lauster in seinem Buch »Die Liebe« emphatisch fordert, daß die Liebenden gänzlich die gesellschaftliche Wirklichkeit außer acht lassen müssen. Das Gegenteil ist richtig. Die Stabilisierung der Liebesbeziehung verlangt nachgerade die Auseinandersetzung mit der Gesellschaft, der gesellschaftlichen Wirklichkeit; einzig diese Realitätsbewältigung garantiert dem Paar eine Zukunft.

Phasenmodell der Liebe

1. Phase: Die Vereinigung	1. Es ergreift mich (Aura; Admiration des anderen; ich verliebe mich). 2. Der Wunsch (ich will mich dem anderen nähern; ich möchte den anderen; ich wünsche mir den anderen als Partner). 3. Die Prüfung des Wunsches (ich lerne den anderen kennen; ich überprüfe meine Wünsche; die negative Prüfung bedeutet den Abbruch des Kennenlernens; die Prüfung mit positivem Resultat die Intensivierung der Beziehung und des Wunsches). 4. Die Verzauberung (Animus und Anima; mein Bild im anderen; meine Bilder vom anderen; Projektionen und Fantasien). 5. Die Umarmung (körperliches Vortasten; körperliche Vereinigung; Erotik und Sexualität; ganzheitliche Glücksgefühle).
Die Übergangsphase	In die Vereinigung strömen sukzessiv Diskurs-Elemente ein (Wahrnehmung der Umwelt; Zukunftsdiskussion; Diskussion gemeinsamer Wünsche und Ziele; realere Wahrnehmung des anderen).
2. Phase: Der Diskurs	1. Die Entdeckung des anderen (der andere als eigenständige Person; die Unterschiedlichkeit der Geschlechter; Eigenheiten, Differenzen und Zweisamkeiten; Komplementaritäten). 2. Die Auseinandersetzung (der Machtkampf um die individuelle Identität und um die Identität als Paar nach außen; der Kampf um die Kontrolle der Beziehung). 3. Nähe und Distanz (Ego und Alter; Symbiose und Unabhängigkeit in der Beziehung; Sicherheit und Schutz). 4. Die Übereinkunft (die Akzeptanz des anderen; der eigene Raum und der autonome Raum des Partners). 5. Das Thema (Leitmotive der Beziehung; bindende Inhalte im positiven und negativen; patterns). 6. Kontinuität und Expansion (Gleichmaß des Alltags; Fortsetzung der Beziehung auf stabiler Basis oder Trennung; Entwicklung und Wachstum der Partner in der Beziehung aufgrund des lebendig bleibenden Diskurses).

Nach einer Übergangsphase, in der Diskurs-Elemente immer mehr in die Verzauberung einbrechen, stoßen Geliebte und Geliebter unverhüllt auf ihre Gemeinsamkeiten, Unterschiede, Entsprechungen; sie können nicht mehr an der Auseinandersetzung über die Organisation der Gegenwart und die Perspektiven des Morgen vorbei; sie müssen sich als Frau und Mann in ihrer biologisch-seelischen Differenz bestimmen und sich die Frage nach ihrem Animus und ihrer Anima stellen, (siehe Abschnitt über die »Aura«); sie haben die Themata und die Aufgaben ihrer Partnerschaft zu definieren und ihren Diskurs zu einer Übereinkunft zu bringen. Diese Phase erfordert neue Tugenden der Liebe: Akzeptanz, Respekt, Frustrationstoleranz, Kontinuität und Expansion.

Liebe und Offenheit

Für manche hat diese Phase schon nichts mehr mit Liebe zu tun. Insbesondere eine spirituelle Weltanschauung argumentiert in dieser Richtung. Bhagwan z. B. antwortet in seinem Buch »Beziehungsdrama oder Liebesabenteuer« auf den Heiratswunsch eines Sannyasin folgendermaßen: »Bist Du verrückt geworden, oder was? Es genügt, wenn Du lebst; heiraten tut nicht das geringste dazu. Im Gegenteil: Warum hast Du es so eilig, mit einer schönen Erfahrung Schluß zu machen? Warte ab! Wenn Du merkst, daß es aus ist mit der Liebe, dann kannst Du heiraten.«

Liebe und Partnerschaft schließen sich in solchem Verständnis also aus; Liebe darf in dieser Optik nie zur Beziehung werden. Auf die Frage, ob feste Beziehungen nur deshalb eingegangen werden, weil keine Liebe da ist, antwortet Bhagwan unmißverständlich: »Ja«. »Liebe ist keine Bindung. Liebe verbindet – aber es ist keine Bindung. Eine Bindung ist etwas Abgeschlossenes, ein Hauptwort mit einem Punkt dahinter. Schluß, Aus, Ende. Die Flitterwochen sind vorbei, die Begeisterung ist abgeklungen, die Sache ist erledigt. Jetzt kannst Du die Beziehung fortsetzen, einfach, weil Du Dein Versprechen halten willst oder weil es bequem ist, gemütlich, heimelig. Du kannst weitermachen, einfach weil Du nicht weißt, was Du sonst machen sollst, und weil Du in alle möglichen Schwierigkeiten kommst, wenn Du Schluß machst ... Liebe ist ein endlos dahinströmender Fluß, der keinen Schlußpunkt kennt. Liebe bedeutet: Ewige Flitterwochen ... Die Beziehung zweier Liebender hat ein Ende, aber Liebe als solche hört nie auf!« Bhagwan will damit im eigentlichen nur die Phase der Vereinigung als Liebe gelten lassen; die Phase des Diskurses hingegen wird als liebestötende Bindung verworfen. In ihr verliert der Liebende angeblich seine Offenheit und damit auch die Liebe. Nur wer lebenslang offen ist – so verheißt solche Ideologie –, bleibt auch ein Leben lang liebesfähig.

Nun soll vorerst nicht darüber gestritten werden, inwiefern Offenheit, Entwicklung, Expansion und Liebesfähigkeit auch innerhalb von Partnerschaft und Ehe bewahrt werden können (siehe Schlußkapitel: »Die Routine und das Fest«). Bhagwan erkennt richtig die Liebe als Konstante und Bedürfnis des menschlichen Lebens; aber er verkennt, daß die Bindung in ebensolchem Maße eine Konstante und ein Bedürfnis der Menschen ist. Bindung in einem solch grundsätzlichen, d. h. hier, anthropologischen Sinne, impliziert: Verhaltenssicherheit, Schutz, Identitätsfindung und -bestätigung, Stabilität, Reduktion der äußeren Komplexität, Geborgenheit, Aufhebung der Vereinzelung in der Zweisamkeit.

Bhagwans Offenheit ist in der geforderten Weite *individuell* nicht nur nicht auszuhalten, sondern hat pathologisierende Konsequenzen von Borderline, Auflösung, Verlust der Mitte, Depersonalisation. Sicherlich ist es bedeutsam, Offenheit gegenüber vielen erstarrten Ehen und Beziehungen zu betonen, worüber noch zu schreiben sein wird. Aber wenn Offenheit so sehr verabsolutiert wird, bedarf es der Nachprüfung, was sich an infantilisierten Ganzheitsträumen, an sexuellen Omnipotenzfantasien und was auch an Bindungsängsten dahinter verbergen mag. Auf jeden Fall steht hinter verabsolutierter Offenheit ein Konzept von sehr undifferenziertem Leben, das das Individuum von Diskurs, Struktur, Anpassung und Widerstand, Entscheidung, Auseinandersetzung und Formgebung seines Lebens entlastet; freilich mit jenen psychischen Folgen, die wir eben schon angedeutet haben.

Bhagwans Offenheit ist aber auch *sozial* nachgerade illusorisch, indem sie alles, was Menschen selber aus zureichenden Gründen *institutionalisiert* haben, verwirft. Soziabilität der Menschen und Sozietät aus Menschen sind ohne institutionelle Ordnung gar nicht lebbar; ja Leben ist ohne Institutionen zum Scheitern verurteilt. Zur Freiheit gehört die Bindung, zur Offenheit die Institution, zur Eruption der Alltag, zur Ekstase die Gewohnheit, zur Weite die Beschränkung. Dies ist nicht dialektische Rabulistik, sondern es ist der dialektische Strom des Lebens selbst; es ist menschliche Wirklichkeit gegen spirituelle Ideologien. Das eine gibt es niemals, wenn es das andere nicht gibt; zum einen gehört das andere wie umgekehrt. In Ashram-Ferien, wie in Ferien vom Alltag überhaupt, mag die Verabsolutierung des einen oder des anderen temporär lebbar sein; aber das Leben ist kein dauernder Ferienzustand und auch kein Ashram.

Liebe und Bindung

Berger und Berger schreiben: »Wenn einem Mann und einer Frau, die sich zueinander hingezogen fühlen, keine institutionellen Muster zur Verfügung stehen, auf die sie sich in ihren Bemühungen, dieser Zuneigung entsprechend zu handeln, beziehen können, ständen beide einer Unzahl von denkbaren Wahlmöglichkeiten gegenüber. Sicherlich würde ihnen das sehr viel Freiheit geben, und für eine Weile wäre das wohl auch aufregend. Als ständiger Sachverhalt wäre das unmöglich: Es würde ihre ganze Zeit und Energie in Anspruch nehmen, so daß sie zu nichts anderem kämen.«

Die Partnerschaft zweier oder – in Familienverbänden – mehrerer Menschen bedarf der Strukturierung, um überhaupt lebensfähig zu sein. Das heißt konkreter formuliert, daß Normen, Regeln, Settings, Organisation und Entscheidungen notwendig sind, um *gemeinsames* Leben überhaupt funktionabel zu machen und auch zu halten. Im *Diskurs der Partner* muß verhandelt werden über die Lebensgestaltung im Alltag, beim Wohnen, in bezug auf Kinder und Freunde, in der Sexualität, bei Arbeit und Beruf, bei Geld und Finanzen, in Freizeit und Ferien und im Hinblick auf Außenbeziehungen der Partner und wie damit umgegangen werden soll (siehe Teil II »Der Alltag in Partnerschaft und Trennung«). Dieser Aushandlungsprozeß des Paares im Diskurs erbringt als Ergebnis den Konsens oder das Zerwürfnis von allzu unterschiedlichen Partnern mit zu differenten Ansichten und Bedürfnissen. Entsteht ein Konsens, so beinhaltet er eine Rahmenordnung für das Paar, die die eben genannten Bereiche partnerschaftlichen Lebens regelt. Wir wählen dabei bewußt den Begriff »Rahmenordnung«, weil er genügend Spielraum für die individuelle Freiheit der beiden Partner und ebenfalls für die spontane Ausgestaltung des Rahmens in der Gemeinsamkeit des Paares gewährleistet.

Diese Strukturierung des Lebens in der Partnerschaft ist – und das sei um seiner Wichtigkeit willen wiederholt – aus anthropologischen Gründen unabdingbar. Der Mensch ist von der Natur nicht festgelegt worden, wie es z. B. das Tier mit seiner Instinktausstattung weitestgehend wurde. Signifikantes Kennzeichen des Menschen ist dessen Plastizität, d. h. seine Offenheit als Entwicklungsfähigkeit. Um sich entwickeln zu können, braucht derselbe Mensch aber auch Grenzen, die ihm zum einen Verhaltensstabilität und damit Sicherheit garantieren und an denen er sich zum anderen abarbeiten und gerade dadurch weiterentwickeln kann. Der Mensch muß sich eine Ordnung schaffen, die ihm Inhalte gibt und die ihn strukturiert. Nur darüber gewinnt der Mensch, sich schaffend, sich auseinandersetzend, seine *Identität*: Daß dabei Ordnung, Inhalte, Struktur Begriffe sind, die lebensbiographisch Veränderung implizieren, sei ausdrücklich betont. Allerdings steht solche Veränderung je im Kontext mit der erworbenen Identität; sie kann nur unter der Gefahr von Auflösung, Psychose und Schizophrenie soweit gehen, daß sie einen völlig neuen Seinszustand des Individuums herstellt, der mit dem vergangenen in keiner Weise mehr korrespondiert. Anders ließe sich auch konstatieren, daß ein Mensch, der in solche abgründigen Wechsel gerät, nie in der Lage war, eine ihn orientierende Identität aufzubauen.

Neben dieser individuellen Seite haben Bindung und Bindungsfähigkeit aber auch noch *soziale* Dimensionen. Das Paar, insbesondere in seiner Ausformung als Familie, ist die Keimzelle alles Gesellschaftlichen. Als Individuen und als Paare sind wir von der Gesellschaft abhängig. Unsere defizitäre Naturausstattung erlaubt es uns nicht, allein mit dieser zu überleben; der Mensch ist, wie Arnold Gehlen es trefflich ausdrückte, ein »biologisches Mängelwesen«. Deshalb benötigen wir die Gesellschaft, die uns mit ihren Institutionen überhaupt erst unsere Entwicklungsfähigkeit menschlichen Wesens ermöglicht. Karl Marx hat diesen grundsätzlichen Sachverhalt der Wesensbedeutung des Sozialen für das Individuum als die »zweite Natur« des Menschen bezeichnet. So sehr also der Mensch die Gesellschaft für seine Existenz und seine Entwicklung benötigt, so sehr bedarf im umgekehrten Sinne die Gesellschaft der Menschen und deren Zusammenschlüsse in Paaren, Beziehungen und Familien, um stabil und reproduktionsfähig zu sein. Auch hier offenbart Leben wieder seine Dialektik: Mensch und Gesellschaft bedingen sich gegenseitig; sie brauchen einander wechselseitig für ihre Stabilität und für ihre Entwicklung.

Im besonderen gilt das eben Gesagte auch für die schon erwähnte Reproduktionsfähigkeit der Gesellschaft. Wenn wir als Individuen nicht allesamt untergehen wollen, muß Gesellschaft als ganzes bestehen und weiterbestehen. Das schließt insonderheit die Bildung neuer Generationen ein, die auch für uns die Gesellschaft von morgen tragen. Diese soziale Reproduktion ist ohne Bindung und ohne ordnende Struktur des Lebens von Paaren aber schlicht unmöglich. Was Human- und Sozialwissenschaften für diesen Zusammenhang herausgearbeitet haben, fassen Berger und Berger folgendermaßen zusammen: »Trotz aller kulturellen Relativität sind sich die Kindheitsforscher heute in bestimmten minimalen Imperativen einig, ohne die eine vernunftgemäße gesunde und glückliche Kindheit sehr unwahrscheinlich ist.

Es gibt natürliche basale physische Bedürfnisse: Schutz gegen äußere Gefahren, Füttern, Behandlung von Krankheit (mit allen zu Gebote stehenden Mitteln) und Ermunterung des physischen Lernens (einschließlich der Möglichkeiten motorischer Entwicklung). Es herrscht weitgehend Einigkeit darüber, daß es zusätzlich zu diesen augenfälligen noch vier weitere minimale Imperative für die Entwicklung eines gesunden, aufgeweckten und emotional zufriedenen Säuglings gibt: eine stabile Struktur, physisch wie sozial; in dieser Struktur (und somit dauerhaft präsent) Fürsorge und Liebe durch die Erwachsenen; ein notwendiges Ausmaß an Interaktion, Kommunikation und Stimulation zwischen Säugling und Erwachsenen; und Konsistenz und Vorhersagbarkeit in den Beziehungen zu den wichtigen Erwachsenen in der Umgebung des kleinen Kindes. Bei näherer Analyse dieser vier Imperative erweisen sie sich als sehr eng miteinander verbunden. Tatsächlich kann man sie recht gut in zwei Worten zusammenfassen: *Stabilität und Liebe.*«

Bindung garantiert ergo unsere Existenz als Individuen und als Spezies. Ebenso wie in pathologisierender Offenheit liegen aber auch in der Bindung pathologisierende Faktoren.

Die Gefahren der Bindung

Wenn Bindung in der Partnerschaft stark im Vordergrund steht, sterben Lebendigkeit, Spontaneität, Freude, Offenheit und Expansion mit Sicherheit bald ab. Insbesondere zwanghafte Paare werden aus vielerlei Verlust- und Freiheitsängsten den Aspekt der Bindung in ihrer Beziehung in einem Maße überbetonen, daß alles fließende Leben nach und nach erstarrt. Frauen und Männer, die in ihrer Partnerschaft das Bindungsmoment verabsolutieren, finden sich ziemlich rasch in Routine, Langeweile, gegenseitiger Entfremdung, Zerstörung und Gewalt wieder.

Um diese Entwicklung zu verdeutlichen, rekurrieren wir erneut auf Beispiele in der Literatur. In seinem Roman »Babbitt« beschreibt Sinclair Lewis, wie eine Ehefrau sich gehenläßt, weil nur spannungslose Bindung sie an Leben und Partnerschaft kettet.

»Myra Babbitt – Frau George F. Babbitt – war entschieden matronenhaft. Sie hatte Falten, die vom Mundwinkel zum Kinn führten, und ihr voller Hals sackte. Daß sie über ein gewisses Alter hinaus war, ließ sich am besten daran erkennen, daß sie vor ihrem Mann keine Heimlichkeiten mehr hatte und sich aus diesem Mangel an Heimlichkeiten gar nichts machte. Sie war jetzt im Unterrock und in einem hervorquellenden Mieder und empfand gar nicht, daß man sie in diesem verquollenen Mieder sah. Sie hatte sich so sehr an die Eintönigkeit ihres ehelichen Lebens gewöhnt, daß sie jetzt in ihrer vollen Reife ebenso geschlechtslos war wie eine blutarme Nonne. Sie war eine brave Frau, eine gutherzige Frau, eine fleißige Frau, aber niemand, mit Ausnahme ihrer 10jährigen Tinka, nahm das geringste Interesse an ihr oder war sich eigentlich ihrer Existenz bewußt.«

In seinem Roman »Spanische Wände« zeigt Jürgen Theobaldy, wie sich Renate und Martin nach einer langen Phase der Verliebtheit immer mehr voneinander entfremden. Äußere Bedingungen verstärken den inneren Erstarrungsprozeß: Renate stumpft in ihrem eintönigen Lehrerberuf ab; Martin hat als wissenschaftliche Hilfskraft im Karriere-Run an den Universitäten keine Perspektive. Immer deutlicher und merkbarer verliert die Beziehung zwischen Renate und Martin an lebenswerter Substanz; beide halten die Bindung nur noch aus »Bequemlichkeit und Beharrungsvermögen« aufrecht. Insbesondere Martin verliert immer mehr an Lebendigkeit, und weil er das bemerkt, muß er aus Rache auch Renates noch verbliebene Vitalität zerstören.

Versuchte Ferien in Spanien verstärken die Entfremdung zwischen beiden, wiewohl das Gegenteil intendiert war. Martins Bindung an Renate äußert sich in ihrer Destruktivität immer heftiger, was vor allem kleine Episoden in aller Deutlichkeit offenbaren: »Neben Martin zu schwimmen, in der sich allmählich entgrenzenden Weite des Meeres, dort, wo andere Badegäste nicht mehr derart zahlreich waren wie nahe am Ufer, schließlich dort, wo niemand mehr in ihre Nähe kam, durchdrang sie mit einem so ziehenden Gefühl der Sehnsucht nach ihm, seinem Körper, daß sie auf ihn zuruderte und ihn zu küssen versuchte. Renate schmeckte, als sie den Mund öffnete, das salzige Wasser, es plätscherte zwischen ihren Gesichtern, die ganze Ferne des Meeres war in ein nahes, murmelndes Wellenspiel geronnen. Während sie sich Martins Lippen näherte, und dabei, um nicht unterzugehen, seinen Nacken umschlang, schien sich Martin nur mit Schwierigkeiten im Wasser zu halten, und bevor sie sich dem Kuß hingeben konnte, sank er (oder ließ sich sinken) nach unten. Seine Hände glitten über ihre Hüften und zerrten die Hose des Bikinis auf die Oberschenkel herab. Martin stieß sich aus dem Wasser; noch mit zugekniffenen Augen und offenem, die Luft einfangenden Mund faßte er zwischen Renates Beine und drückte seine Hand auf ihren Schamhügel und gegen ihre Schamlippen.

Worüber Renate erschrak, war weniger die Rohheit, mit der Martin zupackte, als die Absicht, die sie plötzlich wie hinter einer aufgeschlagenen Tür wahrnahm. Mit diesem Griff, und es war nur ein *Griff*, versuchte Martin nicht, so ungeschickt auch immer, die Zärtlichkeit zwischen beiden zu steigern, er wollte sie abbrechen.«

Renate als die Lebendigere versucht immer wieder, auf Martin zuzugehen, ihn zu öffnen, versucht, was an Liebe einst unzweifelhaft zwischen ihnen war, nicht gänzlich absterben zu lassen. Renate gibt sich dabei immer mehr selber auf; sie verzichtet auf viele ihrer Empfindungen und Einsichten, »eine Verarmung, die sie noch enger an Martin heranrücken ließ, anstatt daß sie sich unabhängig, neben ihm (und nicht gegen ihn) entfaltete«.

Dieses Beispiel dokumentiert, wie die Substanz in einer Partnerschaft verloren geht und aus beidseitiger Angst vor Neuem die Bindung trotzdem aufrechterhalten wird.

Alberto Moravia schildert in seinem Roman »Die Verachtung« (Il disprezzo), wie die Verzauberung der Liebe bei Emilia abfällt und sie aus Gründen der Konvention die Bindung zu ihrem Mann fortbestehen läßt. »Das Wunder der Liebe ... das nur dann möglich wird, wenn es sich nicht nur im eigenen Herzen, sondern auch im Herzen des anderen vollzieht«, erlischt sukzessive zwischen Emilia und ihrem Mann Molteni, dem sie schließlich nur noch entgegenschleudern kann: »Himmel, kannst Du einen müde machen.« Nachgerade zwanghaft rekonstruiert Molteni Zeichen um Zeichen der Abwendung seiner Frau, die er im eigentlichen durch ein Mißverständnis selber provoziert hatte: »Früher, als Emilia mir noch zu verstehen gab, wie sehr es sie enttäuschte, wenn ich sie allein ließ, ging ich leichten Herzens aus dem Haus. Im Grunde freute ich mich, ihre Enttäuschung erschien mir als ein weiterer Beweis für die große Liebe, die sie mir entgegenbrachte. Als ich jetzt merkte, daß meine Abwesenheit ihr nicht nur keine Enttäuschung bereitete, sondern daß sie es sogar vorzog, allein zu bleiben, befiel mich ein dumpfes Angstgefühl, als würde mir der Boden unter den Füßen entzogen. Emilias Gleichgültigkeit war für mich eine unerwartete und bittere Erfahrung. Ich ging von nun an, wie gesagt, nicht nur nachmittags aus, wenn ich am Drehbuch arbeiten mußte, sondern auch vormittags, und dies oft einzig zu dem Zweck, um Emilia auf die Probe zu stellen. Nein, sie zeigte keine Enttäuschung. Im Gegenteil. Sie blieb nicht nur gelassen, sie konnte, wie mir schien, ein Gefühl der Erleichterung nur schlecht verhehlen. Ich versuchte anfangs, mich über ihr kaltes Benehmen zu trösten, ich sagte mir, daß nach zwei Jahren Ehe die Liebe zwangsläufig einer Gewohnheit weiche.«

Nur konsequent verarmen Erotik und Sexualität in dieser zu Beginn so leidenschaftlichen Ehe; im körperlichen Akt schwingt die Seele bei den Moltenis nicht mehr mit; was einst gefühlvoll-heiße Vereinigung zweier Liebender gewesen ist, entwürdigt sich nun selber zum rohen Austausch von Sex. Unwillig gesteht Emilia ihrem Mann den Geschlechtsverkehr zu. Resigniert und nahezu zynisch gibt sie sich in seine Umarmung: »Wenn Du willst, daß wir uns lieben – gut, dann tun wir es eben.« Moravia läßt Molteni bemerken: »Ich fand keine Worte. Sie hatte mit absoluter Kälte gesprochen, sachlich, geradezu – der Ausdruck drängte sich mir auf – geschäftlich. Ich blieb weiter auf dem Bett sitzen, mit gefalteten Händen und gesenktem Kopf. Ich hörte, wie sie nochmals sagte: ›Nun also, wenn Du es unbedingt willst, dann tun wir es. Willst Du?‹

Ich erwiderte leise, ohne den Kopf zu heben: ›Ja, ich will.‹ Es war eine Lüge. Ich begehrte sie nicht mehr. Aber ich wollte dieses neue seltsame Gefühl gegenseitiger Entfremdung bis zur Neige auskosten.«

Damit ist dann auch bereits der Kontext erreicht, in dem liebes-entleerte, aber zwanghaft aufrechterhaltene Bindung in den Teufelskreis von Aggression, Gewalt und Zerstörung geraten ist. Louis-Ferdinand Céline seziert in seinem Roman »Reise ans Ende der Nacht« ungeschminkt Zerstörungsprozesse in dem, was einmal als liebende Partnerschaft begonnen hatte. Wo einst Vereinigung war, endigt es nun mit Mord und Flucht. Wie Alkohol Leere in der Bindung füllt und sukzessive eine Ehe zerstört, beschreibt Malcolm Lowry in seinem Roman »Unter dem Vulkan«.

Damit sind – abgestuft – Beispiele bezeichnet, wie Bindung in ihrer Entleerung und also Vereinseitigung die Liebe zwischen den Partnern sukzessive sterben läßt. Verabsolutierte Bindung zerstört die Liebesfähigkeit des Menschen und möglicherweise sich selbst ebensosehr wie verabsolutierte Offenheit. Das ist eine Resümee. Was ist daraus zu schließen? Offenheit und Bindung müssen sich ergänzen, damit Liebe entstehen, bestehen und fortbestehen kann. Vereinigung und Diskurs des Paares haben Offenheit und Bindung in der Partnerschaft in ein Gleichgewicht zu bringen, das zerstörerische Anarchie in der Offenheit und zerstörerische Leere in der Bindung ausschließt. Solches ist eine formale und es ist eine vorläufige Antwort – sie hat zunächst theoretischen Charakter. Was sie in diesem theoretischen Horizont vor allem praktisch bedeutet, wird sich in Teil II verdeutlichen, wenn es darum geht, liebende Partnerschaft in den Lebensbereichen von Alltagsorganisation, Wohnen, Kindern, Freunden, Sexualität, Arbeit und Beruf, Geld und Finanzen, Freizeit, Ferien und Außenbeziehungen materialreich darzulegen.

2. Die Entwicklung von Liebe und Partnerschaft

Die Liebe als Gefühl und in ihrer institutionalisierten Form als Partnerschaft ist nicht nur ein Menschheitsthema, sondern auch eine Grundkonstante von Menschsein. Mythen, Märchen, Sagen und religiöse Texte zeugen davon mit Eindrücklichkeit. Zu recht notiert Verena Kast: »Diese Grundsehnsüchte und Ängste im Zusammenhang mit Liebe und mit Beziehung sind schon in den Mythen von den Götterpaaren dargestellt ... Im Mythos ist ausgedrückt, wie der Mensch sich selbst und die Welt versteht oder verstehen möchte; im Mythos finden wir Selbstdeutungen und Weltdeutungen des Menschen, in den Mythen von Götterpaaren Deutungen des Paarverhaltens, mögliche Modelle für die Beziehung zwischen Mann und Frau ... Wenn sich in den Beziehungsphantasien überhaupt und insbesondere in denen, die mit großer Liebe verbunden sind, in jedem Menschen archetypisch Weibliches und Männliches in seiner Zusammengehörigkeit konstelliert, ... dann müssen diese Paare in der Mythologie zu finden sein, in unseren Fantasien, in der Literatur, in den Träumen, aber auch im Alltagsleben des einzelnen.«

Das ist die eine Seite, die grundsätzliche und als solche auch die etwas ahistorische. Die andere betrifft die geschichtliche Entwicklung der Liebe, ihre jeweilig epochale Ausformung und ihre sozio-kulturelle Veränderung. Wiewohl die Liebe als solche ein prinzipielles Phänomen menschlichen Fühlens, Leidens und Lebens ist, zeigt sie sich als Institution und Spezifizierung in Ehe und Familie Veränderungen unterworfen; sie ist abhängig von Politik, ökonomischer Entwicklung und Zeitgeist.

Über die vorkapitalistische Familie schreibt Edward Shorter: »Wir können uns die Familie in der traditionellen Gesellschaft als ein Schiff vorstellen, das an seinem Liegeplatz fest vertäut ist. Über die Seitenwände laufen dicke Trossen nach unten und machen den Rumpf am Dock fest. Das Schiff steuert nirgendwo hin; es ist ein Teil der Hafenanlage.«

Die Familie zu jener Zeit war noch kein soziales Spaltungsprodukt wie heute; sämtliche Lebensfäden des Menschen waren in ihr verbunden. In der Familie wurde gearbeitet, konsumiert, gelebt, gefeiert, geliebt, Herrschaft ausgeübt, Geselligkeit erfahren und Gesellschaft gegründet. Liebesbeziehungen als Grundlage für Familie und Ehe, wie wir sie im modernen Sinne ebenso definert haben wie im archetypisch-klassischen, waren in vorkapitalistischer Zeit sicher nicht die Regel. Heidi Rosenbaum schreibt: »Bis cirka zur Mitte des 18. Jahrhunderts dominierte im deutschen Bürgertum, ebenso wie bei Handwerkern, Bauern, aber auch dem Adel, die traditionelle, sehr sachliche Einstellung zur Ehe ... Wollte man eine Ehe eingehen, so waren weitaus wichtiger als Liebesbeteuerungen ein einträgliches Amt oder eine gesegnete Nahrung oder ein reiches Erbteil.« Gegenüber Verzauberung und Verliebtheit, gegenüber der ganzen reichen Gefühlswelt, welche heute den Ausschlag der Partnerwahl gibt, standen im 18. Jahrhundert häufig weitaus nüchternere Motive im Vordergrund, wenn es darum ging, eine Frau oder einen Mann »auszulesen«. Am Beispiel der Bauernfamilie des 18. und 19. Jahrhunderts notiert beispielsweise Heidi Rosenbaum, daß entscheidend bei der Partnerwahl »der Hof, dessen Erhaltung und – möglichst – Vergrößerung« waren. »Von daher bekamen die Motive Mitgift, Arbeitsfähigkeit und Gesundheit der Frau ihren Stellenwert ... Des weiteren könnte gefolgert werden, daß die Wertschätzung des Partners sich nach dessen Beitrag zur gemeinsamen Arbeit richtete.« Zumindest tendenziell anders präsentierte sich bereits zu jener Zeit die Eheschließung im Adel und auch bei den Handwerkern. In allen Ständen gebührte dem Mann das Primat. Die Verfassung der Zünfte erlaubte beispielsweise nur den Männern eine Berufsausbildung. Noch deutlicher war die Herrschaftsfunktion der Männer im Stande der Bauern festgelegt: »Bei den Bauern wurde der strukturelle Statusvorsprung des Mannes dadurch fundiert, ständig reproduziert und legitimiert, daß er es war, der im Normalfall den Besitz- und Eigentumstitel an Grund und Boden innehatte« (Heidi Rosenbaum). Sexualität hatte – zumindest in den unteren Ständen – vornehmlich die Funktion der Fortpflanzung und weniger jene des Lustgewinns. In bezug auf die Bauern weist ein Dokument auch ganz nüchtern auf die einschränkenden äußeren Bedingungen für den erotischen Austausch hin: »Liebe mit hungrigem Bauch, Zärtlichkeit nach 12stündiger Feldarbeit, unverklemmte Sexualität in einer ungeheizten Kammer fällt eben schwer.« In dieser Zeit ereignet sich indessen auch die Umwertung von Sexualität; erotischer Austausch gerät in der allmählichen Vorbereitung frühkapitalistischer Zeit in das System von Arbeit,

Kontrolle, Wissen und Rationalität. Michel Foucault merkt zu jener Epoche an: ». . . man muß vom Sex sprechen wie von einer Sache, die man nicht einfach zu verurteilen oder zu tolerieren, sondern vielmehr zu verwalten und in Nützlichkeitssysteme einzufügen hat.« Die Bedeutung der Arbeit nimmt nun immer mehr zu und bahnt sukzessive die Epoche des Kapitalismus an. Es ist klar, daß der Sexualität und dem, was sie an Energien jeweils benötigt, Schranken gesetzt werden müssen. Georges Bataille erklärt: »Eine freie überschäumende Sexualität verringert . . . auch die Eignung zur Arbeit, ebenso wie anhaltende Arbeit den sexuellen Hunger vermindert. Es besteht also zwischen dem eng mit der Arbeit verbundenen Bewußtsein und dem sexuellen Leben eine Unvereinbarkeit . . .«

Das bürgerliche Familienideal, dem wir im Leben und Denken noch heute verhaftet sind, bildet sich in der letzten Hälfte des 18. Jahrhunderts und recht eigentlich dann im 19. Jahrhundert heraus. Immerhin sind zu dieser Zeit nur etwa 50% der Bevölkerung verheiratet. »Die bürgerliche Familie zählt zu jenen Familienformen, die keine Produktionsaufgaben wahrnehmen und die deshalb durch die Trennung zwischen Erwerbsarbeit und Haushalt gekennzeichnet werden. Aufgrund der relativ günstigen wirtschaftlichen Lage großer Teile des Bürgertums werden die Kinder von Beiträgen zum Lebensunterhalt befreit. Der Frau verbleibt noch die Hausarbeit bzw. deren Organisation. Sie leistet jedoch keine Erwerbsarbeit. Auf dieser strukturellen neuen Basis bilden sich allmählich neue Formen und Inhalte des nunmehr ›privaten‹ Familienlebens heraus. Dazu gehören die zentralen Merkmale ›moderner Familie‹: Kindzentrierung sowie Intensivierung und Intimisierung der persönlichen Beziehungen« (Heidi Rosenbaum). Mit der Separierung des Haushalts von der Erwerbsarbeit nimmt die Funktionstrennung der Geschlechter immer mehr zu und damit auch die gegensätzliche Definition von Mann und Frau; Elisabeth Badinter notiert dazu: »Man ist immer bemüht gewesen, Mann und Frau durch Gegensätze zu definieren. Nicht um Feinde aus ihnen zu machen, sondern im Gegenteil, um sie in der Komplementarität besser miteinander zu vereinen. Dem Mann die physische Kraft, die Macht der Vernunft und Meisterung der Welt. Der Frau die Sensibilität, die Hingabe für die Ihren und die Unterwerfung. Der Geschlechtsunterschied wird zu einem nicht zu überwindenden Funktionsunterschied, dessen Verletzung stets als Bedrohung wahrgenommen wird. Eine Frau, die den Mann nachahmt und sich seiner Rolle bemächtigt, erscheint – ebenso wie ein Mann, der in dieser Weise verfährt – rasch als eine Gefahr für die Ordnung der Welt und als eine

Quelle menschlichen Unglücks. Die Natur, meint man, wird solche Herausforderungen nicht verzeihen ... Der Zweck des weiblichen Daseins ist die Mutterschaft, der sie sich nicht entziehen kann, ohne einen Fehler zu begehen, der für ihr Glück verhängnisvoll ist.«

Im Mittelpunkt von Familie und Ehe steht nun die personale Beziehung zwischen Mann und Frau; an die Stelle der ökonomischen Funktion ist die emotionale getreten. Die romantische Liebe, die in früherer Zeit privilegierten Schichten und Märchengestalten vorbehalten war, wird nun zum gesamtgesellschaftlichen Vorbild. »Neu ist nun, daß der bürgerliche Mann endgültig aus dem Kreis des Hauses heraustrat und sich damit nicht nur die Tätigkeitsbereiche von Frau und Mann, sondern auch ihre Lebenswelten weitgehend voneinander schieden ... Für die Frau wurde das Familienleben zum zentralen Inhalt ihres Daseins, für den Mann war es ein Lebensinhalt unter mehreren und wurde zudem primär unter der Perspektive des Refugiums vor den Anforderungen im Beruf wahrgenommen« (Heidi Rosenbaum). Gesellschaftlich definierte die Frau sich nun über die soziale Rolle und die Stellung ihres Mannes. Immer mehr fallen männliches und weibliches Leben auseinander; der Mann versteht sich nahezu nur noch über die Sachbezüge seines Berufes, die Frau über die Gefühlsbezüge ihrer »Beziehungsarbeit« mit Kindern und Männern. Auch für die Sozialisation der neuen Generation setzt das neue Akzente: Die männlichen Kinder werden vermehrt zu Leistung, Sachlichkeit, Nüchternheit und Härte erzogen, die weiblichen zu Emotionalität, Hingabe, Sensibilität, Passivität.

Je mehr im Laufe des 19. Jahrhunderts die Familie auch noch ihre Funktion als Hauswirtschaft verliert und immer mehr zur Konsumtionswirtschaft wird, desto deutlicher verliert sie ihre quantitative Größe, hört auf, mehrere Generationen einzuschließen, und wird zur bürgerlichen Klein- oder Kernfamilie. Einmal mehr vollzieht sich diese Entwicklung in allen Schichten und Klassen; auch die immer stärker werdende Arbeiterbewegung des 19. und beginnenden 20. Jahrhunderts vermag es nicht, zur bürgerlichen Kleinfamilie eine Alternative zu entwickeln. Die Normen und Postulate des bürgerlichen Familienlebens bestimmen auch das Proletariat. Im Gegensatz zum frühen und späten Mittelalter ist eigentlich erst jetzt die Familie zu der einzig vorstellbaren und faktisch verbindlichen Lebensform geworden. Ihrer einstmals produktiven Funktionen entleert und beraubt, ist die Familie nun primär affektives Beziehungsgeflecht zwischen Mann, Frau und Kind.

Diese Eheform monopolisiert nun auch immer deutlicher jedwede Sexualität: »Die durch die Ehe geregelten Geschlechtsverhältnisse müssen sich mit den erlaubten und geduldeten nicht völlig decken. Etwas anderes ist es, daß sich die aus der langdauernden Fürsorgegemeinschaft der Ehegatten erwachsenen sozialen, affektiven und moralischen Dauerhaltungen auch auf ihr Verhältnis als Geschlechtspartner übertragen, so daß dies von habituellen und sozialen Stabilitätsbedürfnissen getragen, die Tendenz zum Vorrang vor flüchtigen Geschlechtsbeziehungen, ja, die Tendenz zur Monopolisierung der sexuellen Beziehungen entwikkelt« (Helmut Schelsky).

Diese moderne Ehe zentriert sich also um die emotionale Reproduktion der Arbeitskraft, um die Gefühle von Frau und Mann, um Sexualität und Beziehungsarbeit; damit ist sie affektiv unzweifelhaft überfrachtet. Die Folgen bezeichnet Jacques Donzelot: »Dies also ist die fortgeschrittene liberale Familie: ein Überrest des Feudalismus, dessen äußere und innere Konturen sich unter dem Eindruck einer Intensivierung ihrer Beziehungen und um sich greifender Vertraglichkeit ihrer Bindungen verwischen; eine Art endloser Drehspindel, auf der das Lebensniveau, das Erziehungsverhalten und das Bemühen um sexuelles und affektives Gleichgewicht sich gegenseitig zu einer Suche aufschrauben, die mit jeder Umdrehung die Familie stärker auf sich konzentriert; eine unstabile Zusammenfügung, die jeden Augenblick vom Ausfall ihrer Mitglieder bedroht wird, durch das Beziehungsfieber, das sie den Versuchungen des Außen aussetzt, und die Überbewertung des Innen, die sie zur Flucht treibt; ein halbgeöffneter Ort, dem das Verlangen nach Rückzug auf sich selbst und Wiederherstellung seiner alten Macht auf Kosten der individuellen Integrität seiner Mitglieder so wenig Ruhe läßt wie die Versuchung, sich völlig aufzugeben, was sie, die Mitglieder, noch um dieses letzte Stück Identität außerhalb der Gesellschaftsdisziplin bringen würde.«

3. Liebe und Trennung

Das Fazit wissenschaftlicher Forschung über die Entwicklung von Ehe und Familie läßt sich vergleichsweise leicht, wenn auch etwas pauschal zusammenfassen: Der sachliche, d. h. insbesondere ökonomische Funktionsverlust der Familie und die zunehmende Instabilität der Außenwelt bedingen notwendigerweise eine emotionale und auch bedeutungsmäßige Überlastung der Liebesbeziehung und damit eine Verunsicherung des Paares. Die Ehe wankt und bröckelt, seit sie nur noch auf die Intimität von Mann und Frau gebaut ist; die Ehe zersetzt sich und stirbt an Überforderung, seit das zunehmende Unglück der Außenwelt von Krieg und Kriegsgefahr, von Naturzerstörung und technischen Katastrophen die Glückserwartungen an Liebe und Beziehung ins Immense gesteigert hat. Das ist der sachliche Befund, die nüchterne Bilanz unserer Tage, unerfreulich, aber wohl wahr. Indessen: Wo ist die Alternative?

Berger und Berger schreiben: »Die bürgerliche Ehe ist dazu ausersehen, einen ›Hafen‹ stabiler Identität und Bedeutung in einer sozialen Situation zu gewährleisten, in der diese Mangelware sind ... Darüber hinaus sind zwei Individuen in der Lage, ›ihre eigene Welt‹ zu konstruieren, angesichts der Komplexität des modernen Lebens ...« Wo sollte das sonst gegenwärtig geschehen? Sam Keen merkt an: »Wenn wir keine Familien mehr aufbauen, in denen Kinder willkommen sind, umsorgt und geliebt werden, richten wir eine Gesellschaftsordnung ein, in der wir immer mehr Ersatz für die fehlende Freundlichkeit produzieren. Diese Gesellschaft wird von fernen Autoritäten regiert, die die Massen entweder durch eine Schwemme von Waren oder durch repressive Polizeistaatsmethoden unter Kontrolle halten. In einer solchen Welt werden wir niemals das Gefühl haben, als derjenige bekannt zu sein, der wir sind. Wir werden immer eine Maske tragen, Rollen spielen, uns verstecken.

Ohne die Wiederherstellung des Familiären – was nicht nur die erweiterte und die Kernfamilie betrifft, sondern auch die Integrität des Ortes, der Umwelt und der Gemeinschaft, worin allein die Familie gedeihen kann – gibt es keine Möglichkeit, die Sache des Friedens zu fördern. Die Fähigkeit, freundliche Zuwendung über den Bereich der biologischen Familie hinaus zu erstrecken, beruht auf der Erfahrung, in eine liebevolle Verwandtschaft eingebunden gewesen zu sein ... Wer ein Liebender werden will, braucht die Familie als eine unerläßliche Schule des Mitgefühls.« Was kann man dagegen an Argumenten finden?

Dagegen stehen die Fakten von Scheidung, Trennung, Liebesleid, Suizid aus verzweifelter Liebe, Mißhandlungen in der Ehe, sich körperlich und psychisch folternden Partnern und ähnlichem mehr. Ehe, Familie und Liebe sind problematisch geworden; viele flüchten aus ihr, aber wissen so recht eigentlich nicht, wohin; die Alternativen zu Familie, Ehe und Liebe scheinen nur Familie, Ehe und Liebe zu sein. »Die einzige Antwort auf diese Verwirrung ist die Vermehrung der Berater und Psychologen, deren Zahl stets noch zu klein ist angesichts der Nachfrage der hilflosen Eltern, verstörten Kinder, unglücklichen Paare, der Unverstandenen, derer, die nach einem Sinn ihres Lebens suchen« (Jacques Donzelot).

Jedes Kompendium über Ehe, Familie und Liebe weist aus, daß die Zahl der unvollständigen Familien immer mehr steigt, daß sich nationale und internationale Scheidungsstatistiken dramatisch entwickeln, daß die Familie fortschreitende Auflösungstendenzen zeigt, daß die traditionelle Aufgabenteilung in der Ehe nicht mehr aufrechterhalten werden kann, daß immer mehr Liebes- und Erziehungsdefizite entstehen.

Verwirrung herrscht insbesondere auch in einem Zentralbereich von Ehe, Familie und Liebe: der Sexualität. »Gravierende Normveränderungen« konstatiert die Soziologie, wenn sie über moderne Sexualität spricht; gemeint ist damit voreheliche und außereheliche Geschlechtsverkehr, die Monogamieproblematik, die zunehmende Homosexualität, die wachsende Anzahl sexuell gestörter Menschen, um nur wenige Beispiele zu nennen. Sam Keen faßt zusammen: »Der Kapitalismus forderte eine Ethik des Triebaufschubs. Eros und Geld mußten akkumuliert, durften nicht leichtfertig verschwendet werden. So wurde das romantische Ideal von der Vorstellung verbotener Liebe und Sehnsucht geschieden, und das neue Konzept der romantischen Ehe trat ins Leben. Und so hoffte man, daß Liebe und Sex in der Unverletzlichkeit der Ehe für alle Zeiten glücklich zusammenleben würden ... Irgendwann in den Sechzigern verlor der romantische Mythos seinen Einfluß, und unsere Sexualmoral begann sich zu verändern. Voreheliche Sexualität wurde anerkannte Praxis. Unverheiratete Paare lebten offen und ungetadelt zusammen. Erotische Minderheiten tauchten aus dem Verborgenen auf. Frauen nahmen die Pille und forderten das traditionelle männliche Recht auf entspannte Sexualität – ›den Spontanfick‹, wie Erica Jong es später taufen sollte. Abtreibung wurde problemlos, das Zeitalter der ›Repression‹ war vorüber.« Die kapitalistische Industrie schob sich bald in diese »sexuelle Befreiung« und nutzte sie aus; eine ganze Sexindustrie entstand, die – nachdem bestimmte Bedürfnisse gesättigt waren – von der Pornoindustrie abgelöst wurde. Sexualität entleerte sich von der Liebe und verknüpfte sich nun – wechselweise – mit Emanzipation, Körperlust, Obszönität, Gewalt, Sextechnik ...

Doch fürchterlich viel scheint das alles offenbar nicht zu bringen – Sam Keen notiert zu recht: »Als Wanderer im Niemandsland, enttäuscht von den alten Göttern, Moralvorstellungen, Ideologien, ermüdet vom Bürgerkrieg zwischen Geist und Körper, Mann und Frau, Nation und

Nation, müssen wir zu Pilgern werden, müssen wir nach einer neuen Vision suchen und ein neues Bewußtsein entwerfen.«

Die neuen Ziele der Wanderung sind aber noch nicht bestimmt; nicht einmal richtige Wegweiser scheint es zu geben. Vielmehr sind auf der Wanderschaft – vorne und hinten, links und rechts, oben und unten – die alten Fallen aufgestellt, denen man gerade entkommen ist. Die Wanderer beiden Geschlechts, die sich – von Trennung oder gar Scheidung enttäuscht – auf den Weg gemacht haben, treffen dort zumeist nur den neuen Partner – in seltenen Fällen auch den alten –, die neue Liebe, und nach einer Weile, welche oft sogar mit neuen Ideen und Zielen durchsetzt sein kann, landen beide in alten Häfen: erneute Partnerschaft, erneutes Zusammen-Wohnen, zweite oder dritte Ehe. Die Alternativen fehlen eben noch, und jene, die Neues auszuprobieren suchen, werden in der Tat auch nicht gerade glücklich. Berger und Berger haben wohl nicht unrecht, wenn sie schreiben: »Die Leute lassen sich in solcher Zahl scheiden, *nicht* weil sie sich von der Ehe abwenden, sondern vielmehr, weil ihre Erwartungen an die Ehe so hoch sind, daß sie sich nicht mit unbefriedigenden Annäherungen zufriedengeben wollen.«

Hin- und hergerissen zwischen alten Idealen und neuen Versuchen, zwischen neuen Partnerschaften und immer wieder neuen Trennungen und Scheidungen, geht nicht nur individuell, sondern auch kollektiv viel Energie verloren. Es ist bislang weder bedacht noch ausgerechnet worden, was volkswirtschaftlich an Kräften, Ressourcen und Geld durch Beziehungskrisen, Liebesleid und Trauerarbeit verschlissen worden ist und noch immer weiter verbraucht wird. Doch auch in Ermangelung konkreter Daten und Zahlen läßt sich schlußfolgern, daß Trennung nationalökonomisch zu einem Problem geworden ist, das einen nicht unbeträchtlichen Anteil am Bruttosozialprodukt schluckt, das Arbeitsstunden kostet, das Kräfte vom Engagement für das Gemeinwesen abzieht, das kollektive Energien verschleißt.

Die Beschreibung bliebe oberflächlich, wenn übersehen würde, daß daran die strukturelle Entwicklung des Gemeinwesens die größte Verantwortung selber trägt. In seinem excellenten Buch »Die Trennung der Liebenden« weist Igor Caruso auf den Kontext hin, in dem die Ich-Katastrophe von Trennung und Scheidung mit unserer Gesellschaftsstruktur steht: »Im Augenblick einer solchen Ich-Katastrophe kommt es zu einer eigenartigen Verengung des Bewußtseins, die Welt besteht förmlich aus der Wunde der Trennung, und die unerträgliche narzißtische Kränkung ist dem Betroffenen im Augenblick wohl wichtiger als die mögliche Gefahr eines Weltkrieges. Der Betroffene fühlt und sieht nur sein regredierendes und schmerzendes Ich. Er gewinnt zu diesem keine Distanz, denn diese Distanz wird nur durch eine beglückende Beziehung zur Gesellschaft, oder zumindest zu einer Gruppe, ermöglicht. Hier aber wird das größte Opfer, an dem der Mensch fast zugrunde geht, gerade dem Moloch Gesellschaft gebracht. Von der Natur entfremdet, in einer Gesellschaft, die auf Konkurrenz und Unterdrückung begründet ist, ist der Mensch in der Ich-Katastrophe sich selbst überlassen. In einer Gesellschaftsform, die den Menschen zum Wolf zwischen den Wölfen werden läßt, sind die Kräfte des Eros erstens prekärer, bedrohter als in einer ihn tragenden Gemeinschaft; zweitens wird die Liebe selbst – so sehr sie auch gesellschaftlich gefährdet sein mag – mit aller Sehnsucht des einsamen Menschen nach Erlösung aus seiner entsetzlichen Einsamkeit ausgestattet. Die Liebe wird dort besonders mystifiziert, wo das ›Elend der Kreatur‹ von der Gesellschaft zur Institution erhoben wird.«

Wesentliche Kennzeichen unserer Gesellschaftsstruktur machen Trennung noch schwieriger, als sie eh schon ist: Ihre Possessivität, ihr Konkurrenzdenken und die damit verbundene Aggressivität, ihr Individualismus fördern und verstärken das Elend des einzelnen in der Trennung. Dabei ist das Verlassen-Werden als *solches* schon existenzeingreifend genug. Trennung ist – in den Worten Carusos – »personale Entstrukturierung«; das heißt: Ich-Auflösung, Ich-Katastrophe, narzißtische Kränkung, Weltschmerz, ein Stück Tod. Trennung ist die Wiederholung jener ontogenetischen Erfahrung, die jeden Menschen zwingt, das geborgene Leben im Mutterschoß aufzugeben und sich in der Welt selber und allein durchzusetzen. Michael Balint beispielsweise hat dies in seinem Buch »Urformen der Liebe« eindrucksvoll beschrieben. Zur gleichen Problematik notiert Sam Keen: »Zur gegebenen Zeit wird die Einheit von Mutter und Kind durchbrochen. Die Reise der Individuation beginnt. Kontradiktion. Krämpfe. Die Gewalt und der Schmerz der Trennung. Das Geburtstrauma. Von diesem Augenblick an wird der Archetypus der Geburt für alle Zeiten tief in den menschlichen Organismus eingraviert sein. Jede Krise, in der die Psyche in eine größere Welt gezogen, geschoben und gezwungen wird, findet ihren symbolischen Ausdruck im Trauma und im Triumph der Geburt ... Die Geburtschaft ist ganz. Ein Raum tut sich auf zwischen Ich und Du. Eine Leere öffnet sich wie zwischen Matrix und Kind. Das Selbst wird aus dem Nichts geboren – ex nihilo. In der Leerstelle zwischen Mutter und Kind, zwischen Objekt und Subjekt, entsteht, wenn die Nabelschnur durchtrennt wird, ein neues Wesen, das für alle Zeiten auch durch seine Trennung definiert ist.« (Siehe für die kognitiven Aspekte von Trennung den Abschnitt III. 2 »Das Universum«.)

Die Sehnsucht nach dem Schoß, in dem es nur Geborgenheit und keine Grenzen gibt, bleibt; sie durchzieht nicht nur Märchen und Mythen, sondern jedwede menschliche Existenz. So regredieren wir denn immer wieder in Momenten der Einheit in den Schoß der Mutter. Die Sehnsucht nach diesem vollständigen Aufgehobensein verläßt uns nie. Andererseits drängt es uns auch immer wieder zu neuen Ufern; ein ums andere Mal müssen wir uns dabei von Altem trennen, Abschied nehmen, Überwundenes zurücklassen ... Trennung gehört zum Leben; das wissen wir, zumindest im Kopf. Neues, Veränderungen und Wandlung in unserer individuellen wie kollektiven Existenz ist nur über Verlust, Trennung und Tränen möglich. Auch das ist bekannt. Und trotzdem: Jede Trennung ist zunächst und vor allem einmal Tod, und als solcher setzt sie sich in uns fest.

II. Der Alltag in Partnerschaft und Trennung

Der Alltag repräsentiert das jeden Tag Erfahrene und jeden Tag zu Verrichtende, das Altbekannte und durchaus Selbstverständliche; er enthält, was jeder hinreichend kennt und was so recht eigentlich keinen mehr interessiert. Literarisch liest sich das zum Beispiel dergestalt: »Ich betrachte ihre schlaffen Gesichtszüge, die müden Augen, die getuschten Wimpern, die fleischige Nase, die blutleeren Lippen, das wabbelige Doppelkinn mit den Puderflecken. Die Milch kochte über. Mama bemerkte es zu spät, denn die Augen waren ihr vor Müdigkeit zugefallen. Sie stieß einen Fluch aus, drehte das Gas ab und füllte die verbliebene Milch in eine Tonschale. Mit dem dampfenden Gefäß in der Hand ging sie zur Tür. ›Gute Nacht‹, sagte sie, ohne sich umzudrehen. Papa blickte auf, erwiderte aber nichts. ›Wenn du ins Bett gehst, mach bitte keinen Lärm‹, fügte sie hinzu und warf die Tür hinter sich ins Schloß.« Was Dacia Mariani hier beschreibt, hat Albert Camus in seinem Roman »Der Fremde« noch um vieles konziser bezeichnet. Die Monotonie des Alltags faßte er folgendermaßen zusammen: »Lever, tramway, quatre heures de bureau, repas, tramway, quatre heures de travail, repas, sommeil, et lundi, mardi, mercredi, jeudi, vendredi et samedi sur le même rythme.«

Die Sozialwissenschaftler bestätigen, was Literaten derart beschreiben. So definiert Henri Lefebvre, den man nachgerade als Pionier der Erforschung des Alltäglichen bezeichnen muß, Alltag folgendermaßen: »Das Alltägliche, das ist das Bescheidene und das Solide, das Selbstverständliche, das, dessen Teile und Fragmente sich in einem Stundenplan verketten. Und zwar, ohne daß man (der Betreffende) die Artikulation dieser Teile prüfen muß. Das, was ohne Datum ist. Das ist (offenbar) das Unbedeutende.«

Der Alltag ist also die Summe des täglich Erlebten und täglich immer wieder zu Erlebenden, des täglich Gemachten und zu Machenden. So ist das allgemeine Urteil über den selbstverständlichen und banalen Charakter des Alltags unumstritten. Vielleicht ist hiermit sogar schon zuviel gesagt; denn im Grunde ist der Alltag eigentlich gar kein Thema, dem es sich zu widmen verlohnte. So sprechen denn die Menschen lieber von dem, was sie an Erlebnissen, Ereignissen, Festen und Amouren über den Alltag hinaushebt.

Auch in den Zeitungen und im Fernsehen macht der Alltag keine Schlagzeilen. Desgleichen negieren Kunst und Literatur das Alltägliche, um gleichsam als Kompensation eine Gegenwelt zu schaffen, der nicht mehr eignet, was den Alltag charakterisiert. Ein Arbeiter, der Steine klopft, eine Hausfrau, die am Herd steht, ein Angestellter in der Buchhaltung sind in ihrer Alltäglichkeit keine Themen für Kunst und Literatur. Selbst jene Werke, die sich realistisch geben, konstruieren den Sonderfall, der den Alltag aufhebt.

Kunst und Literatur stehen nicht allein; sie teilen die Abneigung gegenüber dem Alltäglichen mit uns allen. Der Alltag, das ist sicher, erfreut sich keiner Popularität. Niemand schätzt ihn; jeder möchte ihm entgehen; alle Welt betont seine Konventionalität und Bedeutungslosigkeit. Solcher allgemein geteilten Ansicht hat Siegfried Kracauer deutlich widersprochen:

»Der Ort, der eine Epoche im Geschichtsprozeß einnimmt, ist aus der Analyse ihrer unscheinbaren Oberflächenäußerungen schlagender zu bestimmen als aus den Urteilen der Epoche über sich selbst.« Kracauer meinte mit diesen »unscheinbaren Oberflächenäußerungen« die Verhaltensweisen der Menschen, deren Gewohnheiten, Moden, Lesestoff u. a. Er glaubte, daß in solchen Phänomenen unseres alltäglichen Lebens viel mehr über unsere Zeit und unsere Gesellschaft deutlich wird als in den Reden und Aktionen der Staatsmänner und Politiker. Um Aufmerksamkeit zu erwecken, müßte der Arbeiter schon revolutionär sein, die Hausfrau eine Madame Bovary und der Angestellte zumindest ein Mittelsmann der Mafia.

Alltag bedeute in der Tat mehr, als er uns gemeiniglich bedeutet: Gerade weil der Alltag uns so alltäglich ist, muß er als wichtig bezeichnet werden. Unzweifelhaft liest sich dieser Satz widerspruchsvoll; er gibt sich paradox und ist doch simpel zu verstehen: Der Alltag macht den Großteil unseres Daseins aus. Er charakterisiert und strukturiert unser Leben. Das Alltägliche ist das, was uns umfaßt und ergreift. Weniger Fest und Feier verraten, wie die Menschen sind, als vielmehr die Drängelei in der Tram, die Konkurrenz im Büro. Nicht die Hochzeit zeigt der Geliebten, wie der Geliebte ist; erst der Alltag dokumentiert es beim Einkaufen, Abwaschen, Tischdecken. Probleme, die sich uns stellen, eröffnen sich im Alltag und wollen im Alltag gelöst sein; Entscheidungen, die für uns von Bedeutung sind, fallen zumeist nicht in den Ferien, sondern wollen im Alltag getroffen sein; menschliche Grundbedingungen wie Angst und Glück, Sorge und Liebe erwachsen aus dem Alltag, obwohl sie ihn dann häufig transzendieren. Der Alltag ist unsere Wirklichkeit; als solche bestimmt er unser Dasein, in dieser Welt, in diesem Land, in dieser Gesellschaft.

Zum Alltag gehört unsere Arbeit, die wir verrichten; die menschlichen Kontakte, die wir haben. Zum Alltag gehört, was uns ferner steht und heute nahezu undurchschaubar wirkt: die sozialen Beziehungen, die in ihrer Gesamtheit die Gesellschaft ausmachen; die sozio-kulturellen Mechanismen, die materiell und ideologisch unser Leben bestimmen. Zum Alltag gehören die Vorurteile, die wir haben, unsere Gefühle und Meinungen. Zum Alltag gehört unser Partner und die Interaktion mit ihm. Zum Alltag gehören die Straßen, die wir durchlaufen, die Wege, die wir machen oder fahren, unsere Städte und deren Ge- und Verbautsein. Zum Alltag gehören unsere Produktionsverhältnisse, unsere Wirtschaftsgesellschaft und deren Profitmechanismen. Diese Elemente gehören nicht nur zu unserem Alltag; sie bestimmen ihn auch.

Deshalb wäre es wichtig, sie zu kennen. Diese Bedeutsamkeit des Alltäglichen für unser Dasein ändert freilich nichts an dem schon vorher Konstatierten: Der Alltag wird ignoriert. Das ist bedauerlich und gefährlich zugleich: Wenn wir Tag für Tag als bekannt ansehen, was wir niemals sinnvoll erkannt haben, wird der Alltag zum Mythos. Die Dinge und Ereignisse, die uns umgeben, erwecken den Eindruck, als bedeuteten sie von ganz allein. Sie werden hin- und aufgenommen, als seien sie von nachgerade ritueller Funktion. Not und Glück, Ungerechtigkeit und Gerechtigkeit, Privilegien und Armut, Häuserabbruch und Verschandelung der Städte, Industriegesellschaft und Kapitalismus, Neurosen und Langeweile werden wie alles Positive und Negative als unabänderlich aufgefaßt. Warum alltäglich etwas geschieht, steht dahin: *daß* es geschieht, ist Grund genug, es als legitim anzusehen. Der Sinn des alltäglich sich Ereignenden liegt damit in seiner bloßen Faktizität; sinnvoll ist etwas, eben weil es geschieht. Die Folgerung dieser pragmatischen Maxime ist recht simpel: Was ist, ist, weil es so sein muß. Diese akzeptierte »Natürlichkeit« des Alltäglichen bedingt die Passivität des Menschen, der gegen ihre angeblich ewige Notwendigkeit nichts unternehmen kann. Der Zweck dieses Mythos ist, Welt und Gesellschaft immobil zu machen, und unsere Beziehungen letztendlich auch. Den alltäglichen Dingen und Ereignissen wird dergestalt die Erinnerung an ihre Herkunft genommen. Die Ursprünge des Gewordenen verschleiern sich, so daß jeder Gedanke und jede Aktion, die das einmal Gemachte revidieren wollen, zur Kapitulation gezwungen werden.

Das alltäglich Bestehende erscheint dergestalt – wo auch immer – als unverrückbar und unveränderbar. Solches bedingt das Sterben jeglicher Utopie, den Verzicht auf Kritik, den Mangel an allfälliger Erkenntnis; solches bedingt, daß die Herrschaft der gesellschaftlichen Praxis über das Bewußtsein in ihrer Alltäglichkeit gleichsam totalitäre Züge annimmt. Worum es sich hier handelt, handeln sollte, beschreibt Henri Lefebvre: »Da es um das Alltägliche geht, geht es also darum, die Gesellschaft, in der wir leben, die die Alltäglichkeit ... erzeugt, zu charakterisieren. Es geht darum, sie zu definieren, ihre Veränderungen dadurch zu definieren, daß man unter den offenbar unbedeutenden Tatsachen etwas Wesentliches festhält, daß man die Tatsachen ordnet. Die Alltäglichkeit ist nicht nur ein Begriff, sondern man kann diesen Begriff als Leitfaden nehmen, um ›die Gesellschaft‹ zu erkennen. Und zwar dadurch, daß man das Alltägliche im Globalen situiert: im Staat, in der Technik und in der Technizität, in der Kultur (oder im Zerfall der Kultur) usw. Das ist unserer Meinung nach die beste Art, die Frage anzugehen, das rationellste Vorgehen, um unsere Gesellschaft zu begreifen, sie zu definieren und gleichzeitig in sie einzudringen. Ist es nicht besser, ist es nicht rationeller, auf diese Weise vorzugehen, als lange irreführende Umwege einzuschlagen? Der eigenartigste und dennoch populärste dieser Umwege geht über die Ethnologie: Um die moderne Welt zu verstehen, sei es vorteilhaft, bei den Bororo oder den Dogon anzufangen ... Was wir bestreiten, ist die Möglichkeit, durch diesen Weg zur Erkenntnis unserer Epoche, unserer Zeit, unserer Gesellschaft zu gelangen. Der Umweg ist nur eine Art, sich abzulenken, zu fliehen.«

Wir sollten uns also vermehrt mit jenem Alltag beschäftigen, der uns stets und immer umgibt. Wir sollten auch versuchen, zu ändern und zu verbessern, was uns alltäglich stört, mißfällt und frustriert. Denn ein besserer Alltag bedeutet: ein besseres Leben für alle, in der Beziehung, der Ehe, der Trennung und anderswo.

1. Die Organisation des Alltäglichen

Menschen treffen und verlieben sich; Funken stieben, Sterne blitzen, aufgehende Sonne, leuchtende Augen. Fast scheint es, daß die Trivialliteratur am plastischsten beschreibt, welche Explosion der Gefühle in einer ersten Phase von Verliebtheit geschieht. Auch reflektierende und kritische Menschen geraten, wenn sie die ersten Begegnungen mit dem geliebten Partner schildern, leicht, allzu leicht in den Jargon des Kitsches.

Wird die Verliebtheit als Phase mit ihrer Verzauberung und den Hochgefühlen nicht als solche beendigt, entsteht über kurz oder lang, was im ungesetzlichen Sinne als Beziehung und im gesetzlichen als Ehe bezeichnet wird. Die Verliebtheit muß dabei nicht weichen; aber sie wird auf jeden Fall durch anderes ergänzt: Gleichmaß, Regelmäßigkeit, Gleichförmigkeit, Selbstverständlichkeit, Gewöhnung und Routine. Das Außergewöhnliche und der Normalzustand geraten aneinander, und nur wenn sie befriedigend integriert werden können, ist Partnerschaft sinnvoll und vor allem auf Dauer lebbar. Die fortwährende Passion ist unmöglich; sie endet sogar in Film und Literatur mit dem Tod – umgekehrt ist auch das Gleichmaß in Permanenz für jede Beziehung tödlich, wenn auch nicht im physischen Sinne; aber Paare, die ohne Spannung und Abwechslung nur noch nebeneinanderherleben, sind im lebendigen Sinne des Begriffs »Beziehung« eigentlich schon mumifiziert. Das Normale und das Besondere müssen sich also bedingen.

Das Unkonventionelle und die Routine

Diese allgemeine Bemerkung läßt sich am Beispiel von Monika und Hans verdeutlichen. Beide hatten sich während der Studentenrevolte kennengelernt und versucht, die Postulate der Bewegung in ihrer Beziehung umzusetzen: Selbstverwirklichung, Freiheit, Spaß, Unabhängigkeit, aber trotzdem Sicherheit, kein Besitzanspruch. Sie wohnten zusammen in einer vergleichsweise großen Studentenbude. Tagsüber waren sie in der Universität; abends stürzten sie nach Hause, aßen schnell etwas aus dem Kühlschrank und gingen dann zu studentischen Versammlungen oder in die Kneipe. In dieser Unkonventionalität gefiel beiden die Beziehung ausnehmend gut, auch als sie dann zur Ehe wurde. Gleichförmigkeit war als bloße Möglichkeit des alltäglichen Lebens ausgeschaltet. Als Monika und Hans indessen ihre Studien abgeschlossen hatten, berufstätig wurden und sich eine Wohnung einrichteten, setzten – nach ihren eigenen Worten – Routinisierung und Entleerung ein. Plötzlich fehlten die starken Außenreize von Abwechslung und Unkonventionalität. Der Alltag kostete so viel Energie, daß nun sogar manchmal die Kraft für den Gute-Nacht-Kuß fehlte. Diese Ehe zerbrach an der Unfähigkeit, das Normale und das Besondere zu integrieren.

Marion und Karl erlebten nicht einmal diese Wandlung von der Bewegtheit zur Gleichförmigkeit in ihrem Zusammenhang; von Anfang an kannten sie nichts anderes als graue Gewöhnung. Marion und Karl hatten sich auf dem Fest eines gemeinsamen Bekannten zum erstenmal getroffen, ein wenig zusammen getanzt und ihre Adressen ausgetauscht. In der Folgezeit trafen sie sich hin und wieder zum Essen, fürs Kino und einmal zum Skifahren. Die Bekanntschaft ging nach kurzer Zeit auseinander und erneuerte sich dann nach einigen Monaten wieder. Bruch und Wiederaufnahme der »Beziehung« von Karl und Marion wiederholten sich viermal. Dann kamen beide, wie sie bekennen, zu »dem vernünftigen Schluß, daß sie doch keinen besseren Partner kennenlernen würden«. Karl und Marion heirateten, weil sich keine Alternative bot und weil »Zusammenleben das kleinere Übel im Vergleich zum Alleinsein« für sie war.

Dementsprechend lebten sie in der Folgezeit nebeneinander her. Glück, Liebe und Ekstase blieben je und immer Fremdwörter in dieser Ehe. Außenstehende bezeichneten das Leben von Marion und Karl mit allem Recht als »ausgesprochen fad«. Beide arbeiteten; abends trafen sie sich beim Essen; anschließend wurde Fernsehen geschaut. Gäste und Einladungen gab es so gut wie nicht; die impulslose Beziehung von Karl und Marion wirkte abschreckend auf Menschen. In dieser Ehe regiert in der Tat die Alltäglichkeit in ihrer grauesten Karikatur.

Besehen wir nun des näheren, wie vier Paare das Normale und das Besondere des Alltags lebten: Silvia und Ernst, Chloé und Thierry, Rebecca und Michael, Anna und Thilo.

Silvia erzählt: »Durch die zu frühe Schwangerschaft hatten wir überhaupt keine Zeit, uns einen gemeinsamen Alltag zurechtzubasteln. Mir war fast ununterbrochen übel, auch über die berühmten drei ersten Monate hinaus. Also haben wir uns nur so recht und schlecht durchgewurstelt. Ich hatte z. B. Mühe zu kochen; der Geruch vieler Lebensmittel hob mir fast den Magen. Unser fester Plan, abends gemeinsam etwas zu lesen, wurde häufig durch meine Müdigkeit unterbrochen. Ich habe die ersten Monate unserer Ehe nur als mühevolles Ringen gegen körperliche Schwierigkeiten im Gedächtnis.«

Ernst war all dem gegenüber ziemlich hilflos, nicht gerade unfreundlich, aber er stand irgendwie nur »daneben«. »Manchmal versuchte er, mich auf später zu vertrösten. Geholfen hat er mir nicht viel. So blieb z. B unsere Wohnung sehr lange Zeit nur halb eingerichtet, weil Ernst alleine weder Teppiche noch Lampenschirme besorgen wollte. Gäste hatten wir selten.« Nach der Geburt von Johannes ging es nicht viel besser mit dem gemeinsamen Alltag dieses Paares. »Ich fühlte mich sehr gefordert, ja überfordert. Johannes war ein schwieriger Säugling, er hatte oft Darmkrämpfe, war häufig erkältet und beanspruchte mich sehr. Wir schafften es zwar damals gerade noch, die Wohnung zu komplettieren; aber als klar wurde, daß ich so schnell nach der Geburt wieder schwanger war, verließen mich alle meine eben neu erwachenden Kräfte.« Silvia weiter: »Ich glaube, Ernst und ich haben damals nur sehr wenig miteinander gesprochen. Ich war froh, wenn er morgens aus dem Haus ging. Ich habe ihn damals gebeten, mittags in der Kantine zu essen, obwohl ein Nachhausekommen möglich gewesen wäre. Am Abend platzte er dann meist in die »Fütter-und-zu Bett-geh«-Rituale hinein und verschwand nach einigem oberflächlichen Gekose mit den Kindern in seinem Arbeitszimmer. Wenn wir gemeinsam aßen, war es meist 8 oder ½9 Uhr, und ich mußte mich gehörig zusammennehmen, um auch nur zusammenhängend reden zu können. Ich wußte auch gar nicht recht, was ich ihm erzählen sollte. Die Kleinigkeiten mit den Kindern waren so trivial, und Ernst interessierte sich auch wenig dafür. Das Wochenende fand ich meist furchtbar: Ich mußte nun sorgfältiger kochen, mehr einkaufen und die Kinder zur Ordnung anhalten. Wir haben damals, als die Kinder sehr klein waren, wenig unternommen.«

Abwechslung gab es kaum. Ernst wollte zunächst auch keinen Fernseher. Er war der Meinung, daß intelligente und interessierte Menschen solch »dumme Vergnügungen« nicht nötig hätten. »Da habe ich mich aber durchgesetzt. Der Fernseher war für mich zeitweise ungeheuer wichtig. Ich bekam einiges mit von der Welt, und außerdem verliefen die Abende dann weniger langweilig. Ich war nicht besonders gastlich. Ernsts Bürokollegen waren mir nicht sehr sympathisch; meine früheren Freundinnen habe ich aber ab und zu am Nachmittag getroffen. Die meisten von ihnen hatten ebenfalls Kleinkinder – na ja, wie solche Nachmittage verlaufen, weiß man ja ... Wir hatten große Mühe, uns einen gemeinsamen Bekanntenkreis anzuschaffen. Die früheren Club-Kollegen mochte Ernst nicht mehr so recht, und sehr viel Auswahl hat man ja in Paderborn nicht.«

In der Ehetherapie haben Ernst und Silvia darüber gesprochen, daß sie eigentlich fast nichts Gemeinsames haben und übrigens auch wenig Eigenes. Beide hatten sich gegenseitig wohl irgendwie gelähmt. Silvia erzählt, wie es nach dieser »Erkenntnis« und der Ehetherapie weiterging: »Wir haben mühsam und langsam gelernt, unseren Alltag zu gestalten: gemeinsame Kinobesuche oder Lektüre z. B. ... Wir mußten alles sehr bewußt planen, nach so viel verkehrten Anfängen gab es fast nichts Selbstverständliches. Eine wirklich gute Idee unserer Therapeutin war, daß wir uns doch auch auf unsere gemeinsamen Sportinteressen und -fähigkeiten besinnen sollten. Wir haben dies zuerst abgewehrt, weil wir ja immer dachten, diese Phase hätten wir hinter uns. Wir haben diesen Abschied vom Sport damals als eine Art ›Reifeschritt‹ betrachtet. Aber dann wurde uns klar, daß wir ja nicht unbedingt solch alberne Kampfsportler mit Clubleben sein müßten, um Vergnügen am Sport zu finden. Und so haben wir mit Radfahren, Wandern und Schwimmen begonnen. Später fuhren wir Ski. Manchmal bezogen wir die Kinder ein, aber wir haben uns auf Rat der Therapeutin auch um Freizeit nur zu zweit bemüht. Gott sei Dank hatten wir ja dann diese wunderbare Babysitterin – sie war wirklich ein Geschenk des Himmels!« Gäste und Freunde? Das ist immer noch ein wenig schwierig. »Wir finden selten ein Paar, das zu uns paßt, und ›Singles‹ sind doch irgendwie problematisch. Ich denke, die fühlen sich auch nicht wirklich wohl bei solchen Ehekrüppeln, wie wir es sind. Und dann die Kinder ... Über die haben wir übrigens auch ab und zu schon andere Eltern kennengelernt, aber sehr eng sind die Beziehungen nicht.«

Wir haben Ernst Silvias Aussage vorgelegt. Sein Kommentar: »Damit stimme ich ziemlich genau überein, leider ...« Er ergänzt dann noch folgendes: »Ich habe mich lange Zeit durch diese Schwangerschaft überrumpelt gefühlt. Nicht, daß ich Silvia dafür verantwortlich gemacht hätte, aber die ganze Situation, das war einfach zuviel. Vorher habe ich viele Luftschlösser gebaut, wie das mit uns beiden laufen könnte. Zuerst einmal: viel, viel Zärtlichkeit, und dann: Silvia als Hausfrau, die mich verwöhnt und umturtelt – das stellte ich mir unglaublich schön vor. Und abends Diskussionen, Lektüre. Ich dachte, ich könnte Silvia noch sehr viel geben. Aber in Wirklichkeit gab es – nichts. Silvia war immer leidend, und ich hatte schnell zu gar nichts mehr Lust. Oft habe ich Überstunden simuliert, um nicht allzu bald zu Hause zu sein. Diese Stunden habe ich dann oft lesend im Park verbracht, manchmal auch im Café.«

Ernst hat in dieser Zeit oft sehr große Sehnsucht nach seinem Junggesellendasein gehabt. »Da hatte ich immer das Gefühl von Aktivität und Mut empfunden. 3 bis 4 Monate Ehe – und ich fühlte mich ausgelaugt. Die Kinder waren ganz in Silvias Hand. Ich empfand mich als albern, wenn ich mit ihnen spielen sollte. Jetzt ist vieles sehr viel besser, da hat Silvia recht. Für mich ist übrigens ganz wichtig: ich habe meine Kinder entdeckt. Sie sind nun schon recht vernünftig; Johannes ist ein richtiger kleiner Gesprächspartner. Ich freue mich abends jetzt immer auf sie. Überhaupt habe ich, seit Silvia wieder arbeitet, ein anderes Gefühl für unser gemeinsames Leben.

Klar, ich kann mich jetzt nicht mehr so ganz auf Silvia verlassen; aber ich muß halt jetzt ab und zu selbst überlegen, ob Klopapier fehlt oder Mineralwasser geholt werden muß. Daß ich auch schon ab und zu eine Kleinigkeit koche, macht mich stolz. Meine ›armen Ritter‹ sind bei den Kindern so beliebt, daß ich sie fast jedes Wochenende machen muß. Ich finde, daß wir jetzt ein gutes Gleichgewicht gefunden haben: Kinder, Sport, geistige Interessen, Kino, Fernsehen. Das Leben ist bunter geworden.«

Alltag kann bunt und heiter sein

Chloé und Thierry hatten mit den Schwierigkeiten von Silvia und Ernst nie zu tun und können das Grau im Leben von Karl und Marion überhaupt nicht verstehen. In der Tat: Ihr gemeinsames Leben hebt sich von dem bisher Geschilderten stark ab. Thierry erzählt:

»Wir hatten uns sehr, sehr gern, und schon von daher war es ein Bedürfnis von uns, viel gemeinsam zu machen. Jeder von uns hatte einen ziemlich unabhängigen Beruf, der es auch erlaubte, viel Zeit zusammen zu verbringen. Trotzdem klebten wir nicht wie Kletten aneinander. Wenn Chloé malte und ich schrieb oder las, hielten wir uns in verschiedenen Räumen auf; jeder war mit seiner Arbeit beschäftigt. Zwischendurch tranken wir Tee zusammen oder spielten im Garten eine Runde Boccia. Die Freizeit verbrachten wir ausschließlich zusammen; wir machten Stadtbummel, besuchten gemeinsame Freunde, gingen ins Kino, in Ausstellungen, Restaurants etc. Wir haben es sieben Jahre lang ohne Anstrengung geschafft, den Alltag schön und immer wieder spannend zu leben.«

Chloé und Thierry waren stark aufeinander bezogen. Von der unterschiedlichen Berufssphäre abgesehen, haben sie das meiste des alltäglichen Lebens zusammen gemacht und erfahren. Ihre starke Verbundenheit und ihr Aufeinander-Bezogensein ließen sie in den Augen vieler als

»Traumpaar« erscheinen, zumal sie beide auch sehr schön respektive interessant aussehen.

»Starke Verbundenheit« – was heißt das eigentlich im alltäglichen Kontext? Anna beantwortet unsere Frage, indem sie schreibt, was sie nach der Trennung von Thilo in ihren Beziehungen mit anderen Männern empfand: »Es fehlte mir einfach immer die für mich ganz natürliche Selbstverständlichkeit im Umgang mit Thilo.« Anna exemplifiziert diese Aussage an Beispielen: Als sie und Thilo zum erstenmal auf der Koppel ihres elterlichen Bauernhofes standen und beobachteten, wie ein Hengst den langen Hals einer Stute abschleckte, verstärkte sich der Druck von Thilo an ihrem Arm und umgekehrt. Wenn Anna mit Thilo im Fernsehen die »Tagesschau« betrachtete, genügte ein Blick, um Einverständnis über die Reaktion auf Nachrichten aus Vietnam, dem Kongo oder den von Israel besetzten Gebieten zu zeigen. Dieser non-verbale Gleichklang zwischen ihr und Thilo gelang Anna in den Folgebeziehungen nie mehr. »Was zwischen Thilo und mir oft so selbstverständlich und deshalb auch so unheimlich schön war, mußte ich mit Boris und Rudolph erst über lange und vielfach mühsame Gespräche herstellen. Und das Resultat davon war dann auch nie diese wohltuende Selbstverständlichkeit, sondern manchmal eher Frustration oder auslaugende Diskussionen und Streitereien.«

Thierry schildert ähnliches. Seine wichtigsten Beziehungen nach dem Scheitern seiner Ehe mit Chloé betrafen Rose, Susan und Alise. Mit keiner dieser Frauen ließ sich herstellen, was Thierry »das gemeinsame Universum« mit Chloé nennt. Aus dem umfangreichen Interview mit Thierry zu diesem Fragenkomplex haben wir eine bezeichnende Stelle ausgewählt: »Ein wichtiger Baustein für ein solches Universum sind für mich die kleinen Dinge. Ich versuche das mal in der Differenz von Chloé und Alise zu erklären. Ich gehe im Sommer und Herbst immer in den Garten und stelle Blumensträuße zusammen. Farbig, bewußt improvisiert, irgendwie lustig, aber trotzdem stimmig. Chloé fand das immer sehr schön. Als ich Alise zum erstenmal einen meiner Sträuße zeigte, reagierte sie sehr cool und nannte das Bouquet ›rührend‹. Aber dieses ›rührend‹ hatte so einen Beiklang von hilflos und trottelig. Ich mußte Alise auch immer auf alles mögliche aufmerksam machen, während Chloé so offene Augen hatte. Ein anderes Beispiel: Ich habe nach Ferien am Meer ein Bild gemalt und in dieses Bild gefundene Meeressteine eingefügt. Chloé hat diese Idee lustig gefunden und die gewählten Farben sehr schön. Als ich Alise das Bild mal zeigte, hat sie gefragt, ob das ein Elfjähriger gemacht habe. Sie hatte als Besitzerin einer Boutique so rigide Vorstellungen von Ästhetik, daß das eben schon Freude am Amateurhaften, Improvisierten und den kleinen Dingen des Alltags ausschloß.«

Rebecca hat Mühe, unsere Frage nach den gemeinsamen alltäglichen Kleinigkeiten zu beantworten. Eigentlich läuft alles, was sie berichtet, darauf hinaus, daß es diese nur selten gibt. Rebecca: »Immer wieder ist mir aufgefallen, daß wir über ganz wenig gemeinsam lachen können. Ich habe mit anderen Freunden eine sehr spontane Freude am ›Komischen‹. Allerdings könnte ich mich nie, wie Michael, z. B. über Donald Duck krummlachen. Mir kommen hingegen ganz banale Alltagsepisoden oft ungeheuer komisch vor, wenn sie z. B. die Entlarvung einer hochgestochenen Attitüde darstellen. Ich erinnere mich an ein Fernsehinterview mit Max Frisch, wo er sehr ehrfürchtig über sein Privatleben befragt wurde. Man konnte spüren, daß hier das Leben eines Künstlers als in sich stimmiges Kunstwerk dargestellt werden sollte. Max Frisch hat sich dagegen irgendwie störrisch gewehrt, aber er hatte die Situation nicht in der Hand, weil alles so glatt und höflich ablief. Als der Interviewer schließlich mit salbungsvoller Stimme sagte: ›Herr Frisch, Sie haben sicher auch ein Instrument spielen lernen *dürfen*‹, wurde es ihm aber offensichtlich doch zu bunt, und er murrte nur ›total unmusikalisch ...‹: Das war für mich so eine Situation, wo ich wahnsinnig lachen mußte und Michael gar nicht bemerkt hatte, was daran komisch sein könnte.

Ich gewöhnte mir daher ab, ihn auf solche Dinge auch nur aufmerksam zu machen.«

Arbeit und Privatsphäre

Rebecca und Michael wirkten in der Öffentlichkeit nicht so sehr als Paar. Das zeigte sich indessen nicht nur nach außen, sondern war auch Strukturprinzip nach innen; Rebecca berichtet: »Gemeinsam daheim verbrachte Abende waren fast von Anfang an Abende, in denen jeder in seinem Zimmer saß und las. Allenfalls ›besuchte‹ man einander oder sah gemeinsam die Tagesschau. Ich habe dies zu Beginn meiner Ehe als befremdlich empfunden, da ich gerne die vielen Diskussionen, gemeinsame Lektüre u. ä. aus unserer vorehelichen Zeit fortgesetzt hätte. Meinem Gefühl nach aber hat diese Art von Gemeinsamkeit schon auf der Hochzeitsreise nachgelassen. Vorher hatten wir uns zwei- bis dreimal wöchentlich am Abend aus Romanen oder literarischen Essays etwas vorgelesen und darüber gesprochen. Wir hatten philosophiert, Lebenspläne durchdiskutiert – jetzt kam, obwohl wir in dieser Richtung noch immer gute Vorsätze hatten, dauernd etwas dazwischen. Fingen wir aber dann doch mit dem Lesen an, dann fehlte das feurige Dazwischenreden, die Ungeduld des Fragens und Rechtbehaltenwollens. Ich ertappte mich dabei, daß ich gar nicht recht hinhörte. Bald drängte es keinen von uns mehr zu solch abendlichen Unternehmungen. Ich meinte zu wissen, was Michael jeweils sagen würde, und eigentlich interessierte es mich auch gar nicht mehr.«

Zunächst langweilt sich Rebecca immer öfter mit Michael. Dann nimmt sie aber die starken Ausgrenzungstendenzen ihres Mannes als Chance, um ihre berufliche Arbeit zu intensivieren:

»Später gewöhnte ich mich an dieses (meist freundliche) Nebeneinander im Alltag, und ganz später begann ich, es zu genießen. Meine eigene Berufstätigkeit nahm mich immer mehr in Anspruch, so daß auch ich solch stille Arbeitsabende nötig hatte. War die Beziehung zwischen uns harmonisch, dann genügten mir die kurzen Sätze zwischen uns. In schlechten Zeiten bedrückte mich die Situation. Dieser ganze Prozeß ging natürlich langsam, fast unbemerkt vonstatten. Anfangs blickte ich manchmal bedauernd auf unsere lebendigen Anfangszeiten zurück; irgendwann aber schaltete ich ab, um nicht unglücklich sein zu müssen, und beschäftigte mich nun sehr intensiv mit meinen eigenen Angelegenheiten. Diese wurden zunehmend interessanter. Michael empfand ich bald nicht mehr als wirklich wertvollen Diskussionspartner, dazu hatte ich mir nun andere Menschen gesucht. Aber auch meine eigene Freizeit verplante ich nun sehr oft ohne Michael, denn unsere Wochenenden waren im Prinzip ähnlich strukturiert wie die Abende. Aufgewachsen in einer Familie von Karrieremännern, war es für mich selbstverständlich, daß berufliche Verpflichtungen des Mannes mit in das Wochenende hineinragten und Vorrang hatten.«

Bei Chloé und Thierry hingegen verzahnen sich Arbeit und Privatsphäre. Für Thierry ist das nie ein Problem, im Gegenteil (siehe auch den Abschnitt über: »Arbeit und Beruf«); Chloé klagt hingegen nach der Trennung, daß sie auch in ihrer Arbeit zu fest auf die symbiotische Struktur der Beziehung zu Thierry und auf dessen Bedürfnisse bezogen war. Sie habe ständig zwischen Thierry und der Malerei gestanden und häufig Angst gehabt, daß ihre künstlerische Berufung sich deshalb nur amateurhaft ausbilden könnte.

Ein anderes Paar berichtet ähnliches: Anna ist Ärztin, Thilo Soziologe. Anna führte eine Praxis im Wohnhaus des Paares; Thilo arbeitete außerhalb in der Universität.

Wenn er hingegen zu Hause war, wünschte er sich die Präsenz seiner Frau und behinderte sie damit in ihrer Arbeit. Anna liebt Thilo noch immer; aber das Paar trennte sich, weil Thilo mit seinem Präsenz-Verlangen zu sehr in Annas Beruf eingriff.

Die ausgrenzenden Arbeits- und Beschäftigungstendenzen ihres Mannes kommen Rebecca – wie beschrieben – mit der Zeit sogar entgegen; ansonsten wäre wohl auch kaum denkbar, daß diese Ehe zwanzig Jahre bestanden hat. Zu Gemeinsamkeiten, die sich in dieser Zeit entwickeln, gehört das *Kochen*. Rebecca entstammt einer Dynastie hervorragender Köchinnen; bei ihr daheim werden Rezepte ausführlich besprochen und bei jeder Mahlzeit die Nuancen dieses oder jenes Gewürzes diskutiert. Michael nahm im ersten Ehejahr fast zehn Kilo zu.

»Unsere Arbeitsteilung war klar: Sie folgte vorerst dem traditionellen Muster. Wir fanden es witzig, wenn Michael Nudeln ins kalte Wasser warf, und ich fühlte mich in meiner Hausfrauenrolle bestätigt, wenn er voll bewundernden Staunens entdeckte, daß Mayonnaise mit Öl gerührt wird und nicht nur einfach aus der Tube kommt. Ich war voll und ganz für den Haushalt zuständig (weshalb ich ja nur halbtags arbeitete); Michael nahm die ernsten Dinge des Lebens wahr: Berufserfolge, Finanzen, Politik ...

Später fing Michael an, am gemeinsamen Kochen Freude zu finden. Schon immer hatte er ganz gerne eingekauft, vor allem die Leckerbissen. Nun überlegte er mit mir zusammen die Speisefolge, ritzte in Kastanien kleine Kreuzchen, putzte den Salat und bereitete köstlichen gefüllten Gänsebraten. Kochen wurde nun auch zum Bestandteil unserer intimen Geselligkeit: Wir luden Freunde ein und hatten Spaß am gemeinsamen Ausprobieren neuer Rezepte.

Diese neue Gemeinsamkeit hatte aber auch ihre Widerhaken: nun konnte über Auswahl und Zubereitungsmodus von Speisen Streit entbrennen. Michael fühlte sich, meinem Empfinden nach, allzusehr als ›Meisterkoch‹, und ich bekam manchmal das Gefühl, abgewertet zu werden. Obwohl dieses Kapitel unserer Ehe sich, alles in allem, also durchaus erfreulich entwickelte, blieb es von Konflikten nicht verschont.«

Bei Thierry und Chloé war die Arbeitsteilung stets klar; Chloé war für die Küche zuständig, Thierry für das Putzen und das Administrative. Einkaufen gingen sie häufig zusammen. Auch Anna und Thilo folgten diesem Muster, wobei sie allerdings zweimal wöchentlich durch eine Haushaltshilfe entlastet wurden.

Gäste, Besuch, Einladungen

Ein zweiter Bereich, der Rebecca und Michael verband, waren die Gäste; Besuch zu haben und darüber an der Welt teilzunehmen war für beide sehr wichtig, allerdings auch nicht unproblematisch. In Michaels Sozialisation sind Gäste etwas eher Seltenes, vor allem nach dem frühen Tod des Vaters; Rebecca hingegen wuchs in einer Atmosphäre von großer Geselligkeit auf. Es ging immer lebhaft im Elternhaus zu: viel Flirt, Anekdotisches aus dem Familienleben, Klatsch und Tratsch. In der Ehe sollte es so ähnlich weitergehen; ihre Zielvorstellung beschreibt Rebecca wie folgt:

»Die Geselligkeit, die mir für unser gemeinsames Leben vorschwebte, sollte einige Ähnlichkeit damit haben und gleichzeitig noch eine Art ›Salongeselligkeit à la 19. Jahrhundert‹ beinhalten – eine Mischung, die sich in unserer 58 m^2-Wohnung nur schwer verwirklichen ließ. Ich wollte jene souveräne Handhabung künstlerischer und intellektueller Themen aus einem legeren Konversationsstil heraus entwickeln, wie es etwa in den Romanen von Fontane geschildert wird; dies sollte kombiniert werden mit der Verabreichung kleiner kulinarischer Köstlichkeiten.«

Diese Idee kollidierte indessen mit der Praxis: Michaels Jugendfreunde und zufällige Kneipenbekanntschaften aus dem Künstlermilieu paßten nicht in die Fontanesche Salon-Kultur. Aber auch mit Rebeccas Arbeitskollegen gab es Probleme: »Sie waren oft befangen, fachsimpelten untereinander und verhielten sich allzu brav-angepaßt. Zumindest sah Michael dies so, und ich stimmte ihm oft zu. Es kam vor, daß er den ganzen Abend kaum ein Wort sagte. Ich schwitzte Blut. Ich gewöhnte mir an, vor einem solchen Abend möglichst ›interessante‹ Gesprächsthemen vorzubereiten. Manchmal schrieb ich mir sogar Stichworte auf. Wenn Michael allzu schweigsam gewesen war, kritisierte ich ihn hinterher. Er wurde dann fuchsteufelswild und beschimpfte mich.

Natürlich hatte auch ich Mühe, die von Michael favorisierten ›unbürgerlichen‹ Figuren zu akzeptieren. Voll Scham erinnere ich mich daran, daß ich bei einer Einladung alter Freunde nur ›Ehefrauen‹ und ›Verlobte‹ zuließ.«

Nach und nach aber siegte Rebeccas natürliche Neugierde über ihre bürgerlichen Vorurteile; sie begann sich intensiver mit den Freunden Michaels zu befassen und lernte darüber auch Michael selber besser zu verstehen:

»Sicher aber hat mein anfängliches Befremden dazu geführt, daß Michael mich fast nie in seinen Bereich der Altstadtkneipen mitnahm. Geschah es doch, dann fiel mir immer wieder auf, wieviel Leute er kannte. Es gab also ein geheimes ›zweites Leben‹ der Geselligkeit für ihn. Die Unverbindlichkeit der Kneipe sagte ihm offenbar wesentlich mehr zu als vorbereitete häusliche Einladungen. In Krisenzeiten gab es daher um Art und Zahl der einzuladenden Gäste immer wieder Krach.

Meine Bedürfnisse nach Geselligkeit waren immer größer gewesen als die von Michael. Eine Reihe von Freunden – meist weibliche – lud ich daher bald zu mir alleine ein. Michael kam dann ab und zu ins Zimmer, plauderte, trank ein Glas Wein und verschwand dann wieder. Dies konnte ich gut akzeptieren. Schließlich hatte ich bezüglich der Gäste ein gutes Gefühl. War Michael mit Besuchern zufrieden, dann konnte er ungemein charmant und vergnüglich sein. Am nettesten fand ich ihn, wenn er herumalberte. Es gab nach einiger Zeit auch in meinem ›bürgerlichen‹ Bereich einige Bekannte, die er mochte. Meist waren es Intellektuelle, die sich für Michael als Künstler interessierten und gerne mit ihm diskutierten. Ungeklärt blieb die Frage der außerhäuslichen Geselligkeit. Der von Michael favorisierte Kneipenbesuch kollidierte mit meinem Schlafbedürfnis – ganz abgesehen davon, daß Michael solche Kneipenbesuche sowieso lieber alleine machte. Sie nahmen daher in meiner Phantasie (und vermutlich nicht nur dort) immer mehr den Charakter von Streifzügen durch die Welt der alleinstehenden Frauen an. Deshalb blieben sie zwischen uns immer ein ›heißes Eisen‹.«

Chloé und Thierry waren viel weniger außenbezogen als Rebecca und Michael, für die die Gäste auch bei ihrem relevanten gemeinsamen »Thema« von Erfolg und Karriere (s. S. 127ff.) wichtig waren. Chloé und Thierry verfügten auch über viel weniger Bekannte als Rebecca und Michael oder auch als Anna und Thilo; sie besaßen einen kleinen Freundeskreis, mit dem sie allerdings intensive Kontakte pflegten. Am wichtigsten waren sie sich freilich selbst. Wiewohl auch Anna und Thilo sehr symbiotisch lebten, hatten sie doch mehr Besuch; es waren jedoch meist Freunde und Kollegen von Anna, so daß sich Thilo an diesen Abenden oft etwas ausgesperrt fühlte. In der Retrospektive muß er allerdings zugeben, daß er sich bei diesen Einladungen selber ausgrenzte, weil Annas Aufmerksamkeit nun nicht mehr ausschließlich ihm galt (vgl. »Die eigenen Veränderungen«).

Trennungskonstellationen werden daraus schon antizipierbar: Rebecca und Michael schafften es zuwenig, den Alltag in seiner Mischung aus normalen und unkonventionellen Momenten in die Gemeinsamkeit ihres Lebens zu integrieren. Zwei sehr stark voneinander getrennte Alltagsleben sind das Resultat. Obwohl jeder von beiden sich offensichtlich recht gut arrangiert, fehlt das Verbindende gemeinsam durchlebter Alltagssituationen. Typischerweise gelingt ihnen das nur dort in befriedigender Weise, wo verbindende andere Menschen – Freunde und Bekannte – mitspielen. Das Glück eines »Miteinander«, das sich aus tausend miteinander erfahrenen Kleinigkeiten zusammensetzt, ist ihnen fremd.

Trennung wird daher für Rebecca und Michael nicht als der zerreißende Schmerz erlebt, wie das z. B. für andere der Fall ist. Chloé und Thierry sind das Gegenbild dazu. Sie brachten es in ihrer Symbiose nicht fertig, sich genügend auszugrenzen und ihre Individualitäten zu leben. Chloé, die sehr viel Jüngere und noch Unfertige mußte den Bruch herbeiführen, um sich selbst klarer entdecken zu können. Ähnlich ist die Konstellation bei Anna und Thilo. Anna mußte ihre Bedürfnisse und beruflichen Pflichten immer wieder einschränken, weil Thilo zu viel Präsenz verlangte. Anna wurde in noch extremerer und aggressiverer Weise als Chloé daran gehindert, ein eigenes Leben zu führen.

Alltag und Eruption

Die hier nur pauschal benannten Konstellationen (siehe Kapitel »Systematik von Partnerschaft und Trennung«) führten in allen drei Ehen zur sukzessiven Eruption. Anna warf Thilo in einem dramatischen Anfall aus dem Haus; Thilo brach fast augenblicklich mit einer Herzkrise zusammen und mußte sich während langer Monate in Krankenhaus und Sanatorium aufhalten. Der Auslöser für den Bruch zwischen Rebecca und Michael war, daß Rebecca anläßlich eines neuerlichen Streits mit Michael endgültig genug von dessen Abgrenzungstendenzen hatte.

Im Gegensatz zu Anna und Thilo vollzog sich das neue getrennte Leben der beiden vergleichsweise problemlos. Rebecca erzählt: »Ich warte nicht mehr auf Telefonate und habe auch kein gesteigertes Bedürfnis, meinem Mann Neuigkeiten sofort mitzuteilen. Manchmal erscheint er als Gast, und so empfinde ich ihn auch. In dieser Rolle ist er allerdings noch immer unsicher: Es kann plötzlich vorkommen, daß er beschließt, ein bestimmter Lampenschirm müsse seiner Häßlichkeit wegen ›unbedingt weg‹, oder eine neu gekaufte Blumensäule sei ›unerträglich‹. In solchen Momenten werde ich wankend: Soll ich mich nach seiner Kritik richten? – ihm für sein Interesse vielleicht sogar dankbar sein? ... Meist werde ich schließlich wütend. Obwohl ich etwas unsicher im Wohnungseinrichten bin, gehört sie nun doch weitgehend mir selbst. Einige

Veränderungen sind definitiv, und ich empfinde sie als schön und zu mir passend. Es gibt überall Blumen und Topfpflanzen; die meisten Zimmer haben eine klare Funktion. Immer häufiger gibt es Momente großer Erleichterung, wenn ich aufwache: ob der Tag angefüllt ist mit Pflichten oder ob es darin behagliche Freiräume gibt – ich kann alles nach meinem eigenen Tempo und Bedürfnis einrichten. Aber natürlich gibt es immer wieder Schwankungen. Bin ich wirklich zufrieden? Brauche ich Michael? Brauche ich einen anderen Partner?« Manchmal beginnt Rebecca in solchen Momenten zu vergleichen: Wie ist das heute? Wie war das gestern mit Michael? Zum Beispiel den gemeinsamen Morgen hat Rebecca lange genossen und als gemütlich in Erinnerung:

»Michael lag noch im Bett, ich bereitete in der Küche Tee zu, preßte Orangensaft und holte von unten die Zeitung. Dann kauerte ich neben seiner Couch am Boden, und wir lasen gemeinsam die Morgenzeitung. Da er vom Weltgeschehen mehr verstand als ich, bekam selbstverständlich er zuerst die Titelseite. Ich las inzwischen die Lokalnachrichten; ›Anekdoten aus aller Welt‹ oder das Feuilleton. Die Lampen in seinem Zimmer sind so ungünstig angebracht, daß ich in meiner Position neben der Couch oft Mühe hatte, richtig zu sehen. Aus irgendeinem Grund habe ich es aber nie geschafft, mich darüber auch nur zu ärgern. Ab und zu tauschten wir kleine Bemerkungen über das Weltgeschehen aus. Wenn die Titelseite endlich zu mir kam, mußte ich mich allerdings schon oft beeilen. Ich war aber irgendwie beruhigt, weil schließlich einer in der Familie ja Bescheid wußte.

Und jetzt?

Ich sitze nun in meiner neu eingerichteten Veranda im Schaukelstuhl. Im Radio höre ich ›Klassik zum Frühstück‹, und wenn ich Glück habe, höre ich mir noch die morgendliche Buchlesung an. Manchmal sitze ich auch schon mit der letzten Tasse Tee am Schreibtisch und arbeite. Ich muß nun selbst Spezialistin für Weltgeschichte sein, und dies tut mir ganz gut. Es gibt natürlich auch genügend andere Leute, die man fragen kann.

Und ich frage mich, ob es früher wirklich so ›gemütlich‹ für mich gewesen ist.«

Rebecca ist in manchem noch heute ambivalent. Sie lebt zwar jetzt ausschließlich ihren Rhythmus; aber sie fragt sich, ob es nicht auch schön und vor allem beruhigend ist, sich auf den Rhythmus eines anderen einzustimmen. »Habe ich dabei nicht auch immer wieder Stimulierung empfangen – selbst wenn ich mich darüber geärgert habe?« Insbesondere jene Bereiche des Alltags, die mit Gemeinsamkeit – auch in der

Erinnerung noch – verbunden waren, sind auch für die sehr selbständige Rebecca nicht leicht zu bewältigen:

»Zuerst dachte ich voll Wehmut an unsere gemeinsamen Kochabende zurück. Wochenenden ohne Essensgeruch erschienen mir steril. Meine Küche wurde langsam ein öder, nach nichts riechender Ort. Es stapelten sich dort gebrauchte Teetassen, Messer zum Käseabschneiden und Weingläser.

Lange Zeit war die ›kalte Küche‹ ein Symbol für mein nunmehr ›kaltes Leben‹. Der Geruch nach gerösteten Zwiebeln sowie der dazugehörende Geräuschpegel durcheinanderplappernder Stimmen haben mich immer sofort fröhlich gemacht. Dies entsprach genau dem von meiner Familie her tradierten Bild vom ›Leben‹. Erst als mir klar wurde, daß in Wirklichkeit auch vor der Trennung mein eigenes Leben sich seit geraumer Zeit schon um ganz andere Dinge gedreht hatte als um die Hervorbringung eines guten Tafelspitzes, konnte ich langsam, langsam die Verbindung Küche – Leben lösen. Voll Verwunderung entdeckte ich eines Tages, daß mich die leere Küche nicht mehr wehmütig stimmte. Ich war froh, daß nicht mehr soviel aufzuräumen war.«

Rebecca lebt nun ganz nach ihrem Rhythmus. Allerdings merkt sie auch, daß dieser Gleichschritt mit sich selbst die Gefahr der Abkapselung impliziert und auch viel, möglicherweise zu viel Egoismus. Trotzdem zieht Rebecca eine positive Gesamtbilanz:

»Bin ich dadurch egoistischer geworden, indem ich mich nur meinen eigenen Bedürfnissen verpflichte? Möglich ... Aber dies habe ich gelernt: wahrzunehmen, wie reich mein Leben sein kann, wenn ich mir selbst darin das meiste verdanke. ›Meine‹ Freunde, ›meine‹ Hobbies, ›meine‹ Gemütlichkeit: ich selbst bin es, die das alles hervorgerufen oder bewahrt hat.

Ich plane alleine große Parties und kleine intime Abendessen. Ich besorge Theaterkarten und überlege, mit wem ich hingehen kann. Langsam verschwindet das Gefühl, ich sei die ›Ehefrau von Michael‹. Wohl kein Zufall, daß damit gleichzeitig auch eine Menge an Erfolgen in der Außenwelt auf mich zukamen. Diesen Zustand habe ich über viele kleine Zwischenschritte erreicht. Wenn ich die letzten zwei Jahre überdenke, dann gibt es keinen Bereich, den ich mir nicht extra ›erobern‹ mußte. Oft ging der Weg über Wut und Ärger wegen meiner früheren ›Dummheit‹.

Zuerst war ich dauernd unruhig und trotz meines großen Bekanntenkreises beherrschte mich immer wieder Angst, ich würde das Wochenende ganz alleine verbringen müssen. Ich organisierte und verplante daher, was das Zeug hielt, und steigerte mich zeitweise in eine nervöse Anspannung hinein, die meinem Körper schlecht bekam.

Die Unruhe beherrschte mich zeitweise sofort beim Betreten der Wohnung und nahm mir jede Möglichkeit zu Freude, Entspannung und zum Genuß der ›kleinen Dinge‹.«

Sicher war Rebecca nicht im klinischen Sinne depressiv wie Thilo oder Thierry; trotzdem schildert auch sie, wie es ihr nicht mehr gelang, zu vielen Bereichen ihres früheren Lebens Kontakt zu bekommen:

»Musik wurde schal und machte mich nervös, das früher lustvolle Versinken in einen Fernsehkrimi wurde fade, wunderschöne Augustabende mit dem Geruch nach Wiese konnten mich nicht mehr bewegen. Es war, als hätte sich mir das innere Leben dieser Dinge nur auf der Goldfolie einer prinzipiellen Gemeinsamkeit in der Ehe erschließen können.«

Der Einbruch der Katastrophe

Viel extremer erlebt Thilo die Trennung von Anna. Nachdem sie ihn hinausgeworfen hat, bricht er sofort zusammen und kann die nächsten Monate nur mühsam in Klinik und Sanatorium überleben. Thierry reagiert ebenfalls extrem, als ihn Chloé verläßt; aber es gelingt ihm zumindest, in der realen Welt funktionsfähig zu bleiben. Die Trennung ist für ihn dennoch so traumatisch, daß alle seine bisherigen Muster des Zufriedenseins, der Sicherheit und der Sinnstiftung im Alltag zerreißen. Er fällt in eine schwere reaktive Depression:

»Nach sechs Jahren eines sehr innigen Zusammenlebens war ich solo, mehr als das: ich war solissimo; ich fühlte mich in Einsamkeit, Schutzlosigkeit und Mühsal geworfen; ich war irgendwie amputiert. Ich kam in keiner Weise mehr zurecht. Unruhe und Verzweiflung ergriffen mich dermaßen, daß ich in den ersten Wochen nur mit Beruhigungs- und Schlafmitteln über die Stunden kam. Der angenehmste Moment des Tages war, in der frühen Nacht mein starkes Schlafmittel nehmen zu können und dann wenigstens einige Stunden entlastet zu sein: nichts mehr fühlen, nichts mehr denken, nur Ruhe haben. Auch viel Träume zogen in diese Richtung; der schönste innerhalb vieler Schrecklichkeiten ließ mich von der Lausanne-Kathedrale ganz bedächtig in den Genfer See segeln und dort in rot-violetten Wassern versinken.«

In seiner Leidenszeit nach der Trennung somatisierte Thierry stark; seine körperlichen Beschwerden waren für ihn kaum zu ertragen:

»Am gräßlichsten war das Aufwachen. Mich plagte monatelang nach der Trennung ein schier unerträglicher Magendruck; Zentner lasteten frühmorgens auf mir. Ich hatte Gefühle, als ob es mir den Leib zerrisse. Obwohl diese Empfindung nach dem Aufstehen schwächer wurde und dann langsam wich, blieb ich noch stundenlang im Bett. Die schreckensvolle Perspektive, nun mindestens 14 Stunden bis zur Einnahme meines Schlafmittels wach und stehend ausharren zu müssen, ließ mich in meinem Bett vergraben bleiben, den Hals eingezogen, die Arme um die Schultern gepreßt, die Beine eng an den Leib gezogen. Schon der bloße Gedanke, jetzt aufstehen und mir das Frühstück machen zu müssen, trieb mir das blanke Entsetzen ein. Zwar hatte ich jahrelang allein gelebt, und nie war es ein Problem gewesen, mir das Frühstück zu bereiten; doch jetzt war es zur unlösbaren Mühsal geworden. Es blieb nicht das einzige: Einkaufen, Putzen, Waschen, Duschen, Korrespondenz, Termine, Steuererklärung – alles, was früher mit leichter Hand erledigt worden war, baute sich jetzt als unbewältigbares Problem vor mir auf. Wenn Buri Pim, die Katze, nicht gewesen wäre, hätte ich oft tage- und wochenlang nicht eingekauft.

In den ersten Monaten nach der Trennung war ich häufig krank – oder exakter ausgedrückt: ich fühlte mich krank. Ich hatte wohl noch nie so oft das Fieber-Thermometer unter dem Arm gehabt, wie zu dieser Zeit. Obwohl ich mich heiß fühlte und einen Fieberstand von mindestens 39° antizipierte, zeigte das Thermometer dann zumeist nur 36,8°. Allerdings war ich viel erkältet – kalt geworden, verschnupft. Mein unerträglicher Magendruck während langer Monate ließ in mir sukzessive die Überzeugung wachsen, ein arges Geschwür zu haben. Umständliche und unangenehme Untersuchungen ergaben nicht einmal eine Gastritis. Dann plagten mich abwechselnd Kopf-, Blasen- und Herzschmerzen. Die medizinische Abklärung verlief freilich jedesmal befundlos. Große Angst hatte ich davor, schwach und schwächer zu werden. Mein Magendruck provozierte Appetitlosigkeit, und die Appetitlosigkeit bewirkte, daß ich abnahm. Realiter bedrohlich war das nie. Doch ich konsultierte nun diverse Ärzte, damit sie mir Stärkungsspritzen, Vitaminpräparate und appetitanregende Medikamente verschrieben. Dann folgte eine kurze Zeit, in der ich überzeugt war, Malignes dehne sich in mir aus. Diggelmanns Tumor-Buch rührte mich stark an, und ich las sogar ›Albissers Grund‹, wiewohl ich Muschg nie gemocht hatte. Natürlich hatte ich wiederum nichts Feststellbares. (Als ich dann sehr viel später eine üble Dickdarm-Erkrankung hatte, war ich in Diagnose und Therapie sehr tapfer.)«

Schreckensvisionen von Krankheit, Fieber, Untergang, psychiatrischer Klinik und Zukunftslosigkeit beherrschten Thierry lange Zeit. Während sich Thilo davor sogleich in die Klinik geflüchtet hatte, versuchte Thierry auszuhalten – im eigenen Dunkel. Fast zwanghaft war in dieser Zeit auch der Gedanke, daß mit Chloé auch die Möglichkeit fort war, jemals wieder die gewünschte Frau zu finden.

»Bestimmend war die Gewißheit, nie wieder eine Partnerin zu kriegen. Allenfalls konnte ich mir das Bild skizzieren, wie sich vielleicht eine Krankenschwester oder eine Sozialarbeiterin auf dem Helfer-Trip für mich interessieren könnte – ich als lebenslanger Pflegefall; auch eine Invalide wagte ich mir als Partnerin vorzustellen – ich als unheilbarer Krüppel. Solche optimistischen Fantasien bedurften indessen schon einer frühen Stunde, die nicht allzu schlecht war.

Besonders bedrohlich war in diesem Zusammenhang der Umstand, nun ohne Unterstützung, Hilfe und Beistand zu sein. Ich war allein, ganz allein, total einsam; niemand war mehr für mich da; niemand stand bei mir und mir bei; keine ging mir zur Hand. Und dann die verdammte Stille; keine Stimme und keine Laute mehr, keine Geräusche aus Bad, Stube, Küche; nicht mehr das vertraute doppelte Läuten von Chloé und auch nicht mehr überall ihre Sachen verstreut, was mich immer geärgert hatte. Aber jetzt hätte ich mich nur allzu gerne geärgert; wenigstens wäre dann anderes zu spüren gewesen als Magendruck, Angst und Verzweiflung, dies Schreckenstrio meiner Morgen während circa 15 Monaten.«

Auswege, Macken, Krankheit

Das Dunkel, das ihn umhüllte, konnte Thierry nur manchmal mit bestimmten Fantasien etwas durchbrechen; er erzählt im folgenden davon, wobei er uns gegenüber immer wieder betont, daß sein amüsantes Resümee nicht vergessen lassen dürfe, wie miserabel es ihm seinerzeit tatsächlich ging:

»Aus der reflektierenden Rückschau gilt als absurdester Wunsch, noch Theologie studieren zu wollen und dann in ein Kloster zu gehen; dort fantasierte ich mich als aufgehoben, geborgen, sicher, ver- und gepflegt, altersgeschützt. Die Idee, mit trennungsgeschädigten Freundinnen und Freunden schon jetzt für uns alle ein Altersheim zu gründen, entstand ebenfalls zu dieser Zeit. Konkreter und auch häufiger kam die Vorstellung, mich für einige Wochen in einem Schwarzwälder Sanatorium einzuquartieren. Dort sah ich mich in einem großen weißen Bett, und das

Bett stand in einem großen, ganz sonnigen Raum. (Trotz Depression wollte ich nie ins Schwarze; und selbst wenn ich in übelsten Augenblicken malte, war das Ergebnis immer ein ausgesprochen heiteres Bild, in dem recht strahlendes Gelb und fröhliches Grün und Rot überwogen.) Aufstehen wollte ich in diesem Sanatorium eigentlich nie. Ich imaginierte zwei hübsche Schwestern, die bereits neben meinem Bett darauf warteten, daß ich meine traurigen dunklen Augen aufschlug. Sie hatten schon ein Glas mit einem angenehm riechenden Mundwasser parat und meine Zahnbürste. Danach sollten sie – so stellte ich mir vor – meinen Magen sanft massieren, auf daß der unangenehme Druck wich. Als nächstes wäre mir ein Glas Orange pressé zu reichen gewesen. Anschließend – aber alles im Bett – gewaschen werden (bloß nichts selber tun!) mit weichen, flaumigen Tüchern, Körperpflege mit sanfter Body-Lotion und dann Rasieren ägyptisch, mit Gesichtsmassage. Mittlerweile hätten mich zwei andere Schwestern – natürlich auch sehr hübsch – abgeholt und – nach wie vor im Bett – in einen rosa Saal gefahren, in dem Pools mit warmem Wasser und Massagebänke sind. Ich wäre zunächst zur Entspannung in das warme Wasser getragen und nach etlicher Zeit dann auf eine Massagebank gelegt worden, wo eine Streicheltherapie begonnen hätte. Eine attraktive Krankenschwester hätte mit ihren langen roten Fingernägeln langsam und sanft über meinen Körper gestrichen, an jenen Stellen verweilend, die besonders sensibel sind: Armbeugen, Oberschenkel und Brust. Anschließend wäre ich dann in mein Zimmer zurückgefahren worden, wo das Frühstück auf mich gewartet hätte: Kaffee, Croissants, leicht gesalzene Butter und zwei Eier im Glas (letztere nur zur Gewichtszunahme). Dazu hätte ich einen meiner Lieblingsfilme sehen können.«

Durch den Tag kam Thierry anfangs nur mit – abwechselnd – Limbatril, Lexotanil, Seresta und Tavor. Nach einigen Monaten wurde das alles durch Tolvin ersetzt; das war das erste und einzige Psychopharmakon, das ihn nicht nur in Momenten von Angst oder gar Panik beruhigte, sondern generell auch etwas aktivierend wirkte, appetitanregend, arbeitsfördernd[1]. Die Medikamente nahm Thierry allerdings stets nur mit schlechtem Gewissen; er nahm sie auch nur, wenn es wirklich nicht mehr anders ging. Das waren für ihn im besonderen jene Augenblicke, in denen er fürchtete, auszuflippen und den Verstand zu verlieren. Bevor er zu den Psychopharmaka griff, versuchte er auch stets andere Strategien: Er rief Freunde an, ging zu Freunden, machte enorm lange Spazier-

1 Laut kritischen Handbüchern über Medikamente ist Tolvin gefährlich. Eine Suchtbildung wird nicht ausgeschlossen.

gänge. Am meisten störte ihn die Abhängigkeit von seinem starken Schlafmittel, das ihm eine Lausanner Ärztin zu leichtfertig nach der Trennung verschrieben hatte. Thierry versuchte es nach circa zwei Monaten abzusetzen. Es gelang nicht, zumal dieses suchtbildende Medikament nahezu unerträgliche Entzugserscheinungen provozierte; zum erstenmal konnte er sich vorstellen, was es heißen muß, »auf turkey« zu sein. Sechs Monate nach der Trennung fuhr Thierry dann ins Berner Oberland – mit dem primären Ziel, sich dieses Schlafmittel abzutrainieren. Er schwamm viel, fuhr Ski, ließ sich massieren, machte lange Spaziergänge, ging spät ins Bett. Wenn er nicht schlafen konnte, las er oder schrieb Briefe an seine Freunde. Nach einer Woche war er »clean«. Die anderen Psychopharmaka nahm er noch cirka ein Jahr, immer weniger und vor allem auch immer unregelmäßiger. Noch drei Jahre, nachdem Chloé weggegangen war, hatte Thierry aber stets eine Schachtel Seresta als Sicherheit bei sich.

Thierry erzählt:

»Damit ist schon angedeutet, daß die Trennung bei mir Macken auslöste, die Alltägliches oft sehr schwierig werden ließen. Im Flugzeug bekam ich Platzangst; zu einem attraktiven Fußball-Match konnte ich wegen der Zuschauermassen nicht mehr gehen; in der U-Bahn packte mich die Fantasie, der Zug könnte im Schacht stehenbleiben (was mir dann auch prompt in meiner ärgsten Zeit zweimal passierte); in der Tram konnte ich nur im ersten Wagen sitzen; ein volles Zugabteil wurde mir zum Greuel; im Kino und im Theater saß ich ganz am Rande und möglichst nahe beim Ausgang – und überall mit Seresta als Begleiterin.

In dieser Zeit gewöhnte ich mir häufiges Taxifahren an. Zunächst war das Ausdruck meiner Bewegungsnervosität. Ich konnte nirgendwo lange bleiben. Häufig hatte ich abends mehrere Verabredungen, und die Berliner Entfernungen waren nur mit dem Taxi zu überwinden. Mit der Zeit kam anderes hinzu: Berlin, das niemals zu meiner zweiten Heimat werden sollte, wurde mir nach der Trennung immer fremder und ungemütlicher. Die unbestreitbaren Vorteile der Stadt (schließlich war ich seinerzeit sehr gerne von Lausanne nach Berlin gekommen) verschwanden nun zeitweilig vollends hinter den Nachteilen: die architektonische Häßlichkeit, die politische und geographische Isolation, die preußische Deutschheit der Menschen, deren ätzender Humor, ihre Sturheit, ihre Aggressivität, ihre fehlende Sinnlichkeit und Wärme, ihr Mangel an authentischer Zwischenmenschlichkeit. Mit dieser entsetzlichen Stadt und ihren gräßlichen Menschen wollte ich so wenig wie möglich in Berührung kommen; deshalb das Taxi.«

Hoffnungsschimmer oder: Langsame Selbstorganisation

Zwei Monate nach der Trennung notierte Thierry mit Stolz in seinem Tagebuch, einen ganzen Abend allein zu Hause verbracht zu haben. Solches war freilich die Ausnahme. Nachdem Chloé woanders wohnte, konnte Thierry kaum noch dort sein, wo sie früher zusammengelebt hatten. Er hielt das einfach nicht aus. Sonntagabend oder allerspätestens Montagmorgen setzte er sich ans Telefon und ging systematisch sein Namensbüchlein durch von A bis Z, um für jeden Tag das Mittagessen mit Freund, Freundin oder Bekannten zu verabreden und jeden Abend zu organisieren. So entging er der bedrängenden Einsamkeit zu Hause.

Ganz wichtig wird für Thierry, der immer schon Tiere sehr mochte, nun die Katze, die Chloé noch mit der Babyflasche aufgezogen hatte und die ihm verblieben war. Thierry erzählt:

»Wenn ich spät nachts nach Hause und zu meiner Schlaftablette kam, stand Buri Pim schon an der Wohnungstür und rieb ihren schwarzen Kopf mit den lustigen weißen Schnauzhaaren an meinem Hosenbein. Chloé war weg; aber Buri Pim war geblieben, und mit ihr war ich doch nicht ganz allein in der Wohnung. Buri Pim empfing mich, verabschiedete mich, saß beim Essen neben mir, hockte auf meinem Schreibtisch, lauschte, wenn ich ihr etwas erzählte, war präsent und katzenzärtlich. Wenn ich manchmal ganz traurig in einer Ecke saß und leer vor mich hinstarrte, kam Buri Pim, riß an meiner Hose und wollte spielen. So lenkte sie mich ab von meiner Grübelei. Buri Pim schlief gewöhnlich im Wäscheschrank oder im weichen braunen Fauteuil. Als es mir einige Male gänzlich schlecht ging, bis in suizidale Verzweiflung hinein, kroch Buri Pim neben mein Kopfkissen und langte mit ihrer linken Vorderpfote – in regelmäßigen Abständen – immer wieder in mein Gesicht, als wolle sie sich meiner Lebensanwesenheit versichern. Wenn ich krank war, reduzierte Buri Pim ihre Ausflüge nach draußen und kam immer wieder, um nach mir zu schauen.«

Trotz allem regredierte Thierry nicht so stark wie zum Beispiel Thilo, der nur noch in der Klinik zu überleben vermochte. So achtete Thierry gerade in der Zeit seiner schweren Depression stark auf sein Äußeres. Er fuhr auf den Genfer See, um braun zu werden und gut auszusehen. Wenn er auch meist nur wenig essen konnte in dieser Zeit, so ging er doch häufig in extra gute und schöne Restaurants, um seinem geplagten Magen etwas Gutes zu tun.

Aus der Rückschau erlebt er auch manches anders:

»Während ich mich noch lange Monate nach der Trennung selbst als ein Dunkelgemälde der Schwäche, des Jammers, der Krankheit und der Erschöpfung erlebte, fallen mir heute aus dieser Schreckenszeit die roten und grünen Farbtupfer meines Widerstandes, meiner Kraft und meines Sich-verändern-Wollens auf. Schon ganz unmittelbar nach der Trennung sang ich auf meinen bewegungsnervösen Marathonläufen nach der Melodie eines US-amerikanischen Schlagers und an die Adresse von Chloé gerichtet: »Je suis plus fort que tu ne penses!«[1]

Nachträglich läßt sich auch feststellen, wie Thierry die Mühen des Alltags mehr und mehr bewältigte, bis irgendwann im Haushalt alles recht leicht ging:

»Ein erster Schritt war, daß ich vier Wochen nach der Trennung in der Küche ein Brett mit Kochrezepten anbrachte. Kochen konnte ich praktisch nicht – außer den wenigen Gerichten, die Männer aus Unvermögen halt so machen. Kochen tat Chloé, während ich fürs Putzen, das Administrative etc. zuständig war. Erst als ich Kochen lernte, stellte ich fest, daß diese Arbeitsteilung ungerecht war. Kochen ist viel mehr Arbeit als Putzen (auch wenn ich Chloé des öfteren ins Restaurant einlud). In den nächsten Ferien ließ ich mir von meiner Mutter einige Rezepte in praxi zeigen und demonstrieren, wie Fleisch zu braten ist; in selbigen Ferien lieh mir ein Freund ein Kochbuch für Männer. Ich lernte eigentlich recht rasch. Dabei war allerdings auch der Ansporn, Chloé von meinen neuen Fähigkeiten zu überzeugen, und der Hintergedanke, sie zurückzuholen. Mein erstes Essen für sie war noch einfach: Grapefruit als Hors d'œuvre, Fleischpasteten danach mit Gemüse aus der Büchse, mit Sahne verfeinert, eine Caramelcrème als Dessert. Beim nächstenmal gab es dann eine exzellente Bouillabaisse.«

Thierry lernte auch Bügeln; bald war nicht einmal mehr das Bügeln von weißen Hemden ein Problem. Für die Wäsche kaufte er sich eine Waschmaschine mit eingebautem Trockner. Er machte seinen Haushalt stets ganz allein – ohne Putzfrau, ohne Hilfe. Für ihn ist das alles ein nachträglicher Beweis für seinen Lebenswillen. Sechs Jahre später muß Thierry allerdings noch einmal zurückkrebsen; eine neuerliche Trennungsgeschichte ereignet sich und aktualisiert dabei nochmals die alte.

Thilo trauert auch nach vierjähriger Trennung »seiner« Anna nach; er hat sich seither von allen Frauen ferngehalten und lebt eigentlich nur aus der Erinnerung an seine Ehe, die er nach wie vor als den Höhepunkt seines bisherigen Lebens bezeichnet. Anna hingegen hat sich aus der Symbiose gelöst, emanzipiert; sie hat gelegentliche Beziehungen, findet

1 Übers. »Ich bin stärker, als du denkst!«

aber vor allem Halt und Befriedigung in ihrem Beruf. Anna war trotzdem immer klar, daß sie von allen Männern Thilo noch am meisten mochte; eine Möglichkeit von späterem Wiederfinden wollte sie deshalb auch nicht ausschließen.

Thierry bekennt, daß er an seiner traumatischen Trennungsgeschichte gewachsen ist; auch aus der nächsten Trennung von Alise hat er viel gelernt, vor allem über gravierende Fehler, die er gemacht hat. Sie führten zur Korrektur seines Selbstbildes. Trotzdem wäre es ihm auch aus der Rückschau lieber gewesen, sich diese Erfahrungen erspart zu haben. Während Thierry offen gesteht, am liebsten noch mit Chloé zusammenleben zu wollen, bekennt Chloé, daß die Trennung für sie nötig war, um sich selbst und ihre künstlerische Identität ganz zu finden; allerdings sieht auch sie nach wie vor das Schöne und Intensive ihrer Ehe.

Die positivste Bilanz ihrer Trennungsgeschichte zieht Rebecca, auch wenn sie die damit verbundenen Schwierigkeiten nicht leugnet. Lassen wir zum Schluß dieses Abschnitts noch einmal Rebecca ein Fazit ziehen:

»Als ich viele Monate nach unserer Trennung – früh am Abend schon im gemütlichen Bett liegend – das Klopfen der Regentropfen am Fenster wieder hören und voll Behagen mein warmes Bett genießen konnte, fühlte ich mich erstmals wieder im Vollbesitz meiner Kraft, den Alltag zu bestehen.

Meine wichtigste Veränderung betrifft in diesem Zusammenhang meine Einstellung zum Komplex ›alleinlebende Frau‹. Ihr Bild erhält immer mehr positive Züge. Der schmerzliche Mangel an kontinuierlicher Intimität ist zwar nicht wegzuleugnen, aber ich sehe auch immer wieder, daß er mich freiläßt für Wichtiges, das ich früher vernachlässigt habe: Beruf, Freundschaften, Hobbies.

Die beste aller Welten ist für mich nicht mehr unbedingt in Paare aufgeteilt.«

2. Wohnen

Wohnen; dazu fällt ein: die eigenen vier Wände, zu Hause sein, Behaglichkeit, Gemütlichkeit, Schutz – Schutz insbesondere auch vor der Außenwelt, Sicherheit, Ungezwungenheit. Bachelard notiert sehr treffend: »Im Leben des Menschen schließt das Haus Zufälligkeiten aus, es vermehrt seine Bedachtheit auf Kontinuität. Sonst wäre der Mensch ein verstreutes Wesen. Es hält den Menschen aufrecht, durch alle Gewitter des Himmels und des Lebens hindurch ... Das Leben beginnt gut, es beginnt umschlossen, umhegt, ganz warm im Schoße des Hauses.«

Natürlich gibt es auch hier Unterschiede. Die mehr nach außen Gewandten schreiben Wohnung und Haus weniger Bedeutung zu als die eher in sich Gekehrten. Daneben formt sich die Wichtigkeit von Wohnen je biographisch aus.

Für Thierry zum Beispiel hat Wohnen nachgerade Heimatfunktion; lassen wir ihn selber erzählen:

»Das läßt sich vergleichsweise einfach erklären. In Kindheit und Jugend mußte ich sehr viel umziehen. Zum erstenmal, als ich gerade drei Jahre alt war, fünfmal zwischen dem siebten und dreizehnten Lebensjahr, sechsundzwanzigmal insgesamt, sieben Schulwechsel. Für einen Erwachsenen ist solches schwer, für einen Jugendlichen verdammt hart und für ein Kind kaum aushaltbar.« In der ständigen Rotation der Länder, Orte, Ortschaften, Sprachen, Schulen, Menschen, Bekannten, Freunde blieben nur die Eltern und die elterliche *Wohnungseinrichtung* als Fixpunkte für den kleinen Thierry. »In zunächst immer und immer wieder fremder Umgebung wurde mir die Wohnung zur zweiten Haut, wie es mein Freund Markus einmal so schön formuliert hat.

Die Fremdheit ringsum war oft bedrohlich und manchmal sogar feindselig. Nur ein Beispiel: Als meine Eltern mit mir gerade von Lausanne nach Frankfurt am Main umgezogen waren, sagte ich, vom Lehrer aufgerufen, den Satz: ›Isch bin um den Ecken ummen gerennt‹ – und diese irre Falschheit auch noch mit französischem Akzent. Die Klasse lag – und das war ihr wohl auch nicht zu verdenken – vor Lachen unter den Schultischen. Es blieb natürlich nicht dabei. Vor solchen Erlebnissen der Herabsetzung und der eigenen Lächerlichkeit bot die Wohnung Schutz. (Noch heute ›flüchte‹ ich nach manchen Konflikten, Ärger und Verletzungen geradezu in meine Wohnung; oft nehme ich ein Taxi, damit es noch schneller geht.) In der sicheren Vertrautheit der Wohnung fing ich mich stets auf, kam ganz unbedroht wieder zu mir.«

Die Wohnung gewinnt also für Thierry einen Stellenwert von Heimat; die äußere Umgebung war ihm zu oft Fremde und Ausland im ganz konkreten Sinne. Da wird dann Wohnung zur Schutzhülle und auch zum Substitut für Phänomene, die die meisten Menschen als ganz selbstverständlich annehmen und erleben können. Hören wir dazu noch einmal Thierry:

»Die exzessive Umzieherei verhinderte, daß ich so etwas wie ein authentisches Heimatgefühl, gar Patriotismus entwickeln konnte. Über die Selbstverständlichkeit, mit der die meisten sich zu ihrer Heimat bekennen können, habe ich nie verfügt. Die wesentliche Zeit meines bisherigen Lebens habe ich in der Schweiz und in Deutschland verbracht; alle anderen Aufenthaltsorte bleiben episodisch. Doch ich kann mich weder als Schweizer noch als Deutscher fühlen. Im Grunde bin ich allenfalls ein ›Lausannois‹; mit Lausanne, wo ich meine Kindheit verbrachte, verbinde ich das meiste an heimatlichen Gefühlen: Aufgehobensein, Wärme, Sicherheit und Vertrautheit. Dort gehören die Straßen mir. (Meine Mutter wohnt noch immer in Lausanne, jetzt in einem Vorort. Ich könnte von ihrer Wohnung direkt mit dem Bus in die Stadt fahren; doch steige ich meistens nach drei Stationen in jenen Bus, der für mich sehr umwegartig an meinem Elternhaus vorbeifährt.)«

Wir haben bewußt mit diesem etwas extremen Beispiel begonnen, um daran die Wichtigkeit des Wohnens für das menschliche Leben zu beschreiben; mit der wachsenden Mobilität (Ortswechsel, Arbeitsplatzveränderung, Immigration und Emigration u. a.) in unserer Gesellschaft verlieren allerdings Thierrys Erfahrungen mehr und mehr ihren Ausnahmecharakter. Doch wenden wir uns vorerst zwei Frauen zu, die Kindheit und Jugend jeweils an einem einzigen Ort verbracht haben: Brigitte und Rebecca. Ihr Erleben von *Wohnen im Elternhaus* ist gänzlich anders: Brigitte verbindet damit nur alptraumartige Erinnerungen; Rebecca hingegen erzählt:

»Die Wohnung, in die ich hineingeboren wurde, empfinde ich in der Erinnerung noch immer als den Inbegriff aller Behaglichkeit und Intimität. Ich glaube, daß dies daran lag, daß darin ziemlich viele Leute lebten, die jedem Zimmer ein eigenes Gepräge gaben: Tante Trudes Zimmer mit den vielen Topfpflanzen, Großvaters Bude mit den alten Fotos, das Dienstmädchenzimmer mit den Papierrosen vor einem großen bunten Herz-Jesu-Bild etc. Keines der Zimmer blieb uns Kindern verschlossen, überall durften wir gleichermaßen spielen, lesen, plaudern.

Einige der Möbel aus dieser Zeit stehen noch in der jetzigen Wohnung meiner Mutter: Es sind hochglanzpolierte, sehr solide Nachahmungen ›reicher‹ Stilformen – Chippendale z. B. –, die mir übrigens noch immer recht gut gefallen.

Trotz eifriger hausfraulicher Bemühungen und ständigen Grollens meines zwanghaften Vaters über unseren ›Saustall‹ wurde diese Wohnung nie wirklich zu perfekter Ordnung gebracht. Immer lag irgendwo ein Buch, Strickzeug, ein Kinderspielzeug herum; Zeitungen blätterten sich wie von selber auf, und unsere Mäntel blieben auch nicht immer dort hängen, wo wir sie beim Heimkommen gerade gelassen hatten.

Neben den eigentlich recht hübschen Möbeln gab es Geschmacklosigkeiten, die mir schon als Kind nicht recht gefielen – vor allem die Kopien riesiger florentinischer Renaissance-Bilder religiösen Inhalts. Es gibt ein Foto von mir, im Erstkommunionskleid mit Kranz im kurzen Haar: da stehe ich vor solch einem überdimensionalen ›Christus-in-Emmaus‹-Bild; Jesus bricht verklärt eine Art klumpiges Brötchen auseinander, während ihn zwei Männer mit solch blödsinnig gefrorenem Lächeln anstarren, wie ich es im Leben nur bei Mongoloiden gesehen habe. Natürlich gab es auch Dürers ›Betende Hände‹ (›die Hände seiner alten Mutter‹, wie man mir gerührt erklärte), sowie am Schreibtisch meines Vaters einen abscheulichen roten Keramikkloß, der einen müde heimkehrenden Arbeiter darstellen sollte und ›modern‹ war. Er symbolisierte den Kampf meines Vaters für ›alle Armen und Unterdrückten‹ mittels der christlichen Gewerkschaft und war in seiner Struktur ebenso vage wie das angeblich soziale Engagement meines Vaters, der sich vom Dienstmädchen bedienen ließ wie ein Pascha und trotz chronischen Geldmangels in der Familie nur die teuersten Hemden und Anzüge tragen konnte.

Aber auch die Geschmacklosigkeiten verbanden sich mit Wärme und vor allem mit vielen, vielen Geschichten. Diese wurden dauernd wiederholt, alten Freunden und neuen Gästen wiedererzählt und bei bestimmten Gelegenheiten leicht verändert: die ›Zimmerbrand‹-Geschichte anläßlich eines interessierten Blicks auf den besonders guten Dauerbrandofen; die Geschichte des nie benutzten ›Zweierbetstuhls‹, auf den mein bigotter Vater beim Möbelkauf bestanden hatte; die Geschichte von der Dienstbotenkammer, an die der weibstolle Vetter bei einem seiner Besuche ein Schloß anbringen mußte, um sich selbst vor den Versuchungen unseres sehr ansehnlichen Mädchens zu bewahren. Unsere Wohnung war voll von Geschichten, und ich liebte sie alle ...«

Bei einem solchen Wohnen wie es Rebecca beschreibt, fühlt man sich nie allein. Während unseres Gesprächs mit Rebecca fielen ihr denn auch immer wieder Bezeichnungen ein wie »Gebärmutter«, »Schutz«, »Hülle«. Für Brigitte dagegen war das Wohnen im Elternhaus nahezu eine Fron; sie assoziiert mit Wohnen in Kindheit und Jugend: Gefängnis, Museum, Eingesperrtsein, Unbehagen, Wegwollen:

»Ich durfte zu Hause nichts anfassen. Meine Mutter hatte immer Angst vor Unordnung und möglichem Schmutz. Die Einrichtung der Wohnung meiner Eltern war bieder. Wir hatten sehr dunkle Möbel und

Riesenschränke. An diese Schränke habe ich die schlimmste Erinnerung; sie erschlugen mich fast.

Unser Zuhause mußte perfekt sauber und aufgeräumt sein. Nur in meinem Zimmer durfte ich mit den Gegenständen auch umgehen. Allerdings mußte ich auch hier tip-top Ordnung halten.

Wir hatten vier Zimmer: Stube, Schlafzimmer, Kinderzimmer und Büro des Vaters. Eigentlich brauchte mein Vater gar kein Büro, da er Arbeiter war. Trotzdem oder vielleicht auch gerade deshalb war dies Büro für ihn ungeheuer wichtig. Ich durfte dort nicht eintreten. Es war so etwas wie ein Heiligtum meines Vaters; dabei hat er dort nur an seinem Schreibtisch gesessen und Kreuzworträtsel gelöst oder mal eine Fachzeitschrift gelesen, was er alles auch in unserer Stube hätte machen können.«

Die Geselligkeit und Verbundenheit, die Rebecca beschrieben hat, fehlen in der Erzählung von Brigitte. Die äußeren Werte von Ordnung, Sauberkeit und Übersichtlichkeit dominieren völlig. Brigitte zieht denn auch schon in ihrem vierzehnten Lebensjahr aus dieser behausten Unbehaustheit aus. Sie zieht zunächst in einigen Wohngemeinschaften herum, bis sie mit ihrem ersten festen Freund Christian eine gemeinsame Wohnung bezieht. Es beginnt die Geschichte vom *Wohnen als sukzessiver Ausdehnung ihres Ichs*:

»Wir hatten am Anfang wenig Geld und wohnten in einer ziemlich dunklen Altbauwohnung am Rhein. Unsere Möbel stammten vom Trödler oder waren in billigen Warenhäusern gekauft. Es war alles sehr zusammengewürfelt und auch recht traditionell, aber gemütlich und menschlich im Gegensatz zur Wohnung meiner Eltern. Christian war ein Holzfan, was mir mit der Zeit immer weniger gefiel. Ich wollte Metall, Glas, Farben; es sollte hell und luftig sein. Nachdem ich die depressive Ausstrahlung der Wohnung meiner Eltern von mir geworfen hatte, wollte ich es eben ganz anders. Es gab Schwierigkeiten mit Christian; aber so nach und nach habe ich unsere Wohnung nach meinem Geschmack umgestaltet. Allerdings war das dann auch ein wichtiges Symptom dafür, warum Christian und ich uns nach sechs Jahren getrennt haben.«

Bei Rebecca ist es ganz anders. Als die Wohnung ihrer Eltern im Krieg zerstört wird, bricht für sie in der Tat eine Welt zusammen. Rebecca erzählt:

»Als ich – vor dem Bombenregen sicher evakuiert – von der Zerstörung dieser Wohnung hörte, war ich völlig verzweifelt. Ich konnte mir das Leben in einer anderen Wohnung nicht vorstellen. Die sehr viel ›feinere‹ Wohnung nach dem Krieg habe ich auch immer als fremd empfunden. In meiner Erinnerung ist sie ganz dunkel, ernst und immer gut aufgeräumt. Meine Mutter versichert aber glaubhaft, daß sie sehr hell war. Ich empfand die nutzlose Diele mit dem nicht funktionierenden Kamin und einem neu hinzugekommenen Ölschinken (›Büßende Magdalena‹ – nackt) als lächerlich. Selbst im Kinderzimmer fühlte ich mich als Gast – die Möbel darin hatten wir in der Wohnung, die einem geflüchteten SS-Bonzen gehört hatte, vorgefunden. Ich habe sie mir innerlich nie ›einverleibt‹.

Die ganze Wohnung stand sowieso unter einem Unstern: Sie wurde Zeuge der zerbröckelnden Ehe meiner Eltern. Nichts war mehr wie früher. Wir waren eine Kleinfamilie geworden, und es gab unbenutzte Zimmer. Gruselig war auch die unheilschwangere Geschichte über den Beginn unseres Lebens in dieser Wohnung: Als ausgebombtem Nazi-Opfer war sie meinem Vater 1945 samt Inhalt zugewiesen worden. Als meine Mutter sie erstmals betrat, lagen noch die verschimmelten Essensreste der geflüchteten Nazi-Täter auf den Tellern. Meine Mutter beschrieb oft das ahnungsvolle Grauen, das sie dabei beschlichen hatte.

Natürlich wurde alles ordentlich geregelt: Vorhandene und noch zu gebrauchende Möbel konnte man gegen Bezahlung einer symbolischen Summe behalten. Alles erinnerte aber trotzdem fatal an die ›Arisierungen‹ der Nazizeit.

Ich habe Mühe, mir die Zimmer dieser Wohnung vorzustellen; sie wurden mehrmals umfunktioniert. Zuerst getrennte Schlafzimmer, nach dem Auszug meines Vaters eine rasche Anpassung an die nun nötig gewordenen Untermieter. Das neuentstandene Wohn-Musik-Schlafzimmer meiner Mutter vermittelt in meiner Erinnerung erstmals wieder so etwas wie Behagen. Dieses setzte sich auch fort in der neuen Wohnung meiner Mutter, die ich vier Jahre lang mitbewohnt habe. Ich empfand sie aber nun nicht mehr als ›meine‹ Wohnung. Ich war kein Kind mehr und lebte in den nun herrenlos gewordenen Möbeln des ehemaligen ›Herrenzimmers‹ fast wie eine Untermieterin.«

Damals merkte Rebecca zum erstenmal, wie schwer es ihr fiel, sich autonom einzurichten. Sie erkannte ihre Mühe mit Farben, mit Ästhetik überhaupt; sie weiß auch nie im voraus, mit welchen Raum- und Größenordnungen sie zu rechnen hat. »Lieber«, so sagt sie uns, »setze ich mich in eine gemachte Wohnung, wo alles schon seinen Platz hat.«

Zwischen Rebecca und Thierry gibt es Ähnlichkeiten; auch Thierry hat sich in der jeweiligen Wohnung seiner Eltern sehr behütet und wohlgefühlt. Der Unterschied zu Rebecca liegt darin, daß er keine Mühe mit dem Einrichten hat; im Gegenteil: es macht ihm Spaß, und er kann es sehr gut; mancher Innenarchitekt war schon etwas neidisch auf ihn. Allerdings ist für Thierrys Initiative – auch in diesem Bereich – die Unterstützung durch eine geliebte Frau vonnöten. Thierry berichtet:

»Heimatliches (heimeliges) Wohnen ist für mich lange (und ist es noch heute in gewissem Sinne) Wohnlichkeit und Einrichtungsstil meiner Eltern. Im Gegensatz zu meinen Schulkameraden, Freunden und später den gleichaltrigen Studienkollegen, deren Eltern in Nußbaum dunkel, Mahagoni oder schwarz furnierter Eiche lebten, hatten sich die meinigen schon vor dem Zweiten Weltkrieg mit hellen, freundlichen Ulmen-Möbeln ausgestattet. Als ich in Pully, oberhalb des Genfer Sees, meine erste Wohnung bezog, kaufte ich ein Büchergestell, das in Art, Farblichkeit und Ambiance der Einrichtung meiner Eltern entsprach; dazu nahm ich aus meinem Jugendzimmer einige Möbel im nämlichen Stile mit. Es gab zwar genug Unterschiede zur Wohnung meiner Eltern; aber die Ähnlichkeit war unverkennbar. Als ich Marie-Jeanne kennenlernte, änderte sich mein Wohnstil. Die Pariser Lehrerin brachte Farbe in mein distinguiertes Hellbraun und Stilbrüche und auch etwas französischen Kitsch, der indessen belebte, Gefühle provozierte, wo es bei mir doch so schön neutral möbelte. En somme blieb ich indes schon stilbestimmend – das gilt für alle meine Beziehungen und auch für den Beginn meiner Ehe.«

Thierry zieht dann von Pully in die Stadt, nach Lausanne, wo er mit Studienfreunden ein alternatives Projekt aufbauen will. Es sind die späten sechziger Jahre. Thierry zieht zum erstenmal in seinem Leben in ein ausgesprochen kleinbürgerliches Viertel und mietet dort eine Ladenwohnung. Im Laden selbst entsteht der erste Alternativverlag der Schweiz. In exakt dieser Umgebung lernt Thierry – ohne Pathos, wie er betont – die Frau seines Lebens kennen. Thierry im Originalton:

»Ihre Eltern waren steinreich und lebten in einer Villa mit Park am Seeufer von Morges. Chloé war damals zu Hause ausgezogen, wollte in der ›Ecole des Beaux-Arts‹ Malerei studieren und suchte in ›meinem‹ unterschichtigen Altbau mit einer Freundin eine Wohnung.«

So beginnt die Liebesgeschichte von Chloé und Thierry. »Unsere Wohnungen waren zunächst sehr unterschiedlich: Chloé lebte funktionell, hell, einstudiert sparsam, vorhanglos, unaufgeräumt, vergleichsweise bohèmig; ich domilizierte in leichtem Stilchaos aus elterlicher Vergangenheit, gerade abgeschlossenem Marie-Jeanne-Einfluß plus eingegrenztem neo-linkem Touch (einige Posters z. B), etwas übermöbliert, mit Vorhängen, ordentlich beteppicht, aufgeräumt. Ungewöhnlich war, wie ich die Wohnung hatte streichen lassen: jedes Zimmer anders, was eine recht aufregende Mélange aus Grün, Gelb, Ocker, Violett, Rot und Braun ergab. Da die freakigen Maler meistens ›stoned‹ arbeiteten, war das Resultat noch gewagter als intendiert; eine befreundete Redakteurin aus Sion sprach immer von der ›Opiumhöhle‹, wenn sie mich in Lausanne besuchte.«

Thierry zieht dann nach einigen Jahren nach Berlin, wo er sich beruflich verbessern kann. Chloé folgt einige Zeit später; auch sie hat an der »Hochschule der Künste« die besseren Ausbildungsmöglichkeiten als in der konservativen Schweiz. Nach der »Opiumhöhle« im Kleinbürger-Quartier wohnt Thierry nun im großbürgerlichen Rahmen von Dahlem. Er findet eine neue, ganz helle Wohnung mit riesigen Fenstern. Dementsprechend richtet er sich ein; es entsteht ein klares Intérieur aus modernen Möbeln, durchsetzt mit einigen antiken Stücken. Als Chloé schließlich nach Berlin kommt, hat die Wohnung schon irgendwie ihren Stil; sie ist zwar nicht fertig, aber hat doch eine kaum noch zu verändernde Struktur. Thierry erzählt aus seiner Optik:

»Chloé konnte die Wohnung nur noch in Einzelheiten prägen: durch den Kauf einer alten englischen Standuhr, die ihr besonders gefiel, einige Bilder, die sie brachte, eine Nuance hier, eine Nuance dort. Gleichzeitig nahm ich ihre Wohnung in Lausanne in Mitbesitz; ich gab meine Zimmer im Parterre auf und zog in ihre erste Etage. Mit meinen Sachen – und die veränderten Chloés Stil. Bald hatte ich mich sogar an ihrem großen Zeichentisch eingenistet. Wie imperialistisch sich dieser Einzug vollzog, merkte ich erst viel später; es war, wenn auch gar nicht bewußt gewollt, fast schon eine Machtergreifung.«

Wie bei Brigitte wird das spezifische Wohnen von Thierry und Chloé zu einem von mehreren Explosionssymptomen ihrer Ehe. In Berlin verschieben sich indes die Akzente:

»Auch in Berlin war die Wohnung in gewisser Weise mein; es waren überwiegend meine Sachen, und selbst, wenn es sich um Möbel, Bilder, Accessoires handelte, die wir zusammen gekauft hatten, so war es halt von meinem Geld. Dies äußerlich Possessive relativierte sich indessen durch die symbiotische Entwicklung unserer Ehe. In der Berliner Wohnung hatte auch ich kein eigenes Zimmer mehr, kein Rückzugsterrain. Jedes Zimmer war für Chloé *und* Thierry – gleichzeitig, zusammen, ungeteilt – und dementsprechend eingerichtet. In der Alltagspraxis hielt sich Chloé zwar mehr im Zimmer mit der Musikanlage und den Bildern auf und ich im Zimmer mit dem großen weißen Tisch; aber etwas realiter Eigenes hatte keiner von uns beiden mehr.«

Bei Rebecca verläuft die Entwicklung etwas anders, und doch gibt es

Parallelen zu Chloé. Zwischen dem Auszug aus der mütterlichen Wohnung und ihrer Heirat mit Michael lagen vier Jahre Untermiete. Dann wird eine gemeinsame Wohnung gefunden, über die Rebecca wie folgt berichtet: »Michael, der Künstler, hatte sie besorgt; Michael kannte die besten Möbelgeschäfte, Michael stand an der Spitze des geschmacklichen Fortschritts. Ich selbst wollte es nur ›irgendwie behaglich‹ haben; das einzige, was ich Michaels funktionalistisch-technizistischen Vorschlägen entgegenzusetzen hatte, war mein Verlangen nach Holz – das zumindest mußte es sein. Den Wunsch nach dem damals modischen ›Teak‹ allerdings ließ ich mir ausreden; die von Michael schließlich ausgewählten Nußbaummöbel für mein Zimmer gefielen mir recht gut. Er plante auch für mein Zimmer mit, und ich war dankbar dafür.

Die übrige Wohnung spiegelte seinen Geschmack. Mir gefielen die Chrom-Stahl-Glas-Konstruktionen alle nicht so recht, ich empfand sie außerdem als maßlos überbezahlt.

In einem Anfall von Mut hatte ich mir auf einer Ausstellung ein Bild gekauft. Ich merkte aber, daß Michael es für recht mittelmäßig hielt, und fand es daher bald auch nicht mehr sehr schön. Eigentlich ging es mir mit fast allen Gegenständen so.«

Diese erste Wohnung von Rebecca und Michael sollte demonstrieren, daß sie ein »modernes« Paar waren: gemeinsames Wohnzimmer, getrennte Schlaf- und Arbeitszimmer. In dem Rebecca zugedachten Zimmer befand sich ein breites Bett, in Michaels Zimmer ein schmales – nur für ihn. Aus der Retrospektive empfindet Rebecca diese etwas unklare Funktionsteilung als Ausdruck der ersten Unsicherheiten in ihrer Beziehung zu Michael. Lassen wir sie das in ihrer plastischen Sprache selber erzählen:

»Jeden Abend ein geheimes und nie direkt ausgesprochenes Gerangel: Wo wird Michael schlafen? Ich quengelte, behauptete, ohne ihn nicht einschlafen zu können. Michael fügte sich oft seufzend. Es war ein klarer Machtkampf, der in diesem Moment wenig mit einem echten Bedürfnis nach Nähe und Zärtlichkeit zu tun hatte. Ich wollte, was mir im Alltagsleben häufig entging, am Abend wenigstens symbolisch haben. Mein Zimmer wurde so einer der ersten Kriegsschauplätze eines vielfältigen Kampfes um Kontrolle und Befreiung daraus, um Intimität und Distanz.

Michaels Zimmer war tabu. Ich hatte darin nichts zu suchen; ich konnte darin auch nichts suchen, da es winzig klein war. Mein Zimmer dagegen eignete sich auch zum Besuche-Empfangen. Neben der Couch gab es das Couch-Tischchen und zwei hübsche, leichte Sessel. Nach einiger Zeit wurde dies auch mein Ausweg aus dem Gefühl, innerhalb der

Ehe allzu distanziert zu leben. Ich empfing dort bald eigene Besuche: Nachbarinnen, Freundinnen. Michael hatte eine solche Möglichkeit nicht. Hätte er eigene Gäste gebracht – was selten geschah –, so hätte man sie im gemeinsamen Wohnzimmer empfangen. Dann aber waren sie automatisch auch meine Gäste. Ich erinnere mich an den Besuch eines alten Jugendfreundes, der offenbar unter Michaels Eheschließung litt. Er besuchte Michael, und ich ging – obwohl ich merkte, daß der Besuch nicht uns beiden galt – in gewohnter Weise im Wohnzimmer aus und ein. Irritiert und ungeniert sagte dieser Freund schließlich: ›Was willst *du* denn eigentlich hier?‹ – ein Ausspruch, der mich natürlich tief verletzte und ärgerte.

Unsere Wohnung spiegelte so Michaels Ambivalenz gegenüber eigenen Gästen wider: Warum sonst hätte er sich mit dem winzigen Zimmer zufriedengegeben?«

Dasselbe Muster wiederholte sich in der zweiten Wohnung von Michael und Rebecca. Sie war viel geräumiger, und trotzdem war Michaels Zimmer wiederum nur eine winzige Bude, während beispielsweise ein wunderschönes, helles und sehr geräumiges Zimmer für den seltenen Besuch der beiden Schwiegermütter bestimmt wurde.

»Mein Zimmer aber war nun zum offiziellen Zwei-Bett-Schlafzimmer avanciert, in dem ich zum Arbeiten wiederum nur eine klappbare Arbeitsplatte hatte. Ich hatte den Kampf um Intimität gewonnen – was unserer Ehe nicht gerade guttat. Wie auch früher konnte ich aber in meinem Zimmer wiederum eigene Gäste empfangen.

Das Wohnzimmer blieb ein sehr viel seltener benutzter Raum, obwohl ich mich nach und nach in der kühlen Chrom-Glas-Einrichtung wohlzufühlen begann.

Die Wohnung wurde durch viele Gäste aus meinem Lebenskreis belebt. Michaels Zimmer aber blieb – ähnlich eingerichtet wie früher – seine winzige Nußschale, unzugänglich für jedermann, natürlich auch für unser Kind. Dem entsprach selbstverständlich auch unsere in herkömmlichen Bahnen verlaufende Arbeitsteilung und unser soziales Leben, bei dem Michael häufig nur als ›Gast‹ aus seinem Refugium auftauchte.

In unserer dritten und letzten Wohnung gab es allerdings schon einige Wohnlösungen, die unseren Bedürfnissen sehr viel adäquater waren. Nach wie vor gab es die ›zwei Wohnungen in einer Wohnung‹; mein Zimmer sah noch immer aus wie der Backfischtraum eines Mädchens aus den vierziger Jahren. Allerdings gab es erstmals einen echten Schreibtisch darin, was meinen beruflichen Interessen entsprach. Michaels Arbeitszimmer war nun das größte in unserer Wohnung und wir dachten explizit daran, daß er sich hier mit seinen Kollegen und Freunden treffen könnte. Dies geschah aber so gut wie nie, da Michael es wohlweislich versäumte, sich ordentliche Sitzgelegenheiten für seine Gäste zu kaufen. Seine Nußschale hatte er zwar erweitert – sie blieb aber nach wie vor nur für ihn selbst bestimmt. In meinem kleineren Zimmer saßen wir oft zu fünft oder sechst am Boden, auf der Couch oder auf rasch hergeholten Stühlen. Nach wie vor liebte ich es, die Welt in meinen Raum hereinzuholen. Nach wie vor verschloß Michael seinen Raum vor der Welt. Das Arrangement klappte aber besser, vor allem dann, als wir uns entschlossen, die gemeinsame Schlafzimmer-Illusion aufzugeben. Jeder konnte nun viel besser nach seinem eigenen Rhythmus leben. Jeder hatte sein Schlaf-Arbeitszimmer mit eigenem Plattenspieler. Das Wohnzimmer blieb ein relativ selten benutzter Ort, der sich hauptsächlich zum Fernsehen eignete.

Am wichtigsten war das neue Küchenarrangement. Es gab nun kein Eßzimmer mehr, dafür die große Wohnküche, in der wir die Freuden des gemeinsamen Kochens entdeckten. Auch Freunde wurden einbezogen, und ich war froh, daß der Haushalt nun nicht mehr meiner alleinigen Sorge anheimgegeben war.«

Im Kampf um Eigenes und Gemeinsames, den Rebecca und Michael führten, gab es nun einige ganz echte gemeinsame Nenner und zugleich viel Individuelles: »Nach wie vor aber war ich in Geschmacksfragen ganz abhängig von Michael. Die von mir bevorzugten ›gemütlichen‹ Stücke habe ich noch nie alleine besorgt. Bilder waren meist seine Geschenke; das von mir einstmals so mutig erstandene liegt irgendwo im Keller. Allerdings lasse ich mich nun nicht mehr darin beirren, einige Wände auch mit selbstgemalten (sehr kunstlosen) Bildern vollzuhängen. Da sie keiner Geschmacksnorm zu entsprechen haben, sind sie für mich ein ganz unproblematischer Teil meiner Wohnung. Die klare Trennung der Arbeitsbereiche und der Intimität des Schlafens entsprach nun sehr viel genauer als früher unseren eigentlichen Bedürfnissen.

Über die Gegend, in der wir wohnen wollten, wurden wir uns allerdings nie ganz einig. In unserer ersten Wohnung am Rande der Altstadt gab es noch so etwas wie Nachbarschaft. Von dieser profitierte aber hauptsächlich ich, da ich die zufälligen Schwätzchen im Treppenhaus oder beim Kaufmann immer schon geschätzt habe. Michael galt aber als unzugänglich, eben ein scheuer Künstler, den man nur von ferne grüßte. Das ärgerte mich oft. Ihm behagte allerdings die Nähe zur Altstadt, die für ihn vermutlich alte Träume von Bohème, Kneipenleben,

Flirt u. ä. verkörperte. Ich langweilte mich in Kneipen meist, weshalb wir auch selten ausgingen. Kaum war ich weg, verbrachte Michael aber keinen Abend mehr zu Hause.«

Später, in der Großstadt, wollten Rebecca und Michael eine Wohnung im Grünen; sie dachten dabei vor allem auch an ihr Kind. Rebecca fühlte sich an der grünen Peripherie von Berlin sehr wohl. Michael hingegen war ambivalent. Einerseits gefielen ihm das großzügige Haus und der Garten, andererseits hatte er Sehnsucht nach dem pulsierenden Leben in der Innenstadt. Abends aber den weiten Weg in die Stadt zu machen gelang Michael selten. So gingen die beiden abends häufig »ums Karree« spazieren; Rebecca genoß diese kleinen Spaziergänge in der unmittelbaren Umgebung – für Michael waren sie häufig eine unangenehme Pflichterfüllung. Rebecca schildert die Folgen:

»Es war also ein treffender Standardwitz, wenn ich ihm jeweils vor dem Gang zum Zigarettenautomaten nachrief: ›Aber komm nicht erst in zwanzig Jahren wieder‹ (wie in Anouilhs Stück ›Romeo und Jeanette‹).

Der Garten, die Abendspaziergänge, Grillabende mit befreundeten Nachbarn: Das alles symbolisierte für Michael nun trotz der größeren persönlichen Freiheit zwischen uns bald wiederum zu große Enge und Nähe, Familiarität. So war der erste Vorbote unserer Trennung das dauernde (von mir mit Empörung zurückgewiesene) Geschimpfe über dieses ›verflucht grüne Vorortleben‹. Die Innenstadt mit ihrem Nachtleben sollte es sein ... eine große Altstadtwohnung neben einem Kino ... Kneipenlärm um Mitternacht ... Mich schüttelte es. In unserem Viertel war es doch so behaglich!«

Als sich Rebecca und Michael trennten, galt Rebeccas erste Schreckreaktion der Wohnung. Mußte sie nun diese für sie so wichtige »zweite Haut« auch noch verlieren? Die beiden beschlossen indes, den äußeren Rahmen ihrer Ehe nicht zu verändern. Michael mietete sich ein Atelier. Trotzdem mußte sich Rebecca nun mit dem Problem der Neustrukturierung ihrer Wohnung auseinandersetzen:

»Wie immer fiel mir das sehr schwer. Am leichtesten und schnellsten gelang mir die Einrichtung und Umgestaltung des seit einiger Zeit schon verlassenen ›Kinderzimmers‹. Die Möbel waren schön: helle einfache Formen, eine dicke Kokosmatte, hübsche Flickenteppiche. Ich gruppierte alles ein wenig anders, holte mir eigene Bilder und Bücher herein und hatte im Handumdrehen ein hübsches Arbeitszimmer. Es war die Arbeit eines Nachmittags, und das Ergebnis überraschte mich. Zwar hatte ich mir dazu nichts wirklich ›Neues‹ einfallen lassen müssen, aber ich war doch stolz darauf, daß ich einen neuen Stil für mich adaptiert hatte.

Weder wirkte das Zimmer kalt-funktionalistisch, noch war es der alte Backfisch-Boudoir-Stil. Mein ehemaliges Schlaf-Arbeitszimmer diente nun nur mehr als Schlafzimmer.«

Zu Beginn hatte Rebecca Mühe, mehrere Zimmer zu bewohnen; es fiel ihr auch schwer, die Wohnung behaglich zu gestalten, zum Beispiel Blumen zu kaufen. Vielmehr hatte sie die Tendenz, sich in einem Zimmer einzuigeln und dieses dann als sichere Höhle oder Muschel zu fantasieren:

»Die Schwierigkeiten und Nöte der Welt ließen sich besser ertragen, wenn meine Welt klein und überschaubar war. Erst als es mir seelisch besser ging, konnte ich wieder die Größe meiner Wohnung genießen, richtete mir zwei Arbeitsplätze ein, belegte einen Teil des Wintergartens als Frühstücksplatz und begann, weitere Umgestaltungen zu planen. Ziemlich unbenützt allerdings blieb die Küche. Ich setzte mich nie mehr dorthin, um zu essen. Meine Schnellgerichte und Käsebrote holte ich mir ins Arbeitszimmer.

Eine andere Veränderung betraf die ›Ordnung‹ in der nun von mir allein bewohnten Wohnung. So unterschiedlich unsere Einrichtungsvorstellungen auch immer gewesen waren: In der Frage der Wohnbenutzung hatte es nie Probleme gegeben. Wir sind beide ›schlampig‹ und haben etwa die gleiche Vorstellung davon, ab wann Schlampigkeit unästhetisch wird. Für das Gröbste gab es von Anfang an eine Putzfrau. Es gab über die Frage des Ordnunghaltens keinen Streit. Keiner hatte dem anderen viel vorzuwerfen. Benutzte Aschenbecher, leere Flaschen und ähnliches mußten nicht sofort weggeräumt werden. Wenn ein im Badezimmer auf den Boden geworfener Schlüpfer nach zwei Tagen noch immer am selben Platz lag, lachten wir.

Dies wurde nun anders. Ich wollte meine ›zweite Haut‹ sauber halten. Kam Michael zu Besuch und veranstaltete sein übliches Chaos, irritierte mich dies. Ich fing an, ihn als Eindringling zu empfinden. Er hatte nun endgültig aufgehört, mein Mitbewohner zu sein.«

Zwischen Rebecca und Thierry gibt es viele Parallelen. Auch Thierry verblieb nach der Trennung in der alten Wohnung, die für ihn nur aus der Zweisamkeit mit Chloé Sinn und Leben bezogen hatte. Da Thierry einen viel größeren Teil seiner Identität und seiner Substanz aus der Liebe zum Partner gewann, als es Rebecca für ihr Leben nötig hatte, dauerte es auch für Thierry viel länger, bis er in der Lage war, wenigstens Kleinigkeiten in der Wohnung zu verändern, die nun zu seinem großen Leiden nur noch die seine war. Er brauchte mehr als drei Monate, bis er wenigstens den Fleck zum Verschwinden brachte, der dadurch entstanden war, daß Chloé ihre Picasso-Radierung in die neue Wohnung – weitab von der alten – mitgenommen hatte.

Thierry kaufte sich eine Lithographie von Tapies und hängte ganze drei Bilder um. Am Abend war er bei Ena und Markus eingeladen, und Ena lobte ihn für seine Aktion, was Thierry sehr dankbar vermerkte. Nach zwei weiteren Monaten kaufte er einige Palmen und versüdlichte seine Wohnung im kaltherzigen Berlin. Es verging ein Jahr, bis er das Schlafzimmer auf seine Bedürfnisse hin funktionalisierte: z. B. der Fernseher in Bettnähe, die zu lesenden Bücher auf ein Schränkchen neben seinem Bett, eine große Collage mit persönlichen Fotos (für sein beschädigtes Ego). Nachdem Chloés Wärme weg war, schuf er sich Heimeligkeit in seinem Schlafzimmer und vergrub sich häufig in seinem französischen Bett.

An Chloés Sachen, die noch in der Wohnung verblieben waren, wagte er sich nicht heran; im Gegenteil: sie hatten Hoffnungscharakter für ihn: »Wenn sie das alles noch daläßt, kommt sie vielleicht doch eines Tages zurück.« Als sie für ihre Prüfung Zeichnungen und Bilder abholte und aus dem Hause war, brach nicht mehr zu dämpfendes Weinen aus ihm hervor; er floß dabei fast aus. Nach wohl mindestens anderthalb Jahren packte er ihre Kleider zusammen, da er sich nicht jedesmal beim Öffnen eines Schrankes an Chloé erinnern wollte; nach einem weiteren Jahr brachte er ihr, was sie noch zurückgelassen hatte. Nach viereinhalb Jahren, als Hoffnung verblaßt war, nahm er endlich auch jenes Zimmer der Musik und der bunten Bücher in Besitz, in dem sie sich am liebsten aufgehalten hatte. Er stellte am Fenster seinen Schreibtisch auf und freute sich über den Blick in den zu jener Zeit gerade verschneiten Garten, in welchem Chloés Katze Buri Pim Schneeflocken jagte.

Thierry fühlte sich nun recht wohl in *seiner* Wohnung; doch die schmerzliche Erinnerung an die Innigkeit mit Chloé blieb stets präsent. Thierry erzählt, wie es weiterging:

»Die Eltern, Marie-Jeanne und Chloé: ihr Stil wirkte nach und das, was ich daraus synthetisierend und modifizierend für mich gemacht habe. Am wohlsten fühlte ich mich nach der Trennung bei Freunden, die ähnlich wie ich eingerichtet waren: bei Ena und Markus, bei Elke und Diether, bei Jane, bei Marie-Luise und Alfred, bei Cécile. Frauenbekanntschaften begannen oft spätestens dann zu bröckeln, wenn ich gewisse Wohnungen betrat. Aus Birkenmöbeln, alternativen Bastmatten, einigen Drucken an den Wänden, orientalischen Decken über den Schlafstellen, Castaneda, Richter, Willis ›Zweierbeziehung‹, ›Momo‹

und Tolkin im Bücherschrank und dem selbstgetöpferten Geschirr dazu, trieb es mich meist nachgerade panisch von dannen.

Zum erstenmal nach der Trennung ließ es dann Susans gekonnt abgestimmter Chic zu, daß ich dort länger bleiben mochte. Susan war eine englische Stewardeß, die zwischen ihren Atlantik-Flügen in Brüssel wohnte. Allerdings fehlte mir auf Dauer in der durchgestylten Coldness die Wärme von eigentlichem Bewohntsein. Fast vier Jahre nach der Trennung lernte ich Alise kennen; sie war in Lausanne meine Nachbarin. Die Ambiance, die von ihr ausging, versammelte sich auch in ihrem Haus. Manches kam mir zwar fremd vor, verteilte Unordnung zum Beispiel, und vor allem ein intensives Gesicht, das mich von Postern, Fotos, Kalender und Gebetsteppich ansah, ob nun in Küche, Stube oder Schlafzimmer: ›By conveying His (großes H!) message directly to the heart, He leads us to all the wisdom, peace, light and joy of God within.‹ Well ... Bei Alise kam ich mir nicht mehr so sehr auf Besuch vor, auch wenn ich's meistens nur war. In ihren Wänden der Helligkeit und der zarten Farben, der Verbindung von Schön, Funktionalität und Heimeligkeit, insbesondere vor dem lodernden Kamin, war ich irgendwie behaust.«

Auf unsere Nachfrage gesteht Thierry, daß er noch immer nach einer oder seiner Chloé sucht, daß er eine geliebte und liebende Frau auch zum wohligen Wohnen einfach braucht. Rebecca hingegen ist zufrieden, und das sieht man ihr auch an. Diese unterschiedliche Entwicklung in der Erfahrung des Wohnens nach einer Trennung scheint uns verallgemeinerbar zu sein: Mehr Frauen als Männer werden mit dem Allein-Leben besser fertig. Sie sind stärker geerdet, praktischer, lebensfähiger im Alltag als die meisten Männer.

3. Kinder

Wünsche und Fantasien

»Erst das Kind aber gibt der tieferen Liebe zwischen Mann und Frau den letzten Sinn. In ihm erfüllen sich geheimnisvolle Sehnsüchte aus der Vergangenheit; in ihm realisieren sich lichte Zukunftsfantasien ...«[1] Solche und ähnliche Vorstellungen mögen vor fünfzehn, zwanzig Jahren noch in den Köpfen vieler Paare verankert gewesen sein.

Demgegenüber sieht die Realität nüchterner aus, und viele haben sogar Mühe, retrospektiv ihre ursprünglichen Motive für den Kinderwunsch zu rekonstruieren und mit ihren damaligen, z. T. recht verstiegenen Ideologien in Einklang zu bringen.

Stierlin und andere Familientherapeuten haben es inzwischen auch bei Laien publik gemacht, daß Kinder für die Partnerschaft nicht nur gebraucht, sondern häufig auch *miß*braucht werden. Kinder dienen: als Blitzableiter, Sündenbock, als Produzenten von Aufregung in langweiligen Ehen, als Abwehr unbewußter Wünsche und sehr oft als Schutzschild gegenüber dem Partner.

Es ist nicht verwunderlich, daß der Kinderwunsch bei Mann und Frau recht unterschiedlich motiviert sein kann. Viele Männer berichten, daß sie entweder gar keine Sehnsucht nach einem Kind hatten oder nur konventionelle Gründe dafür maßgebend waren. Allenfalls wünscht man sich der Frau zuliebe ein Baby. Oft wird der Zeitpunkt dafür als »zu früh« erachtet; jahrelang können Männer ihren Frauen vorwerfen, sie hätten alles zu schnell gewollt – die Berufsausbildung noch nicht fertig, die Positionen zu ungefestigt, zu wenig Gemeinsames erlebt ...

Natürlich – und dies betrifft vor allem die etwas Jüngeren – gibt es aber auch immer wieder Männer, die recht früh anfangen wollen, das »Familienspiel« zu spielen; denn daß sie es ursprünglich eher als ein solches ansahen, erzählen eigentlich fast alle. Keiner hat die Mühen mit Kindern im realen Alltag vorausgesehen.

Frauen berichten oft, daß sie »neugierig« waren auf das neue Erlebnis von Schwangerschaft und Geburt. Je besser ausgebildet die Frauen sind, desto öfter geben sie an, daß man gerne sehen wollte, wie »ein neuer Mensch sich entwickelt« – natürlich versehen mit dem festen Vorsatz, dieses neue Menschenwunder ganz anders und viel besser zu fördern, als

1 Handbuch für Verlobte, Schriftenreihe Katholisches Jugendwerk, o. J.

es einem selbst vergönnt war. Dies alles klang meist allzu intellektuell; in den Worten vieler verspürten wir oft die Distanz der »empanzipierten Eltern«.

Bei näherem Hinsehen aber entpuppte sich dies fast immer nur als eine moderne Verbrämung erfreulich altmodischer Bedürfnisse nach Wärme, Kosen und Knuddeln; mit einem Wort: nach einem Wesen, das man so richtig nach Herzenslust liebhaben kann. Die Kinder aller unserer Mittelstandseltern wurden – ungeachtet ihrer unten noch näher zu beschreibenden Funktionen – zärtlich geliebt, bewundert und mit Wärme umgeben. Interesse und Liebe waren meist sehr groß. Das aber bedeutete nicht, daß diese geliebten Kinder die Ehen ihrer Eltern gefestigt hätten – im Gegenteil.

Welche Wünsche und Fantasien ranken sich um das Ungeborene, welche Funktion wird ihm zugeschrieben?

Rebecca, die katholisch erzogene Tochter aus »gutem Haus« sieht nachträglich ihre ursprünglich noch traditionellen Wünsche nun in einem anderen Licht:

»Daß man keine Kinder haben wollte, erschien mir undenkbar. Kinderlose Paare schwankten in meiner Vorstellung zwischen Lächerlichkeit und Unmoral. Ein Freundespaar meiner Eltern bezeichnete immer seinen abscheulich riechenden kleinen Köter als ›unser Kind‹ – das war für mich der Prototyp des kinderlosen Paares, das mir einfach als eine ziemlich sinnlose Konstruktion erschien. Die Ehe mußte doch eine ›Tiefendimension‹ haben, dachte ich und sah dabei vor meinem geistigen Auge ... ja, was sah ich denn? ... ein lebendiges Baby war es eigentlich nicht, eher ein strahlendes händehaltendes Paar, das dem Kinderzimmer abends gerade den Rücken kehrt und gemeinsam zufrieden in die Abendsonne blickt.

Michael war in dieser Frage ausgesprochen wohlwollend. Das, so meinte er, sei eigentlich mein Problem, die Belastungen lägen ja doch hauptsächlich bei der Frau.

Wir sprachen aber so gut wie nie über unsere künftigen Kinder. Ich nehme an, daß Michael sie ganz prinzipiell fürchtete; aber auch für mich war der Wunsch wohl eher sozial normiert und hatte vorderhand noch nichts zu tun mit einem inneren Bedürfnis.

Wie wäre es sonst wohl zu erklären, daß ich die ersten Anzeichen einer Schwangerschaft mit geradezu panischem Schrecken und darauffolgender tiefer Depression beantwortete?

Ich hatte große Angst vor der auf mich zukommenden Verpflichtung. Hatte ich überhaupt vorausahnende Fantasien, dann kreisten sie um eine in der Dreizimmerwohnung sich langweilende Frau, die tagaus tagein Babysprache spricht und immer mehr vereinsamt.

Daß diese und etliche nachfolgende Schwangerschaften mit einer Fehlgeburt endeten, trug mir viel Mitleid, gute Ratschläge und überaus angenehme Meeresaufenthalte ein. Ich nahm das Mitleid tapfer-gemessen entgegen und wunderte mich insgeheim, weshalb die Frauen um eine Fehlgeburt herum solch düstere Trauermusik anstimmten. Denn natürlich war ich erleichtert.«

Es ist zu vermuten, daß viele Fehlgeburten ähnlich motiviert sind wie die von Rebecca und daß dabei wohl auch die Abwehr des Mannes eine Rolle spielt.

Daß Männer ihren Frauen gutmütigerweise das »Puppenspielen« zugestehen, wurde uns öfters erzählt. Für manche Männer ist die Vorstellung, ein Kind zu haben, auch eine Entlastung. Sven drückte dies sehr nüchtern aus:

»Es war mir lieber, Margarete in der Mutterrolle zu fantasieren, als sie in der einer umtriebig-besorgten Ehefrau zu erleben. Mir war es lästig, immerfort als Ehemann fungieren zu müssen: ob ich dies oder jenes essen wolle, ob ich zum Einkaufen mitginge, ob wir nicht mal schnell bei Müllers zum Aperitif hereinschauen wollten? ... Ich hatte das Gefühl, ein Netz zöge sich über mir zusammen. Margarete mit Kind würde mich vielleicht loslassen? ...«

Weder Michael und Rebecca noch Sven und Margarete bezeichnen ihre Beziehung als symbiotisch-erfüllend. Was Rebecca erahnt – daß das Kind sie noch weiter von Michael entfernen könnte –, ist Svens ausgesprochener Wunsch. Bei beiden Paaren besteht schon sehr früh die Gefahr von Entfremdung, Langeweile und Aneinander-Vorbeileben.

Maria-Luise und Konrad sind ein Paar, das ebenfalls nicht sehr viel Erfüllung aneinander findet: Sie wünschen sich aber leidenschaftlich Kinder. In Maria-Luises Worten: »Es ist nicht darum gegangen, einer lebendigen Beziehung noch sozusagen die ›Krone‹ aufzusetzen, es war von Anfang an gar keine Beziehung da – ein Kind sollte aber endlich Sinn und Erfüllung hineintragen. Jetzt sieht es so aus, daß ich mit meinem Mann eigentlich nur eine WG habe. Der alltägliche Sinn entsteht nur durch das gemeinsame Verantwortungsbewußtsein für die Kinder.«

Ganz anders sieht es bei Thierry und Chloé aus, die erst spät Kinder wollten, damit sie noch sehr viel Zeit mit- und füreinander hätten. Sie sind auch nach einigen Jahren des Zusammenlebens einander nicht überdrüssig und verschieben daher das Kinderkriegen immer wieder von neuem. Thierrys Vorstellungen: »Ich habe mir immer ein Mädchen gewünscht, und zwar eine Zweitausgabe von Chloé: blond, lachend, strahlend, klar. Ich sah mich mit der jungen Tochter schon im Restaurant sitzen und diskutieren. Ich wollte ihr etwas von meinem Universum weitergeben ...«

Thierry und Chloé haben nie Kinder bekommen; noch knapp vor der Trennung, als Thierry das kommende Unheil schon ahnt, wird bei ihm der Kinderwunsch nochmals brennend aktuell. Die fantasierte schöne Tochter ließe sich wohl unschwer als letzter Anklammerungsversuch und erster Ehebruch interpretieren.

Wenn das Kind, wie bei Silvia und Ernst, sich zu früh und ungewollt anmeldet (und sogar noch Grund für eine nicht geplante Eheschließung wird), können unausgesprochene Vorwürfe oder Selbstanklagen das Klima zwischen den Partnern drastisch verschlechtern. Silvia führt die extrem großen Schwierigkeiten in der Schwangerschaft darauf zurück. »Ich konnte mich auf das Kind nicht freuen, mir war dauernd schlecht. Jedes Wort von Ernst – selbst wenn es begütigend gemeint war – hat mich aufgeregt und geärgert. Ich habe mich selbst mit Vorwürfen überschüttet und immer wieder gedacht: warum hast du das getan, warum, warum ...? Nun hast du deine Strafe ...«

Die Ankunft des Kindes

Häufig wurde schon beschrieben, wie sehr das Ehegefüge durch das erste Kind durcheinandergebracht wird. Nicht nur der äußere Ablauf des Lebens muß nun neu organisiert werden, sondern vor allem das emotionale, meist auch das sexuelle Leben. Der auf den Säugling eifersüchtige Ehemann ist ein bekanntes Klischee. Mit Recht, wie es scheint! Manche Frauen scheinen nur auf den Moment gewartet haben, in dem sie ihrem Ehemann zeigen können, was »wahre Liebe« eigentlich ist. Sven erzählt, daß er sofort mit Rachegedanken auf Margaretes neues Engagement reagiert habe. Da diese große Liebe nicht ihm gelten konnte, suchte er fast augenblicklich Beziehungen zu anderen Frauen. Er meint, daß er seinem Sohn diese Erfahrung noch lange Zeit verübelt habe. Wenngleich Sven, wie wir schon wissen, sich durch ein Kind Margarete ja eigentlich »vom Hals halten« wollte: *so* hatte er sich die Sache wohl doch nicht vorgestellt!

Rebecca, die nach einigen Jahren nun doch eine Tochter gewollt und bekommen hatte, schildert die für Michael sicher kränkende Situation folgendermaßen:

»Mein Kind hatte ganz selbstverständlich vom ersten Moment seiner Ankündigung an einen Namen – Judith –, denn daß es ein Mädchen war, unterlag überhaupt keinem Zweifel. Ich hatte tausend Mädchenfantasien: tippelndes blaues Röckchen, Puppenecke, Mädchen auf dem Töpfchen ... es konnte unmöglich ein Bub sein. Ungerührt erzählte ich denn auch allen staunenden Tanten, daß ich einen kleinen Buben – dem biblischen Vorbild Moses gleich – in einem pechverklebten Körbchen den Fluß herunterschicken würde. Dies trug mir nicht nur Lacher ein.

Das Kind *war* ein Mädchen, bekam während der Geburt einen noch viel klangvolleren Namen und erschien mir vom ersten Moment an als das schönste, klügste und ausdrucksvollste Kind, das je eine Mutter in den Armen gehalten hat. Die entsprechenden relativierenden babygemäßen Kommentare nüchterner Freunde und Verwandter empfand ich allesamt als inadäquat. Ich billigte sie ihnen zwar zu, wunderte mich aber ein wenig, weshalb sie offenbar nicht sehen konnten, was für mich über jeden Zweifel erhaben und sichtbar war: daß dies ein besonderes, ein auserwähltes Kind war; eines, das sich der jämmerlichen Babyhülle nur kurzfristig und wie nebenher bedient, um seine besondere Kraft und Stärke einstweilen noch zu verstecken. Daß Michael dies nicht wahrnehmen konnte, wunderte mich gar nicht. Daß er immer wieder auf die Froschähnlichkeit meines perfekten kleinen Wunders hinwies, kränkte mich nicht einmal. Es war ja *mein* Kind und nicht seines. Er hatte es zwar zweifellos gezeugt – nun aber gehörte es mir. Mein Bedürfnis, ihm das Kind nahezubringen, war gering.

Mir war klar, daß nichts in der Welt stärker sein kann als die Liebe zwischen Mutter und Tochter. Es gab daher auch so gut wie nie Ausstechungsversuche um die Gunst des Kindes.

Für mich trat am Geburtstag meiner Tochter jener aus der Gestaltwahrnehmung her bekannte Umspringeffekt ein:

Meine Ehe wurde der unwesentliche Hintergrund, vor dem sich strahlendhell und deutlich das Bild ›Mutter mit Kind‹ abhob. Von nun an konnte mir nichts wirklich Böses mehr durch Michael passieren.«

Ein anderes Muster entsteht, wenn der Mann sich das Kind nicht nur in der Einheit »Mutter – Kind« vorstellt, sondern von Anfang an sich selbst einbezieht.

Gerade bei jüngeren Männern scheint dies öfters der Fall zu sein – von Psychoanalytikern wie z. B. Bopp und v. Westphal wird dies heutzutage sogar manchmal als Verlust von Männlichkeit beklagt.

David gehörte ganz sicherlich zur Kategorie der sogenannten »Mappis«: Er half nicht nur bei der Hausgeburt sehr sorgfältig mit, er versorgte Ruth und das Kind auch nach der Geburt mit großer Geduld und Freude. Als freier Architekt hatte er viel Zeit; er konnte Amy fast jederzeit windeln und kosen, mit ihr spielen und spazierengehen. Ruth sagt: »David war ein idealer Vater. Amy war ihm das Wichtigste, und er hätte gerne mehr Kinder gehabt. Ich selbst war auch ganz vernarrt in das Kind, ich habe es ein ganzes Jahr lang gestillt. Amy hat aber irgendwie von Anfang an gespürt, daß sie sich sehr leicht zwischen uns drängen konnte. Kaum waren wir beisammen, wurde sie unruhig, und wir nahmen sie zu uns ins Bett. Wir haben uns von ihr innerlich auseinanderdrängeln lassen, während sie uns äußerlich gebunden hat.«

Von manchen Paaren wird dieses Auseinandergedrängt-Werden als bedrohlich erlebt. Man bemerkt mit Schmerzen, wieviel Zeit das Kind der Ehe »stiehlt«; oft wird erzählt, daß man aus diesem Grund kein zweites Kind mehr wollte. Ena und Markus, die bewußt auf Kinder verzichtet haben, berichten, daß sie für befreundete Paare mit Kleinkindern nur Mitleid übrig hatten. Ena denkt sogar, daß Mutterschaft das »Ende ihres Lebens als freier Mensch und intellektuelle Frau« gewesen wäre. Beide hatten Angst, daß ihre Beziehung durch Kinder allzusehr ins Ungleichgewicht geraten würde: Markus würde weiterhin eine interessante berufliche Karriere durchlaufen, während sie nunmehr als Mütterchen um Babynahrung und Windeln besorgt sein müsse und Markus alleine reisen oder ausgehen werde.

Für Frauen kann sich durch die Ankunft eines Kindes eine erneute Einbindung in die elterliche Familie und damit eine erneute Abkapselung vom Ehemann ergeben. Es verwundert nicht, daß solches bei Rebecca und Michael zumindest zeitweise geschah:

»Immer deutlicher durchzog mein Leben nun auch die Dreieinigkeit von Großmutter – Tochter – Enkelin. Denn wunderbarerweise empfand nicht nur ich die ganz besondere Eigenartigkeit dieses Kindes, nein, auch meine Mutter war mit von der Partie, und es war klar, daß mir mit einem kleinen Jungen diese wunderbare Einheit nie geglückt wäre.

Selbst ein sehr geliebtes und von der Mutter verwöhntes Kind, hatte ich früh erfahren, daß ein Vater fast gar keinen Wert hat. Wärme, Fröhlichkeit, Spiele, Gespräche: das gab es nur bei den Frauen der Familie. Nun, mit meiner Tochter als Legitimation durfte ich wieder zurückkehren in den Schoß der Mütter. Die weibliche Welt hüllte mich ein – die männliche hatte sich als so unnahbar erwiesen, wie ich es immer geahnt hatte.«

Karl war der einzige, der uns erzählte, daß durch Ankündigung und Ankunft des ersten Kindes zuerst eine Vertiefung seiner Beziehung zu Marion erfolgt sei. »Ich habe Marion damals sehr bewundert; alles um sie herum war so geheimnisvoll; ich habe an unsere Vorfahren gedacht, die lange Reihe von schwangeren Frauen und gebärenden Müttern. Ich hatte so ein Gefühl von Eingebundenheit in eine Tradition. Ich war Marion dankbar, daß sie mir dieses Gefühl ermöglicht hat: ein Kind gezeugt zu haben – das war schon wirklich etwas ...«

Sicher ist es ganz legitim, wenn ein Kind auch »narzißtische Bedürfnisse« befriedigt; wenn man also stolz ist auf seine Zeugungskraft oder Gebärfähigkeit und das kleine Wunder zuerst auch sehr stark unter dem Aspekt des »selbst Hervorgebrachten« sieht. Rebecca, wie wir gehört haben, ist sogar bereit, Michaels Anteil an der bewunderten Tochter zu verdrängen, um nur ja ihren eigenen nicht geschmälert zu sehen. Gerade bei modernen Menschen genügt der schlichte Sexualtrieb nicht, die Fortpflanzung zu gewährleisten. Eitelkeit und der Wunsch nach einer Bestätigung qua Kind werden daher wichtiger als früher. Wird dieser Narzißmus aber später nicht abgelöst vom Wunsch nach Verantwortung und Fürsorge, dann erlischt der Glanz der ersten Zeit recht rasch. Und so konstatieren sowohl Marion als auch Karl: »Die erste Zeit des Kinder-Wunders war schön – aber sehr kurz!«

Alltag mit Kindern

Das Leben dreht sich nun um die Kinder. In der konventionell arbeitsteiligen Familie wird der heimkehrende Vater mit Alltagserzählungen der drolligen/bösen Taten/Untaten der Kinder überschwemmt. Am Abendbrottisch herrscht Kindergeplapper vor. Die mühsame Prozedur des Schlafengehens mit den hygienisch und psychologisch »richtigen« Maßnahmen (vom Zähneputzen bis zum Gutenachtlied) verbrauchen Energie und Zeit. Erziehungsbewußte Eltern sehen es als ihre Pflicht an, dieses Zeremoniell umständlich zu begehen. Kein helfendes Dienstpersonal mehr, das die Nebensächlichkeiten erledigt und so den Gutenachtkuß der Eltern nur mehr als den kurzen Höhepunkt eines längerdauernden Stückes erscheinen läßt!

In der partnerschaftlich organisierten Familie mit berufstätiger Mutter geht daher abends oft das Gezanke um die Verteilung der Pflichten los. Es sind also auch äußere Gründe, die dieses Überwuchern der Kinderwelt in vielen Familien motivieren. In sehr vielen Fällen sind es aber auch innere Gründe, die dafür sprechen, die Kinder in den Vordergrund zu schieben. Die Beziehung ist leerer geworden, man hält den Partner nicht ungern auf Distanz. Die Schwierigkeiten emotionaler Auseinandersetzungen werden vermieden bzw. in ein Gezanke um die Kinder verkehrt.

Maria z. B. betont immer wieder, wie sehr sie Nicks dauernde Rückzüge in die Welt seiner Hobbies ärgere. »Nicht meinetwegen, aber wegen der Kinder ...« Beschäftigt Nick sich allerdings dann aber endlich einmal mit den Kleinen, tut er es sicher auf die falsche Art und Weise. Er kann eben mit ihnen nicht »umgehen« – Anlaß für neuen Streit. Die unerfüllten Wünsche, die sich zwischen dem Paar im Laufe der Jahre angehäuft haben, werden kaum mehr direkt angegangen. Es gibt den naheliegenden und akzeptablen Grund, Unzufriedenheit zu äußern: der Zank um die Erziehung der Kinder.

Kinder lenken ab, Kinder verhindern über lange Zeit die Frage, was man denn eigentlich noch miteinander zu tun habe.

»Unsere einzige Gemeinsamkeit über viele Jahre hindurch war, daß mein Mann und ich gegen Andreas gemeinsam Front gemacht haben«: Diese ehrliche Aussage Corinnas fiel in einer Therapiegruppe, nachdem Corinna sich sehr abgemüht hatte, mit den Vorwürfen ihres problematischen Sohnes fertigzuwerden.

Ruth und David, das kindverliebte Paar, begann seinen Alltag ganz und gar auf Amy abzustellen. Ruth: »Wir haben stundenlang über ihre Erziehung gesprochen. Wir wollten ihr die Schule ersparen, sie selbst unterrichten ... Natürlich sollte sie alles genießen, was auch uns wichtig war: Natur, Tiere, Gespräche mit erleuchteten Menschen, geistige Genüsse... Unsere eigene Beziehung war eigentlich schon vor Amys Geburt ziemlich hohl – aber wir konnten uns dies gut verbergen. Es gab ja immer etwas, was uns verband: ein neues Wort das Amy gebraucht hatte, eine besondere Geste, ein drolliger Einfall ...

Ich spürte aber dann doch, daß all dies nur ›Ersatz‹ war, vor allem als ich mich auf einer Ferienreise in einen Ausländer verliebte. Das Ganze hatte zwar keinen Bestand, mir aber wurde auch dadurch klar, daß es mit David so nicht weitergehen konnte. David spürte dies wohl auch, er hat es aber vorerst anders verarbeiten wollen. Ich wurde noch zweimal schwanger von ihm, und er gestand mir viel später, daß er mich dadurch an sich hatte fesseln wollen. Das erste Mal hatte ich eine natürliche Fehlgeburt, das zweite Mal war mir schon ganz klar, daß ich mit ihm kein Kind mehr, ihn vielmehr verlassen wollte. Ich selbst war in dieser Beziehung allzu kurz gekommen, das hat auch die Liebe zu Amy nicht wettmachen können. Deswegen habe ich damals abgetrieben.«

Michael und Rebecca haben ihrer beider angestrengten Berufstätigkeit wegen nicht so viel Zeit für ihre Tochter wie Ruth und David. Sie genießen aber ihre Freizeit, den frühen Abend, Wochenenden und Ferien zu dritt sehr bewußt.

Auch bei ihnen spürt man jedoch sehr deutlich, daß die dadurch erreichte Gemeinsamkeit nicht unbedingt eine ist, die die Ehebeziehung selbst berührt. In Rebeccas Worten:

»Wenn ich von der Arbeit heimkam, galten schon auf dem Heimweg alle meine Gedanken meiner Tochter. Sollte ich ihr Eisbonbons mitbringen? – und: wie gerne hätte ich ihr auch ohne äußeren Anlaß das neue Bilderbuch geschenkt – durfte ich sie aber in solch hohem Maß verwöhnen?

Wenn sie mich strahlend begrüßte und umarmte, war ich jeden Tag von neuem glücklich. Ich wollte aber auch Michael dabeihaben – meine Tochter hatte schließlich auf beide Eltern ein Anrecht. Wenn Michael mit ihr in seiner clownesken Art herumalberte, war ich stolz: hatte ich ihr nicht einen lieben und freundlichen Vater geschenkt? Ich genoß unsere Intimität zu dritt. Wir haben in Gegenwart unserer Tochter selten gestritten, gingen auf ihre Vorschläge und Fragen ein, spielten mit ihr. War sie im Bett, erlosch allerdings die häusliche Wärme sehr rasch. Jeder ging in sein Zimmer, um zu arbeiten.«

Abgesehen von Rebeccas verräterisch immer wiederkehrender Redewendung »meine Tochter«: daß der Vater für sie nur eine Art »Dekorationsstück« im Familienspiel ist, läßt sich wohl ohne weiteres ersehen.

Margarete wiederum berichtet von ihrer Zwei-Einigkeit mit dem Sohn bei häufiger Abwesenheit des Vaters, zumindest in der Kleinkindzeit. Auch sie schien damit gar nicht allzu unzufrieden.

Der Alltag mit Kindern kann dem Paar »viel zu viel Zeit wegnehmen« wie uns ein ansonst recht glücklich lebendes Paar sagte; er kann aber auch die innere Leere zwischen den Paaren über lange Zeit verdecken.

Die verräterisch hohe Anzahl von Trennungen, Scheidungen und Eheproblemen nach dem Flüggewerden der Kinder ist Zeuge dieser Leere. Wie leicht kann dann ein anderer Mensch plötzlich Bedeutung bekommen – und schon zerreißt das schütter gewordene Gewebe der Beziehung.

Vor allem die Frauen erinnern sich dann voll Wehmut an »glücklichere Zeiten«, als die »Kinder noch klein waren«. Dieses Glück ist, wie Rebecca in ihrer sorgfältigen Analyse es beschreibt, auch durchaus real; nur – es wird eben nicht so sehr der ehelichen Gemeinsamkeit verdankt als dem Interesse für das gemeinsame Kind. Und so ist es wohl nicht ganz verkehrt zu mutmaßen, daß gerade durch das häufige Überwuchern der Kinderwelt das Interesse aneinander verdorren kann.

Allerdings haben wir auch andere Muster gefunden. Wohl nicht zufällig waren es meist Ehen mit vielen Kindern.

Werner und Gertrude mit ihren sechs Kindern sagten z. B. übereinstimmend: »Sie sind unsere Lebenserfüllung und Lebensaufgabe.« Gertrude lebt als Hausfrau, um ihre Kinder zentriert. Werner hilft in seiner freien Zeit sehr viel. Die Familie lebt autark, stark auf sich selbst bezogen, und wir konnten die Zufriedenheit aller spüren.

Die große Familie als Lebensaufgabe bietet offenbar eine echte Gemeinsamkeit für das Paar: Im oft angestrengten Arbeiten für die Kinder entwickelt sich unter Umständen ein solch selbstverständliches Vertrauensverhältnis, wie es unter guten Arbeitskollegen entstehen kann. Das, so schien uns, kann der beste Nährboden ehelicher Liebe sein. Allerdings sei nicht verschwiegen, daß wir auch etwas skeptisch sind, wenn wir an Gertrudes nie erfüllte Sehnsucht nach einem Beruf als Musikerin denken: wird das »Leere-Nest-Syndrom« sie ganz besonders hart anpacken, oder wird Werners Liebe sie auch darüber wegtragen können?

4. Freunde

Über die Freundschaft heißt es bei Kurt Tucholsky in »Schloß Gripsholm«: »Sich auf jemand verlassen können! Einmal mit jemand zusammen sein, der einen nicht mißtrauisch von der Seite ansieht, wenn irgendein Wort fällt, das vielleicht die als Berufsinteresse verkleidete Eitelkeit verletzen könnte, einer, der nicht jede Minute bereit ist, das Visier herunterzulassen und anzutreten auf Tod und Leben ... ach, darauf treten die Leute gar nicht an – sie zanken sich schon um eine Mark fünfzig ... um einen alten Hut ... um Klatsch ... Zwei Männer kenne ich auf der Welt; wenn ich bei denen nachts anklopfte und sagte: Herrschaften, so und so ... ich muß nach Amerika – was nun? Sie würden mir helfen. Zwei – einer davon war Karlchen. Freundschaft, das ist wie Heimat.«

So ist das wohl in der Tat. Tucholsky gibt damit – und das ist in unserem Sinne – Maßstäbe vor: Mit einem Freund ist man gern zusammen – in guten Stunden, aber auch in schlechten. Vor einem Freund kann man sich ganz öffnen und sich zeigen, wie man ist, ohne Scham zu verspüren oder Ablehnung befürchten zu müssen. Im Freund spiegelt man sich und findet sich wieder – als Selbstbild, als Ergänzung, als Korrektur. Ein Freund ist jemand, der offen und selbstlos für einen da ist, wenn man ihn braucht; schon das bloße Wissen darum ist wichtig. Freunde sind wie eine zweite Familie. Im Gegensatz zur ersten, in die man schicksalhaft hineingeboren wird, schafft man sich die zweite selbst – nach eigener Wahl und Auswahl.

Freundschaften werden in jedem Alter geschlossen. Doch am leichtesten gewinnt man in der Jugend Freunde; sicher entstehen zu dieser Zeit auch prägende Muster. Man entwickelt die Fähigkeit, auf Menschen zugehen zu können, und gewinnt damit die Entscheidung darüber, ob man sich Freunde machen will: Thilo zum Beispiel war mit seiner Schwester Susanne sehr an Vater und Mutter gebunden; das Familienleben galt den Eltern als höchster Wert, das wurde auch den beiden Kindern vermittelt. Alle Mahlzeiten wurden zusammen eingenommen, alle Abende zusammen verbracht und auch die Wochenenden gemeinsam gestaltet. Thilo und Susanne blieb gar keine Zeit, überhaupt Freunde gewinnen zu können; sie hatten Schulkameraden, mehr nicht. Aber auch die Schulkameraden wurden nie zu Freunden, zumal die Eltern Thilo und Susanne klar zu verstehen gaben, daß sie keinen Besuch zu Hause wünschten. Susanne emanzipierte sich aus dieser Symbiose, als sie sich in der Tanzstunde in einen jungen Mann verliebte und gegen den Widerstand der Eltern durchsetzte, einen Großteil ihrer Freizeit nun mit Paul und dessen Freunden zu verbringen. So erwarb sie sich sukzessive einen Freundeskreis, der ihr sehr half, nach dem Abitur das Elternhaus zu verlassen und mit Paul in eine Wohngemeinschaft zu ziehen. Thilo hingegen vermochte sich nicht aus der symbiotischen Beziehung zu seinen Eltern zu lösen. Er blieb zu Hause, bis er mit 27 Jahren seinen Doktor in Soziologie machte. Noch während des Studiums hatte er die gleichaltrige Medizinstudentin Anna kennengelernt, die im übrigen sehr stark seiner Mutter Adele glich. Nach dem Studium heirateten sie sofort und übersiedelten nach München. Für Thilo vollzog sich nahtlos der Übergang von der symbiotischen Familienbeziehung in eine ebenso symbiotische Ehebeziehung.

Auch Ruth war ein sehr behütetes Kind. Insbesondere der Vater wachte eifersüchtig über die hübsche Tochter. Zwar wurden ihr Freunde und vor allem Freundinnen nicht verboten; aber die Eltern verlangten strikt, daß Ruth jeweils pünktlich zu den Mahlzeiten nach Hause kam und sich abends spätestens um 22 Uhr wieder einfand:

»Mein Vater kontrollierte meinen Ausgang genau. Wenn ich zu spät nach Hause kam, setzte es Vorwürfe und manchmal sogar Prügel. Die Eltern wollten genau wissen, wo ich war und was ich tat, obwohl ich noch mit 18 Jahren keine näheren Beziehungen zu Männern hatte. Als ich einmal ziemlich verspätet nach Hause kam, stand mein Vater hinter der Tür und erwartete mich schon drohend. Er schlug mich, aber diesmal wehrte ich mich und schlug zurück. Danach herrschte ein frostiges Klima zu Hause; Vater und ich sprachen ein halbes Jahr nicht miteinander. Aber seither wurde mir mehr Freizügigkeit gewährt. Ich hatte mich irgendwie durchgesetzt – auch wenn es in jedem Sinne schmerzhaft war.«

Thierry hatte nie viele Freunde, aber dafür um so festere und lange Freundschaften. Mit Christoph, Michel, Pierre und Anne-Marie, Claire und Cécile in seiner Heimatstadt Lausanne ist er heute noch eng befreundet. Thierry – wir erinnern uns – mußte häufig umziehen und die Schule wechseln; er reagierte darauf, indem er an bestehenden Freundschaften besonders treu festhielt.

Rebecca war ein Mädchen mit einer ausgeprägten Freundinnen-Kultur; sie erzählt:

»Ich war ein Kind mit vielen Freundinnen. Eifersucht, Tratsch und Liebesgeständnisse (›Du bist meine beste Freundin – bin ich auch deine beste oder nur deine zweitbeste?‹) begleiteten mich durch das Kinderleben. In der Pubertät wurden diese Beziehungen, uns unbewußt, erotisch getönt und sehr intensiv. Nächtelange Gespräche über unsere Probleme und unsere Beziehung, meterlange Briefe, Herzstechen bei diversen Eifersuchtsgeschichten. Ziemlich spät erst gesellten sich Männer dazu – und natürlich wurden damals durch die hin- und herflackernden Verliebtheiten alle Beziehungen ein wenig durcheinandergebracht: Aus Freunden wurden Flirts, alte Freundinnen wurden zu Rivalinnen, oder sie wurden uninteressant etc.«

Was verändert sich in Ehe und Beziehung? Was wird aus den Freundinnen und Freunden der Jugendzeit? Wie gehen die Partner mit ihren jeweiligen Freunden um? Was ergibt sich an gemeinsamen Freunden für ein Paar, und was an neuem Freundeskreis? Bleiben wir zunächst bei Rebecca: »Die Versetzung in ein neues Milieu durch unsere Heirat führte dazu, daß ich selbst nun plötzlich nur mehr recht wenige Freunde hatte. Nun hätte Michaels Domäne beginnen können – er hatte mir viel von seinen geliebten und bewunderten Jugendfreunden erzählt. Diese waren für ihn offenbar äußerst wichtige Begleiter auf seinem Weg in das künstlerische Leben gewesen; sie waren, seiner Schilderung nach, ein wenig verrückt, Bohemiens, versponnene Träumer und Künstler, und ich war bereit, sie alle nett und interessant zu finden. Welche Enttäuschung! und: wie wenig durchschaubar gestaltete sich für mich die Situation! Gerade Michaels beste Freunde empfanden mir gegenüber offenbar die gleichen zwiespältigen Gefühle von Attraktion, Abwehr und Mißtrauen, wie man sie einem Nebenbuhler entgegenbringt – und sie agierten sie dementsprechend aus. Gegen einige von Michaels Freunden entwickelte ich denn auch bald eine nie ganz ausgesprochene, aber doch deutliche Abwehr. Wollte Michael sie einladen, hatte ich oft ›keine Zeit‹, oder ich fühlte mich schon zu Beginn des Abends so müde, daß ich kaum die Augen offenhalten konnte. Einige dieser Beziehungen erkalteten denn auch langsam, und ich konnte mich gegen Michaels Vorwürfe, daß daran ich schuld sei, nicht ganz leichten Gewissens zur Wehr setzen.«

Da Rebecca indessen gerne und leicht Kontakt schließt, fällt es ihr auch in der neuen Umgebung nicht schwer, eigene Bekannte zu finden. Aufmerksam, fast systematisch schaut sie sich in Berlin um und sondiert bei Kollegen, Nachbarinnen, Zufallsbekanntschaften und Einladungen, zu wem sich mit der Zeit ein freundschaftlich-nahes Verhältnis entwikkeln könnte:

»Mir wurde klar, daß ich gegen Michaels ›eigentliche‹ Freunde nur Chancen hatte, wenn ich mit einem ›Gegenangebot‹ aufwarten konnte. Ich lud daher häufig eigene Bekannte ein, die Michael aber wenig zusagten. Am Ende solcher Abende gab es oft Unstimmigkeiten, wenn Michael meine Gäste als ›langweilig‹ und ›konventionell‹ abtat. ›Wieder ein verlorener Abend; ich hätte lieber arbeiten sollen‹, sagte er oft, und ich fühlte mich trotz meines wütenden Protestes schuldig. *Seine* Freunde waren interessant; *meine* waren ›Spießbürger‹: irgendwie akzeptierte ich das Schema.

Daß im Laufe der Jahre diese scharfe Polarisierung aufgeweicht wurde, wurde uns selbst erst ziemlich spät klar. Wir beide hatten in mühseliger Arbeit und auch im Kampf miteinander unmerklich gelernt, die Vorzüge der ›anderen Seite‹ zu erkennen, Vorurteile abzubauen. So fanden wir beide zu einigen der Freunde des anderen recht persönlichen Zugang – sie waren also nun ›unsere‹ Freunde geworden. Allerdings hatte und habe ich das Gefühl, daß dies für mich noch sehr viel mehr galt als für Michael.«

Natürlich war es für Rebecca und Michael leichter, über Bekanntschaften zu urteilen, die sie während ihrer Ehe machten, und dann gemeinsam zu entscheiden, ob jemand in den neuen Freundeskreis aufgenommen werden sollte oder nicht. Wer sich dabei für den einen Teil als zu unpassend erwies, wurde ohne große Worte gar nicht erst zum Intimfreund erkoren. Neben diesem gemeinsamen Freundeskreis gab es für

Rebecca in ihrem Leben stets Freundinnen, die sie unabhängig von der Geselligkeit mit Michael traf:

»Dieses ›Muster‹ erhielt sich eigentlich unsere ganze Ehe hindurch, und ich empfinde es nach wie vor als eine geglückte Leistung unserer Beziehung. Hatte ich Besuch von Freundinnen, dann erschien Michael häufig an der Türe, plauderte, machte Witze, goß sich ein Glas ein und verschwand dann wieder in seinem Zimmer. Dies konnte sich an einem Abend fünf- bis sechsmal wiederholen, und ich denke, daß meine Freundinnen diese Störungen meist als liebenswert und freundlich empfanden.

Michael erwies sich meinen sehr guten Freundschaften mit Frauen gegenüber auch kaum je als eifersüchtig – möglicherweise war er ganz froh über die dadurch erfolgende Entlastung der Ehe-Beziehung. Bei männlichen Freunden allerdings wurde er rasch mißtrauisch und verbot mir daher direkt oder indirekt den allzu häufigen Umgang mit ihnen, wobei mich allerdings der ›natürliche‹ Umgang im Beruf etwas entschädigte.

Differenzen gab es manchmal über Art und Häufigkeit des geselligen Zusammenseins. Ich liebte kleine, intime Zirkel mit gemeinsamem Essen. Michael bevorzugte große ›Aufwasch-Parties‹, die uns allzu häufige Einladungen ersparen sollten. Ich beargwöhnte diesen ›Rationalisierungs-Standpunkt‹. Alles in allem aber kamen wir in der Frage der Freunde zu recht guten Kompromissen. Unsere Gartenfeste mit Frühstück oder abendliche Grillparties wurden berühmt. Zu Geburtstagen und im Advent gab es häufig große Buffets, die auch Michael mit viel Geschmack und Freude dekorierte.«

Ruth hatte viele Freundinnen und Freunde, zumal sie – von einigen längeren Reisen abgesehen – in der mittelgroßen Stadt wohnen blieb, in der sie geboren und aufgewachsen war. Als sie den Architekten David kennenlernte, geriet die junge Designerin nicht nur vom mittelständischen Milieu in eine großbürgerliche Industriellen-Familie, sondern auch in eine neue Welt von Bildung und internationaler Großzügigkeit. Die Familie ihres Freundes und späteren Ehemannes verfügte zudem über materielle Ressourcen in einem Maße, daß Verhaltensmuster und Normen nicht eng gezogen zu werden brauchten, sondern Experimente und auch Normverstöße eigentlich ohne Sanktionen gewagt werden konnten. Das alles verlieh der Familie Davids allerdings auch ein Flair von Arroganz und Dünkel. Dementsprechend galten Ruths soziale Ursprünge wenig, und auch ihre Freunde wurden im neuen Milieu nicht nur nicht ernst genommen, sondern abgewertet. Ruths Faszination gegenüber dem gesellschaftlichen Status und der kulturellen Ambiance ihrer neuen Familie obsiegten über ihr Bekenntnis zu ihrer alten Welt und damit auch zu ihrem alten Freundeskreis. Ziemlich plötzlich gab sie nun ihre eigene Tradition auf und setzte alle ihre Energien ein, um sich in Verhalten, Stil, Denken und Meinen gegenüber der Familie Davids zu assimilieren. Sie schnitt sich von ihrer Welt und ihren Freunden ab und wurde in allem die Frau Davids: Sie verehrte die neue Familie; sie verleibte sich eine neue soziale und kulturelle Welt förmlich ein; sie machte sich Davids Freunde zu ihren Freunden und Davids Mutter zu ihrer Mutter.

Thilo und Anna stehen in München vor einer ähnlichen Situation wie Rebecca in Berlin; sie sind in einer neuen Stadt, wo sie weder Bekannte noch Freunde haben. Doch reagieren beide sehr unterschiedlich auf diese Situation. Thilo lebt so sehr aus der starken Liebe zu Anna, daß es für ihn überhaupt kein Bedürfnis darstellt, sich innerhalb oder außerhalb seines Arbeitsbereichs in der Universität Freunde zu machen. Die Liebe zu Anna bedeutet die Welt für Thilo; seine Arbeit als Soziologe bleibt ihm stets recht sekundär – sie ist nur Mittel, sich über Leistung und Erfolg nach außen als Mann zu bewähren. Anna hingegen sucht als Ärztin den Austausch mit Kollegen; als Spezialistin für den Magen- und Darmbereich interessiert sie sich sehr für psychosomatische Krankheiten und knüpft bald Kontakte zu Psychiatern und Nervenärzten. Mißtrauisch und sehr eifersüchtig beobachtet Thilo, wie sich einige dieser Kontakte zu Freundschaften entwickeln.

Vier Jahre nach der Trennung von Anna erzählt uns Thilo selbstkritisch:

»Ich hatte ja schon erwähnt, daß ich überhaupt keine Freunde hatte. Einladungen bei uns waren von daher Einladungen Annas, und es kamen natürlich nur Kollegen und Freunde meiner Frau. Nun war es aber beileibe nicht so, daß mich Annas Freunde ignoriert oder dadurch aus dem Gespräch ausgeschlossen hätten, daß sie nur fachsimpelten. Ganz im Gegenteil; es wurde viel über Allgemeines geredet, auch über Politik, und einige Freunde Annas interessierten sich aufrichtig für Soziologie. Auch meine Frau blieb bei diesen Einladungen immer ganz aufmerksam mir gegenüber. Ich hätte also wirklich eine Chance gehabt, mich zu beteiligen, mich einzubringen. Aber ich konnte es einfach nicht ertragen, daß auch nur ein Quentchen der Teilnahme Annas anderen Leuten galt als mir. Ich zog mich in die Küche zurück und räumte dort mit beleidigter Miene auf, oder ich saß, quasi schmollend, einfach schweigend am Tisch und wartete auf den Abschied der Gäste, um meine Anna wieder ganz für mich haben zu können.«

Thierry nahm seine Freundschaften auch in die Ehe mit. Als er mit

Chloé nach Deutschland zog, änderte sich nichts an seinen alten Beziehungen; er schrieb seinen Freunden, telefonierte mit ihnen und besuchte sie immer wieder. Es war und blieb ihm ein Bedürfnis, die Kontinuität seiner Freundschaften zu halten. Chloé bezog er nicht sofort in diese Welt seiner Freunde mit ein; es dauerte eine Weile, bis er sie mitnahm und teilhaben ließ. Thierry wollte sich diesen wichtigen Teil seines Lebens wohl primär für sich bewahren, was gar nicht gegen die geliebte Chloé gerichtet war.

In Berlin schufen sich beide auch neue Freunde. Chloé lernte den spanischen Maler Miguel kennen, der allerdings mit Thierry ebensowenig anfangen konnte wie dieser mit ihm; zudem machte sie an der Hochschule die Bekanntschaft einiger Frauen. Thierry traf auf einige Männer, mit denen er sich hin und wieder verabredete, ohne daß sich daraus nähere Freundschaften wie zum Beispiel in Lausanne entwickelten. In Berlin war ihm Chloé am wichtigsten, und die »deutsche Seele« blieb ihm sowieso ziemlich fremd. Am wichtigsten waren für ihn zunächst seine Arbeitskollegin Marion, dann vor allem der libanesische Schriftsteller Farouk, die Psychologin Elke und das Ehepaar Ena und Markus. Chloé akzeptierte Elke, Ena und Markus bald auch als ihre Freunde.

Thierry und Chloé hatten also gemeinsame und eigene Freunde; da sie stark aufeinander bezogen waren, spielte diese Unterscheidung allerdings für beide nicht so eine bedeutsame Rolle wie für Rebecca und Michael. Rebecca schildert solches im folgenden und leitet gleich dazu über, wie sich Freundschaften nach der Trennung entwickelten:

»Ich bekam im Laufe unserer Ehe ein gutes Gefühl betreffs gemeinsamer sowie eigener Freunde. Dies lag sicher auch daran, daß viele Kontakte von mir sehr sorgfältig gepflegt wurden. Unser Muster sah oft so aus, daß Michael – der ›interessante Künstler‹ – als ›Anziehungspunkt‹ diente. Die Ausgestaltung der Beziehung übernahm ich.

Nach der Trennung lohnte sich dies. Mein Telefon läutete ununterbrochen, in meinem Kalender häuften sich die Eintragungen. Abgesehen davon, daß ich mich nun auch wieder viel ungehemmter mit Männern treffen konnte, waren es vor allem meine Freundinnen, denen ich mich sehr viel intensiver widmete.

Anfangs ließen wir uns – trotz Trennung – gerne noch gemeinsam einladen und beteuerten, daß dies für uns ›gar kein Problem‹ sei. Langsam veränderte sich das. Jeder hatte in seinem eigenen Leben andere Schwerpunkte gesetzt und dementsprechend auch andere Kontaktformen gefunden. Für mich war nach wie vor die face-to-face-Begegnung wichtig, und ich arrangierte viele kleine Essen mit zwei, drei, vier Personen. Michael ging verstärkt aus und traf viele Leute in Kneipen, wo er auch wiederum neue Bekanntschaften schloß. So wurde auch unser gemeinsamer Bekanntenkreis kleiner und anders zusammengesetzt. Wiederum war ein Stück gemeinsames Leben langsam zu zwei Einzelteilen geworden.«

Bei Michael fällt auf, daß er nach der Trennung häufig nach S. fährt, einer Kleinstadt, und dort vermehrt seine Jugendfreunde aufsucht. Dieses Muster zeigt sich noch viel stärker bei Thierry: Unmittelbar, nachdem ihn Chloé verlassen hat, reist er zu seinen Freunden nach Lausanne. Dort erzählt er von seinem Kummer und weiß, daß er damit niemanden nervt oder langweilt. »Ich habe mich manchmal nahezu ausgegossen.« Das Zuhören der Freunde, die Wärme, die ihm von Michel, Christoph oder Cécile entgegendringt, tut ihm gut und löst seine eigene Erstarrung immer wieder auf. Thierry erzählt:

»Wenn ich heute auf die ersten Wochen und Monate nach der Trennung zurückblicke, so sind es in ganz entschiedenem Maße meine Freunde, die mir geholfen haben, wieder Mut zu fassen und Perspektiven zu erkennen. Ich wußte, daß ich immer zu Cécile oder zu Michel oder zu Pierre und Anne-Marie konnte, daß dort immer ein warmes Wort für mich da war, im Notfall auch ein Bett, ein Essen, Aufmerksamkeit. Ich durfte dort einfach nur sein, und das war vielleicht das Wichtigste in dieser Zeit. Die Freunde forderten nichts von mir, verlangten nicht, daß ich mir irgendwie Mühe gab, kommunikativ oder gar noch geistreich zu sein; sie nahmen mich an, so wie ich damals war: bedürftig, unruhig, traurig. Kleine Gesten der Freunde gewannen damals ungeheure Wichtigkeit für mich: zum Beispiel, als mich Anne-Marie und Pierre an einem Samstag einfach abholten und mich an den Neuenburger See mitnahmen oder als Cécile mir ein Päckchen Schokolade nach Berlin schickte.«

In Trennungsmomenten als Lebenskrisen zeigt sich natürlich auch, wer ein wirklicher Freund ist. Thierry zum Beispiel machte auch schlechte Erfahrungen: Moshe und Golda setzten unsinnige Gerüchte über ihn in die Welt; Marion, von der er sich am ehesten Hilfe versprochen hätte, wollte sich mit seinem lamentablen Zustand wohl nicht belasten. Auch Anna mußte solches erleben. Ihr Kollege Rudi, mit dem sie am meisten zusammengearbeitet hatte, brach mit ihr, als sie als Arbeitskraft nicht mehr zureichend funktionierte und statt dessen seinen Trost und seinen Rat gebraucht hätte.

Thilo hatte bei der Trennung gar keine Freunde und mußte in Krankenhaus und Sanatorium Hilfe suchen. Ruth hatte in ihrer Ehe mit David nicht nur ihre Freunde aufgegeben, sondern auch den größten Teil ihres

Eigenlebens. Nach der Trennung zog sie deshalb mit ihrer kleinen Tochter nach Frankreich, um sich in der Einsamkeit langsam wieder aufzubauen, zu sich zu finden. Nach ihrer Rückkehr in die Schweiz war es für sie schön zu erleben, daß sie an ihre Freundschaften aus der Jugendzeit anknüpfen konnte. Ruth hatte ebensowenig Mühe wie Rebecca oder Anna, sich neue Freundinnen und Freunde zu erwerben. Als Thilo aus dem Sanatorium entlassen wurde, war auch ihm klar, daß er sich einen Freundeskreis schaffen mußte, um nicht an der Isolation zu ersticken. Da er kontaktscheu war, gab er ein Inserat auf, in welchem er einen Freund zum Wandern suchte; es meldeten sich mehrere Männer, von denen Thilo zwei auswählte, mit denen er nun regelmäßig die Umgebung Münchens durchstreifte.

Auch Thierry lernte nach der Trennung in Berlin und anderswo neue Freunde kennen: Manfred und Peter zum Beispiel. Manfred hinwiederum stellte ihm Sarah vor; zudem kam seine englische Studienfreundin Jane nach Berlin, die nach der Trennung zu seiner wichtigsten Gesprächspartnerin und Hilfe wurde. Thierry lernte in dieser Zeit auch die Französin Anne kennen, die ihm in schwieriger Zeit das folgende Gedicht (»Et un Sourire«) von Paul Eluard schickte:

»La nuit n'est jamais complète
Il y a toujours puisque je le dis
Puisque je l'affirme
Au bout du chagrin une fenêtre ouverte
Une fenêtre éclairée
Il y a toujours un rêve qui veille
Désir à combler faim à satisfaire
Un cœur généreux
Une main tendue, une main ouverte
Des yeux attentifs
Une vie la vie à se partager.«[1]

1 dtsch. Übersetzung: Die Nacht ist niemals nur Nacht / Immer ist da denn ich behaupte es /
Denn ich versichere es /
Am Ende eines Schmerzes ein offenes Fenster /
Ein erleuchtetes Fenster /
Immer ist da ein Traum der wacht /
Wunsch der erfüllt Hunger der gestillt werden muß /
Ein großzügiges Herz /
Eine ausgestreckte Hand eine offene Hand /
Andächtige Augen / Ein Leben um sich das Leben zu teilen.

5. Sexualität

Sexualität als Thema ist in den vergangenen dreißig Jahren kontrovers und widersprüchlich diskutiert worden. In wohl kaum einem Bereich menschlichen Lebens haben sich in dieser kurzen Zeit so viele Veränderungen und Wandlungen, zum Teil krassesten Ausmaßes, ereignet. In den fünfziger Jahren gehörten noch Einehe und Monogamie zu den gesellschaftlichen Normvorstellungen. Jungfräulichkeit war gefordert; bei einer Männerdiskussion der damals sehr populären und weitverbreiteten Zeitschrift »Twen« beantwortete ein Teilnehmer die Frage, ob er auch mit einer entjungferten Frau die Ehe eingehen würde, empört mit der Antwort, daß er schließlich auch keinen Gebrauchtwagen kaufe.

Solcherlei Willenskundgebungen konnten in den sechziger Jahren nur noch müde oder zynische Kommentare provozieren. Vielerlei Entwicklungen (vgl. unsere Einleitung), nicht zuletzt die Erfindung der Pille, veränderten sexuelle Vorstellungen und sexuelles Verhalten nachgerade revolutionär. Die »swinging sixties« setzten ein; Aufklärungsapostel wie z. B. Oswalt Kolle füllten die Illustrierten und propagierten eine neue, liberale Sexualmoral. Die unterschiedlichsten Protestgruppierungen und die Studentenbewegung taten ein übriges und attackierten Ehe und Kleinfamilie und deren »repressive« Sexualvorstellungen. Die siebziger Jahre enttabuisierten die Sexualität noch deutlicher: Immer freizügiger wurde die Darstellung der Sexualität in der Öffentlichkeit; Nacktheit in den illustrierten Zeitschriften wurde zum Normalfall; in »avantgardistischen« Nachtclubs und vergleichbaren Etablissements fielen die letzten Hüllen, selbst Geschlechtsverkehr auf der Bühne wurde toleriert; in bürgerlichen Zeitschriften und eigens dafür gegründeten Magazinen suchten brave Ehepaare andere für Partnertausch und, wie es hieß, »tabulosen Sex«; Gruppensex wurde öffentlich propagiert, und in den Metropolen gründeten sich eigene Lokalitäten, wo jede mit jedem konnte und durfte. Tendenziell eine Gegenbewegung zu dieser »offenen« Sexualität vollzog sich in den achtziger Jahren: Es heirateten wieder mehr Paare; die Massenmedien setzten sich für Treue und sogar für Monogamie ein. In den USA, wo alle Trends beginnen und von wo sie dann nach einer Weile nach Europa überschwappen, wurde sogar sexuelle Askese als ein neues Leitbild vorgestellt.

Derlei Veränderungen und rasche Wandlungen in kürzester Zeit schaffen natürlich Verwirrung. Was ist eigentlich für mich richtig? Wie soll, kann, darf ich mit meiner Sexualität umgehen? Muß ich sexuelle

Modeströmungen mitmachen? Wievielmal in der Woche? Wo endet das Natürliche, und wo beginnt das »Perverse«? Die Reihe der Fragen könnte nahezu endlos fortgesetzt werden. Schon vor Jahren schrieb Peter Schneider im Kursbuch 35: »Diejenigen, die sich eine Zeitlang nur auf die sogenannten ›Sexualbeziehungen‹ einlassen, entdecken regelmäßig früher oder später, daß sie im Grunde doch nach einer festen Beziehung suchen. Wenn sie das aber Freunden, die in einer festen Beziehung leben, endlich eingestehen, stellen sie häufig fest, daß der eine oder der andere Teil sie um diese sexuelle Freiheit die ganze Zeit beneidet hat. Andere, die es mit Wilhelm Reich gehalten haben und sich neben ihrer Dauerbeziehung hin und wieder eine lockere Sexualbeziehung leisteten, berichteten, daß es auch nicht der Weisheit letzter Schluß ist. Entweder stört die Eifersucht oder, wo die Eifersucht als ›kleinbürgerliches Besitzdenken‹ überwunden ist, stört der Mangel an Eifersucht, der oft von bloßer Gleichgültigkeit kaum noch zu unterscheiden ist. Oder der eine will zwar eine lockere Beziehung, aber sein Partner fühlt sich gerade durch die Forderung der Lockerheit provoziert, mehr zu wollen. Als Vorbild erscheinen dann wieder Paare, deren Partner tatsächlich seit Jahren einander treu geblieben sind und auch nichts anderes wollen. Fragt man nach, wie sie das machen, so fragt man ausgerechnet zu einem Zeitpunkt, wo sie dabei sind, sich zu trennen.«

Sexualität und Liebe

Auch Beziehung und Komplementarität von Sexualität und Liebe sind so klar nicht mehr, wie sie es in früheren Zeiten doch wohl gewesen sind. Viele meinen, daß das eine nicht unbedingt etwas mit dem anderen zu tun habe; manche bestreiten gar energisch, daß es zwischen beiden einen notwendigen Zusammenhang gebe.

Jedenfalls zeigt empirische Beobachtung, daß es genug sexuelle Beziehungen gibt, in denen von Liebe nicht die Rede sein kann und die Betroffenen realistischerweise auch gar nicht von Liebe reden. Um derartiges zu bemerken, muß gar nicht erst das Beispiel der Prostitution zitiert werden. Michael Balint schreibt: »Wenn zwei Partner einander lieben, weil sie in einem gemeinsamen Erleben Beglückung finden, so muß das doch wohl die rechte Liebe sein. Aber ist sie das wirklich? Es gibt viele Beispiele – in der Geschichte, in der chronique scandaleuse und in der psychoanalytischen Praxis –, daß zwei Menschen sexuell vollkommen miteinander harmonieren, in der Umarmung wirklich glücklich, auch völlig sicher sind, daß sie jedesmal, wenn sie zusammenkommen, einander glücklich machen können, und doch – und obwohl man sie Liebende nennt – lieben sie einander nicht. Oft ist sogar das Gegenteil der Fall ... Dieser Zustand – unwiderstehliches Begehren des Partners vor dem Akt, Unfähigkeit, ihn zu ertragen, danach – ist manchmal beiderseitig, häufiger einseitig. Oft ist der Partner nach dem Orgasmus dem anderen nicht völlig unerträglich, sondern nur gleichgültig, und es gibt noch manche Zwischenformen.« Auch das eigentlich Extreme wird alltäglich, nach dem sexuellen Erlebnis neben einem Partner aufzuwachen und nur noch von dem Drang beseelt zu sein, so schnell wie möglich das Weite zu suchen.

Sicher gehört Sexualität im Regelfall zu Ehe und Beziehung. Doch wird man gewiß nicht behaupten können, Sexualität sei deren Substanz. In einer gescheiten Fußnote seines Werkes »Soziologie« notiert Georg Simmel: »In diesem Doppelcharakter des Aktes als des ganz Persönlichen und des ganz Überpersönlichen liegt sein psychologisches Geheimnis, und aus ihm wird verständlich, wie gerade dieser Akt die Basis des Eheverhältnisses werden konnte, die auf höherer soziologischer Stufe eben diese Doppelheit wiederholt. Nun aber tritt gerade an der Beziehung der Ehe zur sexuellen Betätigung eine höchst eigenartige formale Komplikation auf. So unmöglich nämlich angesichts jener historischen Heterogenität der Ehearten eine positive Definition der Ehe sei, so kann doch bestimmt werden, welche Beziehung zwischen Mann und Weib jedenfalls nicht Ehe ist: Die rein sexuelle. Was auch die Ehe sein mag, sie ist immer und überall *mehr* als der sexuelle Verkehr; so divergent die Richtungen sein mögen, nach denen die Ehe über diesen hinausgeht – *daß* sie über ihn hinausgeht, macht die Ehe erst zur Ehe. Dies ist eine soziologisch fast einzige Formung: Daß derjenige Punkt, der allein allen Eheformen gemeinsam ist, zugleich gerade derjenige ist, über den sie hinausgehen müssen, um eine Ehe zu ergeben.«

Auf Sexualität allein kann sich die Passion richten; dementsprechend kurzfristig ist sie. Ehe und Beziehung gründen sich hingegen neben der sexuellen Befriedigung – laut Michael Balint – auf die Zärtlichkeit, eine besondere Form der Identifizierung und die gegenseitige Idealisierung der Partner. Wohl dürfte auch dies noch nicht alles sein: Respekt, gegenseitige Verantwortung, eine kongruente Kommunikation und gemeinsame Interessen sind als weitere substantielle Kennzeichen von Ehe und Beziehung zu nennen (vgl. unsere Einleitung).

Sicher gehört die Sexualität zum Alltag; der Kuß zwischen Mann und Frau, die Umarmung von beiden, der erotische Austausch gehören zum konventionellen Rhythmus der Tage, der Nächte, der Wochen, Monate und Jahre von Beziehung und Ehe. Doch gleichzeitig ist der Sexualität etwas inne, das den Alltag transzendiert. Immer wieder verbinden die Menschen mit der Sexualität Assoziationen, Begriffe und Adjektiva, die das Gewöhnliche und die Gewöhnung des Alltags unzweifelhaft durchbrechen. Die Sexualität wird als dunkles und tiefes Gefühl, als etwas Ausschweifendes verstanden; in einem unserer Interviews nannte es Sven »das Vagabundierende«; Max geht in einem anderen Gespräch noch weiter und weist der Sexualität »Animalisches« zu. Alle unsere Interviewpartner waren sich der eigentümlichen Dialektik der Sexualität bewußt, einerseits sehr wohl zum Alltag der Ehe zu gehören, ihn andererseits aber auch zu überschreiten.

Die Wissenschaft – zumindest deren wichtigste Repräsentanten – widerspricht da nicht. Sigmund Freud weist mit Nachdruck darauf hin, daß die Genitalien die Entwicklung der menschlichen Körperform zur Schönheit nicht mitgemacht haben; sie seien tierisch geblieben. »So ist auch die Liebe im Grunde genommen heute ebenso animalisch, wie sie es von je her war.« In unseren Tagen schreibt Georges Bataille in verwandter Optik: »Wir sind auf jeden Fall Tiere. Zweifellos sind wir Menschen und haben Geist: Doch können wir nicht verhindern, daß das Animalische in uns weiterlebt und uns oft überwältigt. Als Gegensatz zum geistigen Pol bedeutet die Fülle der Sexualität in uns die Fortdauer des tierischen Lebens.«

Noch weiter und tiefer wühlt Literatur, wenn es um die Sexualität geht: Maupassant, Céline, Tennessee Williams, James Baldwin ...; am weitesten geht Baudelaire, wenn er die körperliche Liebe mit dem Bösen verbindet: »Ich, ich behaupte: die einzige und höchste Wollust der Liebe liegt in der Gewißheit, das *Böse* zu tun. Mann und Frau wissen beide von Geburt an, daß sich alle Wollust im Bösen findet.« In solcher – wenn auch nicht unbedingt so radikalen – Optik weist Dichtung auch immer wieder auf den engen Zusammenhang von Sexualität und Tabuverletzung hin, von Erotik und Normverstoß.

Kann nicht gerade die extreme Sichtweise das Vagabundierende in Sexualität erhellen und verdeutlichen? Das Animalische, das Unanständige, das Wilde und das Außer-Gewöhnliche der Sexualität zeigt sich – wie solches auch immer zu bewerten sein mag – etwa in den mittlerweile weitverbreiteten Sex-Zeitschriften. Beispielsweise im »Sex-Treff«, der in Köln erscheint, sucht ein Mittdreißiger »attraktive Lustzofe, auch NS-Spenderin, die erziehungsbedürftig ist«. In der nämlichen Zeitschrift will ein Berliner »junge heiße Muschi, die er richtig verwöhnen kann. Gern auch Teeny und Schülerinnen. Bin hemmungslos geil und möchte Dich lecken und ficken«. Im »Sex-Anzeiger« aus der Schweiz steht zu lesen: »Strenger Erzieher, 38, mit perversen eigenen Methoden sucht Sklavin, die sich in Folterkammer hingibt.« Ein paar Seiten zuvor heißt es: »Studentin, immer geil, sucht steife Glieder für geile Spiele.«

Doch auch in nicht eigens zu diesem Behuf begründeten Blättern, wie z. B. der Berliner Programmzeitschrift »TIP« mehren sich die Kleinanzeigen, in denen nach »tabulosen Spielen«, Partnertausch, Gruppensex und dergleichen mehr verlangt wird.

Weitergefaßt schreibt Georges Bataille dazu: »Das Animalische ist in der Erotik sogar so stark erhalten, daß der Begriff des Animalischen, des Viehischen stets mit ihr verbunden bleibt.« Und an anderer Stelle: »Die gemeinen Bezeichnungen für die Liebe sind für uns aber deshalb nicht weniger eng und unwiderruflich mit jenem geheimen Leben verbunden, das wir parallel zu den erhabensten Gefühlen führen.« So ist in der Tat die Vermutung erlaubt, daß Sexualität und Erotik an die Dämme unserer Normen, unserer Anständigkeit und – im weitesten Sinne – unserer Menschlichkeit schlagen und drohen, diese zum Einsturz zu bringen. Langsam zwar – aber doch immer deutlicher – mag so verständlich werden, was wir meinen, wenn wir von der Dialektik der Sexualität sprechen, welche eben durchaus im Alltag angesiedelt ist und ihn doch auch orgiastisch durchbricht.

Doch damit nicht genug. Im Akt der Geschlechter verlieren sich auch – zumindest tendenziell – jene Eigenschaften und Qualitäten, die Ehe und Beziehung alltäglich tragen; Respekt geht verloren; an Verantwortung denkt in solchem Moment keiner mehr; Zärtlichkeit ist zwar Ausgangspunkt der körperlichen Vereinigung, aber schließlich und gerade dann, wenn es zum Orgasmus kommt, dominiert ganz anderes. Worauf wir hier hinauswollen, bezeichnet Georges Bataille und bringt es auf den Begriff: »Was bedeutet die Erotik der Körper anderes als eine Vergewaltigung der Partner in ihrem Sein? – Eine Vergewaltigung, die an den Tod grenzt? – die an den Mord grenzt?« Tatsächlich werden die Körper im Akt selbsttätig; der Kopf bleibt uns zwar – aber das Blut weicht aus ihm und drängt woanders hin; zur Lust gehört der Schmerz. Das Wort von Bataille wird um so wahrer, je mehr wir über das reflektieren, was wir – den gesellschaftlichen Konventionen gemäß und unserer Erziehung entsprechend – lieber im Dunkeln halten wollen.

Der sexuelle Rausch wirft auch die Geschlechter in ihre jeweilige Extremform. Der Mann wird zum Macho der Kraft, des Lebens und seiner Lenden; die Frau ist die Verführerin, das Weib, ganz Hingabe, den Mann umschlingend – und zumindest das Bild des Verschlingens ist hier nicht weit. Hat Max unrecht, wenn er in seinem langen Interview mit uns konstatiert: »Beim Lieben fallen wir in die Urzustände der Natur zurück?«

Explosions- und Integrationskraft der Sexualität

Das eben Angedeutete und Beschriebene kann in der Passion ausgelebt werden. Ehe und Beziehung gründen hingegen auf anderem, und so muß jedesmal die Hoch-Zeit der Triebe, Instinkte, Gefühle und Leidenschaften wieder in die Alltäglichkeit des gemeinsamen Lebens überführt werden. Sexualität kann in der Passion wie in der Ehe explodieren; aber in der letzteren darf sie nicht das ausschließliche Lebenselement bleiben und muß deshalb in das Leben des Arbeitens, des Wohnens, des Kinderhabens, des Gästeempfangens und anderer profaner Lebensbereiche integriert werden. Das ist oft kein leichtes Unterfangen. Die sexuelle Vereinigung ist in der Tat etwas, das uns – zumindest tendenziell – ins Bodenlose fortreißt. Das Zurückfinden ist nicht einfach, obwohl uns auch dabei die Natur hilft: Die Müdigkeit nach dem Akt, dem Exzeß, läßt Ruhe in die Glieder und die Lenden strömen; Sturm, Gewalttätigkeit und Sinnesrausch ebben aus und bedingen nachgerade nun die zärtliche Umarmung, Sanftheit, Streicheln, Befriedigung.

Die Verbindung von Explosion und Integration der Sexualität gelingt in der guten Beziehung. Trotzdem ist sie auch da nicht leicht. Die Rückkehr in die Alltäglichkeit fällt grundsätzlich schwer. Nach dem Erlebnis von Urkraft, Natur, Sinnlichkeit, Sinnesrausch, Gewalt und Nähe zum Tod »verwandelt die Liebe des Sexualpartners ... die Sinnlichkeit in Zärtlichkeit, und die Zärtlichkeit mildert die Gewalttätigkeit der nächtlichen Genüsse...« (Georges Bataille)

Diese Integration muß nicht immer gelingen; sie stößt im Gegenteil häufig auf Fährnisse. Immer wieder klagen die Menschen, die in langjährigen Beziehungen stecken, daß die alltägliche Gewöhnung eine beglückende Sexualität im Laufe der Zeit verhindert habe; diese Seufzer haben wir auch bei vielen unserer Interviewpartner vernommen. Häufig sind Ängste der Grund, daß Sexualität in der Ehe als weniger erlebnisreich beschrieben wird; die Partner fürchten die Verletzung des jeweiligen anderen, wenn sie ihm ihre Wünsche offen mitteilen; lieber belassen sie das erotisch Gewollte im Bereich ihrer Fantasie, als zu riskieren, den Partner zu schockieren und damit möglicherweise zu verlieren. Gespräche zeigen dann häufig, daß solche Ängste völlig unbegründet waren. In der Tat dokumentieren Bücher über sexuelle Fantasien, wie sie in der letzten Zeit recht häufig erschienen sind, daß es in vielen ehelichen Schlafzimmern durchaus bewegter zugehen könnte, wenn die Partner ehrlicher miteinander umgehen würden. Weil dem nicht so ist, trennen viele Männer noch immer und eben in erotischer Schizophrenie: die Madonna zu Hause, die Hure fürs Bett – außerhalb der ehelichen Gemächer. Oder, wie man es früher dezenter ausdrückte: eine Frau für die Seele, eine Frau für die Lenden. Es ist mittlerweile aber auch immer mehr der Konflikt vieler Frauen, insbesondere der Emanzipierten, eine Madonna sein zu müssen, obwohl sie anderes – gerade im Bereich von Erotik und Sexualität – viel lieber wären und außerhalb der Ehe des öfteren auch sind; der Kinsey-Report hat solches schon angezeigt; Nancy Friday's Buch über die sexuellen Fantasien der Frauen zeigt es noch viel deutlicher.

Die Kirche mit ihrem Urbild der Frau als Maria mit der unbefleckten Empfängnis hat in diesem Zusammenhang ein übriges getan, daß Sexualität vielerorts nicht zufriedenstellend und beglückend in den Gang der ehelichen Dinge integriert werden kann. Mit ihrer Triebfeindlichkeit hat diese Kirche die Erziehung ganzer Generationen vergiftet. Es wäre vermessen zu meinen, daß wir uns heute davon freigemacht hätten, in der Sexualität etwas Gefährliches zu sehen, etwas Schmutziges, was gerade die Kirche tendenziell immer noch unterstellt.

Bestünden solche ideologischen Hindernisse nicht mehr, die über Erziehung immer noch weiter und weiter transportiert werden, so wäre es unzweifelhaft mit der Lustfähigkeit vieler Menschen besser bestellt. Verbreiteter wäre dann auch, was Wilhelm Reich wie folgt beschreibt: »Es zeigt sich, daß Menschen, die die Fähigkeit zur orgastischen Befriedigung erhalten, zu monogamen Beziehungen bedeutend fähiger sind als solche, deren natürliche Entspannungsfähigkeit gestört ist. Doch ihre monogame Haltung beruht nicht auf Hemmung polygamer Impulse oder auf moralischen Bedenken, sondern auf dem sexual-ökonomischen Prinzip, lebhafte, beglückende Lust mit dem einen Partner immer wieder zu erleben. Voraussetzung dafür ist volles sexuelles Zusammenklingen mit dem Partner.«

Keiner unserer Gesprächspartner hat in den Interviews über Sexualität von sich sagen können, in Elternhaus oder Schule zureichend aufgeklärt und unterrichtet worden zu sein. Monika, Hans und auch Fred bekennen, daß sie von Vater und Mutter niemals etwas über Sexualität gehört haben; dieses Thema war bei ihnen zu Hause tabuisiert. Silvia und Ernst ist Sexualität mit sehr abstrakten Beispielen aus dem Tierreich erklärt worden; wie das nun auf die Menschen zu übertragen sei, blieb sowohl Silvia wie Ernst lange Zeit ein Rätsel. Brigitte bekam, als sie vierzehn war, vom Vater zu Weihnachten zwei Bücher über Sexualität und gleichzeitig den Hinweis: »Lies das mal!«; über Brigittes Lektüre dieser Bücher wurde indessen niemals gesprochen oder diskutiert. Ein Jahr später fand Brigitte per Zufall im Schreibtisch ihres Vaters, wie sie beschreibt, »massenweise die härtesten Pornos. Ich war schockiert; seither hat mich mein Vater richtig angeekelt. Aufgeklärt wurde ich dann auf dem Schulhof durch frühreife Mitschülerinnen.« Im Gegensatz zu unseren anderen Gesprächspartnern hatte Brigitte schon sehr früh ihre ersten sexuellen Erlebnisse: Petting-Praktiken begann sie bereits mit vierzehn; ein Jahr später schlief sie zum erstenmal mit einem Mann. »Es war der schönste Mann in meinem Bekanntenkreis, und ich war mächtig stolz darauf, ihn zu kennen. Aber schlafen wollte ich mit ihm nicht. Eines abends, als ich etwas getrunken hatte, hat er das ausgenutzt. Er hat mich richtig überfallen, und ich habe das als Vergewaltigung erlebt. Seither hasse ich irgendwie die Männer, und als seltsame Folge davon bin ich dann eigentlich längere Zeit von einem zum anderen gehüpft, um mich an der Männerwelt zu rächen.« Ruth und Isabella sind ebenfalls nicht aufgeklärt worden. Isabella erzählt: »Als ich neunzehn war, hat meine Mutter mal männliche Kopfhaare in meinem Bett gefunden und mir daraufhin einen Vortrag über Sexualität gehalten. Aber sie hat mir eigentlich nur Angst gemacht, damit gedroht, daß ich zu frühzeitig ein Kind bekommen könnte, und Sexualität sehr negativ dargestellt. Ich habe deshalb in der Folgezeit auch Angst vor der Sexualität gehabt, nicht einmal mit Männern geschmust, und erst recht spät meine ersten sexuellen Erfahrungen gemacht.« Aber auch die Männer wurden nicht sorgsam aufgeklärt. Das gilt ebenfalls für Thierry; allerdings kann er wenigstens berichten, daß bei einem Gespräch mit dem Vater in seiner Pubertät ihm Sexualität als etwas sehr Schönes dargestellt worden ist.

Verdeutlichen wir nun diese summarischen Informationen etwas ausführlicher am Beispiel von Rebecca; Rebecca selber gibt ihrer Erzählung den Titel »Aufklärung auf katholisch«: »Daß die Kinder nicht vom Storch gebracht werden, sondern im Bauch der Mutter wachsen, erfuhr ich zugleich mit der Ankündigung eines demnächst erscheinenden Brüderchens oder Schwesterchens. Ich war vier Jahre alt und hatte von dergleichen Dingen noch nie gehört, weshalb ich vermutlich auch gar nicht auf die naheliegende Frage kam, wie das Geschwisterchen denn dort wohl hingelangt war. Wie so vieles in unserem Leben entstammte es aber irgendwie dem wunderbaren Willen des lieben Gottes. Wir alle mußten ihm ja sowieso dauernd dankbar sein, und übrigens handelte es sich um ein wunderschönes ›Geheimnis‹, das ich niemanden verraten durfte.« Rebecca war ein folgsames Kind und behielt das »Geheimnis« für sich. In Stimme, Tonfall und Dezidiertheit ihrer Mutter ist Rebecca ganz offensichtlich mitgeteilt worden, daß es über das »Geheimnis« wirklich nichts mehr zu sagen gibt. »Noch heute erinnere ich mich der merkwürdigen Beklommenheit jenes denkwürdigen Nachmittagsspazierganges, den meine Mutter mit den dunklen Worten angekündigt hatte: ›Heute erzähle ich Dir keine Geschichte, sondern eine ernste und schöne Wahrheit.‹ Ich verbot mir also das Nachdenken. Die Kinder kamen aus dem Bauch der Mutter, und damit basta. Mir war nicht klar, ob außer uns beiden noch sehr viele Menschen darüber Bescheid wußten. So wuchs ich ›rein‹ auf. Die Eskapaden sämtlicher männlicher Familienangehörigen und vieler Freunde, die recht offen besprochen wurden, gehörten nicht der Sphäre des ›Geheimnisses‹ an. Hierbei gab es viel Getuschel, Tränen, Empörung oder auch Gekichere. Dies alles konnte nicht mit Kindern im Bauch der Mutter zu tun haben.« Der zweite Aufklärungsschritt fiel Rebeccas Mutter noch viel schwerer: »Wie sie mir viel später erzählte, wären die Frauen der katholischen Mütterrunde übereingekommen, daß ihre nunmehr Zehn- bis Elfjährigen zwar irgendwie weiter aufgeklärt gehörten, daß dies aber nicht allzu detailliert sein dürfte. Ihr wichtigstes Argument: Die Kinder könnten auf die Idee kommen, daß auch ihre Eltern derartiges täten. Also wählte meine Mutter einen seltsamen Weg: Sie vertrat damals in unserer Dorfkirche den Organisten und übte für die bevorstehende Adventsandacht Lieder ein. Ich hielt mich gerne auf der Orgelempore auf und war stolz darauf, daß das Brausen in der dämmrigen Kirche den Händen und Füßen meiner Mutter verdankt wurde. Meine Mutter intonierte gerade ein Verkündigungslied, dessen Text mir geläufig war. Und ich sang mit: ›... wie soll denn dies geschehen, ich kenne keinen Mann? Oh, Jungfrau, Du wirst sehen, was Gottes Allmacht kann ...‹. Da stoppte die Melodie, und meine Mutter fragte mit belegter Stimme, ob ich diesen Text eigentlich verstünde. Ich wurde unsicher. ›Eigentlich ja … ich hatte gedacht … aber, nein, eigentlich … nicht ganz …‹. Die Mutter fing wieder an zu spielen und improvisierte eine leise Melodie, zu der sie dann mit stockenden Worten etwa folgendes sprach: ›Weißt du, mein Herz, ‚kennen': dieses Wort heißt in der Bibel auch ‚erkennen' … Ich nickte. Alles war klar – aber warum mußte sie mir das sagen? Es ging aber weiter: ›Und ‚erkennen' (das Orgelgetön wurde etwas lauter), also ‚erkennen', das heißt … weißt du, wenn ein Mann und eine Frau sich liebhaben … also, wenn sie sich wirklich sehr nahe sind … also dann sagt die Bibel ‚erkennen' … und eben weil Maria ja nicht verheiratet war mit Josef … also da wundert sie sich … also, da entstehen nämlich Kinder, weißt du, diese kleinen Babies … und eben, bei Maria war es ein besonderes Wunder, daß sie das Jesuskind auch ohne Mann empfangen durfte …‹ Die Orgel wurde brausend laut. ›Verstehst du das?‹ fragte meine Mutter – wohl etwas besorgt, weil bei uns zu Hause normalerweise einigermaßen logisch gedacht und gesprochen wurde.« Rebecca spürte dunkel, wie sie uns gegenüber erzählt, daß hier die Gesetze der Logik keine Rolle zu spielen hätten, und behauptete daher folgsam, daß sie alles verstünde. »Erst viele Jahre später wurde mir klar, daß dies sicher etwas zu tun gehabt hat mit jenem Thema, das ein wenig später auch Gesprächsstoff zwischen mir und meiner Freundin war: Daß nämlich Mann und Frau etwas tun, wo sie ›unten‹ liegt und er ›oben‹, und daß sie dann ein Kind kriegen. Wir konnten noch lange nicht herausfinden, was sie in dieser merkwürdigen Stellung eigentlich taten. Daß wir darüber aber mit unseren Eltern nicht sprechen sollten, war uns vollkommen klar.«

Sehr viel später findet Rebecca ganz hinten im Bücherschrank ihrer Eltern die »Vollkommene Ehe« des Schriftstellers van de Velde. »Ich war vierzehn Jahre alt, immer aufgeregt und unglücklich und las das Buch in zwei oder drei Nächten unter der Bettdecke mit der Taschenlampe. Nun wußte ich Bescheid. Dachte aber, daß dies Bescheidwissen möglicherweise eine schwere Sünde sei; trotzdem vertraute ich sie meinem Beichtvater nicht an. Meiner Mutter heuchelte ich bei jeder Gelegenheit eklatantes Unwissen vor. Ich konnte sehen, daß sie ob meiner immer noch andauernden ›Unschuld‹ glücklich und zufrieden war.«

Eine erfüllte Sexualität impliziert als Voraussetzung: Hingabefähigkeit, Freisein von Ängsten, Mut zur Neugier und ein großes Vertrauen gegenüber dem Partner. Wie sollten solche Qualitäten bei der geschilderten Erziehung unserer Interviewpartner entstehen?

Nach einer Sexualerziehung, die bei unseren Interviewpartnern in der Regel keine war, die sich auf Nichtwissen begründete oder auf Angst, müssen unsere jungen Frauen und Männer auf eigene Entdeckungsreisen gehen. Entsprechend jenem, was sie an Freiheit, Fantasie, Expansionsdrang, Neugierde und Toleranz in ihrer Sozialisation direkt und indirekt vermittelt bekommen haben, gelingt die eigene Erkundungsfahrt zu den Ufern der Erotik und Sexualität mehr oder minder. Karl und Marion aus dem katholischen Bamberg gehören nicht zu den glücklichen Entdeckern; sie können – nach eigenen Worten – ihren sexuellen Beziehungen »wenig abgewinnen«. Ihr körperliches Beisammensein beschränkt sich auf wenige Male im Jahr und vollzieht sich im Dunkeln. In acht Jahren Ehe hat Karl Marion noch nicht ein einziges Mal nackt vor der erotischen Umarmung gesehen; Marion schließt die Fensterläden und macht das Licht aus, bevor sie sich entkleidet und zu Karl ins Bett kommt. Orgasmus bleibt für die beiden ein Fremdwort und, was nahezu noch schlimmer ist: Sie weigern sich, ihre unerfüllte Sexualität zu besprechen und zu reflektieren. Die Quantität des erotischen Austausches sagt indessen nicht unbedingt etwas über die Qualität desselben aus. Auch Monika und Hans schliefen nur wenig zusammen; jedesmal, wenn es passierte, ging dazu die Aktivität von Monika aus. Aber beide freuten sich dann daran, fanden es – nach eigenem Bekunden – schön und lagen sich »glücklich vereint in den Armen«.

Unterschiedlich ist der Stellenwert, den Frauen, Männer und Paare der Sexualität in ihrer Beziehung oder ihrer Ehe beimessen; dementsprechend kann Mangel im erotischen Austausch zum Scheitern der Beziehung führen, muß es aber nicht, wenn die Partner andere Bereiche ihres gemeinsamen Lebens höher und wichtiger einschätzen. Trotz einer Sexualität, die von beiden nicht als zureichend empfunden wird, hält die Ehe von Rebecca und Michael mehr als zwanzig Jahre (vgl. in diesem Teil das Interview mit Rebecca); das gemeinsame Kind, die Wichtigkeit von Freunden und Gästen, die übergroße Bedeutung beruflichen Erfolges, sind Lebensziele, die diese Ehe zusammenhalten und eine unbefriedigende Sexualität kompensieren können. Ähnliches gilt für Silvia und Ernst, für Fred und Karin (vgl. die einzelnen Paarbeschreibungen); jeweils andere Qualitäten der Beziehung dominieren in diesen Fällen so sehr, daß man manchmal meinen könnte, Sexualität (bzw. ihr Mangel) als Problem würde von diesen Paaren »vergessen«. Mit Fug und Recht läßt sich das aber auch bezweifeln. Diese Paare haben sich offensichtlich nie (oder kaum) in jener Phase der »Verzauberung« befunden, die für sexuelles Glück zumindest am Beginn wohl unumgänglich ist. Die Erinnerung daran, das schmerzliche und wehmütige Wissen, daß der andere in mir Ekstasen und das Glück der Entgrenzung auslösen kann, bestimmt, so schien uns, das »flair« einer Beziehung sowohl im Scheitern als auch in der Weiterführung der Partnerschaft. Es gibt kein »Gesetz«, demzufolge etwa die Trennung der »sexuell erfüllten« Beziehung schmerzlicher ist als andere. Auch gilt nicht, daß die »Ekstatiker« bessere Ehechancen haben (denken wir an Max und Isabella). Es ist im Falle des ehemaligen »sexuellen Glücks« der Trennung aber wohl mehr Wehmut beigemischt, ein wenig mehr von jener Trauer als Ahnung des Todes. Wo andererseits ein Paar sich mit vergleichsweise bescheidener Sexualität einrichtet, ist das Leben sicher nicht traurig oder ärmlich: Dennoch fehlt ihm jenes Einmalige, Unwiederholbare; es fehlt ihm sicher auch ein wenig von jenem Moment, das es leicht macht, dem Geliebten – trotz allem – immer wieder zu verzeihen.

Anders ist es z. B. auch bei Ruth und David: Ruth ist in ihrem Selbstverständnis eine sehr sinnliche Frau, während ihr Mann wohl eher als kopflastig bezeichnet werden muß. Die sexuellen Erlebnisse von David und Ruth vor der Ehe verliefen unterschiedlich: Unbefriedigende Erfahrungen wechselten mit guten ab. Noch vor der Heirat verunglückt das Paar im Nahen Osten; Ruth, die in Bagdad zurückbleiben muß, lernt einen Einheimischen kennen, in den sie sich verliebt und mit dem sie eine erotisch sehr glückliche Zeit verbringt. An diesem Erlebnis mißt sie im folgenden wohl auch ihre Sexualität mit David. Nach der Heirat ergibt sich zwischen beiden eine Konstellation, die Ruth als »Geschwisterliebe« bezeichnet, »wo eben keine Funken mehr sprühen«. Nach der Hochzeit drosselt David seine sexuellen Aktivitäten; er schläft nun nur noch selten mit Ruth, die sehr darunter leidet: »Es gab Zeiten, wo wir sechs Monate und mehr keinen körperlichen Kontakt mehr miteinander hatten. Ich konnte nicht mit David darüber reden. Ich bin dann jeweils in eine Depression geflüchtet. Es war einfach unmöglich für mich, David meine sexuellen Wünsche mitzuteilen. Mein Mann verbrämte seine sexuelle Inaktivität damit, daß er mir des öfteren sagte, wie unattraktiv ich sei. Ich litt sehr darunter. Dann merkte ich eigentlich zum erstenmal bei einem Aufenthalt in den USA, daß sich viele Männer für mich interessierten und daß ich durchaus nicht unattraktiv war. Das war für mich auch der erste Anstoß zu Trennungsgedanken.« Je distanzierter und kritischer Ruth nun David zu sehen beginnt, desto mehr wird ihr deutlich, wie unbefriedigend sie ihre Sexualität in der Ehe zu leben vermag: »Nun begannen mich auch seine ejaculatio-praecox-Probleme immer mehr zu nerven. Er war nie ein ausdauernder Liebhaber gewesen, aber der Akt schien mir nun immer kürzer zu werden und meine Frustration immer größer. Beim Samenerguß verlor er sehr viel Flüssigkeit; das Bett, in dem ich unbefriedigt lag, war danach jeweils ganz naß, und bei mir stellten sich immer größere Ekelgefühle ein.« Aus der Retrospektive wertet Ruth ihre sexuelle Frustration als Hauptgrund für die Trennung von David.

Im folgenden Interview mit Rebecca versuchen wir Arrangement und Probleme ehelicher Sexualität noch um einiges detaillierter nachzuzeichnen:

EJ.: Würde es dir etwas ausmachen, über Sexualität in eurer Ehe zu sprechen?

R.: Ich weiß nicht genau, ob ich darüber soviel zu sagen habe. Es war alles so ... normal.

EJ.: Das würde mich aber interessieren: was die Leute unter »normaler« ehelicher Sexualität verstehen. Meist denkt man daran, daß am Anfang etwa der »Himmel voller Geigen« hing und die Partner mit viel Freude und Lust miteinander geschlafen haben; daß dies langsam abflacht, manchmal sogar bis zum völligen Verlöschen des sexuellen Begehrens. Wie war es bei euch?

R.: Eigentlich nicht ganz so. Also, wenn du es so genau wissen willst ...

EJ.: Ja, möglichst genau.

R.: Wir haben die normalen Phasen des Küssens und Schmusens durchlaufen.

EJ.: Was bezeichnest du denn da als »normal«?

R.: Na ja, ich erinnere mich, daß wir öfters auf der Couch in meinem Zimmer gelegen haben, aber ich wollte nicht mit Michael schlafen, weil mir das peinlich war wegen meiner Vermieterin. Ich wußte, daß die immer lauscht und alles weitertratscht, sie machte auch immer komische Andeutungen.

EJ.: War Michael dein erster Mann?

R.: Oh nein, ich war ja schon Ende zwanzig; vor ihm gab es eine »große Liebe«. Ich glaube jetzt, daß meine damaligen Hemmungen vielleicht auch damit zusammenhingen, nicht nur mit der Vermieterin.

EJ.: Du hast den anderen noch nicht vergessen gehabt?

R.: Ganz bewußt war mir das nicht; aber jetzt denke ich: Mit dem anderen hätte ich keine Rücksicht auf die Vermieterin genommen.

EJ.: Und wie kam es dann doch »dazu«?

R.: Wir verreisten. Übrigens ganz brav – jeder ein Einzelzimmer. Aber natürlich war klar, was passieren sollte.

EJ.: Und wie war es?

R.: Eine mittlere Katastrophe.

EJ.: (???)

R.: Alles ging so schnell. Michael war mir in seinen Reaktionen ganz fremd.

EJ.: Fremd?

R.: Ja – so still; wenig Vorspiel. Ich wußte gar nicht so recht, wie weit er war, und fühlte mich selbst ziemlich unberührt von allem.

EJ.: Konntet ihr darüber sprechen?

R.: Damals nicht, später schon.

EJ.: Ich wundere mich, daß ihr es trotzdem »weiterprobiert« habt.

R.: Ach doch, ich wußte schon, daß ich in Michael einen »besonderen« Mann gefunden hatte, und wollte die Beziehung deshalb nicht abbrechen. Wir haben aber nach dieser ersten Nacht ziemlich lange nicht mehr miteinander geschlafen. Warte mal – wieso war das überhaupt möglich? Ach ja, die Ferien lagen dazwischen. Wir hatten uns verabredet, die letzten paar Tage der Ferien miteinander zu verbringen, in einem Nordseebad.

EJ.: Und da ging es dann etwas besser?

R.: (lacht!) Ja, erstaunlich, vielleicht war es das Klima. Ich will nicht sagen, daß wir geradezu »rasend« vor Leidenschaft waren, aber alles war lustvoll, zärtlich, angenehm ..., obwohl ...

EJ.: Obwohl?

R.: Ja, da war etwas, was mich bis jetzt stört: diese Schweigsamkeit. Michael ist nicht imstande, seine Lust verbal auszudrücken ..., und ich brauche das ...

EJ.: Du meinst, er sollte darüber während des Geschlechtsverkehrs reden?

R.: Nein ... also ... na ja, das klingt komisch ... aber irgendwie ja; zumindest stöhnen oder irgend etwas stammeln ... na, du weißt schon. Aber er ist so stumm.

EJ.: Das hat dich gestört?

R.: Nun, ich habe mich daran gewöhnt. Aber ich denke, daß er mich mit dieser Schweigsamkeit immer auf mich selbst zurückgeworfen hat, ich fühlte mich alleingelassen. Ich konnte das damals noch gar nicht sagen; später habe ich mehrmals darüber gesprochen. Aber es ist halt seine Art.

EJ.: Trotzdem verliefen diese Ferien in sexueller Hinsicht gut?

R.: Ja. Ich hatte das Gefühl, daß er mich sehr gern hat, und ich selbst habe ihn damals sehr bewundert. Deswegen fand ich es auch schön, mit ihm körperlich intim zu sein. Aber die »große Leidenschaft«, die irgendwie vom Körper ausgeht, war es nicht.

EJ.: Hattest du die kennengelernt?

R.: Ja, vorher und nachher ...

EJ.: Ich möchte dich jetzt ganz nüchtern und »wissenschaftlich« fragen: wie oft habt ihr beide damals miteinander etwa geschlafen? Hattet ihr einen Orgasmus? Gab es sonst irgendwelche Besonderheiten?

R.: Mein Gott, du willst aber wirklich alles sehr genau wissen! Na also: Ja, wir hatten beide wohl meistens einen Orgasmus; Michael war immer ein recht potenter Mann. Ich konnte mich über nichts »beklagen« ... außer, na ja, wie gesagt ... Wir haben damals natürlich jede Nacht miteinander geschlafen, vielleicht auch zweimal, das weiß ich nicht mehr so genau. Aber weißt du, da vergleiche ich es halt doch mit meiner »großen Liebe«. Mit Michael gab es eigentlich nie wirkliche »Liebesnächte«.

EJ.: Was verstehst du darunter?

R.: Solche, wo man »außer sich« ist, die Stunden gleichzeitig vorüberrasen und stehenbleiben, alles sich kreisförmig dreht, ewig sein sollte ... Das »Lerche und Nachtigall«-Gespräch von Romeo und Julia zeigt, was gemeint ist.

EJ.: Wie würdest du denn die Nächte mit Michael beschreiben?

R.: Zwei erwachsene Menschen hatten am Beginn der Nacht erfreulich gut verlaufenden Geschlechtsverkehr, sprachen nachher freundlich, oft auch recht witzig darüber oder über anderes, gaben sich einen Gute-Nacht-Kuß und schliefen dann ein. Zwar schliefen sie im Doppelbett und kuschelten sich aneinander, aber sie erwachten jedesmal getrennt – jeder auf seiner Bettseite.

EJ.: Klingt schon sehr nach »ehelicher Sexualität«.

R.: Ja, so blieb es auch während langer Jahre.

EJ.: Das ist dann zwar keine Leidenschaft, klingt für die Ehe aber doch auch wiederum nicht schlecht.

R.: Ja, aber so gut wiederum auch nicht. Es wurde dann doch alles sehr routinisiert. Wir handelten bald nach dem bekannten zweimal-pro-Woche-Prinzip. Egal, ob wir Lust hatten oder nicht: zweimal mußte es sein. Das gab dann komische Situationen: wenn du z. B. am Samstag denkst »verflixt, wir haben ja seit Sonntag erst einmal miteinander gepennt, wie kriegen wir denn das zweite Mal jetzt noch zustande?«

EJ.: Habt ihr wirklich so gedacht, oder ist das eine Karikatur?

R.: Nein, ehrlich ... allerdings haben wir ja beide Humor, und da haben wir solche Dinge auch ausgesprochen und über uns selbst gelacht. Aber das hat nichts daran geändert, daß wir uns eben gar nicht so recht an unserem Begehren orientiert haben.

EJ.: Von wem ging jeweils die Initiative aus?

R.: Ach, sehr unterschiedlich. Aber ich denke, diese Sicherheit der Routine macht dieses Initiative-Ergreifen gar nicht wichtig. Später wurde es noch festgefahrener. Da haben wir einfach immer am Sonntagmorgen, wenn unsere Tochter noch schlief, miteinander geschlafen. Das war dann wirklich nur mehr ein Ritual.

EJ.: Und das hat funktioniert? Ich meine: habt ihr denn da funktioniert?

R.: Ja, aber eben nur funktioniert. Alles lief sozusagen reibungslos ab.

EJ.: Das war ja dann doch eine sehr unbefriedigende Sexualität. Habt ihr nie bessere Zeiten gekannt – z. B. in den Ferien? Oder habt ihr das, was euch gefehlt hat an Sinnlichkeit, nicht durch Außenbeziehungen geholt?

R.: Natürlich gab es »bessere« und »schlechtere« Begegnungen. An wirkliche Sinnlichkeit mit meinem Mann erinnere ich mich selten. Das gab es im ganzen vielleicht 10-, 15mal – wenn überhaupt. Außenbeziehungen haben wir beide gehabt. Wir haben uns in den Auseinandersetzungen darüber klargemacht, daß wir offensichtlich dabei sehr viel mehr Lust und Spaß erlebt haben.

EJ.: Kannst du sagen, weshalb es gerade bei euch beiden so unbefriedigend war?

R.: Ehrlich – ich weiß es nicht. Mein Mann gefiel mir recht gut, ich fand ihn attraktiv – aber irgendwie nur so von »außen« betrachtet. In einer sehr schlimmen Streitszene hat er mir gesagt, daß er mich eigentlich gar nicht als »Geliebte« erlebt hat, eher als Schwester und Freundin, die ihm äußerlich ganz gut gefällt. Das ist vermutlich bei uns beiden ähnlich. Ich weiß aber nicht, warum das so ist.

EJ.: Und wie ist das bei euren jeweiligen Außenbeziehungen?

R.: Eben ganz anders – offenbar übrigens auch bei Michael. Ich selbst erlebe mich dabei viel leidenschaftlicher, entgrenzter.

EJ.: Entgrenzter?

R.: Ja, ich bin weniger gehemmt. Komischerweise war ich bei dem Mann, mit dem ich so viele Jahre gelebt habe, wesentlich gehemmter als bei anderen. Natürlich fällt mir dabei auch sofort das »Heilige und Hure«-Prinzip ein.

EJ.: Wie war es am Ende eurer gemeinsamen Zeit? Habt ihr da noch miteinander geschlafen?

R.: Komischerweise ja. Das Ritual war sehr stark. Aber es kam nur mehr selten vor, vielleicht alle zwei bis drei Monate.

EJ.: Fällt dir noch irgend etwas ein zum Thema »eheliche Sexualität«?

R.: Ich habe hier nur offene Fragen. Mir ist nicht klar, war unsere Sexualität so mickrig, weil unsere persönliche Beziehung nicht klappte, oder war es umgekehrt?

Die Feststellung ist sicherlich banal: Bei der Sexualität kommt es auf den Gleichklang in der Interaktion an, das heißt, daß – vielleicht wichtiger als in anderen Bereichen ehelichen Lebens – die Herzen, die Gefühle, die Fantasien, die Körper zusammenwirken und -spielen müssen, daß gemeinsame Bilder, Bestärkungen, Lob, Spaß und Leichtigkeit von nicht zu unterschätzender Bedeutung sind. Diese Banalität, an der Beziehungen und Ehen immer wieder scheitern, verdeutlicht sich sehr konkret in zwei Erlebnisberichten von Margarete. Der eine betrifft ihre Ehe mit Sven, der andere eine lange und wichtige voreheliche Beziehung. »Als ich L. kennenlernte, hatte ich nach dem Bruch meiner Jugendliebe schon Erfahrungen mit ein paar wenigen Männern. Erst L. aber intensivierte und zentrierte meine Versuche, eine ›echte‹ Frau zu werden. Mit besonderer Einfühlung für andere Menschen begabt, von seiner eigenen narzißtischen Frau immer wieder abgewertet, warf er sich mit Leidenschaft und Interesse in die Beziehung zu mir und bezauberte mich vollständig. Eine Generation Altersunterschied ermöglichte es mir vermutlich, in ihm zum Geliebten nun auch noch den endlich ›guten Vater‹ zu fantasieren – ein Gemisch, das mich zeitweise fast um den Verstand brachte. Wie gründlich wurde nun aber auch das böse Bild, das mein Vater von mir entworfen hatte, korrigiert. In L.'s Augen erstand ich als ein lieblicher Irrwisch, ein keckes und munteres Wesen, das höchst irdische und belustigende Reize mit verfeinerter Geistigkeit zu verbinden wußte. Meine oftmals bewunderten ›ausdrucksvollen‹ dunklen Augen bekamen nun noch ganz besondere Qualitäten zugesprochen: Eine tiefe intuitive Kenntnis des Lebens fand sich darin; ein existentieller fast metaphysisch anmutender Humor ...

Und wie interessiert zeigte er sich an meinen Haaren. Sollte ich einfach kurzgeschnittene Locken tragen? Oder stand mir das hochtoupierte Haar besser? Ich fühlte, wie mein Äußeres bedeutend wurde – nicht nur ein unwesentliches Anhängsel zu meiner Intelligenz und Konversationsbegabung. Hüften und Popo bekamen Schwung, und selbst der Busen – von mir immer als viel zu üppig empfunden – wurde langsam ein reizvolles Attribut meiner Weiblichkeit. Wenn L. meine Hand in die seine nahm und mit schon ahnungsvoller Wehmut sagte: ›Wirst du diese wunderbare kleine Hand auch niemand anderem mehr schenken, auch wenn du andere Männer lieben wirst?‹ ..., dann erschien mir meine kleine kräftige Hand wahrhaftig als eine echte Kostbarkeit.

Meine Kleider waren ein wichtiges Gesprächsthema. Diese fleischfarbenen Netzstrümpfe: welch entzückendes Muster hinterließen sie auf meinen Schenkeln. Jene hellrote Baumwollbluse: sie kontrastierte offensichtlich ganz hervorragend mit meinem dunklen Haar. Ich wurde unter seinen Blicken und in seinen Armen eine wunderschöne und begehrenswerte junge Frau. Nie zuvor hatte ich einen Mann mit solcher Zärtlichkeit und Leidenschaft geliebt – jedes Kompliment zahlte ich ihm mit Lust und Freude heim.«

Diese Beziehung wird von beiden menschlich und sexuell als sehr beglückend empfunden.

Ganz anderes und wahrhaft Gegensätzliches hat Margarete von ihrer Ehe mit Sven zu berichten: »Als ich Sven traf, wandte ich mich ihm zu, obwohl mich diese große Liebe zu L. noch gefangenhielt. Man könnte wohl mit Recht spekulieren, daß die Dauer-Idealisierung mir langsam ungemütlich wurde. Sven dachte nicht daran, mich zu idealisieren – allenfalls war ich in seinen Augen eine verständige und intelligente junge Frau, eher vom Kumpeltyp als von erotischer Ausstrahlung. Aber auch dieses Bild verwischte sich schon während des ersten Ehejahres.« Ohne die Bestätigung und ohne das Interesse von L. verliert Margarete zunehmend an Lebens- und Sinneslust: »Ich fühlte mich grau und unscheinbar werden. Ich nahm zu, stapfte in unausgewählter Kleidung durch die Welt, meine Haare hingen mir schlaff ins Gesicht.

Hatte ich mich vorher als dunkellockig empfunden, so belehrte mich nun ein Blick in den Spiegel (oder waren es die Augen von Sven?), daß es fahlfarbene Strähnen waren. Meine Hände wurden wieder ungraziös, klobig; Busen und Bauch hingen schwer an mir. Es lohnte daher auch kaum mehr, mich mit meiner Garderobe zu befassen; kurzerhand übernahm ich dankbar die noch ›guten‹ Stücke meiner Mutter. So trug ich wahllos weite, großgemusterte Paletots mit Schalkragen, die einer kräftigen fünfzigjährigen Dame wohl zu Gesicht gestanden wären, präsentierte mich in eleganten Lurex-Pullovern und mischte dazu Helanca-Fetzchen vom Wühltisch für 10,–.«

Wie hatte sich Margarete so schnell verändern können? »Nein, Sven war nicht so grausam, mir geradewegs klarzumachen, daß ich häßlich, klein, dick und unerotisch war. Es genügten aber seine Erzählungen: z. B. diejenigen über seine frühere Freundin Maria. Wie sie in engen grünen Hosen über den Markt geschlendert war, wie hatte ihr kleiner Popo darin aufregend gewackelt! Die ganze Männerwelt hatte bei ihrem Anblick offenbar vor Lust gezittert. Oder: Jene hochbeinigen Blondinen, die man auf der Straße sah: kleiner, flacher Busen, schmale Hüften – es gab doch kaum etwas Aufregenderes als diesen ›Garçon‹-Typ. Und wie erotisch waren Lilos Bewegungen gewesen – wenn sie nur den Kopf gedreht hatte, waren alle fasziniert gewesen.«

Margarete begann, sich mit diesen Erinnerungen und Traumbildern von Sven zu vergleichen: »Ich dachte an die grün-wackelnden Po-Bakken. Natürlich konnte ich dann mein eigenes Gesäß nur unter einem großen, dunklen Faltenrock verstecken.

Und was war denn passiert mit meinen früher so angeschwärmten schönen dunklen Augen? Meine ratlose Mutter, die den geheimen Kampf wohl verspürte, verwies Sven einmal darauf, daß ich doch ›wirklich sehr ausdrucksvolle Augen‹ hätte. Er brach daraufhin in ein nun schon bösartig zu nennendes Gelächter aus; das sei ja wohl immer die letzte Bastion bei unhübschen Frauen. Es gelang ihm schließlich nur mit Mühe, diese grobe Taktlosigkeit in ein allgemeineres Statement umzuformulieren.

Neue Kleider würdigte er natürlich keines Blickes. Er durchblätterte voll Interesse Modejournale, weil ihm die Ästhetik der Designer Spaß machte. Daß aber irgendeines der schicken Modelle auch mir wohlangestanden hätte, stand außerhalb jeder Debatte. Ich verstand die Botschaft – vorgeprägt von meinem abwertenden Vater – recht gut: Ich war ja keine wirkliche Frau, höchstens noch ein braves Frauchen oder ein etwas langweiliger Blaustrumpf. Egal, was ich mir auch aussuchen mochte: Jener strahlende, hochbeinige ›Garçon‹-Typ seiner Träume würde ich doch nie sein.

In seinen Armen wurde ich häßlich – und durfte eine solch ›unerlöste‹ Frau denn wirklich Sexualität genießen? Es kam wohl eher darauf an, daß sie gut ›funktionierte‹ – und das war es dann auch schon! Wir praktizierten sexuelle Übungen wie im Lehrbuch. Ich war vernünftig, verständig und sicher nicht prüde. Nie aber erlebte ich jene Ekstase sexuellen Glücks, in denen ich die schönste Frau der Welt gewesen war. In einer späteren Zeit konnte ich es einmal so formulieren: In den Armen von Sven war ich fast immer eine Art weiblicher Froschkönig gewesen.«

Nach ihrer Trennung von Sven trifft Margarete, wie sie es formuliert, »wieder auf einen Prinzen« der sie »erlöste«. »Wenn wir später alte Freunde aus der ersten Ehezeit wiedertrafen, galt fast stereotyp der

Satz: ›Wie hast du dich verändert: du bist irgendwie viel jünger geworden; früher warst du so streng . . .‹«

Am positivsten äußern sich Anna und Thilo, Chloé und Thierry über ihre eheliche Sexualität, wobei die Erinnerungen der Männer noch um einiges zufriedener ausfallen als jene der Frauen. Der erotische Austausch dieser Paare war von Anfang an sehr leidenschaftlich; Chloé beispielsweise erinnert sich, daß sie ihr Zusammensein mit Thierry als »ein Fest der Körper« bezeichnete und auch so empfand. Beide Frauen bemerken indessen auch, daß das Leidenschaftliche im Verlauf ihrer Ehe zwar nicht qualitativ, aber quantitativ abgenommen hat; Chloé wie Anna führen diese Reduktion des erotischen Austausches kausal auf das Verhalten ihrer Männer zurück. Thilo und Thierry liefern dazu eine Interpretation, die in ihren Augen mitnichten negativ ist: Je länger und auch je glücklicher sie mit ihren Frauen zusammen gewesen seien – so bekunden Thierry und Thilo –, desto mehr hätten sich ihre Körper und Herzen mit Zärtlichkeit für ihre Frauen ausgefüllt, und jene Spannung – manchmal auch Aggressivität –, wie sie der geschlechtliche Akt für sie brauche, habe sich vermindert. Um diese Spannung wieder zu erzeugen – »das innere Kochen« –, provozierte Thilo Sexualität bei unerwarteten Gelegenheiten und an gefährlichen Orten: So trieb er es mit Anna in einem Ruderboot auf dem Starnberger See, nahm sie einmal ganz überraschend von hinten in einem Stall des weitläufigen Bauernhofes von Annas Eltern, verführte seine Frau in einem Schnellzugabteil zwischen Paris und Straßburg. Anna erlebte solches nicht so positiv wie Thilo; sie war – auch bei unserem Gespräch mit ihr – in solchen Situationen jeweils zwischen Faszination und Angst hin- und hergerissen. Thierry hingegen liebte Inszenierungen: schummriges Licht oder auch ganz gleißendes, Champagner, Barmusik oder Rock-Musik, eine Chloé, die für ihn tanzte, eine Chloé, die sexy angezogen war. Auch Chloé ist – zumindest heute – ambivalent, wenn sie an diese Abende und Nächte zurückdenkt.

Immerhin – wie auch andere Paare zu berichten wissen – sind solche Inszenierungen, Spiele und Überraschungsmomente in der Sexualität ein durchaus probates Mittel, um die immer wieder und vielbeklagte erotische Gewöhnung in der Ehe zu mildern, zu durchbrechen oder gar nicht erst aufkommen zu lassen.

Es ist wohl nicht weiter überraschend, daß jene Menschen sexuell am meisten unter der Trennung leiden, die von sich zu sagen wissen, im erotischen Austausch mit dem Partner glücklich gewesen zu sein. Am extremsten reagiert auch hier Thilo. In der ganzen mehrjährigen Trennungszeit von Anna schläft er mit keiner anderen Frau; nach eigenem Bekunden begehrt er in dieser langen Zeit auch keine andere Frau und denkt an keine andere Frau als an Anna. Thilo geht in der Trennungszeit in kein Sexkino, kauft sich keine Männerzeitschriften à la »Playboy«, liest keine erotischen Bücher, sondern kompensiert seine Abstinenz einzig und ausschließlich mit dem Gedanken an seine ehemalige Frau. Auf eine andere Art, aber tendenziell schon irgendwie vergleichbar, lebt auch Ruth nach der Trennung von David zunächst einmal über längere Zeit keusch. Obwohl sie im Interview mit uns von sich gesteht, »schon sehr durch die Sexualität zu leben«, zieht sie mit ihrer Tochter nach Frankreich und baut sich dort in der Einsamkeit ein Haus. Nach einer gewissen Zeit kommt David alle sechs Wochen, um seine Frau und seine Tochter für vierzehn Tage zu besuchen; Sexualität findet in dieser Zeit indessen zwischen David und Ruth nicht statt. Erst nach circa zwei Jahren ist Ruth wieder fähig, eine kontinuierliche sexuelle Beziehung zu einem anderen Mann aufzunehmen.

Thierry ist nach der Trennung von zwei Ängsten nahezu besessen: Zum einen spürt er sich genital überhaupt nicht mehr und fürchtet, daß solches zum Dauerzustand werden könnte, daß sein Glied nie mehr erigieren wird; die andere Angst, welche ihn noch stärker besitzt, betrifft Gedanken, wie andere Männer den schönen Körper seiner geliebten Chloé berühren könnten. Thierry lebt einige Monate enthaltsam und versucht dann – wie er aus der Rückschau selber gesteht – nachgerade krampfhaft, sich sexuell wieder auszuprobieren; diese Abenteuer werden zur Farce oder im Erleben von Thierry – zur Katastrophe: ejaculatio praecox, in den meisten Fällen, nach dem Samenerguß Ekelgefühl, nostalgische Erinnerungen an Chloé, die ihn oft sogar weinen lassen. Es dauert zwei Jahre, bis Thierry auf eine Frau trifft, wo es – wie er sagt – »dann endlich wieder einmal klappt« (vgl. unser Kapitel über Ferien).

Sven und Margarete, Fred und Karin, Isabella und Max, Rebecca und Michael haben indessen nach der Trennung von ihren Partnern überhaupt keine Probleme, neue sexuelle Beziehungen aufzunehmen oder aber Beziehungen erotisch fortzusetzen, die sich schon vor oder in der Trennungssituation ergeben hatten. Betrachten wir in diesem Zusammenhang beispielhaft Rebecca. Sie sieht nach der Trennung relativ wenig Probleme bezüglich Sexualität. »Was hätte ich vermissen sollen?«, fragt sie mit spöttischem Lächeln während unseres Interviews. Rebecca hat viele Freunde und Bekannte. »Meine neue Freiheit hat mir neue sexuelle Möglichkeiten verschafft; da konnte plötzlich aus einem freundlichen Arbeitskollegen oder einem Gesprächspartner ein Liebhaber werden, ohne daß es dabei allzu viele Probleme gab. Ab und zu habe ich mich auch kurzfristig verliebt – aber alles in allem habe ich Sexualität damals auf recht unkomplizierte Weise genossen. Ich hatte wirklich einigen Nachholbedarf an Zärtlichkeit und sexuellem Spaß.« Rebecca blickt nun – nach drei Jahren des Alleinlebens – offenbar mit einigem Vergnügen auf ihre »Zeit der Promiskuität« zurück: »Da ich in sexueller Hinsicht recht streng erzogen war, habe ich mir in meiner Jugend eigentlich wenig erlaubt. Ich empfinde also diese Phase nach der Trennung als eine ›eingeschobene Pubertät‹.«

Ein wenig später ist Rebecca wohl klargeworden, daß sie mit ihrer neuen Freiheit eine Art »Kapital« in Händen hat, das es vernünftig zu verwalten gilt. »Ich wollte gerne gute männliche Freunde haben, nicht nur Liebhaber. Diese Freundschaften waren manchmal mit, manchmal ohne sexuelle Intimität verbunden. Wenn Sexualität aus inneren oder äußeren Gründen eine Freundschaft zerstört hätte, habe ich mich dann immer für die Freundschaft entschieden. Ich wollte natürlich keine alleinstehende Frau werden, die nurmehr in ›Frauenzirkeln‹ verkehrt –, aber die Rolle als eine Art Sexmonster, was natürlich eh übertrieben ist, liegt mir nun wiederum auch nicht. Daß jede Freundschaft mit einem Mann jenen interessanten Schuß Erotik beinhaltet, ist ja selbstverständlich. Deshalb möchte ich die ›Welt des Männlichen‹ immer in meinem Leben behalten.«

Ufer und Ströme von Sexualität

Mit Sexualität läßt sich ganz verschiedenartig umgehen, und Sexualität läßt sich inhaltlich auch nicht auf eine allgemeingültige Art füllen oder gar definieren. Geglaubt und auch gelebt werden kann z. B., was Swami Satyananda alias Jörg Andrees Elten in seinem Tagebuch über sein Leben mit Bhagwan in Poona folgendermaßen formuliert, »daß Sex (nämlich) weiter nichts ist als ein spontaner, moralfreier, pulsierender Austausch von negativer und positiver, von weiblicher und männlicher Energie. *Wer* dein Partner ist, spielt kaum eine Rolle – fast jeder kommt in Frage.

Es ist unsere Besitzgier, die den Sex mit Eifersucht belastet, ihn seiner spielerischen Natur beraubt und zum Drama macht. Und natürlich stimmt es, daß Sex mit Liebe nichts zu tun hat, wenn es auch richtig ist, daß Sex besonders schön sein kann, wenn zwei Liebende zusammenfinden. Das kommt aber nur selten vor. Schließlich: Sex reißt die Schranken des Alleinseins nicht ein – verstärkt eher noch das Gefühl, allein zu sein. Der Orgasmus ist eine reine Privatsache. Der Partner mag der Auslöser sein, aber er ist nicht einbezogen.«

Auf eine solche extreme Art pragmatisch argumentierte keiner unserer Gesprächspartner. Am ehesten verstand noch Fred Sexualität als etwas, das für ihn nicht unbedingt mit seinen Gefühlen verbunden sein muß; auch Sven gibt zu, daß Sexualität für ihn »ein Erlebnis des Unterleibs sein kann, wo Herz und Kopf nicht einbezogen sind«. Max hingegen, für den Sexualität von all unseren Interviewpartnern den größten Stellenwert hat und der auch über die weitestreichenden sexuellen Erlebnisse verfügt, ist unfähig, mit einer Frau zu schlafen, wenn er sie nicht gern hat und umgekehrt er von dieser Frau nicht geliebt wird. Für Thierry sind Sexualität und Liebe identische Begriffe. Bei den Frauen schließen sich Anna und Chloé diesen Gefühlen von Thierry an; auch Silvia und Monika können sich eigentlich nicht vorstellen, sich erotisch mit einem Mann auszutauschen, den sie nicht lieben; sie haben in dieser Richtung auch keine Erfahrungen. Rebecca, Isabella und Ruth trennen indessen zwischen Liebe und Sexualität; letztere ist für sie durchaus mit einem Mann möglich, den sie nicht lieben.

Im folgenden wollen wir zwei Lebensformen von Sexualität anhand von Gesprächen mit Max und Thilo noch ein wenig des näheren besehen:

WH.: Max, ich habe jetzt ein Problem. Wenn ich auf die Uhr schaue, stelle ich fest, daß wir hier jetzt seit genau viereinhalb Stunden auf Montmartre unser Männergespräch über Sexualität führen. Das heißt jetzt für mich, daß ich die Kassetten für das Buch abhören und den Inhalt irgendwie zusammenfassen müßte. Ich habe nur einfach die Befürchtung, gerade bei diesem Gespräch mit dir, in einer Zusammenfassung soviel zu verlieren, daß ich dir den Vorschlag machen möchte, die wichtigsten Dinge nun einfach mit mir noch einmal für den Leser zu resümieren. Das wären dann – wenn auch verkürzt – doch wenigstens deine Worte.

Max: Damit bin ich einverstanden. Ich denke auch, daß es für mich einiges noch klarer machen wird.

WH.: Vielleicht kannst du zunächst noch einmal auf den Zusammenhang eingehen, den du zwischen erlebnisreicher Sexualität und Tabu gezogen hast.

Max: Ich arbeite hier in Paris seit Jahren in einem historischen Forschungsbereich, wo ich immer wieder und auch zum Teil sehr eng mit Wissenschaftlern zusammenkomme, für die Sexualität ein wichtiges Thema ist; ich will jetzt keine Namen nennen – das bringt auch für unseren Zusammenhang nicht unbedingt etwas. Dabei habe ich gelernt, daß – im Gegensatz zu alledem, was wir so in unserer Kindheit und Jugend gelernt haben – Sexualität etwas ist, was einfach über unseren zivilisatorischen Apparat hinausgeht. Oder exakter formuliert wäre eigentlich: unter diesen zivilisatorischen Apparat geht, an dessen Basis oder sogar noch darunter: in die Sümpfe unter unserer Erziehung, Zivilisation und anerzogenen Anständigkeit. Kurzum: Sexualität ist etwas Unanständiges, etwas Animalisches, so wie ich es auffasse und so wie ich es eben in der Auseinandersetzung mit diesen französischen Wissenschaftlern begriffen habe. Wer das einmal anerkennt und auch zu leben vermag, gerät einfach in erotische Tiefen, an die die meisten Menschen aufgrund ihrer Ängste, aufgrund ihrer Sozialisation gar nicht erst rühren wollen. Ich gewinne also jedesmal erneut wieder erotische Energie dadurch, daß ich mir – auch im Kopf – klarwerde, wie ich Verbote und Tabus verletze.

WH.: Gibt es für dich da überhaupt keine Grenzen?

Max: Doch sicher. Sodomie beispielsweise. Auch erotische Beziehungen zu Minderjährigen und Kindern interessieren mich ebensowenig wie zu gleichgeschlechtlichen Personen; also konkret gesagt: Homosexualität hat mich noch nie angetörnt. Partnertausch- und Gruppensex-Erfahrungen habe ich zwar; aber sie sind einmalig geblieben, weil ich gemerkt habe, daß ich, um an die wirklich vorhin geschilderten Tiefen heranzukommen, Konzentration auf eine einzige Frau brauche.

WH.: Du hast vorhin gesagt, daß Sexualität jedesmal wieder ein Fest ist. Nach vielen Untersuchungen dauert ein Geschlechtsakt ja normalerweise wenige Minuten; du hast vorhin von einer »Fest-Dauer« – ich übernehme jetzt mal diesen Ausdruck von dir – von mindestens vier Stunden gesprochen; könntest du das noch einmal zusammenfassen?

Max: Es läßt sich ja auch in der betreffenden kritischen Männerliteratur nachlesen, daß unsere Schwanzeslust eigentlich sehr strategisch ist, das heißt, auf ein einziges Ziel lossteuert, es hat wohl jeder genug Fantasie, daß ich das nicht noch genauer bezeichnen muß. Also: Wir sind auf Genitalität fixiert; alles andere, was wir noch haben – und das ist ja schließlich eine ganze Menge –, kommt zu kurz, wird eigentlich nachgerade aus dem erotischen Austausch herausgelassen, zum Beispiel der Kopf mit seinen Fantasien, meine Achselhöhlen, die Brustwarzen, mein Arsch, meine Fußsohlen usw.

Für mich beginnt der erotische Austausch damit, daß ich mit der Frau, die ich gerade mag, erst einmal außer Haus gehe: zum Essen in ein teures Restaurant, zum Tanzen, in eine Bar ...; so entsteht ein langsamer und sich immer mehr steigender erotischer Kontakt; wir törnen uns gegenseitig immer mehr an; noch treffender wäre, obwohl das Wort in der deutschen Sprache einen etwas häßlichen Beigeschmack hat; wir geilen uns langsam aneinander so richtig auf. Anschließend gehen wir eng umschlungen nach Hause, oder wir fahren im Taxi eng umschlungen nach Hause. Ich habe eine zweistöckige Wohnung; wenn ich im unteren Stockwerk die Tür aufschließe, beginnen dann auf dem Wege in das Schlafzimmer im zweiten Stock schon langsam die Kleider zu fallen. Wenn wir oben angekommen sind, sind wir beide bereits nackt oder weitgehend nackt. Ich lege dann eine Platte auf, und wir tanzen. Oder was ich auch sehr mag, vielleicht sogar noch mehr: Die Frau zeigt ihren Körper, ihre Formen, ihre Sinnlichkeit für mich; ich kann sie betrachten, kann Körper, Natur und Verführung genießen. Dann beginnen wir, uns abzutasten, uns zu fühlen, unsere Körper und deren Einzelheiten ganz langsam und ganz genüßlich zu erkunden. In einer sehr idiotischen Sprache nennt man das »Vorspiel«; die deutsche Sprache ist in ihrem erotischen Vokabular im Gegensatz zur französischen oder italienischen ja sowieso sehr beschränkt. Irgendwann sinken wir dann ineinander – das muß nicht im Bett sein; es ist eigentlich auch relativ selten im Bett, sondern häufiger auf dem Teppich, auf einem Fell, in einem großen, weichen Fauteuil ...

WH.: Nun hast du ja im Bezug auf das, was man prosaisch »Geschlechtsakt« nennt, ein Selbstverständnis, das wohl nicht unbedingt das übliche ist. Würdest du bitte versuchen, das noch in ein, zwei Sätzen zu bringen?

Max: Ich muß da erst einmal auf eine Voraussetzung eingehen. Wie viele intellektuelle Männer, gerade aus der oberen Mittelschicht, bin ich natürlich durch die Frauenemanzipation auch in meinem eigenen Erleben als Mann verunsichert worden. Ich war eigentlich immer ganz gerne Mann, d. h. energisch, hart, zielstrebig, triebhaft, geil; meine Lieblingsschriftsteller sind Hemingway und Camus, wo noch die richtigen Männer in Erscheinung treten, die Helden und die Kämpfer. Das heißt nicht, daß ich nicht meine weichen Seiten hätte; ich liebe diese weichen Seiten auch durchaus, und ich brauche sie. Aber ich habe dann irgendwann Anfang der siebziger Jahre gemeint, mit den neuen Frauen jetzt nur noch klarzukommen, wenn ich als Softy durch die Welt laufe. Ich habe dann Erfahrungen gemacht, die bei mir wirklich eine Krise ausgelöst haben; heute muß ich etwas darüber lächeln. Natürlich gibt es die neuen Frauen; im Alltag, in der Arbeit – z. B. in meinem Wissenschaftsbetrieb – wollen diese Frauen auch den neuen Mann, den Softy – wenn wir mal bei diesem Begriff bleiben wollen. Aber in der Sexualität – so mußte ich einigermaßen mühsam die Erfahrung machen – sieht das nun wirklich ganz anders aus. Als ich ganz sanft war, nur noch zärtlich – ich bin immer zärtlich, aber jetzt eben nur –, sogar dachte, diese Frauen wollten die Penetration nicht mehr – das hatte ich ja schließlich auch in einer bestimmten Frauenliteratur gelesen – da hättest du erleben sollen, wie ich beschimpft worden bin. Rausgeschmissen wurde ich, als Versager tituliert ... Die neuen Frauen wollen den Softy im Alltag, aber nicht in der Sexualität. Im erotischen Austausch wollen sie begehrt werden; sie wollen genommen werden; sie wollen gestoßen werden ...

WH.: Nun hast du ja in deiner Softy-Zeit, wenn ich mal so sagen darf, auch noch eine andere Erfahrung gemacht, die ganz direkt auf dich als Mann bezogen ist ...

Max: Ja, in einem Satz: Je mehr ich aufgehört habe, Mann zu sein, oder ich sag es mal noch etwas provozierender: Macho zu sein, desto mehr habe ich die Lust verloren, mit Frauen zu schlafen. Daraus habe ich den Schluß gezogen, daß erotischer Austausch für mich einfach die Spannung und auch eine Portion Aggressivität braucht. Ich will zugreifen, ich will nehmen, erobern; da ist einfach – wenn man zu sich selber ehrlich ist – eine Art Gewalttätigkeit impliziert.

WH.: Du hast in diesem Zusammenhang bei unserem Gespräch vorhin von der engen Verbindung zwischen Lust und Schmerz gesprochen; würdest du bitte versuchen, das jetzt noch einmal zu resümieren?

Max: Ja; ich hab das nur noch eigentlich wesentlich pointierter gesagt, als es jetzt in deiner Frage erscheint. Meine Erfahrung ist, daß der Schmerz in der Liebe die Lust potenziert. Nur braucht es dazu immer zwei; ich hab einmal eine Stewardeß der Air France kennengelernt, die das wollte, und so bin ich dann auf diese Erfahrung gestoßen, habe sie auch selber gemacht. Mit Isabella haben sich dann solche Erlebnisse vertieft. Als ich noch mit Isabella zusammen war, habe ich ja dann in Paris Tina kennengelernt, und da wurde dieses erotische Spiel von Schmerz-Lust und Verzückung noch wesentlich stärker. Andere würden sagen: das sado-masochistische Arrangement ...; aber auch das ist eine Bezeichnung, die ich blöde finde und überdies stigmatisierend, weil sie ja beinhaltet, daß da etwas Perverses, etwas Krankhaftes geschieht. Dieser Meinung bin ich nun überhaupt nicht; ich denke vielmehr im Gegenteil, daß der Kontext von Lust und Schmerz zum Wesen des erotischen Austausches gehört. Mein Gewissen hat sich da früher auch immer geregt und mir verboten, was ich immer schon tun wollte; aber inzwischen habe ich durch die Bekanntschaft dieses Pariser Kreises von Wissenschaftlern einfach historisch und grundsätzlich gelernt, daß ich hier weder etwas Schlechtes noch etwas Abnormes tue. Übrigens hat mir Isabella mal ein Buch geschenkt – von einem Georg Groddeck, das ist ein Zeitgenosse von Freud, der »psychoanalytische Briefe an eine Freundin« geschrieben hat; das habe ich extra zu diesem Interview mit dir mitgebracht, und ich möchte dir daraus auch einmal eine Stelle vorlesen: »Es ist also nicht wahr, daß der Schmerz ein Hindernis der Lust; es ist aber wahr, daß er eine Bedingung der Lust ist. Es ist also nicht wahr, daß der Wunsch, Schmerz zuzufügen, unnatürlich, pervers ist. Es ist nicht wahr, was Sie über Sadismus und Masochismus gelesen und gelernt haben. Diese beiden, jedem Menschen ohne Ausnahme eingepflanzten unentbehrlichen menschlichen Neigungen, die zu seinem Wesen gehören wie Haut und Haare, als Perversion zu brandmarken, ist die kolossale Dummheit eines Gelehrten gewesen. Daß sie nachgeschwatzt wird, ist verständlich. Jahrtausendelang wurde der Mensch zur Heuchelei erzogen; sie ist ihm zweite Natur geworden. Sadist ist jeder Mensch, Masochist ist jeder Mensch; ein jeder muß von Natur aus wünschen, Schmerz zuzufügen und Schmerz zu erleiden: Der Eros zwingt ihn dazu.« Ich möchte dir, wenn du erlaubst, auch gleich noch die Fortsetzung vorlesen: »Es ist nicht wahr, daß der eine Mensch Schmerzen geben und der andere empfangen will, daß der eine Sadist ist, der andere Masochist. Jeder Mensch ist beides. Wollen Sie den Beweis dafür haben?

Es ist sehr leicht, von der Roheit des Mannes zu sprechen und von der Zartheit des Weibes, und alle alten Schachteln männlichen und weiblichen Geschlechts und alle Muckerseelen tun es unter dem Beifall der Gleichgesinnten, zu denen wir uns, in tausend Stunden der Heuchelei, alle rechnen müssen. Aber bringen Sie irgendein weibliches Wesen in mänadische Raserei – nein, es ist gar nicht nötig, würde sich auch, so sagt man, für Sie als Frau nicht schicken –, nein, geben Sie ihr nur die Freiheit, den Mut, sich gehen zu lassen, wirklich und wahrhaftig zu lieben, ihre Seele nackt zu zeigen, und sie wird beißen und kratzen wie ein Tier, sie wird wehtun und Wonne dabei empfinden.« Aber solche Zusammenhänge anzuerkennen und zu leben erfordert schon Kraft und Aufrichtigkeit; du mußt einfach vor dir zugeben, daß du nicht nur der anständige Mensch bist, zu dem dich deine Eltern, die Kirche, die Schule, die öffentliche Moral erzogen haben. Du mußt einfach auch im Kopf und im Körper lernen und verstehen, daß du ein Stück Tier bist und daß gerade die Sexualität der Bereich ist, wo das animalische Erbe in dir hochkommt und sich zeigt. Wenn die philosophische Anthropologie abstrakt sagt, daß wir auch Naturwesen sind, so passiert das dann eben konkret im erotischen Austausch. Genauso sind wir dabei natürlich auch Kulturwesen: Wir stillen ja nicht nur einfach einen Trieb wie die meisten Tiere, sondern Sexualität ist eingebettet in Sympathie, Verständnis, Zärtlichkeit, Kommunikation der Körper und der Seelen. Verstehst du, Walter, krank ist für mich nicht, wenn ich im erotischen Austausch meiner Geliebten Schmerzen zufüge und mir wiederum Schmerz bereitet wird – krank ist für mich dieser 2-Minuten-Sex, den du vorher zitiert hast, wo der Mann dann wirklich irgendwie tierisch über die Frau herfällt und danach einschläft.

WH.: Du hast vorhin Isabella und Tina erwähnt; da hörte sich das so an, als hätte es zwischen beiden Frauen eine Art nahtlosen Übergangs gegeben; wir wissen ja aber aus anderen Zusammenhängen dieses Buches, daß es für dich alles andere als leicht war, als sich Isabella von dir getrennt hat ...

Max: Diese Frage reißt mich jetzt etwas aus unserem Kontext; aber ich kann schon verstehen, daß du sie jetzt stellst; ich will mich deshalb auch nicht davor drücken: Ich habe euch ja diesen Erfahrungsbericht gegeben, der unmittelbar nach der Trennung geschrieben worden ist (vgl. das Kapitel »Liebesgeschichten als Lebensgeschichten«); heute sieht es aus der Rückschau natürlich etwas anders aus. Ich hatte mich ja im Winter und im Spätsommer schon zweimal von Isabella getrennt, aber die Beziehung dann wieder aufgenommen. Im Sommer bin *ich* dann verlassen worden, und das ist natürlich für jedermann zunächst einmal eine narzißtische Kränkung: Der andere geht; du kannst nichts machen; du kannst kein Rad zurückdrehen; du bist allein. Was damals mit mir passiert ist, war – nebst dieser narzißtischen Kränkung – vor allem zweierlei: Zum einen hatte ich Angst, diese erotische Intensität mit Isabella nicht wieder mit einer anderen Frau erleben zu können; damals konnte ich nicht wissen, daß sich gerade das mit Tina noch steigern würde. Zum anderen hat das Trennungsscenario als solches noch einmal die Trennung von Françoise aktualisiert, da noch einmal ganz mächtig die Erinnerung aufgerissen wurde, und ich bin wieder in die Wunde gefallen, die mir Françoise geschlagen hat und die bis heute auch einfach nicht verheilt ist. Ich war seinerzeit eine Weile bei Freunden, und in Gesprächen mit ihnen ist mir das sehr bald klargeworden; damit war auch die seinerzeitige Trennungsproblematik gelöst.

WH.: Du hast in unserem langen Gespräch von vorhin geschildert, daß du immer sehr intensive Beziehungen zu Frauen hast, daß du Frauen auch als eine Art Substanz deines Lebens brauchst; du hast aber bisher nur mit einer einzigen Frau einige Jahre zusammengelebt. Nämlich mit Françoise. Du hast Andeutungen gemacht, daß gerade die Intensität und die Bedeutung deines erotischen Austausches mit einer Frau eine gewisse räumliche Distanz notwendig macht; könntest du das zu präzisieren versuchen?

Max: Du sprichst da etwas für mich sehr Problematisches an. Es ist ein Punkt, wo ich genau weiß, daß ich noch Ängste habe; ich bin mir nicht einmal sicher, ob ich diese Art Ängste jemals bewältigen werde. Meine sexuellen Beziehungen zu Frauen sind sehr intensiv, und zwar so, daß dadurch irrationale Ängste provoziert werden: ich könnte mich gänzlich entleeren, ich könnte von der Frau aufgesogen und verschlungen werden. Nach solchen Erlebnissen brauche ich einfach Zeit und vor allem eben die räumliche Distanz von getrennten Wohnungen, um wieder Kraft nachzuschieben, um mich wieder körperlich und seelisch für mich allein zu fühlen und nicht mehr in bezug auf die geliebte Frau.

Weißt du, Walter, da scheinen sich mir einfach auch Unterschiede von weiblicher und männlicher Sexualität zu offenbaren. Darüber ist ja leider noch sehr wenig nachgedacht worden; auch ich bin da erst am Anfang meiner Reflexion. Frauen sind schon einmal von ihrer körperlichen Ausstattung her – und damit verbunden: von ihrem Vermögen her –, eigentlich ständig Lust empfinden und spenden zu können, eine Bedrohung für den Mann. Der Mann kann einfach nicht immer; er braucht immer wieder eine neue Erektion, die nicht permanent aufrechtzuerhalten und auch nicht ständig herstellbar ist. Von daher sind wir sexuell den Frauen gegenüber einfach behindert. Ich empfinde das auch als Nachteil; ich würde gerne – zumindest manchmal – so immer

Lustgott sein wie die Frau immer Lustgöttin sein kann. Die Natur der Frau und dann noch ihre Erziehung dazu erlauben es auch, in der Sexualität total zu regredieren; ich habe mit vielen Männern gesprochen, die wußten, wovon sie reden, und die auch alles andere als miserable Liebhaber sind: Ich höre von Männern immer wieder, daß sie diese naturhafte Fähigkeit der Frau beneiden, im Liebesakt wirklich zu schmelzen, sich momenthaft eigentlich sogar aufzulösen. Wir Männer sind schon von unseren Körpern her kompakter, weniger weich; das läßt grundsätzlich einfach weniger Regression zu.
Ich habe mir schon oft gewünscht, Frau zu sein. Vielleicht in einem anderen Leben ...«

Von *Tiefe* spricht auch Thilo, wenn er seine sexuelle Beziehung zu Anna beschreibt. Thilo hat in seiner Jugendzeit hin und wieder mal ein Mädchen geküßt, z. B. in der Tanzstunde; er hat hier und da, wie es seinerzeit hieß, »etwas geknutscht«; aber Anna ist in seinem bisherigen Leben – und Thilo ist ja immerhin inzwischen einundvierzig – die einzige Frau gewesen und geblieben, mit der sich Sexualität ereignet hat. Thilo erzählt, daß er deswegen oft belächelt wird; Bekannte und selbst Freunde necken ihn wegen »seiner wenigen Erfahrungen mit Frauen«. Thilo hat das nie gestört; er hat niemals darunter gelitten, »so wenig sexuelle Eroberungen gemacht zu haben«. Nach der Trennung – wir erinnern uns – ist Thilo Anna treu geblieben, obwohl diese ihm während längerer Zeit klar bedeutet hat, daß sie sich eine »Wiederaufnahme ihrer Ehe« nicht denken könne.

Thilo kann und will sich auch gar nicht vorstellen, mit einer anderen Frau zu schlafen, wie das sein könnte, ob ihm das neue Erfahrungen brächte. Er ist, wie seine Geschichte beweist (vgl. »Liebesgeschichten als Lebensgeschichten«) gänzlich auf Anna bezogen, und das gilt auch für den sexuellen Bereich. Thilo gerät nachgerade ins Schwärmen, wenn er Annas Körper beschreibt, wenn er an ihre Haut denkt, wenn er sich ihre Formen vorstellt; für Thilo gibt es nichts Schöneres, als immer wieder Annas Körper zu fühlen, zu ertasten, ihre Körperlinien zu erkunden und dabei – auch nach vielen Jahren Ehe – immer wieder neue Details zu entdecken. Thilo empfindet das alles »wie ein Wunder, das sich immer wieder neu ereignet«.

Am wichtigsten ist für Thilo aber das, was er das »körperlich-seelische Gesamtereignis« nennt; er meint damit »das Ambiente von Geborgenheit, Zärtlichkeit, Leidenschaft und Einssein«, das ihm Anna gewährt und in welches er eintauchen kann. »Diese Verschmelzung mit Anna ist die eigentliche Welt für mich.«

6. Arbeit und Beruf

Der Arbeitsbereich ist in unserer durch Berufsrollen vielfältig strukturierten Welt ein wichtiges Mittel, den eigenen Standort in der Gesellschaft zu dokumentieren. Er ist somit ein Mittel, soziale Identität zu konstituieren. Arbeit verleiht in der Gesellschaft einen sicheren Platz.

Wenn man den Beruf ernst nimmt, für wichtig hält und sich darin kompetent fühlt, gewinnt er aber noch erheblich weitere Möglichkeiten. Der Träger einer Berufsrolle kann sich mit seinen differenzierten Kenntnissen und beruflichen Handlungsmöglichkeiten als ein recht wertvolles Individium empfinden; als jemand, dessen Kompetenzen einzigartig und besonders sind. Die individuelle identitätsbildende Kraft komplexer und qualifizierter Berufsarten, in denen der einzelne noch »Freiräume« hat, ist daher nicht zu unterschätzen.

Fast alle unsere Gesprächspartner hatten eine überdurchschnittlich hohe Ausbildung, ein Großteil sogar ein Universitätsstudium. In der Partnerschaft spielt manchmal in den ersten Phasen von Verzauberung und Vereinigung (s. S. 16ff.) das Berufsproblem keine große Rolle. Der andere wird in seiner persönlichen Einzigartigkeit, in seiner Körperlichkeit und in dem, was wir als die »Aura« (s. S. 220ff.) bezeichnet haben, unter Umständen noch gar nicht so sehr als Träger einer Berufsrolle wahrgenommen. Nach und nach aber wird jedem der Partner klar, daß man nicht nur mit einer Privatperson liiert ist, sondern auch mit jemandem, der in der Welt der Arbeit etwas darstellt. Die damit verbundenen Kompetenzen könnten wichtiger Bestandteil des Respekts vor dem anderen sein; man sollte sich bewußtmachen, welchen Bedeutungshorizont der Beruf einem Menschen verleiht und wie er darin vom Partner wahrgenommen wird.

Es ist aber sicher kein Zufall, wenn wir häufig das Gefühl hatten, daß Frauen dem Beruf ihres Mannes ursprünglich mehr Interesse entgegenbrachten, als dies umgekehrt der Fall war. Rebecca z. B. hat anfangs das Künstlertum ihres Mannes mit Ehrfurcht angestaunt. Daß Michael als Künstler etwas »Besonderes« ist, gab ihr, wie sie sagt, lange Zeit Kraft, seine Launen zu ertragen. Auch Margarete war zunächst entschlossen, alles für Svens Karriere zu tun.

Allzu lange dauerte dies alles aber meist nicht. Der untergründige Ärger über die eigene Stagnation hinderte die Frauen, daß sie sich wirklich tiefergehend mit dem Arbeitsbereich der Männer beschäftigten; sie empfanden den Beruf manchmal sogar nur in seiner Funktion als »Abschirmung« gegen das Familienleben, gegen persönliche Begegnungen, Intimität. Er wurde zum Zankapfel.

Allerdings spielen hier viele Männer durchaus mit: Berufsärger wird daheim oft verschwiegen und äußert sich höchstens in schlechter Laune. Erzählt man dann aber doch einmal etwas von dem, was bedrückt, dann ärgern die beiläufigen oder beschwichtigenden Kommentare der Ehefrau mehr, als daß sie beruhigen. Ein wirkliches Eindringen in die Berufsproblematik des anderen kommt selten vor.

Thilo und Anna – nach ihrem Neuanfang – sind hier die Ausnahmen. Nachdem Thilo zuerst Annas Beruf (und die damit verbundenen Kollegen und Freunde) voll Eifersucht und Mißtrauen verfolgt, ja sogar negiert hat, wurde dies (unter anderem) zum auslösenden Moment ihrer Krise. Anna sei zwar immer an Thilos soziologischen Analysen interessiert gewesen, aber eine intensive Beschäftigung damit habe er ihr aus »Trotz« verwehrt. Später haben sie gelernt, einander auf dem Berufsfeld voll Aufmerksamkeit zu begegnen (s. S. 289ff. und 302f.).

Je wichtiger der Beruf für einen Mann ist, desto weniger aber – so schien es uns – wollte er sich mit dem seiner Frau beschäftigen. Weder der ehrgeizige Sven noch der strebsame Ernst haben offensichtlich ihre Frauen in der Berufsrolle sehr ernst genommen – von Michael ganz zu schweigen. Nur Thierry, dem das Berufsleben trotz seiner Erfolge nicht so sehr wichtig ist, sagt, daß er Chloés Arbeit, die Malerei, bewunderte: »Ästhetik ist für mich immer wichtig gewesen. Ich meinte auch, ihr (Chloé) einen Rahmen gegeben zu haben, in welchem sie sich mit ihrer Arbeit wohl fühlen konnte.«

Das Idealbild der modernen Ehe: zwei gleichgut ausgebildete Partner, die durch ihr berufliches Eigenleben imstande sind, selbständig zu denken und zu handeln, einander in der Arbeit zu fördern, die voneinander lernen und sich nicht behindern – das haben wir bei näherem Zusehen selten gefunden. Zwar war bei vielen der von uns befragten Paare auch die Frau beruflich kompetent – aber wieviel Schwierigkeiten haben oft beide Partner, traditionelle und moderne Leitbilder der Ehe im Bereich »Beruf und Arbeit« zu bewältigen!

Während die meisten Männer ihre Berufsausbildung ganz selbstverständlich als wichtigen Teil ihres erwachsenen Lebens betrachten, hört man bei den Frauen viel Unsicherheit, kaschiert durch absichernde Bemerkungen, heraus. Sie sind leicht bereit, ihre beruflichen Möglichkeiten abzuwerten und auf sie um sozialer Kontakte und natürlich um der Liebe willen zu verzichten. Carol Gilligan hat diese Vorrangigkeit des »Prinzips Sorge« (*caring*) vor dem der Leistung als eine besondere Kraftquelle der Frauen beschrieben. Nur wenigen gelingt es aber, das Fürsorge-Prinzip mit der Freude an der eigenen Leistung zu vereinigen.

Margarete z. B. gehört zu den Privilegierten ihres Geschlechts und schaffte es trotzdem nicht so recht:

»Meine Familie war, trotz eher konservativer Ansichten, durchaus bemüht, auch den Töchtern eine gute Berufsausbildung zu gewähren. Man konnte ja nie wissen ... Zwar waren Heirat und Förderung der Berufstätigkeit des Mannes unhinterfragt die zentrale Aufgabe der Frau – aber man war sich klar darüber, daß Ehe nicht mehr unbedingt als Lebensversicherung angesehen werden konnte.

Als gute, ja glänzende Schülerin und Studentin hatte ich weder innere noch äußere Probleme, zum Abschluß des Dr. rer. nat. zu gelangen. Meine Arbeit als Assistentin fand ich interessant, ich machte mich durch viele Überstunden zu einer beim Professor sehr geschätzten Kraft.«

Man könnte meinen, daß hier besonders günstige Voraussetzungen bestehen: gleiche Qualifikation, Interessen, Anerkennung des anderen. Trotzdem lassen sich in Margaretes Schilderung ihrer vorehelichen Berufszeit schon die ehelichen Schwierigkeiten mit dem Beruf vorausahnen.

»Ich hatte es immer verstanden, Beruf und soziales Leben zu vereinigen; unser Labor glich mit seinen vielen Kaffeetassen, Kuchenresten oder Sektflaschen häufig einer ›Nach-der-Party-Küche‹. Dies behinderte die Arbeit nicht, im Gegenteil: viele gute Ideen entstanden beim Erdbeertörtchenessen oder bei einem Schluck Rotwein. Das Labor wurde für uns, auch für Sven, eine Art ›Heimat‹. Ich glaube, dort haben wir uns eines späten Abends auch zum erstenmal geküßt. Sven war für mich der Super-Wissenschaftler, dem ich eine große Karriere zutraute. Ich selbst habe mit solchen Gedanken damals selten gespielt, hielt mich aber für einen weiteren Aufstieg – etwa durch eine Habilitation – offen.«

Das – je nach Ideologie – teils beklagte, teils gepriesene soziale Engagement vieler Frauen wird im männlich dominierten Berufsleben auch oft ihr Fallstrick. Margarete hat aus dem Labor ein gemütliches Heim gemacht, was sicher auch der Arbeit zugute kam. Den eigentlichen Nutzen davon aber hat nicht sie. Sie hält sich höchstens »offen« – und als sie heiratet, läßt sie alle Ehrgeizpläne sofort und ohne Bedauern fallen. Die konservative Erziehung siegt. »Meine Mutter mit ihrem vielgepriesenen Familien-Rezeptbuch wurde zu jener Zeit für mich eine wesentlich wichtigere Ratgeberin als die ›Allgemeine und spezielle Physiologie‹. Den Job erledigte ich nebenher.

Sven aber schien nur auf den Startschuß gewartet zu haben: Die Arbeit wurde nun sein wichtigstes Element. Wochenenden, Abende, ja sogar die Ferien: Immer waren unsere treuesten Begleiter dicke Wälzer über Physiologie, Forschungsberichte, Dissertationen.

Ich empfand dies gar nicht einmal als so schlimm. Am meisten allerdings ärgerte es mich, wenn wir eingeladen wurden und Sven sozusagen jedesmal erklärte, daß es gerade an diesem Wochenende, an jenem Abend ›nicht ginge‹.

Zeitweise habe ich ihm übrigens geholfen; aber merkwürdigerweise benutzte er mich nun plötzlich nicht mehr als ernsthafte Gesprächspartnerin, sondern eher als eine Art besonders tüchtige Laborantin. Ich sollte seine Versuche durchführen, die manchmal so wesentlichen Details beobachten und protokollieren – aber die Gesamtplanung lag bei ihm. Dies hat mich bald gelangweilt, obwohl ich natürlich selbst dran schuld war. Gewehrt habe ich mich nämlich nicht! Als er mich in seiner Habil.-Schrift, für die ich noch ziemlich viele Rechenarbeiten gemacht hatte, nicht einmal im Vorwort erwähnte (während der Sekretärin natürlich wortreich gedankt wurde), erlosch mein Interesse an seiner Arbeit. Er erzählte auch immer weniger darüber. Dies war nun sein eigener Bereich geworden.«

Hier ist eine offensichtlich begabte junge Frau unversehens wieder in den Status ihrer Mutter hineingeschliddert, und sie scheint dies nicht einmal allzu schlimm zu finden. Sven, dessen extreme Abgrenzungstendenz wir schon öfters gesehen haben, ist natürlich nicht unglücklich darüber, daß er nun »seinen« Bereich für sich hat. Hier kann er sich verstekken, hier gibt es Raum für ein eigenes heimliches Leben.

Margarete, die nun eine schlechtbezahlte und uninteressante Halbtagsstelle angenommen hat, konstatiert: »Ich hatte dem nichts Rechtes entgegenzusetzen. Eigentlich hätte ich durchaus die Möglichkeit gehabt, woanders ›besser‹ einzusteigen. Aber Schwangerschaft, Geburt, Kinderpflege und ähnliches nahmen mich so in Anspruch, daß ich dies gar nicht in Betracht zog. Ich war wie verzaubert von unserem kleinen Sohn. Alles, was er mir gab, entschädigte mich vorerst für die entgangene Karriere.«

Bei Michael und Rebecca geht es ähnlich zu. Es gelang uns, sie zu einem Streitgespräch über das Thema zu bewegen. Wir finden darin so viel »Typisches«, daß wir das Gespräch ungekürzt abdrucken wollen (s. S. 137ff.).

Den Beruf der Partnerin ernst nehmen: dies scheint viel schwieriger, als es umgekehrt den Frauen fällt. Verblüffend oft aber sind Frauen – gleichsam unter den abschätzigen Blicken ihres Mannes – bereit, ihren Beruf zu verleugnen. Selbst die kluge Margarete tut dies zeitweilig.

»Wie es um mich selbst stand? Ob meine Interessen wirklich nur ›aufgesetzt‹ gewesen waren, ein modischer Schnick-Schnack der höheren Tochter – nur dazu bestimmt, den karriereträchtigen Akademiker anzulocken? Ich muß gestehen, daß ich zeitweilig kein Buch anrührte, keinen Gedanken an die Arbeit verschwendete.«

Diese Selbstverleugnung zugunsten des Ehemannes, der Ehe oder der Kinder kann lange Jahre währen. Aber nicht nur die »bösen und egoistischen Männer« sind schuld daran – nein, die Frauen dieser Generation selbst haben meist noch gar nicht gelernt, auch einen ursprünglich begehrten Beruf als wesentlichen Teil ihres Ichs zu begreifen. Sie geben ihn oft leichten Herzens preis, entwickeln sich nicht weiter und achten eher auf die Karriere des Mannes.

Bei Ruth nimmt sich dieser Prozeß besonders kraß aus. Als junge Designerin war sie noch im Aufstieg begriffen, als sie den Architekturstudenten David traf. Sie verdiente bereits Geld und mußte viel arbeiten. Ihre Schilderung erschien uns sehr zwiespältig und deutete auf ein noch nicht ganz reifes Selbstbewußtsein hin. »David war mit meinem Beruf ganz und gar nicht zufrieden. Er hatte sehr hohe Ansprüche. Ich bewunderte damals alles, was von ihm kam: Er war so intelligent und begabt und redegewandt. Das alles fehlte mir. Er fand, mein Beruf sei kleinkariert, oberflächlich. Er selbst hatte ja ganz anderes im Kopf: alternative Projekte, eine völlige Erneuerung des städtischen Lebens, utopische Architektur ... Er hat alles abgewertet, was von mir kam. Aber eigentlich hat er sowieso alles abgewertet, er hat sich über alle anderen Menschen gestellt.«

Ruth denkt aber auch jetzt noch, daß David mit seiner Abwertung recht gehabt hat. »Eigentlich hat mich mein Beruf ja sowieso nicht recht befriedigt ...« Sie ist sofort bereit, mit David zu arbeiten, als er mit Drogenabhängigen zusammen eines seiner Projekte verwirklichen will: »Therapie und Arbeit in einem, weißt du ...« Die schicke Ruth arbeitete in der Küche mit. »Es war ja nicht toll, aber ich habe doch sehr viel davon gehabt, alle diese guten Kontakte ...«

Davids Beruf war höherrangig, wichtiger als der von Ruth; darin sind sich beide einig. Ruth wird mehr und mehr von Davids Welt »geschluckt«. David, der wohlhabende Sohn aus weltläufigem Haus, kann sich seinen »Pygmalion«-Komplex leisten. Ruth soll eine Therapie machen, mit ihm nach Amerika gehen, selbst therapeutisch arbeiten lernen. Kreativ, wie er ist, sieht er in einer Mischung von Gestaltungstherapie und Selbsterfahrung eine interessante Möglichkeit, mit jungen Architekturstudenten zu arbeiten. Ruth, anfangs seine »Eliza«, wird langsam selbständiger.

»Ich sollte seine Co-Therapeutin sein; er hat wohl gemerkt, daß ich gute Fähigkeiten habe. Vor jeder gemeinsamen Sitzung bekam ich aber quälende Bauchschmerzen; ich reagiere sehr vieles körperlich ab. Als die Therapiegruppe zu Ende ging, waren die Bauchschmerzen wie weggeblasen. Da wurde mir klar, daß ich mit David auf keinen Fall beruflich gemeinsame Sache machen kann.«

Ruth hat sich mühsam von ihrem bewunderten Vorbild und Lehrer gelöst. Sie hat neue berufliche Formen gefunden, sie lebt einigermaßen distanziert von Davids nunmehr allzu skurriler Existenz. Er hat aber auch heute noch – nach sieben Jahren Trennung – große Anziehungskraft für sie. »Ich bin fasziniert von ihm, er ist ein Genie!«

Während bei Ruth der guten finanziellen Ressourcen wegen das Problem Beruf–Haushalt–Kind keines ist, leiden sowohl Margarete als auch Rebecca sehr unter dem Zwiespalt. Wir hören Margarete das ewige Lied vieler Frauen der Altersgruppe zwischen vierzig und fünfundfünfzig anstimmen. »Als Markus in den Kindergarten kam, wurde mir von einem ehemaligen Kollegen die Arbeit in einem Forschungsprojekt angeboten. Dies schien eine gute Lösung. Ich verdiente etwas besser, erhoffte mir auch ein wenig mehr Anregung und hatte ja nun auch wirklich mehr Zeit.

Rückblickend sehe ich dies als einen ganz wichtigen Wendepunkt in meinem Leben an, aber damals ging ich ziemlich locker mit der Angelegenheit um.

Die mir gestellte Aufgabe war jedoch so faszinierend, daß ich fast sofort wieder zu studieren begann wie ein Erstsemester. Ich konnte mich von den Büchern und vom Labor kaum trennen. Markus wurde nun ein Problem. Natürlich war Sven zu keinerlei Konzessionen bereit: Ich mußte Markus abholen, notfalls bei Freunden unterbringen oder ihn bei Teamsitzungen auf meinem Schoß herumkrabbeln lassen.

Ich aber wollte nun auch arbeiten und weiterkommen. Was in der Babyzeit kein Problem gewesen war, wurde jetzt zu einem schier unlösbaren: Ich liebte meinen Sohn; aber er war das größte Hindernis für meine Entfaltung. Ich rutschte in eine mich innerlich fast zerreißende Ambivalenz hinein.

Eine Episode ragt in ihrer Brutalität für mich besonders kraß heraus und bereitet mir noch jetzt ein schlechtes Gewissen.

Belebte Straße. Ich trage eine schwere Einkaufstasche in der einen Hand, den zögernden, stolpernden, immer wieder stehenbleibenden Markus führe ich an der anderen. Daheim wartet ein Bericht, den ich noch am selben Abend mit Kommentaren versehen einem Kollegen zurückbringen soll. Ich brenne darauf, diese Kommentare zu schreiben; ich weiß, daß sie für den Fortgang der Forschung wichtig sein können; denn ich habe in einem ziemlich unbekannten Werk etwas Neues gefunden ...

Markus hält mich immer wieder auf, er will Steine aufheben, Pusteblumen pflücken. Ich ziehe und zerre. Markus will auf die Straße, weil auch dort interessante Steine locken. Ich halte ihn straff zurück; Markus drängt wieder auf die autobefahrene Straße. Da schießt es durch meinen Kopf: ›... und wenn ich ihn jetzt loslasse, wird das nächste Auto meinem Problem ein Ende machen ...‹ Sofort schießen mir Tränen in die Augen. Ich lasse die Tasche fallen, nehme Markus auf, küsse ihn; er strampelt sich los. Völlig aufgelöst komme ich zu Hause an.«

Von diesen Kämpfen, der ewigen Müdigkeit, der Zermürbung merken weder Michael noch Sven viel. Beide sind der Meinung, ihren Frauen »nichts in den Weg gelegt zu haben«.

»Abends, wenn Markus im Bett lag, fuhr ich für zwei Stunden zur Bibliothek. Ich war todmüde. Manchmal schlief ich vor einem der Wälzer ein, und der Bibliothekar weckte mich um 10 Uhr: ›Frau Doktor, daheim schlafen Sie besser ...‹ An einem Wochenende wollte ich unbedingt zu einem Kongreß fahren – es wurde genau *mein* Thema behandelt. Ich teilte dies Sven mit. Seine entsetzte Antwort: ›Ja ... und was soll mit Markus geschehen?‹ Ich resignierte ...«

Daß Michael sich zuerst um die Tochter kaum kümmerte, um Rebecca mehr Freiheit für ihren Beruf zu geben, verwundert nicht. Er hatte – wie immer – offenbar nur seine eigenen Belange im Kopf. Etwas verschämt gab er zu, daß sein »Geruchsorgan für die Babypflege allzu empfindlich« sei und daß Kleinkinderlärm ihn immer »entsetzlich gestört« habe. Später aber habe er sich um seine Tochter ein wenig mehr gekümmert. Dies bestätigt auch Rebecca, die – ähnlich wie Margarete – erst nach und nach mit viel Willenskraft beruflich wieder Fuß faßte.

Diese Frauen sind offensichtlich besonders tüchtig und zäh und können sich trotz allem irgendwie behaupten. Viele aber bleiben für lange Zeit oder für immer beruflich auf der Strecke – und damit fehlt ihnen ein wichtiges Moment der Kraft und Selbstbestätigung. Rebecca spürt diese Gefahr sofort nach der Trennung.

»Der Tag nach jener schrecklichen Nacht, in der wir beschlossen hatten, uns zu trennen, begann für mich sehr früh. Statt mich noch weiter im Bett herumzuwälzen, stand ich um 6 Uhr morgens auf und setzte mich mit einer Tasse Tee in den Wintergarten, um meine letzte Reportage zu überarbeiten. Ich erinnere mich, daß ich mich tatsächlich gut konzentrieren konnte, neue und originell klingende Formulierungen fand und um 8 Uhr, als Michael bleich und übernächtig erschien, ob der geleisteten Arbeit ganz zufrieden war.

Ich hatte unbemerkt ein Muster übernommen, das mir immer als ein ›typisch männliches‹ erschienen war: Ich konnte meinen Kummer ›wegarbeiten‹. Der Schmerz um unsere zerbrochene Ehe blieb natürlich nicht aus – aber meine Arbeit erleichterte vieles.«

Auch Chloé läßt sich zuerst durch das innige Zusammensein mit Thierry von ihrer künstlerischen Berufung abbringen. Sie hängt an Thierry nicht weniger als er an ihr; auch sie liebt die ruhigen Stunden, in denen sie malend in der Küche sitzt, während Thierry nebenan schreibt oder liest. Trotzdem: Thierry wird zusehends zum Störfaktor für ihre Arbeit. Für Chloé ist Beruf mit innerem Kampf und Selbstzweifeln verbunden; letzteres um so mehr, als sie sich, anders als Thierry, noch in der Ausbildung befindet. Nur zu gerne läßt sie sich von Thierry zu einer Pause verleiten. Seine Zärtlichkeit läßt sie die Probleme, an denen sie arbeitet, vergessen. Ihre momentane Unzufriedenheit wird durch Thierry kompensiert. Wieder an der Arbeit, findet Chloé die Problemstellung lange nicht. Die Unruhe, aus der auch ihre Kraft zur weiteren Arbeit kommt, ist immer wieder verflogen. Bald ist es Zeit zum Wegräumen; das gemeinsame Essen wird vorbereitet.

Für Chloé ist dadurch das Erreichen eines befriedigenden Resultats aufgrund des noch vorhandenen Mangels an technischer Fertigkeit mit mehr Zeitaufwand verbunden als für den »sicher« im Beruf stehenden Thierry.

Chloé mag nicht streiten, und so stimmt sie jedesmal zu, wenn Thierry sie im Schaffensprozeß unterbricht. Mit der Zuspitzung ihres inneren Konflikts schlägt Chloé Thierry schließlich vor, daß sie einen eigenen Arbeitsraum, für den sie auch selbst aufkommen will, mieten möchte; einen, wo sie nicht immer wieder alles wegräumen müßte und auch konzentrierter arbeiten könnte. Thierry fühlt sich von diesem Vorschlag bedroht und lehnt entschieden ab.

Chloé wirft Thierry vor, er hielte sie »im goldenen Käfig« gefangen; auf diese Weise könne sie nicht zum richtigen Künstlertum finden. Chloé hat Angst vor dem gefälligen Mittelmaß. Was sie tut, will sie mit ganzer Kraft tun. Thierry, so meint sie, wäre, was ihre Arbeit angeht, auch mit einem bescheideneren Anspruch zufrieden, wenn nur ihr Leben weiterhin das liebevoll-zärtliche Gleichmaß beibehielte. Sie aber spürt, daß ihr dies nicht genügen kann.

Ab und zu denkt Chloé, daß sie imstande gewesen wäre, ihren Künstlerberuf um des gemeinsamen Glückes willen aufzugeben. Ein ganzer Verzicht, so meint sie, sei besser als eine halbe Arbeit. Sie weiß aber auch, daß dies wiederum für Thierry nicht in Frage gekommen wäre. Thierry wollte eine selbständige Partnerin.

Auch für Anna wird der Beruf schließlich zum entscheidenden Moment ihrer Krise. Thilo – selbst zeitweilig erfolglos – kann Annas Erfolge nicht ertragen; ein dramatischer Streit beendet ihre Gemeinsamkeit. Anlaß: Anna wollte zu einem Ärztekongreß fahren.

Viele dieser Probleme bestehen für Männer nicht. Keiner der von uns Befragten fühlte sich durch Ehe und Familienleben in seiner beruflichen Entwicklung wirklich gehemmt. Für den ehrgeizigen Sven ist der Beruf ganz offensichtlich ein Schutzschild, hinter den er sich verkriecht. Er gestand uns, daß er sich oft extra am Samstag oder Sonntag im Labor zu schaffen machte, weil ihn die Kleinkindernachmittage daheim anödeten. Michael hat zwar, wie alle Künstler, oft seine großen Probleme mit dem Malen, aber die Wichtigkeit und Vorrangigkeit seiner Arbeit vor der Familie zweifelt er keinen Augenblick an.

Thierry geht mit seinem Beruf am lockersten um. Erfolgreich und doch nicht verbissen, scheint ihm alles leicht von der Hand zu gehen. Thierrys Vater war Jurist. Sein Beruf war ihm sehr wichtig gewesen; juristische Themen beherrschten viele gemeinsame Mittag- und Abendessen. Der Vater berichtete dann von seinem Berufsalltag, von unerträglichen Vorgesetzten, schlechten Mitarbeitern. Häufig arbeitete der Vater auch zu Hause. Dann mußte auf ihn Rücksicht genommen werden.

Thierry soll natürlich studieren; schlechte Noten werden mit der offenbar schlimmsten aller Drohungen, »er müsse Schuster werden«, geahndet. Thierry wird ein erfolgreicher Journalist und Schriftsteller. Seine Bücher werden ins Englische, Holländische, Italienische und sogar ins Serbokratische übersetzt. Diese Erfolge stellten sich nahezu selbstverständlich ein. Thierry bemühte sich nicht besonders darum. Er pflegte keine Berufskontakte, verstellte sich nie, war nie aus Karrieregründen opportunistisch, verabscheute Essen mit Verlegern oder Lesereisen und was dergleichen mehr als unerläßliche Zutat zum Berufserfolg angesehen wird. Seine Arbeit war ihm wichtig und machte ihm Spaß. Aber sein primäres Interesse galt stets der Liebe. So paßte es auch zu ihm, daß er zu Veranstaltungen und Kongressen, wann immer es ging, Chloé mitnahm. Er genoß solche Ereignisse über Chloé und liebte es, die damit verbundenen Empfänge und Festessen mit ihr gemeinsam zu besuchen und gleichzeitig sich distanzierend mit ihr darüber zu amüsieren.

Über seine Arbeit sprach er mit Chloé nicht sehr viel; er zeigte ihr seine Artikel und Bücher, fragte sie häufig vor der Veröffentlichung um ihr Urteil. In der unmittelbaren Kommunikation mit Chloé war aber das Thema Liebe wichtiger als das Thema Beruf.

Auch er findet tief getroffen durch Chloés Auszug im Beruf Trost und Halt – ähnlich wie Rebecca. »Zwei Wochen, nachdem Chloé mich verlassen hatte, zwang ich mich, einen Aufsatz für eine renommierte Zeitschrift zu schreiben; er wurde gut und dementsprechend beachtet. Drei Wochen nach der Trennung ging ich zum ›Anti-Atom-Fest‹. Vier Wochen nach der Trennung hielt ich zwei Vorträge über die Situation in Kambodscha. Trotz des privaten Unglücks klinkte ich mich also nicht aus dem politischen Engagement aus; auch das finde ich retrospektiv besonders gut und wichtig. Trotz meiner schweren reaktiven Depression bemühte ich mich, beruflich weiterhin zu funktionieren. Oft gelang das nur mit Psychopharmaka – aber es gelang.« Thierry zwingt sich zur Arbeit, auch wenn er manchmal zwei Stunden nur ein leeres Blatt anstarrt. Thierry schreibt in dieser Zeit sogar einen Bestseller, an dessen leidvolle Entstehungsgeschichte er allerdings noch heute mit Frösteln zurückdenkt.

Wenn der Beruf wie bei Herbert, der technischer Direktor ist, mit sehr viel Mühen verbunden ist, bedeutet unter Umständen auch dies eine Belastung der Ehebeziehung. Herbert erwartet von Corinna dann etwas mehr Verständnis. Corinna aber möchte Gespräche und geistigen Austausch und ist des abendlich mürrischen Gesichts und der langweiligen Fernsehabende müde. Irgendwann wird es ihr zu bunt. Sie nimmt ein abgebrochenes Studium wieder auf, richtet sich im gemeinsamen Haus ihr eigenes Studier-Wohn-Schlafzimmer ein und verbringt nun viele Abende dort: lesend, schreibend, mit Studienfreunden diskutierend. »Ich habe ein neues Land betreten, und auch wenn ich als fast Fünfzigjährige keine Chance zu einer festen Anstellung mehr habe – ich werde dieses Land nie mehr verlassen«, schrieb sie uns unlängst voll Emphase.

Es ist schwer, aus alledem ein schlüssiges Resümee zu ziehen. Viele Frauen der Generation zwischen vierzig und fünfzig haben sich erst, nachdem die Ehe sich nicht als »rettender Hafen« erwies, wieder auf ihre beruflichen Kompetenzen besonnen: z. B. Margarete, Rebecca, Corinna, Silvia und auch Ruth.

Ihr Beruf wurde oft Halt, Hilfe zur Ich-Findung, Quelle von Stolz. Fast alle mußten sie dabei gegen Gleichgültigkeit oder Vorurteile der Männer kämpfen.

Am Ende einer Krise kann unter Umständen auch die Erfahrung stehen, daß nicht nur der eigene Beruf, sondern auch der des Partners ein wesentlicher Bestandteil der Beziehung ist. Es kann wichtig sein zu sehen, daß man vom anderen profitieren kann, daß er in seiner Berufsrolle ein Stück Welt verkörpert, das auch für die eigene Entwicklung wichtig ist. Eheliche Liebe wird insbesondere auch von Respekt genährt. Das Berufsfeld, in dem einer Erfahrungen gesammelt hat, kann dazu dienen, diesen Respekt zu fördern.

Streitgespräch zwischen Michael und Rebecca

M.: Du kannst mir vieles vorwerfen – aber sicher nicht, daß ich dich beruflich irgendwie behindert habe. Ich denke vielmehr: im Gegenteil.

R.: Das finde ich merkwürdig! Gerade wollte ich dir genau das sagen: Du hast mich unheimlich behindert, ausgebeutet ...

M.: Das finde ich unfair, ungerecht ... Gerade ich ...

R.: Ja, gerade du; *obwohl* du seit einiger Zeit immer die Emanzipation der Frau im Munde führst.

M.: Ich wäre froh, du wärst *wirklich* emanzipiert, dann müßtest du nicht mit diesem feministischen Quatsch kommen.

R.: Vielleicht kannst du mal überlegen, was du redest. *Ich* und *feministisch,* ha – ich wollte ich wäre kämpferischer gewesen, dann stünde ich jetzt anders da.

M.: Du kannst dich nicht beklagen. Du hast während unserer Ehe beruflich eine ganze Menge getan und auch Anerkennung gefunden. Wieso soll ich dich behindert haben?

R.: Also: erstens finde ich, daß ich – gemessen am Anfangsniveau – nicht gar so viel erreicht habe. Freie Journalistin bei einer mittleren Zeitung, ab und zu Radiosendungen für Hausfrauen und Rentner: Ich möchte wissen, ob du das für dich als »Karriere« bezeichnen würdest. Aber für dich haben ja immer andere Maßstäbe gegolten als für mich. Du warst ja immer so *begabt* ...

M.: Das habe ich nie behauptet!

R.: Aber so hast du dich benommen.

M.: Könntest du das vielleicht mal erklären?

R.: Natürlich; wenn einer so viel Raum für sich ...

M.: Ich ... für mich? Ich habe mich einfach zurückgezogen, übrigens; um dich nicht zu stören ...

R.: Laß mich jetzt mal ausreden, also: Wenn einer so viel Raum für sich beansprucht wie du ... und das heißt: es dauernd als *selbstverständ-*

lich ansieht, daß man sich nach ihm richtet, seine Vorlieben teilt, seine Zeiteinteilung respektiert – ach was rede ich ... Ich war für dich als eigene Person einfach nicht vorhanden.

M.: Du übertreibst – wie immer.

R.: Nein, leider nicht. Ich wehre mich nur zur falschen Zeit; ich könnte mich ohrfeigen, daß ich mich nicht schon früher gewehrt habe.

M.: Also, jetzt scheint es einen totalen Rundumschlag zu geben – aber eigentlich wollten wir darüber sprechen, was der Beruf mit unserer Ehe und unserer Trennung zu tun hat, wie wir damit zurechtkamen.

R.: O. K. Also, klipp und klar: Du hast dich benommen wie der letzte Chauvi und mich dadurch in meiner beruflichen Entwicklung sehr behindert. Bevor du mir ins Wort fällst: du bist ein sanfter Chauvi, sicher. Und unsere Freunde werden es dir zum Teil sicher abnehmen, wenn du der Frauenemanzipation das Wort redest. Aber daheim hast du nichts davon beherzigt. Ich sollte beruflich immer kürzer treten, nur ab und zu etwas schreiben und dafür klaglos den Haushalt führen und für das Kind sorgen. Das hat dir ein gutes Gewissen gegeben. Du hast *nichts* getan, als unsere Tochter klein war, absolut nichts für den Haushalt getan. Jeder Mülleimer war zu schwer, jede Arbeit, um die ich dich gebeten habe, hast du auf »später« verschoben.

M.: Ach so, das Einkaufen zählt also nicht?

R.: Also erstens: Für den täglichen Bedarf habe sowieso ich gesorgt; daß du auf dem Wochenmarkt warst und Leckerbissen besorgt hast – na ja ...

M.: Typisch; das, was ich geholfen habe, wird abgewertet.

R.: Na ja, vielleicht; aber ehrlich, Michael: Du hast es dir zu leicht gemacht. Und ich rede gar nicht nur vom Formalen, von der Tatsache, daß ich nach Haus und Kinderbetreuung einfach zu erschöpft war, um noch etwas Vernünftiges zustande zu bringen. Ich spreche auch davon, daß du mich inhaltlich nicht gefördert und unterstützt hast ...

M.: Wieso das? Als emanzipierte Frau müßtest du doch wohl auch ohne solchen Chauvi zurechtkommen.

R.: Du stellst dich dümmer als du bist.

M.: Und du schlägst immer wieder unter die Gürtellinie.

R.: Du weißt genau, daß ich aus meiner Jugendzeit noch solche klischierten Rollenvorstellungen hatte: Die Frau soll hauptsächlich Opfer bringen, das berufliche Fortkommen des Mannes ist das Wichtigste, der Arme muß sein warmes Süppchen haben, wenn er müde vom Schaffensprozeß heimkommt ...

M.: Was kann ich dafür?

R.: Du hast diese Vorstellungen nicht nur hingenommen, du hast sie bewußt unterstützt, um selbst ungeschoren davonzukommen – das nenne ich Ausbeutung.

M.: Komische Vorstellung.

R.: Nein, gar nicht komisch: Wenn du meine Berufstätigkeit ernst genommen hättest, dann wäre es dir wohl wichtig gewesen, mit mir über meine Artikel zu diskutieren, Themenstellungen zu besprechen und ähnliches mehr. Du aber warst zufrieden, wenn alles gut lief; und wenn ich dann nachts noch todmüde an einem Exzerpt gekaut habe, war es dir auch recht. Dann hast du dir wahrscheinlich mit gutem Gewissen sagen können: Ich habe sie nicht behindert.

M.: Wir haben öfters über deine Arbeit gesprochen, aber eigentlich hatte ich während der ersten Ehejahre gar nicht das Gefühl, daß dich das alles sehr interessiert.

R.: Na ja – wie sollte ich auch bei dieser Belastung? Da beißt sich die Katze in den Schwanz. Es wäre einfach von deiner Seite Ermunterung und Hilfe nötig gewesen. Aber für dich war ja nur *dein* Beruf wichtig.

M.: Für den du dich, wenn ich jetzt mal kontern kann, auch nicht gar so sehr interessiert hast.

R.: Ich war zu müde. Außerdem habe ich für dich anfangs eine ganze Menge Briefe getippt, Ausstellungskataloge mitentworfen, soziale Verpflichtungen wahrgenommen. Das vergißt du natürlich. Inhaltlich habe ich mich wirklich nur zu Beginn für deine Arbeit interessiert, aber du hast auch meine Kritik so wenig angenommen. Schließlich fühlte ich mich wirklich nur mehr als Sekretärin oder Managerin. Dir ist dies aber offensichtlich ganz recht gewesen.

M.: Ich weiß nicht mehr, was ich dazu sagen soll. Hier wird mir von dir etwas übergestülpt, was ich nie, nie so empfinden kann.

R.: Sag doch mal, was du in bezug auf unsere Berufe empfindest ...

M.: Ich denke, daß wir beide uns beruflich gut entwickelt haben; daß wir beide uns dabei nicht behindert haben, wenngleich wir vielleicht inhaltlich nicht allzu viel voneinander profitiert haben. Und was mich betrifft: Ich bewundere deine beruflichen Fähigkeiten.

R.: Das höre ich zum erstenmal. Leider kann ich das Berufsproblem nicht so rosig sehen wie du. Für mich bleibt klar, daß ich ohne die familiäre Behinderung mehr Engagement hätte aufbringen können. Und das gilt eben für dich nicht. Ich hoffe, daß es mir jetzt gelingt, das nachzuholen.

7. Geld und Finanzen

Im ersten Überschwang der Gefühle wird, so berichteten fast alle unsere Paare, finanziellen Fragen noch keinerlei Bedeutung beigemessen. Nur in sehr begüterten Familien (z. B. bei Ruth und David) haben die Eltern jeweils Sorge für eine entsprechende finanzielle Versorgung der jungen Leute getragen und z. B. bei der Eheschließung auf Verträgen, die die Finanzen betreffen, bestanden. Die »Mittelstandspaare« (alle hatten eine ordentliche Ausbildung und zur Zeit ihrer Eheschließung berechtigte Hoffnung darauf, daß diese auch honoriert würde) waren sich vorerst zu »vornehm«, um über die leidigen Finanzen zu sprechen. Psychoanalytiker im speziellen, aber auch aufmerksame Laienpsychologen haben immer wieder auf den Symbolwert des Geldes hingewiesen. Sehr oft heißt in unserer Gesellschaft die Gleichung: Geld = Anerkennung = Liebe. Das »Hergeben« oder »Behalten« dieses mächtigen Symbols kann daher immer wieder dazu benutzt werden, um quasi beiläufig dem anderen Gefühle zu demonstrieren, die man meist nicht ohne weiteres benennen möchte. Es braucht oft nur ein wenig inneren Druck oder äußere Ungelegenheiten – und schon ist das finanzielle Problem auf dem Tisch. Bei Trennungen wird es natürlich akut und damit Ausdruck aller Gefühle von Haß und Rache.

Michael, so berichtet Rebecca, war immer erhaben gewesen, über Geldangelegenheiten auch nur zu sprechen. Als Künstler hatte er jahrelang sowieso unsichere Einnahmen gehabt; erst seine spätere Dozentur an der Kunsthochschule brachte ein geregeltes Einkommen. Michael sparte, wenn es unbedingt nötig war, und warf mit Geld um sich, wenn er welches besaß. Rebecca hat diesen Zug an Michael immer geliebt. »Einmal hat er mir, als ich von einer kurzen Tagung zurückkam, fünfzig Baccara-Rosen ins Zimmer gestellt; ich war sprachlos. Ich habe diesen Strauß jahrelang getrocknet aufgehoben.« Wie erstaunt war Rebecca daher, als sie von ihm bei einem Streit darüber, ob sie an einem bestimmten, Michael nicht gelegenen Abend Freunde einladen dürfe, von ihm den wütenden Satz entgegengezischt bekam: »Wer bezahlt eigentlich diese Wohnung?«

Rebecca ist noch heute empört über diese Szene, die in eine Zeit gefallen war, als sie – der kleinen Tochter wegen – wirklich nur sehr wenig zum Familieneinkommen hatte beitragen können. Michael hatte diese Begebenheit, als wir ihn darüber befragten, übrigens »vergessen«. Offensichtlich paßte sie nicht zu seinem Selbstbild. Rebecca aber ist seither ein wenig skeptisch gegenüber Michaels angeblicher »Großzügigkeit«. Zwar hat er, wie sie berichtet, auch nach der Trennung vieles bezahlt, was sie sich nicht hätte leisten können – aber Rebecca ist nun bestrebt, sich auch finanziell auf eigene Beine zu stellen. »Es gab immer wieder Situationen, wo Michael plötzlich kleinlich oder geizig erscheint«, sagte sie. Wenn er ärgerlich war, hielt er ihr plötzlich ihre Extra-Ausgaben vor; so z. B. nach dem komplizierten Streitgespräch, über das Michael sich lange nicht beruhigen konnte. Auf umständliche Art und Weise hat er ihr damals eine schriftliche Aufstellung der von ihm über zwanzig Jahre hindurch allein finanzierten Aktivitäten und Anschaffungen gemacht.

Und Rebecca? Nun, auch sie greift, wie sie ehrlicherweise zugibt, ab und zu auf das Argument einer ehemals erhaltenen »Mitgift« zurück, um sich zu »wehren«. Hier werden ganz offensichtlich unter dem Deckmantel der Finanzen Gefühle bezahlt oder Gefühle gefordert. Weder Michael noch Rebecca scheinen übrigens in anderen Situationen je große Probleme mit dem Geld zu haben.

Dies ist bei Ernst und Silvia sicher ein wenig anders. Silvia hat das Adjektiv »geizig« zwar erst in der Ehe für Ernst verwenden gelernt; eigentlich hätte es ihr aber schon früher auffallen können, daß Ernst dem Geld sehr viel Bedeutung zumaß. Kein Kinobesuch ohne getrennte Kasse; »bei Restaurantbesuchen hat er die Speisekarte auch immer von rechts nach links gelesen«.

Silvia hat sich gegen das ewige Sparen selten zur Wehr gesetzt. Irgendwie hatte ja alles einen einsehbaren Grund: Verlust ihres eigenen Einkommens, die rasche Familienvergrößerung, Sparen für das Eigenheim ... Silvia nahm ihre Existenz als Taschengeldempfängerin auf sich, ohne zu murren. Da sie in den ersten depressiven Jahren ihrer Ehe sowieso für sich selbst wenig Wünsche hatte, kam sie mit dem bescheidenen Betrag zurecht. Innerlich aber hat sie Ernsts Kleinlichkeit immer deutlicher verachtet.

Und jetzt – nach dem großen »Neu-Anfang«? Silvia lächelt, wenn sie darüber berichtet. »Nun ja, der Mensch ändert sich ja nie ganz und gar. Es ist und bleibt für Ernst eine Art Hobby, Geld zu sparen. Es steckt wohl auch eine Angst bei ihm dahinter: Er hat eine ärmliche Kindheit und Jugend hinter sich. Geld ist für ihn verknüpft mit Sicherheit und Vertrauen. Noch immer gibt er nicht gerne unnütz Geld aus – oder was er halt für unnütz hält. Ich habe aber herausgefunden, daß er sich selbst (und damit natürlich auch uns allen) sehr viel mehr gönnen kann, wenn ich sage: Das ist von meinem Geld, obwohl wir ja keine getrennte Kasse haben. Und ich merke, daß das ab und zu für ihn auch wichtig ist. Ich schaffe die angenehmen Luxus-Beigaben an; das funktioniert gut.«

Marion und Karl sind ganz offensichtlich zu einer solch vernünftigen Regelung noch nicht gekommen. Geld ist für sie das Streitthema Nr. 1. Man tut wohl beiden nicht ganz unrecht, wenn man sie als »sparsam bis geizig« einstuft. Beide kommen aus Familien, in denen das Geld immer knapp und daher ewiges Gesprächsthema war. Offensichtlich hat jeder das Gefühl, mehr aus dem gemeinsamen Leben herausholen zu wollen – und sei es nur an materiellen Dingen. Da beide auf recht verschiedene Güter Wert legen, ist des Diskutierens kein Ende. Marion wäre gerne besser gekleidet und sähe auch die Kinder gerne als kleine Ausstellungsstücke herumtrippeln. Karl ist in sein Auto vernarrt und fährt den viel zu teueren Mercedes trotzig und mit schlechtem Gewissen. Beide versuchen ihre diesbezüglichen Ausgaben herunterzuschummeln. Jeder neidet dem andren das bißchen Luxus, das er sich leistet. Und natürlich träumen sie vom großen Lottogewinn. Ihre Fantasie, daß das Eheleben durch genügend Geld glücklicher wäre, scheint für den Außenstehenden in fast schon absurder Weise unehrlich. Marion und Karl aber sind wirklich davon überzeugt. Die Klagen über finanzielle Probleme schaffen Aufregung und sogar im Streit eine Art von Gemeinsamkeit, wie das Paar sie sonst nicht erleben kann.

Dieses Muster findet sich gar nicht so selten, wenn das innere Leben der Ehe ausgehöhlt ist. Die Projektion der Probleme nach außen erspart den Partnern die Anstrengung, die Beziehung von innen her auszufüllen.

Auch bei Hans und Monika ist der Streit um Geld und Besitz die einzige noch verbleibende Gemeinsamkeit nach ihrer Trennung. Da das früher offensichtlich nie zum Problem gemacht wurde, ist hier der »Symbolcharakter« dieses Themas besonders deutlich.

Keine Rede mehr davon, daß etwa die Psychologin Monika das Geld auf seine psychologische Relevanz hin untersuchen würde. Wie jeder x-beliebige Laie besteht sie einfach auf ihrem vermeintlichem »Recht«; sie fühlt sich von Hans böse geprellt und tut alles, um das Problem am Brodeln zu halten. Auch die Rechtsauskunft, daß sie keinerlei Anrecht auf das von Hans' Großmutter ererbte Haus hat, kann sie nicht bremsen. Immer wieder verlangt sie die Hälfte des Hauswerts, die Hälfte von Hans' Gehalt sowie die Hälfte des Hausrats, der einige recht kostbare Stücke von Hans' Großmutter enthält. Hans ist außer sich. Die ehemals so emanzipierte Monika will ihm nun sein Eigentum abluchsen wie irgendein Film-Luxus-Weibchen. Sie will in solch niederträchtig-ausbeuterischer Art an seinem schwer verdienten Geld partizipieren!

Als er hört, daß Monika ihren gutbezahlten Job bei der städtischen Erziehungsberatungsstelle gekündigt hat, um schlechtbezahlte Supervision in Alternativprojekten zu machen, empfindet er dies als absoluten Gipfel der Gemeinheit. Daß sie – angeblich – das verlangte Geld für die Mitfinanzierung eines Bauernhofes (zur Rehabilitation Drogenabhängiger gedacht) braucht, flößt ihm nur Verachtung ein. »Scheiß-Spiel«, knurrt er nur, »so hat sie sich immer edle Motive unterstellt.«

Monika ist zäh. Sie gibt den Schlüssel nicht ab. Zweimal hat sie in Hans' Abwesenheit eindeutig aus Großmutters Erbe stammenden Hausrat wegtransportiert. Hans wechselt das Schloß aus, droht mit Strafanzeige. Zwei Rechtsanwälte werden noch einige Zeit lang an diesen beiden Geld verdienen.

Warum der wohlhabende Herbert von Corinna immer solch große Sparsamkeit verlangt hatte, wurde lange Zeit nicht klar. Herbert gab Corinna nie an, was er verdiente, und tat immer so, als müßten auch die einfachsten Alltagsausgaben gründlich überlegt werden. Corinna sagte: »Ich habe buchstäblich auch beim Kochlöffel-Einkauf darauf geachtet, den billigeren zu nehmen.« Dies änderte sich drastisch, als sie die Rechnung für ein Luxusappartement im Hotel (natürlich für zwei Personen) fand und Herbert den wohl lautstärksten Krach ihres Lebens machte. Neben allen anderen klärenden Dingen, die dabei herauskamen, wurde im Laufe der darauf einsetzenden langen Diskussionen auch ein wenig vom finanziellen Problem aufgehellt. Herbert war nämlich recht fassungslos darüber, von Corinna als solch widerlicher Sparmeister dargestellt zu werden. Hatte sie denn nicht freie Verfügung über das Konto? Hatte er ihr je irgendeine Ausgabe verübelt? Im Gegenteil, eigentlich hätte er sich gewünscht, sie würde ein wenig mehr seinem Ideal der »Luxus-Frau« näherkommen.

Corinna, die Nachdenkliche, wurde sehr stutzig. Was Herbert anführte, konnte nicht geleugnet werden. Außerdem: stimmte es auch, wenn Herbert ihr im Laufe dieser Auseinandersetzungen vorwarf, sie verwechsle ihn wohl mit ihrem geizigen Vater? Ja, Corinna hatte mit diesem ewig knausrigen Vater und den langweiligen Diskussionen über das liebe Geld recht üble Erfahrungen gemacht; sie hatte ihre arme Mutter, eine sehr bescheidene und sparsame Frau, oft bedauert. Hatte sie also einfach das alte Familienspiel weitergespielt und Herbert so gründlich mißverstanden?

Wie immer: Zu solch einem Spiel gehören zwei. Herbert war zwar sicher nicht im selben Maß geizig wie ihr Vater, aber seine ewigen Geheimniskrämereien um das Geld herum waren wiederum auch nicht wegzuleugnen. Warum hatte er ihr z. B. nie etwas über die Eigentumswohnungen erzählt, die er im Laufe ihrer Ehe als Vermögensanlage gekauft hatte? Und das dauernde Klagen über die schwierigen Zeiten war ja wohl auch nicht Zufall und nur so dahingeredet?

Tatsächlich hatte Herbert recht heftige Existenzängste, deren Wurzeln weniger in realen Situationen als in den ewigen Ängsten und Klagen seiner verwitweten Mutter zu suchen waren. Daß er gerade Corinna, eine ganz und gar nicht zum Luxus strebende junge Studentin, geheiratet hatte (und nicht sein fantasiertes Ideal eines Luxus-Weibchens), war sicher kein Zufall, sondern diente seiner Beruhigung.

Hier hatten sich zwei aus der Kindheit herrührende Ängste und Einstellungen getroffen und jenes merkwürdige Muster an Heimlichkeiten und unausgesprochenen Gefühlen rund um das Geld geschaffen. Eine »sparsame« Frau war für Herbert einerseits eine, die seine Ängste milderte, andrerseits aber auch wiederum eine, die seinem Streben nach Anerkennung und Prestige nicht recht nachkam, weshalb er sich ihr gegenüber auch in finanzieller Hinsicht recht widersprüchlich verhielt. Für Corinna aber galt das Gebot ihrer schwachen Mutter: »... nur ja keinen Krach riskieren ... alles schlucken ...«, wobei die Frage des Geldes eben der zentrale Streitpunkt ihres Vaters gewesen war.

Mittels dieser Erkenntnisse und nachdem Corinna von eben jenem Vater eine recht hübsche Erbschaft gemacht hatte, entkrampfte sich ihr Verhältnis zu materiellen Gütern. Sie konnte Herbert zeigen, daß auch sie mit Leichtigkeit Luxusausgaben machen konnte; Herbert gefiel dies ausnehmend gut. Daß es sich dabei oft um ihr Geld handelte, mag zu seiner Erleichterung nicht unmaßgeblich beigetragen haben.

Daß es ganz und gar »unwichtig« ist, wer das Geld verdient, konnten wir selten sehen. Für die meisten unserer Paare bedeutete Geld harte Arbeit, und daher galt bezahlte Arbeit mehr als unbezahlte. Keine der Hausfrauen – sie mochte arbeiten so viel sie wollte – empfand ihre Arbeitsleistung als wirklich wertvoll; keiner der Männer konnte dieser Arbeit mehr als nur oberflächliche Achtung entgegenbringen. Alle waren froh, wenn das Geldverdienen wieder ein wenig mehr ins Gleichgewicht gekommen war.

Auch bei Thilo und Anna verhielt es sich so, trotz vielerlei anderslautender Ideologien. Anna hatte lange Zeit gedacht, daß ihr Thilos geringer Verdienst nichts ausmache. »Schließlich wußte ich doch, wieviel Thilo arbeitet, wie klug er ist, wie kreativ ...« Aber irgendwann im Laufe der Zeit – zusammen mit den übrigen Schwierigkeiten – meinte sie doch, daß ihre Hochachtung vor den ewig unbezahlten oder schlechtbezahlten Artikeln, Seminaren oder Vorträgen langsam schwand. Jene unbedacht-grausame Bemerkung, die zum Bruch ihrer Beziehung führte und von Anna viele Male bereut wurde, war eben doch nicht nur »Zufall« gewesen, sondern hatte eine gewisse Mißachtung des beruflich Erfolglosen ausgedrückt (vgl. S. 196). Ihre Bereitschaft, Thilos Krankenhaus- und Sanatoriumskosten zu übernehmen, war sehr groß; sozusagen als »Sühne« für ihre Sünden war sie aber auch nicht recht geeignet, die Beziehung wieder zu stabilisieren. Daß Thilo später imstande gewesen war, im neuen Beruf mehr Geld zu verdienen, hatte ihr Vertrauen in ihn gestärkt. Sie gibt vor sich (und uns) jetzt unumwunden zu, daß auch dies für sie ein wichtiger Garant für den Neuanfang gewesen sei. »Für mich hat das eben bedeutet: er kann auch ohne mich leben; das ist symbolisch«, sagte sie.

Karins Wunsch, auch nach der Trennung möglichst ausgiebig an Freds hohem Einkommen zu partizipieren, erscheint nur vom grob-materialistischen Standpunkt aus einleuchtend. Bedenkt man nämlich Karins vielerlei geistig-ideale Aufschwünge, dann verwundert der große Rechtsstreit, in den sie sich eingelassen hat. Verständlicher wird ihr Verhalten, wenn man die von Fred geforderte sehr hohe Summe als eine Art Wiedergutmachung für ihre verletzte Eitelkeit betrachtet. Karin war früher weder geldgierig noch luxusbedürftig gewesen. Es würde nicht verwundern, wenn sie das Geld – sofern sie den Prozeß gewinnt – später einmal für selbstlose Zwecke ausgäbe.

Nicht für alle Menschen aber besitzt Geld diesen Symbolwert. Manche betrachten es sehr vernünftig und rational als eine angenehm-wünschenswerte Erleichterung des Lebens und gehen dementsprechend gelassen damit um.

Bei Gertrud und Werner steckt jeweils ein gewisser Betrag in der roten Blechschachtel hinter der Kochbuch-Reihe; jeder, der Geld braucht, nimmt davon. Jedes Familienmitglied weiß, daß es nicht allzuviel nehmen kann, weil die achtköpfige Familie von Werners Gehalt gerade eben durchkommt.

Gelassen berichtet Ruth von ihrem Verhältnis zum Geld. David und Ruth stammen aus wohlhabenden Familien, die dem jungen Paar immer ziemlich viel zukommen ließen. »Was da war, wurde ausgegeben«, sagte Ruth, »keiner hat dem anderen je Vorhaltungen gemacht.« Auch nach der Trennung blieb dieses abgeklärte Verhältnis zu den Finanzen bestehen. David zahlte Ruth ohne großes Diskutieren einige aufwendige Therapie-Kurse in den USA. Ruth gibt David zu Weihnachten meist ein schönes und kostbares Geschenk. Geld wird dann seines »Ersatzcharakters« für fehlende, geforderte oder böse Gefühle beraubt, wenn das Gefühlsleben zwischen den Partnern geklärt ist. Aber auch dort, wo Geld reichlich vorhanden ist (wie bei Ruth und David), kann seine Symbolfunktion verschwinden. In vielen anderen Fällen wird die Grenze rasch überschritten: Kühle Rationalität schlägt um in irrationale Besitzgier. Geld wird dann zum letzten Streit der Zerstrittenen.

8. Ferien

Für fast jedermann verbinden sich mit dem Wort »Ferien« sofort sonnige, fröhliche, lachende Bilder. Und gar noch »Ferien zu zweit«: welche Gelegenheit zur Intimität! Welch hervorragende Möglichkeit, sich selbst und den Partner wieder einmal von einer »ganz anderen Seite« kennenzulernen! »Gestärkt« wieder in den Alltag zurückzukehren, der dann wiederum ein wenig müheloser zu bewältigen sein wird ...

All diese Werbeprospektweisheiten werden brüchig, wenn man Menschen ernsthaft über die Realität ihrer Ferien befragt. Es zeigt sich immer wieder, daß sie ein recht heikles Kapitel der Partnerschaft darstellen. Als Seismograph weisen sie, so schien es uns, in besonders sensibler Weise auf die offenen und geheimen Vorzüge und Defizite der Beziehung hin.

Auch in den Ferien fällt einem das eheliche Glück nicht in den Schoß; es muß sorgsam erarbeitet und behütet werden. Zwar fallen Zwänge und Pflichten weg, die die Partner im Alltag auseinanderdrängen; nicht selten aber ist dieses Auseinandergedrängt-Werden, wenngleich oft beklagt, eben auch wichtig für die Stabilität der Beziehung. Die Ablenkungen und Mühen des Alltags verhindern allzu viele intime Stunden, in denen man mit sich selbst und mit dem anderen konfrontiert wird. Die Kostümierungen unserer Alltagsrollen verdecken krasse Nacktheit. »Wir kommen überhaupt nicht mehr zu uns selbst, wir haben keine Zeit mehr füreinander«, jammern allerdings viele Paare. Und: »... Wenn wir erst Ferien haben, dann wird alles anders ...« Ob die vorauseilenden Fantasien aber durch die Realität eingeholt werden können, hängt sehr stark ab von der Toleranz für Nähe und Intimität.

Wir haben Paare gefunden, denen die unbehinderte Begegnung in der Ferienzeit Angst macht; Streit oder Krankheit ist die Folge.

Andere können sich – im engbegrenzten Zeitraum des Urlaubs – plötzlich viel mehr an Liebe und Nähe erlauben; sie erleben Ferien als eine selige Märcheninsel. Ferien mit Kindern können die Belastungen des Alltags verdoppeln – die Enttäuschung darüber, daß nicht alles so ideal verlaufen ist, wie man es sich vorher ausgemalt hat, macht die Eltern oft aggressiver, als sie es daheim wären.

Die Fähigkeit, Nähe ohne allzu viel ablenkende Außenwelt zu ertragen, scheint also der eine wichtige Faktor zu sein, der entscheidet, ob man aus den Ferien als strahlendes oder als zerstrittenes Paar wiederkommt.

Ein anderer wichtiger Punkt ist aber auch, in welcher Weise die Partner vor ihrer Beziehung Ferien verbracht haben, welche »Ferienstruktur« für sie wichtig ist und wie sie diese mit der Ferienstruktur des Partners kombinieren.

Ob es die Wahl des Ferienortes oder die Vorliebe für eine ganz bestimmte Ferienstruktur ist: Vorbild glücklicher oder Ablehnung unglücklicher Kinderferien geben sehr oft den Ausschlag.

Thierrys Vater z. B. war in die Berge vernarrt. Alle Sommer- und alle Winterferien verbringt die Familie in den Waadtländer- und Walliser Alpen. Thierry liebt die Berge, weil er gar nichts anderes kennt. Allerdings: Wenn er sich an die schönsten Ferien mit den Eltern erinnert, fällt ihm jenes Jahr ein, in dem die Familie ausnahmsweise an den Lago Maggiore gefahren ist. Thierry verbindet damit Sonne, Wasser, Schwimmen, Wohlsein, Faulsein, italienische Küche, Entspanntheit.

Thierry weiß also, wie man Ferien schön gestaltet, und kann später gemeinsam mit Chloé seine Kenntnisse noch verfeinern.

Michaels und Rebeccas Ferien sind viele Jahre hindurch von Rebecca bestimmt gewesen. Michael war das ganz recht, weil er früher so gut wie nie Ferien gemacht hatte. Für ihn war immer seine Arbeit wichtig gewesen, und auch eine Veränderung des Ortes hatte für ihn nur als eine Vorlage für neue künstlerische Impulse gedient. Rebecca erzählt:

»Da wir im gemütlichen Landhaus meiner Großeltern jeweils lange Kinderferien machen konnten, gehörten ausgedehnte Ferien als feste Institution zu den Unabänderlichkeiten meines Lebens. Bis jetzt erscheinen mir die drei – vier Wochen Urlaub des normalen Arbeitnehmers als eine besondere Härte des Daseins. Das besagte Landhaus aber blieb viele Jahre hindurch einziges Ziel meiner Ferienwünsche.

Als wir geheiratet hatten, war es bereits in den Besitz meiner Mutter übergegangen und bot sich wiederum als Feriendomizil an. Ohne viel Überlegung quartierte ich uns ein und brachte mich so für viele Jahre um das Erlebnis gemeinsam erdachter und erlebter Erholung. Denn die Landhaus-Ferien gehorchten den Gesetzen meiner Familie: meine Mutter als alles besorgender Mittelpunkt, wir als die verwöhnten Kinder, wobei ich als Tochter natürlich ein wenig zur Hand ging. Michael blieb von allem verschont. Wie zu Hause auch (und noch schlimmer) saß er in seinem Arbeitszimmer, skizzierte und malte, unterbrochen ab und zu von Spaziergängen oder Badeausflügen. Auf diese Weise wurde er – im goldenen Käfig allerdings – als Außenseiter der Familie gehalten. Verwandtenbesuche, Kindergeschrei, kaputte Wasserrohre, Apfelernte: von allem blieb er verschont, er mußte ja, der Arme, der Fleißige – *arbeiten*!

Ich selbst konnte seine Arbeitswut besser akzeptieren als zu Hause, da ich ›zum Trost‹ ja meine eigene Familie hatte. Als wir ein Baby bekamen, funktionierte das Modell noch besser. Ich war froh um die vielen kinderfreudigen weiblichen Verwandten, die sich die niedliche Kleine stundenweise erbaten; Michael saß – wohlabgeschirmt – in seinem extra für ihn arrangierten Atelier und erschien vor allem zu den Mahlzeiten. Ich freute mich, daß er hier war, suchte aber seine Gesellschaft ebenso selten wie er die meinige.«

Dieses Ferienmodell »funktioniert« zwar ganz gut. Man vermißt aber in Rebeccas Bericht jene ganz besondere Qualität, durch die wirklich geglückte eheliche Ferien sich eigentlich auszeichnen sollten: echte Intimität im unvertrauten Raum, der gemeinsam entdeckt werden kann – eine Chance, die dem liebenden Paar oft als Gipfelpunkt der Seligkeit erscheint. Intimität aber ist bei Michael und Rebecca meist nur als »Intimität zu dritt« denkbar; die kleine Tochter ist es ja häufig, die die Eltern zusammenbringt.

So verwundert es nicht, daß ihr Ausbruch aus dem Familienclan durch das Bedürfnis, der geliebten Tochter »die Welt zu zeigen«, motiviert wird. In Rebeccas Worten: »Und so begann eine Folge von meist wunderschönen Ferien, die wir erstmals selbst gestalteten. Ich lernte Michael von einer neuen Seite kennen: Er konnte hervorragend Pläne machen und ihre Durchführung organisieren; er beherrschte die Kunst, lässige Ferienfaulheit mit einigen interessanten Aktivitäten zu kombinieren. Es gelang ihm sogar, ein wenig Arbeit so einzuplanen, daß sie den Familienzusammenhalt nicht störte.«

Daß Michael und Rebecca aber doch noch ein wenig mehr verbindet als nur die Tochter, wird im Bericht Rebeccas über ihre Ferien zu zweit ersichtlich; circa zehn Jahre nach ihrer Heirat beschließen die beiden erstmals, alleine zu verreisen – und siehe da, die Ferien erweisen sich als Erfolg.

»Mein Bedürfnis nach Nähe und Geborgenheit wurde während der

Ferien in idealer Weise erfüllt – ich mußte darum nicht betteln und kämpfen, ich bekam sie ohne jeden Widerwillen geschenkt. Die Zeitbegrenzung gab Michael offensichtlich mehr Toleranz. Mit welchem Vergnügen erinnere ich mich z. B. der Lanzarote-Ferien in der spanischen Bungalow-Siedlung! Frühmorgens bereiteten wir Frühstück, saßen dann nebeneinander – Ausblick zum Meer – am Tisch und arbeiteten. Ab und zu eine kurze Mitteilung: ›Hör mal, was ich da gelesen habe ...‹, bis um circa 11 Uhr Michael aus dem Eisschrank unseren Aperitif holt. Das gute Gewissen um 12 Uhr, wenn wir vor dem Mittagessen unseren kleinen Spaziergang am Meer absolvieren! Die schönen langen Nachmittage, an denen wir schwimmen oder spazierenfahren! Der frühe Abend im Bett – Krimis oder Romane lesend: an manchen Tagen konnte ich mich vor Glück nicht fassen! Nie, nie gab es daheim solche Stunden. Wenn wir abreisen mußten, war ich vor Trauer halb krank. Nähe, Gemeinsamkeit und auch – Liebe versanken beim Nachhausekommen tief und unentdeckbar wie das sagenumwobene Atlantis am Meeresgrund.«

Auch die Ehe von Michael und Rebecca hat also nicht nur Schattenseiten gehabt, auch hier war – unter den zeitlich begrenzten Bedingungen der Ferienzeit – Gemeinsamkeit möglich.

Ferien gestalten sich nicht »wie von selbst«. Die ganz spezifische Struktur der Partnerschaft wird durch die Ferien nicht plötzlich ad acta gelegt oder verändert. Mit einiger Mühe aber können die Probleme bewältigt und sogar für den Alltag fruchtbar gemacht werden.

Silvia und Ernst haben es besonders schwer gehabt, Ferien zu genießen. Von wieviel entsetzlichen Streitferien hat uns Silvia berichtet!

Zum Beispiel: Zelten an der Ostsee mit drei Kleinkindern. Ernst, der Sparsame, verklärte diese Billigferien schon vorher zu »Abenteuer-Ferien«. Dicht an dicht mit anderen Zeltfamilien wurde es für Silvia tatsächlich zu einem Abenteuer, die Kinder einigermaßen ruhig zu halten, den Kocher zum Brennen und nicht zum Rauchen zu bringen und ununterbrochen nach Klein-Simone zu suchen. »Ich habe damals 4 kg abgenommen«, erinnert sie sich. »Unsere ehelichen Beziehungen waren auf dem Nullpunkt.« Das Abenteuer wurde zwar nicht mehr wiederholt, aber die Anmietung diverser Ferienhäuschen an der See (woanders konnte sich Ernst, der seine Kinderferien immer dort verbracht hatte, Ferien gar nicht vorstellen) ergab für Silvia einfach eine Wiederholung des häuslichen Alltags unter erschwerten Bedingungen. »Ernst war, wie immer, wenig hilfreich; ich war froh, wenn die Ferien zu Ende waren.«

Nach ihrer Ehekrise mit darauffolgender Ehetherapie haben beide aber sehr bewußt ihr gesamtes Leben und so auch ihre Ferien neu geplant.

Silvia berichtet darüber:

»Als wir erstmals alleine *Skiferien* in Österreich machten, bekam ich richtig Angst. Am Abend zuvor überlegte ich mir, ob ich nicht eine Ausrede finden könne – Krankheit oder so etwas ähnliches. Wie sollten wir ohne Kinder und Haushalt unsere Tage gestalten? Es klingt vielleicht komisch: aber ich habe mir sogar voll Angst überlegt, worüber wir eigentlich miteinander reden sollten. Gott sei Dank haben wir bei dieser Therapeutin aber schon Erfahrungen damit gemacht, daß man solche Ängste ruhig mit dem Partner besprechen kann. Als wir im Zug saßen, habe ich mir dann auch ein Herz genommen und habe mit Ernst über meine Probleme gesprochen. Das war dann ein ganz toller Anfang. Ernst war überhaupt nicht böse – er hat seinen Notizblock herausgenommen, und wir haben gemeinsam alle möglichen Freizeitaktivitäten aufgeschrieben. Ernst kam das gar nicht komisch vor, er ist ja das Planen noch von seiner Pfadfinderzeit her gewöhnt. Wir sind damals richtig ins Spinnen hineingekommen, jeder wollte den anderen übertreffen. Außer dem täglichen Skifahren stand dann also auf dem Plan: Schlittenfahrt bei Kerzenschein, Kontakt mit anderen Menschen, Folklore-Abend, Ausflug in die nächste Stadt, Eislaufen, gemeinsames Lesen, Heimatmuseum u. ä. m. Wir haben diese Liste auch jeden Tag wieder angeguckt und sehr viel davon gemacht. Die Zeit ist nur so verflogen ...«

Auch Anna und Thilo haben sich ihre jetzige Ferienstruktur erst »erarbeitet«. Anfangs gab es allerdings noch wenig Probleme. Anna, das unerfahrene Landkind, kannte sich in der Welt wenig aus. Einmal Sommer-Sprachschule in England, als sie sechzehn gewesen war, ab und zu Verwandtenbesuche in der näheren Umgebung – im übrigen hatte der Hof im Sommer alle Arbeitskräfte brauchen können. Ferienzeit war für sie verknüpft mit dem elterlichen Bauerngut. Thilo hingegen war gereist, seit er sich erinnern kann. Die Ferien mit den Eltern hatten ihn an unzählige schöne Orte geführt: Südfrankreich, Griechenland, Italien, Irland; als Achtjähriger war er sogar vier Monate lang in den USA gewesen, wo sein Vater einen universitären Sommerkurs abgehalten hatte, und danach mit ihm, seiner Schwester und der Mutter durch Kalifornien gefahren war.

Für Thilo war der Aufenthalt auf dem Bauernhof immer sehr vergnüglich gewesen. Von allzu schweren Arbeiten hatte man ihn verschont; Annas Eltern hatten ihn gern gehabt, seine soziologischen Analysen des Landlebens hatten alle immer sehr anregend gefunden. Wenn Thilo anwesend war, saß man abends ganz ungewohnterweise noch diskutierend beisammen. Thilo ließ Altvertrautes in neuem Licht sehen und brachte den Ablauf des dörflichen Lebens in solch interessante Zusammenhänge, daß Familie, Nachbarn und Gesinde ganz stolz darauf wurden, Träger dieser wichtigen gesellschaftlichen Begebenheiten zu sein. Anna hatte nichts zu tun, als Thilo bewundernd anzustaunen.

Als beide ein wenig mehr Geld hatten, wurden die Ferien noch sehr viel spannender. Thilo zeigte nun seiner Anna die Stätten seiner Kindheitsferien, erklärte, plante, bereitete vor. Auf Kafkas Spuren in Prag, Prousts Bretagne-Erlebnisse, Cézanne, Picasso und Léger in Südfrankreich ... Anna war sehr beeindruckt. Nach einiger Zeit aber begann sie, sich ein wenig unbehaglich zu fühlen. Nun gut, Thilo plante wunderbare Ferien. Auch als es in München schon kriselte: Während der Ferien herrschten Liebe und Eintracht vor. Hier hatte Thilo seine geliebte Anna ja ganz und gar; kein Beruf, keine Freunde, die sie ihm wegnehmen konnten. Trotzdem: wollte Anna sich wirklich ganz und gar passiv den Ferienplänen Thilos unterwerfen? Einmal schlug sie Ferien auf ihren »Jungmädchenspuren« vor: England, wobei vor allem Cambridge, der Ort ihrer Sommerschule, besucht werden sollte. Anna hatte seit jener Zeit eine Brieffreundin behalten. Diese, eine junge Krankenschwester, wollte man auch sehen. (»Muß das wirklich sein?« fragte Thilo.) Anna erinnert sich an diese Ferien mit Unbehagen. Irgendwie war es ihr nicht gelungen, Thilo für ihre Erinnerungen zu interessieren. Anna waren sie auch bald recht schal vorgekommen; schließlich war es ja wirklich nicht besonders interessant, den Korridor anzusehen, in dem sie sich als Teenager versteckt hatten, um Mrs. Hartford auszuspionieren. Und jene Parkbank, auf der sie sich mit einem langen dünnen Mitschüler jeweils zum verlegenen Händchenhalten getroffen hatte, wurde von Thilo nur mit schweigendem Stirnrunzeln übergangen.

Aus dieser gequälten England-Erfahrung brachte Anna die Einsicht mit nach Hause, daß sie sich entweder – wie bisher – Thilos Ferienplänen unterwerfen mußte oder daß auch sie selbst vernünftige Ferienvorbereitungen treffen müßte, um »ihre« Ferien genußreich zu gestalten. Sie bemühte sich daher um Vorbereitungslektüre, lernte sogar – vor dem Portugal-Besuch – einige Brocken Portugiesisch; aber Thilos Perfektion erreichte sie nie. Ab und zu fand sie jetzt auch, daß ihr in den Ferien ein wenig mehr Kontakt zu anderen Menschen gutgetan hätte. Da aber biß sie bei Thilo auf Granit. Am Ende ihres gemeinsamen Lebens verliefen für Anna auch die Ferien nicht mehr ganz so ungetrübt. Ihre Anstrengung, sich gegen Thilos symbiotische Wünsche zu wehren, erstreckten sich einige Jahre lang (in abgeschwächter Form) auch auf die Ferien.

In der Trennungszeit hatte sie vieles nachzuholen. Nach dem ersten freudlosen Urlaub auf dem elterlichen Bauernhof schloß sie sich einem guten Reiseclub an, ging zu Vorbereitungsabenden und genoß gemeinsam mit ihrer Freundin Marianne einige wirklich interessante Ferien. Daß eines dieser Ferienerlebnisse eine Mini-Liaison mit einem griechischen Bauingenieur einschloß, bereitete ihr damals Vergnügen und kaum Kopfzerbrechen.

Nachdem Anna und Thilo ihr gemeinsames Leben wiederaufgenommen hatten, veränderte sich auch die Ferienstruktur. Anna war nun imstande, zu zeigen und zu führen, und Thilo war kein Spielverderber mehr.

Ferien mit ihren ungeklärten und neu zu gestaltenden Beziehungsformen können für manche Menschen so belastend werden, daß sie sich in die Krankheit zurückziehen. So geschah es z. B. bei Hans, der fast jedesmal Opfer einer schweren Angina, eines eitrigen Fingers oder einmal sogar eines Beinbruchs wurde. Daß dabei Monikas plötzliche Überlegenheit durch ihr stupendes Sprachtalent eine Rolle gespielt hat, läßt sich erahnen. Die Psychologin Monika verbesserte durch ihre allzu eifrigen psychologischen Erklärungen die Situation nicht gerade. Statt Hans einfach freundlich zu pflegen und dafür zu sorgen, daß er in der Zurückgezogenheit des Krankendaseins ein wenig mehr Kraft fand, potenzierte sie durch ihre »Flucht«-Erklärungen sein sowieso schon schlechtes Gewissen und verminderte sein angeknackstes Selbstwertgefühl noch erheblich. Zwar blieb Monika jeweils der Triumph des letzten Wortes – aber nach ihren gemeinsamen Ferien waren beide jeweils so erschöpft, als hätten sie eine riesige Arbeitsleistung hinter sich gebracht.

Als wir Corinna über ihre Erfahrungen mit Ferien befragten, hatten wir einen wunden Punkt berührt. Ihre Ferienerlebnisse hatten früher offensichtlich in einer Kette von Mißverständnissen, nicht abgeklärten Bedürfnissen und tödlicher Langeweile bestanden. Der Mangel an gemeinsamen Interessen, die Unwilligkeit, Kompromisse zu schließen, und die Geringschätzung der jeweiligen Vorlieben des anderen (Corinna wollte Kulturferien, Herbert begeisterte sich für Bergsteigen und Paddeln) führten zum alten Machtkampf mit neuen Waffen. Als gar die Kinder zu groß für gemeinsame Ferien geworden waren, gedieh das Ferienplanen zum erstarrten Ritual, und die Ferien verliefen dementsprechend öde.

Corinnas innere Emanzipation durch sehr viele Überlegungen und ihren neuen Studienbeginn veränderten aber auch ihre Einstellung zum Urlaub.

Corinna und Herbert machten, auf Herberts Vorschlag hin, eine »kombinierte« Silberne-Hochzeits-Reise nach Amsterdam und dann nach Frankreich. Die interessierte Corinna empfand zwar nach wie vor Herberts Defizite, aber der Brief, den sie uns damals schrieb, klang nun in keiner Weise mehr abwertend. »Mit Herbert kann man gut essen; das bleibt natürlich ... Und sehr rege, interessiert, beweglich, begeisterungsfähig – aber eben nie erhebend ... Keine Höhepunkte des Sehens aus dem *Du*. Oder bin ich ungerecht? Jedenfalls würde ich das ja alles gar nicht erst erleben ohne ihn.«

Und dann die Woche auf dem Hausboot in den Kanälen Burgunds.

»Fordernd, ermüdend, hart aufregend, abenteuerlich – weil halt so viel passiert in den 60 (!) Schleusen – bergauf und bergab. Streit, angeblich streiten alle Bootsleute, wenn's ums Anlegen, Festmachen und Abfahren geht – aber lustig. Zwischendurch aufgesprungene Lippen, nie mehr wieder – Hitze, Warten, Wasser wohin du schaust, aber nicht zum Baden da, *soo* grün und voller Frösche. Natürlich bin ich bei einem Manöver dann zwangsweise hineingefallen, natürlich fiel der Motor aus, natürlich mußten wir 20 km um Benzin radeln, weil die Tankstelle Ferien hatte!! Aber dadurch Nähe. Herbert nervös, ich ärgerlich, da es *seine* Idee war und ich ihn gerne ›papihaft‹ tüchtiger hätte – und er sagt mir, daß er nicht sicher ist und ich ihn noch unsicherer mache. Ich sage ihm, daß er eigentlich jede Krise gemeistert hat – also wir reden halt. Erlernen von Fertigkeiten in den Schleusen – ein bestimmter Rhythmus beim Hinauf- und ein anderer beim Hinunterfahren, Erschwernis weil wir nur zu zweit sind, alle anderen sind mehr an Bord – also ein unverwechselbarer Urlaub, und es war seine Idee.«

Es liegt viel innere Arbeit zwischen diesem Bericht und Corinnas früheren trostlosen Klagen, daß man mit Herbert nur Spaß habe, wenn gutes Essen serviert würde.

Corinna und Herbert haben nun eine Form von Nähe gefunden, die beide gut ertragen können: über Anstrengung und Aufregung verbunden, Neues suchend und erlebend. Dies erlaubt ihnen den zwanglosen und wie von ungefähr entstehenden Austausch von Gefühlen, ohne daß dies in die von Herbert beargwöhnte »Seelenrederei« ausarten muß.

In den Ferien werden neue Qualitäten und Kompetenzen, aber auch neue Defizite erkennbar. Auch damit muß man sich als Paar auseinandersetzen. Corinna lernt – mühsam –, Herberts Kompetenzen neu einzuordnen. Hans aber kann sich nicht damit abfinden, daß seine Frau in den Ferien plötzlich viel voraus hat.

Wir haben auch Paare gefunden, deren Ferienerinnerungen jenes höchste Glück ausstrahlen, das fast romanhaft klingt – Thierry und Chloé haben es lange Zeit besonders gut geschafft, ihre Ferien zur Zauberinsel zu gestalten. Nach der Trennung, so berichten beide, haben sie jahrelang bestimmte Plätze in der Welt gemieden. Ein Besuch alleine wäre allzu traurig gewesen, die Mitnahme eines anderen Partners fast eine Art Blasphemie.

Thierry hat für uns solch schöne Ferienerinnerungen aufgeschrieben, daß sie hier wiedergegeben werden sollen.

Thierry, der einzige und geliebte Sohn, hat von Kindheit an schöne Ferien gehabt – gemeinsam mit den Eltern. Auch als er schon studierte, machte er zum Teil noch mit seinen Eltern Urlaub.

Selbst in seinen fünf Jahren mit Marie-Jeanne besuchte Thierry seine Eltern in den Winterferien. Marie-Jeanne spottete oft, daß Thierry sicher noch mit sechzig zu seinen Eltern in den Urlaub führe.

Offenbar hat also Thierry keine Angst vor der intimen Nähe zu seinen Angehörigen. Es ist daher kein Wunder, daß er dies auch mit Chloé sofort genießt und die Ferien wunderschön zu gestalten weiß. Chloé, deren Angst vor dem Aufgefressenwerden durch den geliebten Mann erst sehr viel später die glückliche Symbiose stören wird, kann sich dem Ferienglück voll hingeben.

Schon ihr erstes Ferienerlebnis, zwei Monate, nachdem sie sich verliebt hatten, zeigt, an wieviel Kleinigkeiten die beiden gemeinsam Spaß haben, wieviel sie sehen und erleben können.

Der Bericht:

Chloé und Thierry flogen zunächst nach Beirut. Tony, ein Freund aus dem libanesischen Außenministerium, holte sie am Flughafen ab. Sie fuhren durch Zedernalleen und Orangenhaine, an Reichtum und an palästinensischen Flüchtlingslagern vorbei zu einem einfachen Hotel in der Nähe der Hamra. Chloé verliebte sich gleich in den schönen Steinfußboden ihres Zimmers. Thierry zeigte Chloé Beirut, wo er lange als Journalist für eine französische Wochenzeitung gearbeitet hatte. Chloé erzählt uns: »Ich entdeckte den Orient und dessen spezifische Vermischung mit einem französischen Europa in Beirut, die elegante Innenstadt mit Pariser Chic und zugleich mit fliegenden Händlern, die allerlei Plunder verkauften. Dort erwarb ich für Thierry einen riesigen aufblasbaren Hasen, der später in unserem Wohnzimmer auf einem Biedermeier-Fauteuil sitzen durfte. Mir gefielen die einfachen Kioske, wo einem frische Säfte gepreßt wurden, ebenso wie die exquisiten Restaurants an der Küste. Es brach mir später fast das Herz, als die israelische Armee Beirut zerbombte.«

Abends bummelten Chloé und Thierry durch das orientalisch-geschäftige Beirut. Thierry freute sich an Chloés Freude; sie verdoppelte seine eigene.

Thierry und Chloé flogen von Beirut nach Bagdad. Die erste Nacht verbrachten sie in einem orientalischen Hotel mit vielen verwinkelten Gängen; die Zimmer hatten Fenster zu den Fluren hin. Die Gänge waren dunkel, von altmodischen Lampen in ein merkwürdig schwaches rotblaues Licht gehüllt. Alles war etwas unheimlich, aber auch spannend exotisch.

Aus dem Bericht von Thierry zitieren wir: »Nach dem Abendessen machten wir einen kleinen Stadtspaziergang. Die auffällig blonde Chloé war die einzige Frau auf der Straße. Ihr und mir, der ich mich bei Chloé eingehakt hatte, galten böse Blicke der irakischen Männerwelt; wir schienen gegen Sitten zu verstoßen, ohne das zu wissen. Chloé und mir fielen die Unzahl von Schuh- und Krawattenläden auf; wir amüsierten uns liebevoll über solche Beobachtungen. Anderntags mußten wir in das modernste Hotel Bagdads umziehen. Wir bedauerten ein wenig den Abschied von unserem orientalischen Palast; andererseits genossen wir auf dem Balkon unseres neuen Hotels den Blick über den Euphrat. Wir blieben nun häufig abends in unserem Zimmer, ließen den Kellner kommen und dinierten auf dem Balkon angesichts der untergehenden Sonne über dem weiten, träge sich hinwälzenden grau-gelben Fluß.«

Chloé und Thierry stand eine amerikanische Limousine mit Chauffeur und Führer zur Verfügung. Chloé ärgerte den etwas penetranten Führer gerne dadurch, daß sie bewußt den Euphrat mit dem Nil verwechselte; jedesmal empörte sich der Führer über diese Frechheit der ignoranten Touristen. Chloé und Thierry machten Ausflüge in die Umgebung von Bagdad, in die wunderschönen Moscheen der Stadt, nach Babylon. Thierry hielt Chloé im Arm; sie saßen im Auto und ließen still die weite, wilde Landschaft an sich vorbeiziehen; sie fühlten sich gegenseitig, und Sprache wurde in solchen Augenblicken gänzlich unnötig.

Wir rekurrieren noch einmal direkt auf Thierrys Bericht: »Mit Chloé war ich im Palast von Bagdad zu einem Empfang eingeladen. Die blonde, sonnengebräunte Chloé trug ein festliches, rückendecolletiertes und beingeschlitztes Kleid. Inmitten der dunklen arabischen Welt wirkte sie wie die Fee aus einem europäischen Märchen. Ich mochte es immer, wenn Chloé auffiel. Ein Araber verrenkte nachgerade akrobatisch seinen

Kopf, um unstatthaft Einblicke in den Beinschlitz von Chloé zu erspähen. Wir lachten noch lange über diese Szene.«

Am Vorabend der Abreise: Chloé und Thierry sind im Garten des Hotels. Chloé sitzt mit einem Aperitif in der Hollywood-Schaukel und spielt und ist große Welt. Thierry betrachtet Chloé – verliebt, gerührt, besonnen – und macht, nahezu schüchtern geworden, den ersten Heiratsantrag seines Lebens.

Der Ferienglanz wird nicht matter, als Chloé und Thierry ihr gemeinsames Leben beginnen. So wie sie in ihrer engen Gemeinschaft den Alltag ganz und gar aufeinander bezogen genießen, gelingt es ihnen auch, sich gemeinsames Sehen, Entdecken und Lachen während der Ferien in der Ehe zu erhalten.

Hier einige Ausschnitte aus ganz verschiedenen Ferienkulissen:

Thierry und Chloé machen Skiferien in Celerina. Sie steigen in einer einfachen Pension ab, zu der eine Bäckerei gehört. Der Duft nach Brot und Kuchen durchzieht die ganze Pension. Das Frühstück wird in der Bäckerei serviert, immer ofenfrische Croissants, herrliches Brot. Chloé, die Tochter aus reichem Haus, genießt die Volkstümlichkeit des Frühstücks in der Bäckerei, die vielfältigen Gerüche, die Gespräche mit den Kunden, den Anblick der Bäckergesellen. Chloé und Thierry besitzen eine starke Fähigkeit, sich über Kleinigkeiten des Alltags zu freuen.

Chloé und Thierry fahren nach Italien. Chloé und Thierry sitzen im Zug nach Neapel und genießen das Spektakel italienischer Konversation und Gestik. Ein älterer Herr steigt ein, ein Reisender schreit: »Un posto per il professore«[1] und bleibt selber sitzen, während er die anderen immer wieder auffordert, doch einen Sitz für den Professor zu räumen.

Chloé und Thierry sind am Flughafen von Neapel. Thierry gibt einem herrenlosen Hund sein Wurstbrot. Der Hund folgt Thierry nun auf Schritt und Tritt. Thierry will den Hund nach Berlin mitnehmen; er heckt mit Chloé vielfältige Pläne aus, wie der Hund, den er Bozzi tauft, am Zoll vorbeigeschleust werden kann.

Obwohl Ferien für Paare ein recht heikles Problem darstellen – noch schwieriger können sich Ferien ohne Partner gestalten. Nach einer Trennung wird alles kompliziert. Nun steht nicht einmal die Tatsache fest, daß man Ferien macht. Das »wohin« und das »mit wem« ist schwierig und variabel.

Daß Thierry ohne Chloé gerade während der mühsam konzipierten Ferien außer sich gerät, verwundert nicht. Er versuchte, mit seinem

1 »Einen Platz für den Professor!«

Freund Farouk in Paris ein wenig Ferienvergnügen zu finden. Dies mißlingt gründlich.

Farouk möchte ins »Crazy Horse«. Thierry und Farouk trinken Whisky und verfolgen die Show. Die nackten Mädchen irritieren Thierry, ekeln ihn nahezu an und langweilen ihn auch. So kurz nach der Trennung sind Thierrys untere Regionen wie gelähmt. Thierry denkt zudem immer an Chloé. Thierry hält es nicht mehr aus und fährt mit dem Taxi ins Hotel. Thierry nimmt ein Schlafmittel, das sich mit dem Whisky nicht verträgt. Thierry wird übel, Thierry kriegt Angst, Thierry flippt fast aus. In aller Herrgottsfrühe fährt er zum Flughafen. Doch in Orly ist Nebel. Die Maschine nach Berlin kann nicht starten. Thierry hält es auch auf dem Flughafen nicht aus und fährt mit dem Taxi ins Hotel zurück. Im Hotel hört Thierry, daß sich der Nebel gelichtet hat und die Maschinen wieder starten können. Thierry saust zum Flughafen zurück, kommt aber zu spät. Das Flugzeug nach Berlin ist gerade gestartet. Thierry mag nicht mehr in Paris sein. Thierry flitzt im Taxi zum Bahnhof und versucht einen Zug nach Lausanne zu kriegen. Doch die französischen Bahnangestellten streiken. Ein TEE soll aber noch fahren. Thierry hetzt ins Hotel zurück, holt seinen Koffer und erwischt gerade noch auf das Trittbrett springend den Zug nach Lausanne. Im Zug wird Thierry langsam ruhiger.

Nun werden die Schattenseiten dieser symbiotischen Ehe sichtbar: Thierry hat nicht gelernt, sich alleine zu freuen; Spaß an eigenen Plänen zu entwickeln. Allzusehr ist sein Leben an der Partnerin orientiert; schon vor der Ehe hat er sich nur schwer von den Eltern getrennt – die Trennung von Chloé ist fast lebensbedrohlich für ihn, und es dauert noch sehr lange, bis er seine Ferien wieder genießen kann. Chloé aber ist durch niemanden zu ersetzen. Auch nicht von der Studentin Karol, die Thierry nach Spanien eingeladen hat.

Schon zwei Tage vor der Abfahrt befällt ihn Angst; seine Nase schwillt zu, er beginnt unter Atembeschwerden zu leiden. Für Thierry ist das alles ein schlechtes und zugleich bezeichnendes Omen; er fährt trotzdem. Karol holt ihn am Flughafen von Barcelona ab; sie trägt ein blaues Minikleid und dazu passende Stöckelschuhe. Thierry findet sie sexy, und die umstehende spanische Männerwelt findet das offenbar noch mehr als er. Doch wenig später gibt es für Thierry schon Gründe genug, genervt zu sein: Karols langsame Sprache, überhaupt ihre Langsamkeit, Karols uncharmanter Gang. Karol kann machen, was sie will – Thierry findet alles blöd und daneben. Nach den ersten Liebesstunden steht Thierry völlig neben seinen Schuhen. Er verweigert Karol das Doppelbett; er muß ein Schlafmittel nehmen, um das alles überhaupt auszuhalten. Schon am zweiten Tag zählt Thierry nicht nur die Tage bis zur Abfahrt, sondern die Stunden. Auf einem kleinen Block notiert er den Ablauf der Zeit. Als er mit Karol am Stadtrand von Barcelona in einem schönen Restaurant zu Abend ißt und dort auch eine französische Familie mit einer sehr hübschen Ehefrau diniert, packt Thierry eine verzweifelte Sehnsucht nach Chloé. Am nächsten Tag will er unbedingt und vorzeitig abreisen. Da das Flugzeug schon ausgebucht ist, zahlt er einen Aufpreis für ein first class-ticket. Er will nur noch weg.

Zwei Jahre nach der Trennung fährt Thierry mit Farouk in die Schweiz. Von dort wollen sie nach Frankreich. In Lausanne trifft Thierry seine Jugendfreundin Rose wieder. Rose will mit Thierry und Farouk nach Lacanau am Ozean. Zum erstenmal nach der Trennung kann Thierry Ferien genießen. Chloé ist zwar noch immer gegenwärtig, aber er ist in der Lage, sich ablenken zu lassen. Die platonische Jugendfreundschaft mit Rose nimmt in der südlichen Sonne plötzlich eine deutlich erotische Färbung an. Rose und Thierry schlafen miteinander, und Thierry kann zum erstenmal nach der Trennung eine Frau lieben, ohne vorzeitigen Samenerguß zu haben. Rose tut ihm wohl. Dazu kommt die Sonne, das Meer, das gute Essen, der Spaß am Strand. Ganz wichtig für Thierry sind die vielen Gespräche mit Farouk, der wie Thierry in einer Trennungsgeschichte steht.

Auch Thilo hat es zuerst lange nicht geschafft, ohne Anna Ferien zu machen. Es wäre ihm dies »völlig unnütz« vorgekommen, wie er sagt. Während der Trennungszeit hat er die Einteilung in »Ferien« und »Arbeitszeit« fast vergessen. Ab und zu Besuche bei der Mutter, bei einigen Verwandten. »Nicht gerade das, was man sich unter Ferien vorstellt.« Eine Ausnahme bilden später die Wanderungen mit Franziskus. »Aber das war etwas anderes«, meint er, »fast wie Therapie.«

Vergleichsweise einfach gestalten sich die Ferien nach der Trennung für Rebecca. Mit verschiedenen Freundinnen macht sie unkomplizierte Ferien in allerlei Landhäusern ihrer vielen Freunde und Bekannten. Rebecca fährt viel herum – das ist sie von Berufs wegen gewöhnt. Dazwischenhinein schiebt sie Ferientage. Sie behauptet, nach den eigentlich doch auch recht schönen Ferienfreuden mit Michael keine Sehnsucht zu haben. Tatsächlich fährt sie offenbar ohne jede Wehmut an Orte, die sie vorher gemeinsam besucht haben. Aber auch Rebecca erzählt, daß es immerhin sehr viel mehr an Planung und Überlegung braucht, bis man seine Ferien unter Dach und Fach hat. »Das ist irgendwie unangenehm, daß diese Sicherheit verlorengeht, aber ...«, so fügt die entdeckungsfreudige Rebecca gleich hinzu, »es ist doch auch wiederum spannend. Bis jetzt hat sich immer wieder etwas gefunden ...«

In jeder Phase des Lebens stellen Ferien also eine Anforderung dar und sind beileibe nicht nur, wie Werbeprospekte es vermitteln, seliges Nichtstun, dem sich Glück und Wohlbehagen mühelos zugesellen.

Die Qualität der Partnerbeziehung bestimmt, wie wir gesehen haben, in vielfältiger und recht komplizierter Weise die Feriengestaltung; es kann sich, wie bei Silvia und Ernst oder bei Corinna und Herbert (in ihrer ersten Phase) um eine einfache Fortsetzung alter Streitthemen handeln. Es kann sich aber auch ein schwelender Machtkampf an einer nunmehr auftauchenden Kompetenzverteilung wie bei Hans und Monika entzünden. Aber – Michael und Rebecca demonstrieren dies recht eindrucksvoll – in den Ferien können Probleme auch »ausgesetzt« werden. Sowie diese beiden intimitätsscheuen Menschen um die zeitliche Begrenzung ihrer Nähe wissen, können sie daran Genuß finden.

Daß die fraglos selige Liebe und Einigkeit eines Paares in den Ferien noch erhöht werden kann, zeigt sich an Thierry und Chloé. Ferien dieser Art sind ebenso selten wie diese Form ehelicher Liebe. Der Sturz aus diesen Höhen ist daher auch während der Ferienzeit schlimmer als alles andere.

Daß Ferien Anforderungen stellen, wird nach der Trennung noch klarer empfunden als vorher. Mindestens ebenso wichtiges Kriterium für den Grad der Abnabelung vom ehelichen Leben wie das Bestehen des Single-Alltags scheint das Bestehen der Single-Ferien zu sein. Wer imstande ist, seine Ferien auch nach der Trennung aus vollem Herzen zu genießen, ist auf dem Pfad der Autonomie sicher ein großes Stück vorangekommen.

9. Der (die) »Andere«

Die Qualen der Eifersucht sind oft beschrieben und auch literarisch verewigt worden. Die meisten Menschen kennen Gefühle der Eifersucht von Kindheit an, und die kindliche Eifersucht (auf Geschwister, auf einen Elternteil) gibt wohl auch das »Urmuster« für dieses Gefühl von Verlassen-Werden und Sich-verraten-Fühlen ab.

Sind Selbstwertgefühle und das Vertrauen in die Welt sehr eng mit dem auch erotisch wichtigen Partner verknüpft, dann erhält das Gefühl der Eifersucht eine Schärfe, die einem wahrhaft das Herz zerreißen kann.

Das, was einem selbst in der Beziehung zum Partner wichtig war, wird nun von einem Fremden okkupiert; daß die Verzweiflung darüber bis zum Mord gehen kann, ist bekannt. Aber auch bei stabileren Menschen sind zumindest Mordfantasien möglich. Will man in erster Linie geliebt werden, dann richtet sich der mörderische Impuls oft gegen den Partner. Ist vorwiegend die Selbstliebe betroffen, dann soll der Rivale »büßen«.

Rein logisch gesehen ist es unerklärlich, warum gerade sexuelle Untreue immer wieder in solch besonders schmerzhafter Weise empfunden wird. Warum sollten wir weniger eifersüchtig sein, wenn der Partner mit einem anderen intensivere geistige Interessen teilt, eine gemeinsame Wellenlänge für Humor hat oder mit ihm (ihr) lieber Tennis spielt? Obwohl dies natürlich *auch* zu Eifersucht Anlaß geben kann: Sie wurde doch in keinem Fall so nachdrücklich und dramatisch durchlebt wie im Falle der sexuellen Untreue. Logisches Reden und Überlegen nutzte dagegen meist gar nichts – in der Person des »Dritten« wird klar, welch eminent intimisierende Rolle Sexualität spielt – wenngleich vielleicht oft nur in der Fantasie des gerade nicht Beteiligten.

Wenn der Partner mit einem anderen das Bett teilt, so fühlt man, besteht die Gefahr einer Vertrautheit wie sonst nie. Der Ehebeziehung droht etwas genommen zu werden, was alleine sie auszeichnen soll: die Intimität. Zwar ist Sexualität damit, wie wir wissen, nicht gleichzusetzen – aber sie gerät eben doch häufig in ihren Sog. Intimität ist das Zentrum der Ehe. Andere Verluste, so meinen wir, folgen ihr nach. Der Partner könnte nun weniger Interesse haben, liebloser werden. Meist ist dies de facto gar nicht der Fall – zumindest hat keiner der von uns Befragten darüber konkret Klage geführt. Meist hat man ja eher zufällig die Untreue entdeckt und nicht, weil man wirklich eine große Veränderung im anderen gespürt hat. Die Beziehung war ja schon vorher »leerer« geworden, was auch immer wieder betont wurde. Im Augenblick der ersten Enttäuschung wird zwar der Ehebrecher angeklagt, diese Leere alleine verschuldet zu haben – aber längerer Nachprüfung hielt dieser Vorwurf nie stand. Manchmal haben sich die Bedürfnisse selbst geändert, und man meint, daß man sie nur mit einem neuen Partner befriedigen kann. Dies ist sicher die Geschichte vieler Scheidungen mit darauffolgender Wiederverheiratung. Bei unseren Paaren war das Muster anders: Man hatte zwar noch ähnliche Bedürfnisse wie ehemals, aber der eigene Partner war entweder nicht mehr willens, sie zu erfüllen wie früher, oder man wollte sich nicht mehr mit einem Defizit an Befriedigung abfinden.

Je nachdem, welche Thematik in einer Beziehung vorwiegt, können masochistische Fantasien um die idealisierte Person des Nebenbuhlers kreisen oder auch verzweifelte Abwertungsversuche stattfinden.

Thierry, der noch lange nach der Trennung nur vom Gedanken an Chloé erfüllt ist, gab eine besonders lebhafte Schilderung seiner verzweifelten Fantasien über den »anderen«.

Der andere hieß Tom und war ein amerikanischer Bildhauer aus dem Bundesstaat Michigan. Mit einem DAAD-Stipendium war er nach Berlin gekommen. Tom hatte Chloé in der Hochschule kennengelernt.

Nach der Trennung von Thierry wurde Tom für Chloé ein wichtiger Anlaufpunkt und darüber hinaus eine Orientierungsstelle. Längere Zeit hindurch glaubte sie sogar, ihn zu lieben.

Nachdem Thierry mitbekommen hatte, wie nach und nach die Wichtigkeit von Tom für Chloé zunahm, begannen seine Fantasien täglich, manchmal sogar stündlich und mehr, um den »Yankee aus Michigan« zu kreisen. Er stellte sich Tom als Superkünstler, Superman, Superliebhaber und Superunterhalter vor. Tom wurde für Thierry zu einer Idealmischung aus Maurice Chevalier, Marlowe, Jerry Cotton, Tarzan, Rock Hudson, Bob Marley, Picasso und Henry Moore. Einmal besuchte Thierry seine ehemalige Ballettlehrerin und beschrieb ihr sein Elend des Verlassenen. Die Ballettlehrerin wies ihn ganz indiskret auf die geballte Manneskraft der Bildhauer hin; das sei ja bekannt und stünde in allen Romanen. Solche Männer seien die geborenen Verführer. Hinfort stellte sich Thierry vor, wie Tom seine geliebte Chloé von Sinnesrausch zu Sinnesrausch und von einer Ekstase in die nächste taumeln ließ.

Thierry überdimensionierte den Amerikaner und verkleinerte sich selbst bis zur Verstümmelung: »Ich sah mich als Null, nichts mehr wert, eigentlich unfähig zu allem und jedem.«

Diese verzweifelte Schlußfolgerung begleitet viele Eifersüchtige durch ihre qualvollen Tage.

Es kann vorkommen, daß der Wunsch, den (die) andere(n) persönlich kennenzulernen, zu beobachten, übermächtig wird. Dies ist meist nicht nur reiner Masochismus. Es ist vielmehr der verzweifelte Wunsch, den anderen auf ein »Normalmaß« zu reduzieren.

Michael z. B., der sich selbst als »wenig eifersüchtig« beschrieb, erinnert sich immerhin einer qualvollen Zeit, als er Rebecca immer wieder bestürmt hatte, ihm doch ihren Freund Christoph vorzustellen. »Ich wollte sehen, was der andere eigentlich an sich hat, das ich nicht habe.

Ich dachte immer, der muß irgendwie besonders schön oder charmant sein, irgend so ein intellektueller Schwätzer, wie Rebecca das gerne hat. Als ich ihn sah, fand ich ihn nicht besonders. Aber richtig zufriedengestellt war ich darüber eigentlich auch nicht; ich habe mir den Kopf zerbrochen über seine ›heimlichen Qualitäten‹, vielleicht als Liebhaber, oder vielleicht hatte er irgendeine verborgene andere Begabung ...«

Sieht man den anderen aber dann wirklich in einer neuen Gemeinsamkeit mit dem Partner, wird die Verzweiflung oft überwältigend.

Thierry gab auch hier wieder eine ausführliche Schilderung: Besonders schlimm war für ihn, wenn er – stets zufällig – mit Chloé und Tom zusammentraf. Einmal saß er mit seiner ehemaligen Studienkollegin Jane zusammen in einem chinesischen Restaurant; als er während des Essens aus dem Fenster und auf die Straße blickte, sah er auf dem gegenüberliegenden Bürgersteig Tom und Chloé vorbeischlendern. »Das gab mir einen solchen Stich ins Herz, daß ich mir zum erstenmal in meinem Leben vorstellen konnte, wie es ungefähr sein mußte, einen Infarkt zu spüren.«

Ein anderes Mal besuchte Thierry Chloé in der Hochschule. Als er gerade begonnen hatte, ihr neuestes Gemälde zu betrachten, betrat ausgerechnet Tom das Atelier. »Ich wurde nun ganz konkret Zeuge, wie Chloé mit ihrem Geliebten umging; ihn anlächelte, ihm Feuer gab, mit ihm sprach. Was sie an Lächeln, Gestik und Interesse früher für mich und nur für mich gezeigt hatte, gehörte nun quasi einem anderen. Das waren dann jene Momente, in denen alle Illusionen und Hoffnungen, die ich mir damals noch machte, zerstoben und mir ganz brutal klar wurde, daß Chloé jetzt mit einem anderen Mann zusammen war.«

Im ersten Jahr nach der Trennung fuhr Chloé mit einer Freundin nach Frankreich. Tom war zu jener Zeit in der Nähe von Barcelona, wo er an einem internationalen Seminar für moderne Skulptur teilnahm. Als Thierry von Chloé eine bunte Ansichtskarte aus Perpignan bekam, war ihm klar, daß Chloés Reise wohl jetzt über die Grenze ging und ein Trip zu Tom bevorstünde. Die Erinnerung an die so schönen Ferien mit Chloé stieg heiß in ihm hoch. Thierry stellte sich vor, wie Chloé nun mit Tom erlebte, was sie einst mit ihm erlebt hatte und was Thierry stets für unteilbar, nur mit ihm machbar, für einzigartig gehalten hatte. Thierry durchlebte schreckliche Tage.

Auch Karins Fantasien über ihre Nebenbuhlerin wurden immer gigantischer. Von einem Freund Freds hatte sie erfahren, daß die »andere« attraktiv, blond, elegant und sehr selbstsicher sei. Karin, eine hübsche, aber sehr zarte Frau, »wußte« augenblicklich, daß die andere selbstverständlich den selbst schmerzlich entbehrten »tollen Busen« hatte. Außerdem gab auch sie sich wilden Fantasien über die »Sinnlichkeit« der anderen hin. Mehrere Male stand sie stundenlang vor dem Haus der anderen – überrascht darüber, daß eine solch aufregende Luxus-Schönheit in einem normalen sechsstöckigen Mietshaus in einer eher öden Gegend wohnte. Nie allerdings bekam sie die andere zu Gesicht, und so hatte sie auch leider keine Gelegenheit zur Reduzierung der Geliebten ihres Mannes auf eine Normalfrau.

Margaretes Verhalten bei Svens erstem von ihr bewußt wahrgenommenen Treuebruch sieht wiederum anders aus. Als wir sie daraufhin befragten, verdrehte sie sofort die Augen. »Mein Gott ... im Laufe der vielen Jahre habe ich es mir abgewöhnt, darüber lange zu forschen und zu grübeln. Es waren einfach *zu* viele Affären. Manchmal denke ich, daß Sven für alle Probleme in der Ehe oder im Beruf jeweils nur eine einzige Lösung gesehen hat: mit einer anderen Frau ins Bett zu gehen.

Wann er mich zum erstenmal betrogen hat, weiß ich gar nicht; vermutlich sehr schnell, er ist ja auch so bald kühl und abwesend gewesen. Aber erst nach Markus' Geburt habe ich bewußt daran gedacht. Sven hat damals plötzlich so viel über moderne Literatur gesprochen; auf seinem Nachttisch stapelten sich die Bücher von Enzensberger, Grass und Böll. Das war schon sehr auffallend. Wenn ich ihn mißtrauisch fragte, woher dieses Interesse plötzlich käme, wurde er schnippisch: Jeder geistig interessierte Mensch müsse in der Literatur seiner Zeit die auch ihn betreffenden allgemeinen Probleme sehen lernen; eine Soziologie und Psychologie der modernen Literatur sei eine Quelle der Selbsterkenntnis etc. etc. Das alles tönte mir recht fremd aus seinem Mund; als ich bei einer Einladung dann jene hysterische Journalistin traf, deren Spezialgebiet die moderne Literatur war, wußte ich augenblicklich Bescheid. Ich habe Sven damals noch auf dem Nachhauseweg sehr kühl zur Rede gestellt; er hat zuerst alles geleugnet und mich eine widerliche Spionin und Klammerfrau geheißen. Aber einige Tage später fand ich versteckt unter Physiologie-Skripten einen Gedichtband von Celan. Mit Widmung – ich weiß sie noch jetzt auswendig: ›Für Sven, den Neugierigen, den großäugig Staunenden ... Zur Erinnerung an die Nacht, in der die Sterne tanzen gelernt haben. Camilla.‹ Na, damit war ja wohl alles klar.

Sven war gerade wieder einmal bei einem Symposium oder vielleicht auch mit *ihr* weg – ich weiß es nicht. Ob du es glaubst oder nicht: ich habe zeitweise die ganze Sache vergessen. Erst als er heimkam, fiel es mir wieder ein. Ich habe Krach geschlagen, aber es war irgendwie nur ›vom Kopf her‹, einfach, weil ich mir das nicht bieten lassen wollte. Empfunden habe ich dabei wenig. Am liebsten habe ich jene kitschige Widmung zitiert, meist in irgendwelchen lächerlichen Zusammenhängen. Sven sah dann recht gequält aus, das hat mich befriedigt.«

Wie wir aus anderen Zusammenhängen schon wissen, hat Margarete früh lernen müssen, sich von Sven abzukoppeln. Sven hat ihr – selbst wenn sie dazu fähig gewesen wäre – nie »gestattet«, mit ihm eine glückliche Symbiose einzugehen; ihr Selbstwert hat daher nie im selben Maß an der Person des Partners gehangen, wie dies z. B. bei Thierry der Fall war. Trotzdem fällt es schwer zu glauben, daß sie die Untreue ihres Mannes zeitweise wirklich »vergessen« hat, weil ihr das Geschehen zu unwichtig war. Es ist vielmehr anzunehmen, daß sie dies (wie viele andere Sven betreffende Gefühle) von sich abgespalten hat, um nicht allzu großen Kummer empfinden zu müssen. Es ist vielleicht nicht ganz untypisch, daß sie die »andere«, obwohl sie doch recht wenig Informationen hat, sofort und dauerhaft abwertet, wobei sie sich des gut geübten Mittels »Spott« bedient. Im Spott kann sie sich intellektuell distanzieren und gleichzeitig ihre Rachegelüste ein wenig befriedigen. Daß Sven, der nicht besonders Schlagfertige, dabei meist ins Hintertreffen gerät, gestattet ihr einen traurigen Rest an Überlegenheit.

Denn dies steckt immer wieder hinter den verzweifelten Versuchen, das schmerzhafte Geschehen zu bewältigen: sich selbst doch noch einen wichtigen Platz zu sichern im Herzen des anderen und damit in der Welt; selbst als jemand dazustehen, der neben dem »anderen« durchaus bestehen kann; dem Partner beweisen, daß man etwas wert ist.

Welche Möglichkeiten haben wir sonst noch gefunden, die Person des »Dritten« und damit die Eifersucht zu bewältigen? Nie war der (die) »andere« direkt ein Trennungsgrund. Alle unsere Paare betrachteten sich als genügend aufgeklärt, um eines Treuebruches wegen nicht sofort ihre Ehe aufzugeben. Alle waren sich klar darüber, daß der Einbruch eines Dritten in die Partnerschaft ein Symptom sei und nicht die Krankheit selbst.

Auch Karin, die ihre Trennung unmittelbar auf die Entdeckung der »Nebenfrau« zurückführte, sieht die Situation nach einiger Zeit differenzierter als im ersten Schock. Zuerst hatte sie Fred immer wieder von neuem vorgeworfen, er hätte »ihre Ehe zerstört«. Die Gespräche mit der Freundin Johanna haben ihre Sicht auf das Geschehen aber verändert. Ihre Versuche, mit Fred darüber zu reden, mögen ungeschickt gewesen sein, weshalb Fred ihrer auch sehr bald überdrüssig wurde – aber sie bedeuteten doch einen Appell, die Situation konstruktiv zu bewältigen. Karin versuchte, die hinter Freds Untreue stehende Unzufriedenheit mit der Ehe zu ergründen; sie versuchte, ihm zu erklären, wie es mit ihren eigenen Gefühlen stand. All diese Bemühungen, so erzählte sie uns, hätte sie zuerst in der dringenden und verzweifelten Hoffnung unternommen, ihre Ehe wieder zu kitten. Bei jedem Gespräch hätte sie gehofft, Fred würde ihr vom Bruch mit seiner neuen Geliebten erzählen – nur dies, so meinte sie, hätte den Boden für mehr Offenheit und Zärtlichkeit bereiten können. Daß ihre Ehe aber viele Jahre lang mehr eine soziale als eine intime Angelegenheit gewesen sei und daß auch sie daran mitgestrickt hat, leugnet sie nicht. Die von Fred nachmals so gehaßten »Beziehungsgespräche« sollten die Funktion haben, dies alles zu klären.

Rebecca berichtet von ihren recht unterschiedlichen Reaktionsweisen bei Michaels häufigen Treuebrüchen.

Lassen wir sie wiederum ausführlicher berichten:

»Daß Michael kein Muster an Treue war, hätte ich ursprünglich nicht angenommen. Ich hatte anfangs nicht das Gefühl, mit einem typischen ›Frauenkenner‹ zusammenzusein. Daß dies eher meinem vorgefertigten Bild von ihm als der Realität entsprach, wurde mir erst später klar, als wir schon erhebliche und dramatische Ehekrisen hinter uns hatten. Plötzlich tauchte in unserem Kreis eine zierliche Rothaarige auf. Sie war schlagfertig, ein wenig exaltiert und Michael gegenüber aufreizend aggressiv. Trotzdem wollte Michael sie und ihren damaligen Verlobten (der es nach Michaels Affäre mit ihr nicht mehr lange blieb) immer wieder einladen. Das beruhigte mich. Alles geschah unter meinen und des Verlobten Augen, und ich verschloß die meinen nur allzu gerne. Sie wurden mir circa ein halbes Jahr später vom Verlobten geöffnet: ›Siehst du nicht, daß die beiden wahnsinnig ineinander verliebt sind?‹, fragte er mich verzweifelt an jenem Samstagabend in einer Kneipe, in die er mich gebeten hatte. Michael war – wie so oft in letzter Zeit – mit einem Galeriebesitzer essen gegangen, und auch Lene, die im Kunsthandel tätig war, hatte wohl etwas damit zu tun. Na ja. Ich blieb äußerlich ruhig und versuchte auch, es innerlich zu bleiben. Mein eigener Vater hatte eine schier endlose Zahl von Freundinnen angeschleppt und meiner meist souveränen Mutter präsentiert: Warum sollte es bei uns anders sein? Ich fragte Michael ganz ruhig aus, er leugnete nichts. – Ich erinnere mich, daß wir in jener Nacht eine ganz besonders schöne Flasche Rotwein öffneten und – berauscht von unserer inneren Freiheit – unserer unbürgerlichen, alle mufflige Moral über Bord werfenden Ehe zuprosteten. Ich fühlte mich erhaben und spürte mit Vergnügen Michaels Bewunderung. Mich störte allerdings, daß er mir sofort den ›Verlobten‹ zuschustern wollte. Ich fand ihn zwar nicht übel, aber eigentlich hätte ich gerne selbst gewählt. Da gab es doch jenen interessanten, erst kürzlich zugezogenen Schriftsteller, dessen Frau, eine Studienrätin, noch erst im Heimatdorf das Schuljahr zu Ende bringen mußte? Es fiel mir nicht schwer, ihn zu erobern. Michael und ich koordinierten nun unsere Verabredungen, und über einige Monate hindurch fühlten wir uns hervorragend. Wir waren jung, progressiv und begehrenswert. Auch unsere eigenen sexuellen Beziehungen wurden lebendiger. Lene gegenüber war ich ausgesucht herzlich, obwohl mich ihre Hysterie erheblich störte. Ich behauptete aber immer wieder, daß ich sie ›interessant und anziehend‹ fände, zeitweise habe ich sie wohl wirklich gerne gehabt. Die Krise mit dem Verlobten diskutierte ich eifrig mit (fand ihn ›spießig‹, weil er so eifersüchtig war); Lene war, ebenso wie mein neuer Freund, ein gerngesehener Gast. Wir haben zu viert oder im großen Kreis einige tolle Feste gefeiert und viel gelacht.

Als die Studienrätin nicht nur das Abitur hinter sich gebracht hatte, sondern auch noch dem Verhältnis ihres Mannes auf die Schliche gekommen war, verging uns allerdings das Lachen. Mein Freund wurde wieder gezähmt; ich saß nun öfters alleine oder mit einer guten Freundin daheim und wartete auf das ungeheuer späte Heimkommen von Michael. Einmal weinte ich. Michael war schockiert. ›Du? – ich dachte, wir hätten alles diskutiert!‹ Michael war ehrlich empört über meinen Bruch des Kontrakts. Ich schämte mich. Zwar sagte ich wenig – aber als die Treffen mit Lene seltener und seltener wurden, war ich ungemein erleichtert. ›Weißt du‹, gestand Michael mir eines Tages versonnen, ›die Lene hat so komische kleine und verschrumpelte Zehen – das finde ich eigentlich nicht schön.‹ Instinktiv war mir klar, daß nur einem nunmehr ›Entliebten‹ ein solches Detail auffallen konnte. Ich lachte und küßte ihn stürmisch.

Nun aber wurde ich mißtrauischer. Michael war, wie ich jetzt merkte, sehr ansprechbar für weibliche Reize. Auf der Straße wanderten seine Augen ununterbrochen auf und ab, um sich nur ja keinen hübschen Busen oder Po entgehen zu lassen. Zwar blieb er immer etwas scheu, aber wachsende Erfolge als Künstler und ein im Laufe der Jahre männlicheres Aussehen brachten es mit sich, daß ihm von jüngeren Frauen sehr viel Aufmerksamkeit entgegengebracht wurde.

Er genoß sie ganz offensichtlich; sehr zu meinem Ärger, so schien mir, legte er sich für viele dieser Frauen ein Image zu, das mir sehr auf meine Kosten zu gehen schien. Seine Zurückhaltung und Scheu, so drückte er es verbal und noch mehr averbal aus, war ihm von meiner Lebhaftigkeit aufdiktiert. Meine Gegenwart gestattete ihm, so schien er es auszudrükken, nicht den vollen Gebrauch seiner Persönlichkeit. Selbstverständlich aber, so deutete er an, wäre das mit dem jeweiligen Gegenüber wohl anders ... Manche Frauen zerschmolzen ob solcher Schmeicheleien. Nicht selten mußte ich mir diesbezügliche kleine hintersinnige Bemerkungen anhören: daß man mit Michaels Sensibilität sicher sehr vorsichtig umgehen müsse ... daß es für Michael vielleicht ›schwer‹, aber sicher auch ›gesund‹ sei, mit einer eher ›realistischen‹ Frau verheiratet zu sein ... Ich schäumte innerlich.

Vor meinem inneren Auge zieht in den folgenden Jahren eine Kette von Frauen vorbei, die mich mehr oder weniger wütend machten, voneinander aber nur undeutlich unterschieden sind. Ich wollte meist nichts Genaues wissen, aber ich ahnte natürlich viel. Stutzig hätte es mich machen müssen, wenn der ›zeitgeizige‹ Michael jeweils das Bedürfnis verspürte, eine Frau oder auch ein Paar immer wieder zu uns einzuladen. Ich bewirtete großäugige Mädchen, deren Mundwinkel vor lauter Höflichkeitslächeln stundenlang nicht in ihre natürliche Stellung fanden, während ihre Augen mich ängstlich beobachteten; ich trank Wein mit lispelnden Blondinen, die mir spät nachts halb betrunken anvertrauten, daß ich ›so ganz anders‹ sei, als sie es sich vorgestellt hatten. Und ich mußte mit überdrehten Intellektuellen über die Neuerscheinungen der Frankfurter Buchmesse so heftig diskutieren, als gälte es das Leben. Alle diese Frauen waren, so schien es, mit schlechtem Gewissen in Michael verliebt, und er wollte sie sich (obwohl er sicher mit den meisten von ihnen schlief) wohl durch Einbezug der Ehefrau vom Hals halten. Dummerweise (und weil mein eigenes Gewissen auch nicht ganz rein war) spielte ich mit.

Daß er sich ausgerechnet die auf mich eher jämmerlich wirkende Maria zur ›Liebe seines Lebens‹ erkiesen würde, hätte ich mir allerdings nicht im Traume einfallen lassen. Bei ihr merkte ich daher wohl mehr als ein Jahr lang gar nichts.

Sie betätigte sich zeitweilig als Kindermädchen unserer Tochter, und in dieser Funktion schien sich alle Begabung dieses recht hübschen, aber ein wenig spillerigen jungen Mädchens denn auch zu erschöpfen: kein Gespräch, an dem sie sich je beteiligt hätte, kein Buch, das sie gelesen hatte. Sie fand aber alles ›interessant‹, was bei uns gesprochen wurde, und da Michael sie dauernd einlud, doch noch länger zu bleiben, unsere Freunde kennenzulernen und ähnliches mehr, lernte sie wohl wirklich einiges. Zumindest gab Michael ihr ab und zu leichtere Romane zu lesen, von denen sie nach einigen Wochen erklärte, sie hätten ihr ›sehr gut gefallen‹ bzw. ›irgendwie nicht so sehr gut gefallen‹. Näheres konnte sie aber nicht ausdrücken.

Sie war sanft und zärtlich, liebte unsere Tochter und igelte sich gerne mit ihr im Kinderzimmer ein. Die von ihr angestrebte Ausbildung als Erzieherin hatte sie damals unterbrochen, weil der Lernstoff ›so abstrakt‹ war. Ich fand sie in ihrer stillen Art angenehm, und wenn Michael sie umarmte, dachte ich mir nichts Besonderes, weil sie für mich inzwischen schon fast eine Art Familienmitglied geworden war.

Als ich sie unvermutet (eine Sendung war ausgefallen) in Michaels Bett vorfand, fiel ich aus allen Wolken. Sie starrte mich nur stumm und sanft an, und mir fiel die Verszeile eines französischen Dichters ein, in dem die Augen einer Frau als ›unergründlich dumm wie die Tiefsee‹ beschrieben werden.

Diesmal ließ ich meiner Wut freien Lauf. Es kam zu wilden Streitszenen, Aussprachen zu dritt, zu zweit – nichts ersparten wir uns. Marias Sanftmut fand offensichtlich rasch ihre Grenzen; zwar blieb sie nach wie vor still, aber mit hartnäckiger Dummheit erkärte sie immer wieder, sie könne Michael nicht aufgeben, ›weil da irgendwie so viel Emotionales zwischen uns ist‹. Michael wurde bei den diversen Diskussionen ungewöhnlich gesprächig, wobei ihm meine permanenten Zynismen über Marias Beschränktheit natürlich prächtige Munition gegen mich lieferten. Meine Arroganz, meine Unfähigkeit, einen sensiblen und stillen Menschen zu verstehen. Marias Angst vor mir, ihre verborgenen Qualitäten ...

Sinnloses Gerede, das die wesentlichen Punkte außer acht ließ: Michael hatte sich unrettbar in Marias schmalen Jungmädchenkörper verliebt, und ich wollte meinem Gefühl, daß ich dem einfach nichts entgegenzusetzen hatte, keinen Raum gewähren. Andrerseits mein Gefühl einer ungeheuren Täuschung: daß Michael, der immer so viel Wert auf eine ›entwickelte Persönlichkeit‹ gelegt hatte, alle unsere gemeinsam erarbeiteten Werte einfach um dieses Körpers willen über Bord warf. Die bisher vertraute Welt schien auf den Kopf gestellt. Ich habe Michael diesen Treuebruch nie mehr ganz verziehen – auch dann nicht, als Maria ihm den Laufpaß um eines anderen willen gegeben hatte (›irgendwie ist da so viel Emotionales zwischen uns‹) und er langsam davon zu erzählen begann, wie er sich außerhalb des Bettes mit Maria jeweils schon nach einigen Stunden gelangweilt hatte. Auch der Bericht über eine geheime Schweizer Reise, bei dem ihm ihr ewiges ›Ach-es-ist-mir-egal-was-wir-tun‹ schon am zweiten Tag auf die Nerven gegangen war, beruhigte mich nicht. Ich war zum erstenmal auf die absolute Vorrangigkeit der erotischen Verzauberung vor allem Geist, vor allen Werten gestoßen – und ich hatte verloren. Meine eigenen Außenbeziehungen wiesen ein anderes Muster auf. Erotische Verzauberung konnte ich nie getrennt von Geist und Persönlichkeit erleben. Eine Zeitlang habe ich sehr bewußt Kontakte zu anderen Männern gesucht – ich hätte mich sonst allzu mikkepetrig gefühlt neben einem Ehemann wie Michael.

Dieser erwies sich nach jener ersten doppelgleisigen Ehebruchsgeschichte als zwar eifersüchtig, aber nicht besonders fündig. Nach einer ersten ›Geständnisnacht‹, in deren Verlauf er einen Fernsehapparat und eine Dunhill-Pfeife zertrümmerte, fünf bis sechs Bücher zerriß und zuletzt einen eben neu gekauften Blazer zerschnitt, hatte ich von der ›offenen Ehe‹ genug. Ich versuchte daher, möglichst viel zu verbergen.

Mit Christoph allerdings war es dann doch anders. Mit ihm, so dachte ich zeitweilig, wäre ein neues Leben möglich gewesen. Michael und ich hatten so häufig aneinander vorbeigelebt, daß mir ›nicht mehr viel drin‹ schien.

Christoph war männlicher, extravertiert, unkompliziert (zumindest verglichen mit Michael) und zog mich erotisch ungeheuer an. Er war ungebunden und wollte mich haben. Ich aber dachte an unsere Tochter und entdeckte außerdem zu meinem Erstaunen, daß Michael sich doch mehr aus mir machte, als ich gedacht hatte. Seinen neuen und offensichtlich verliebten Werbungen gab ich daher sehr bald nach – obwohl ich Christoph noch immer liebte und zeitweilig fühlen konnte, wie es ist, wenn einem ›das Herz im Leibe‹ zu ›zerspringen‹ droht. In jener Zeit der Trennung von Christoph, wenn ich – jeweils viel zu früh erwacht – in die Küche schlich, um mich mit starkem Tee aufzupulvern, schoß mir immer wieder Mörikes Gedicht vom ›Verlassenen Mägdelein‹ durch den Kopf, das über dem Entfachen des Herdfeuers seine Tränen fließen spürt. Ich genoß vor allem die letzte Zeile: ›... so kam der Tag heran – ach, ging er wieder!‹

Natürlich war auch diese Trennung zu überstehen; unser Leben normalisierte sich und wurde natürlich auch leider wieder sehr viel unansehnlicher.«

Rebeccas wortgewandter Bericht sagt in all seiner Vielschichtigkeit sehr viel aus über die Mühe, die sie sich gibt, um nicht ganz und gar von der Kränkung durch Michael überwältigt zu werden.

Hier werden verschiedene (und meist nicht besonders wirkungsvolle) Strategien zur Bewältigung des Eifersuchtsproblems gewählt.

Die probateste Methode – häufig von jungen Paaren versucht – ist die der Parallelität. Damit herrscht vorerst Friede im Haus und meist auch im Schlafgemach ein frischer Wind.

Manche Paare heizen sich mit detaillierten Erzählungen über diese

Ehebrüche sogar noch an. Diese Version von Liberalität ist allerdings wenig geeignet zur dauerhaften Stabilisierung einer Ehe und zur Bearbeitung der Eifersuchtsproblematik. Psychoanalytiker sprechen davon, daß mit jenem neugierigen Blick in das Schlafzimmer des anderen auch verborgene homosexuelle Wünsche befriedigt werden können; solche heimlichen Motive enthüllen sich zwar den Beteiligten meist nicht. Dem Beobachter aber fällt auf, daß in jenen Parallelzeiten der (die) Nebenbuhler(in) oft sehr positiv gesehen werden. Frauen können sich als innige Vertraute der Geliebten des Mannes geben, Männer suchen kumpelhaften Zusammenschluß. Dahinter stecken nicht nur Heuchelei und Intrige. Meist fühlt man sich zum Nebenbuhler wirklich in eigenartig zwiespältiger Weise hingezogen, wobei eine Mischung aus Bewunderung, ängstlicher Kontrolle und echter erotischer Anziehung eine Rolle spielen kann. Ab wann aber funktioniert diese Parallelität nicht? Wie wir bei Rebecca sehen – spätestens dann nicht mehr, wenn einer aus dem Vierergespann ausbricht. Dann wird klar, wieviel Neid der Eifersucht beigemischt ist, und dieser Neid bricht sich auch sofort wieder Bahn. Nun ist der andere eindeutig im Vorteil ... Haß und Rachegefühle tauchen wiederum auf.

Auch Rebeccas später einsetzende Vogel-Strauß-Politik scheint nicht sehr hilfreich. Ihre zwar witzig aber doch verbittert klingenden Beschreibungen der vielen (mutmaßlichen) Freundinnen ihres Mannes verbergen nur unzureichend ihre Hilflosigkeit. Offensichtlich hat aber auch das »klärende Gewitter« im Fall der Geliebten Maria nicht viel zur Klärung beigetragen. Michael selbst sagt von sich, daß er in der jeweiligen Situation immer das Gefühl gehabt habe, er könne sich unmöglich von seinen Freundinnen trennen. »Das war ungeheuer wichtig für mich; ich war wie verzaubert. Ein Nachgeben wäre eine entsetzliche Niederlage gewesen!« Wer so empfindet, hat es tatsächlich wohl sehr nötig, und wir können mutmaßen, daß keine von Rebeccas Strategien geholfen hätte. Nur wenn sie sich von Michael entfernte, wurde er wach. »Zuerst dachte ich jedesmal: ›Na, prima, das entlastet mich‹, und die ersten Male ließ ich sie gerne ausgehen, machte auch keinen Krach, wenn sie über Nacht wegblieb. Aber das Komische war: Ich wurde immer ärgerlicher, je länger das jeweils angedauert hat. Weißt du, Rebecca war jedesmal so glücklich – man konnte ihr ansehen, wie erfüllt sie war. Sie wurde natürlich auch immer schöner, aber vielleicht habe ich mir das auch nur eingebildet. Und dies *Glück* – das konnte ich nicht ertragen. Augenblickweise habe ich sie in diesen Phasen begehrt und versucht, sie zu erobern. Ich finde mich dabei selbst irgendwie widerlich!« Hier ist ein offenbar gut funktionierendes Machtspiel im Gange. Michael kann Rebecca nur in der Distanz ertragen. Wählt sie aber diese Distanz von sich aus, dann bekommt er Angst und will sie halten. Die (der) jeweilige Geliebte wird so ein wichtiges Mittel im ehelichen Kampf.

Wenngleich alle Paare, mit denen wir gesprochen haben, sich darüber klar waren, daß der »andere« einen Symbolplatz im bröckelnden Ehegefüge hatte: die Gespräche über eheliche Schwierigkeiten ganz allgemein wurden jeweils sehr problematisch, wenn der »andere« ganz akut eine große Rolle spielte. Auch Corinna, die sich jeweils mit viel Mut und konstruktivem Willen in ihrer beider Eheprobleme geworfen hat, berichtet von sehr destruktiven, ja hysterischen Reaktionen ihrerseits. »Als ich das erste Mal hinter Herberts Untreue kam – es war ganz zu Beginn unserer Ehe, als Andreas noch sehr klein war –, benahm ich mich so verrückt, daß ich noch in der Erinnerung schamrot werde. Ich glaube, ich habe sogar meinen Kopf gegen die Wand geschlagen. Später war das nicht mehr ganz so schlimm – ich hatte inzwischen eigene Erfahrungen im Ehebruch! Aber ehrlich gesagt: In der jeweiligen Situation hat mir das auch nur wenig geholfen. Mir kam immer vor, *meine* Lage sei ganz anders gewesen, viel weniger beleidigend als die mir von Herbert angetane. Wir haben zu Zeiten, wo Herbert eine Freundin hatte, auch ab und zu ›vernünftige‹ Diskussionen geführt. Ich weiß aber genau, daß sich immer wieder alles in Verzweiflung und Aggression auflöste, wenn ich an irgendeiner Bemerkung Herberts spüren konnte, daß ihm die andere Frau viel bedeutet. Ich habe meist versucht, diese als oberflächliches Flittchen anzusehen – aber das half eigentlich nichts.«

Erst sehr spät, als Corinnas Unsicherheit und Angst durch einen neuen Lebensstil (Studium) erheblich gemildert waren, konnte sie sich zu mehr Gelassenheit durchringen. »Ich möchte nichts mehr wissen; solange zwischen uns ein gutes Klima herrscht – so what!« …

Sowohl Corinna als auch Margarete – beide nunmehr Vertreterinnen von »Gelassenheit« – haben diese nicht in den Schoß gelegt bekommen. Bei beiden brauchte es viel innere Arbeit und auch äußere Neugestaltung des Lebens, um so viel Selbstgefühl zu entwickeln, daß die Bedrohung durch die »andere« sie nicht mehr allzu sehr erschütterte. Beiden aber ist klar, daß das Problem sich – so Margarete: »wohl in unserer Gesellschaft und Generation nicht mehr zufriedenstellend wird lösen lassen«. Warum aber kann der (die) Dritte plötzlich eine solch eminent wichtige Rolle spielen? Bornemann und auch andere sehen vor allem die gesellschaftlichen Ursachen der Eifersucht in »Besitz«-Gesellschaften. Wo in einer Gesellschaft persönliches Eigentum zentral ist (und sich mit patriarchalischen Momenten paart), werden, nach Bornemann, auch Menschen zum »Besitz«. Was früher nur Frauen betraf, die man ja sogar »kaufen« mußte, gilt jetzt in sublimer Form für beide Geschlechter. Der Trauschein wird so zum Kaufvertrag, und bei vielen Paaren wird dieses Bestreben, den anderen »ganz und gar« besitzen zu wollen, zu einem zentralen Motiv.

Dies allerdings nur mit den Eigentumsverhältnissen einer Gesellschaft erklären zu wollen, dürfte wohl zu kurz gegriffen sein.

Der (die) Dritte in der Paarbeziehung bedeutet z. B. häufig den Ausbruch aus einer allzu bedrängenden Intimität. Es spielt gar keine Rolle, ob – von außen betrachtet – diese Intimität wirklich erstickend ist oder nicht. Wichtig ist natürlich nur, wie sie empfunden wird. Rebecca, Corinna und Margarete – die drei am meisten betrogenen Frauen – gehören eigentlich zu denjenigen, denen man Individualität und Eigenständigkeit ansieht. Trotzdem ist ihren berührungsscheuen Männern (dies gilt vor allem für Sven und Michael) offensichtlich schon die Tatsache, überhaupt mit einer Frau unter einem Dach zu leben, zuviel. Schon früh empfinden sie ihre Integrität durch eine Ehefrau als bedroht. Eine solche Angst entspringt oft dem Gefühl, dem anderen eventuell »nicht gewachsen« zu sein, von ihm vereinnahmt zu werden. Sowohl Michaels als auch Svens Klagen über ihre Frauen sehen ähnlich aus: sie werden als dominant erlebt. Beide jammern darüber, wie früh sie sich den ehelichen Rollenvorstellungen ihrer Frauen hätten fügen müssen. Offenbar haben beide eine Auseinandersetzung darüber nicht gewagt, sondern sich sofort zurückgezogen und »gerächt«.

Bei Herbert allerdings liegt das Motiv für seine frühen Ehebrüche vermutlich auf einer anderen Ebene; Herbert ist nicht »ehescheu« – im Gegenteil, er genießt die Intimität der Paarbeziehung und hat jedesmal, wenn es fast zum Bruch gekommen wäre, Kompromisse gemacht – also z. B. seine jeweilige Geliebte aufgegeben. Was bei Herbert eher zu vermuten ist: Die Geliebte bedeutet für ihn ein Mittel, sein schwaches Selbstbewußtsein als Mann zu stabilisieren. Seine Zwiespältigkeit gegenüber Corinna – an der er immer wieder nicht sehen konnte, welch anziehende und reizvolle Frau sie ist – verwehrt es ihm, an ihrer Liebe Genüge zu finden. Die Bestätigung durch andere Frauen wird daher für ihn wichtig, damit er sich immer wieder neu als Mann fühlen kann. Da seine Geliebten häufig den repräsentativen Mannequin-Typ darstellen, wird er von ihnen vermutlich auch gesellschaftlich aufgewertet.

Auch die junge Chloé hat Mühe, sich gegen Thierrys symbiotische Wünsche zu wehren. Es sieht aus, als wäre auch ihre Beziehung zu einem anderen Mann ein Versuch, sich von Thierry abzugrenzen, um die eigene Identität zu wahren.

Bei vielen Paaren wird Eifersucht so zum Brennpunkt aller Probleme, die mit dem eigenen Selbstwert und der eigenen Identität zu tun haben. Je schwächer das Selbstwertgefühl und je mehr es vom Partner gestützt wird, desto unerträglicher der Einbruch des »Dritten«. Aber auch bei vergleichsweise stabilen Menschen bedeutet es eine große Erschütterung, wenn wieder »etwas fällig ist«. Daß Margarete Sven aus der Wohnung gewiesen hat, nachdem sie die Existenz einer neuerlichen Geliebten entdeckt hat, ist kein Zufall. Zwar war es, wie sie meint, nicht die Ursache, wohl aber eben doch der Anlaß für die dreijährige Trennung des Paares. Margarete hat damals diese Affäre als den Endpunkt einer Entwicklung bewertet: Sie sieht klar, daß sie die ewigen Abwertungen durch eine Nebenfrau nicht länger ertragen will und daß sie es nun nicht mehr »nötig« hat, den widerwilligen Sven immer wieder zur Ehe zu zwingen; ihr Selbstbewußtsein ist – wie das von Rebecca – groß genug, auch ohne seine Bestätigung auszukommen.

In fast allen Ehen wurde die Existenz eines(r) »Dritten« zu irgendeinem Zeitpunkt zugegeben. Nur Thilo war es nie in den Sinn gekommen, zu einer anderen Frau Kontakt aufzunehmen. Bei allen anderen aber handelte es sich meist um Neugierde, Rache bei ehelichen Verstimmungen oder auch einfach um »Zufälle«. Karl z. B. ist geschäftlich früher oft unterwegs gewesen. »Na ja, da kann es schon mal vorkommen, wenn alle nach Geschäftsabschluß gut gelaunt sind ...« Karl winkt ab, als wir nach der Bedeutung solcher Beziehungen fragen. »Nichts – wie das Dessert nach einem guten Essen ...«

Die »Neugier«-Ehebrüche hatten manchmal kurzfristig ein wenig mehr Bedeutung – aber alle Beteiligten bestätigten, daß man darüber »nicht viel zu sagen« hat. Meist wurden sie dem Partner verschwiegen.

Bei fast allen Paaren gab es midlife-crisis-Probleme; manchmal wurden solche Krisensituationen auch durch einen Seitensprung zu lösen versucht – eine meist nicht sehr geglückte Lösung. Als besonders ungeschickt erwies sich dabei Silvia (s. S. 191f.), die sich den möglichen Ehebruchspartner sofort durch Vortrag ihrer Eheprobleme vergrault hatte. Aber selbst der moralisch meist so erhabene Ernst war in seiner Krisenzeit nicht unberührt geblieben von den Reizen einer Bürokollegin. Wie weit die Beziehung allerdings gegangen ist, wissen wir nicht.

Bei Corinna war es ein wenig anders. Was anfangs durch Neugierde motiviert war, wurde schließlich sehr wichtig und notwendig für sie.

»Ohne meine Nebenbeziehungen hätte ich mich nicht entwickeln können. Mein Selbstgefühl als Frau war nach all den Eskapaden von Herbert auf Null. Ich hatte einige leidenschaftliche Erlebnisse, die für mich wichtig waren. Jetzt kann ich Herbert sehr viel selbstsicherer entgegentreten. Übrigens haben sich auch unsere sexuellen Beziehungen dadurch verbessert.«

Letzteres haben wir übrigens selten gefunden – im Gegenteil zu dem, was über solche Ehe-Ausflüge oft gemutmaßt wird. Das Muster scheint nur dort zu funktionieren, wo durch eine sexuelle Außenbeziehung die Identität als Mann (Frau) stabilisiert wird und wo eben diese sexuelle Unsicherheit das eheliche Leben bedroht hat. Als »Rezept« läßt es sich bestimmt nicht empfehlen – allzuviel Porzellan wird im Laufe der unweigerlich folgenden Auseinandersetzungen zerschlagen.

Wenn beiden Partnern klar wird, daß der (die) »Dritte« den Partner in seiner sexuellen Identität stark beleidigen kann und daß man selbst den »Dritten« gegen den Partner »benutzt«, dann liegt in der Bewältigung dieses Konflikts die Chance einer neuen Intimität. Erschwerend kommt allerdings hinzu, daß der (die) »andere« meist etwas zu bieten hat, was der Ehepartner in dieser Weise nicht geben kann. Dringend nötig und wichtig ist also auch die Fähigkeit zum Verzicht – wobei ja auch immer wieder die andere Person einbezogen werden muß. Wenn man diesen »anderen« nicht nur als bösen Störenfried oder Sünder betrachten will, ergeben sich für *alle* Beteiligten oft große Probleme. Überall muß Verzicht geleistet werden. Jede selbstgerechte Forderung nach dem, »was einem zusteht«, kann schnell auf den Fordernden zurückschlagen. Es werden sich dabei nie ganz befriedigende Lösungen finden lassen.

Nicht jede Frau kann so viel Großmut aufbringen wie Herta (die wir leider nur flüchtig kennengelernt haben): Als sie vom Fehltritt ihres sehr geliebten Mannes durch den Mund der nunmehr schwangeren Geliebten erfuhr, tat sie alles, um sowohl die Frau als auch das kommende Kind zu schützen. Sie ließ allerdings keinen Zweifel darüber aufkommen, daß sie ihre Ehe gerne aufrechterhalten wollte – was übrigens auch ihr Mann nie in Frage gestellt hatte. Sie versuchte aber, die Beziehung ihres Mannes zu seinem Kind zu gewährleisten, und nahm damit natürlich auch weitere Kontakte zu seiner Freundin in Kauf. Als wir mit ihr sprachen, schien sie – die Sache lag damals etwa drei Jahre zurück – gelassen und mit sich zufrieden.

Dies aber ist, wie gesagt, eine Ausnahme. Die meisten Paare lernen es schlecht, mit ihrer Eifersucht umzugehen oder trotz zeitweiliger Existenz eines »Dritten« die Beziehung nicht zu belasten. Meist ist man sehr froh, wenn die Eifersuchtsphase vorbei ist – sehr oft aber wird man das Gefühl nicht los, sie könne wiederkommen wie die jährliche Grippe. Mit gewissen Relativierungen also könnte man sich Löb Baruch anschließen, wenn er sagt: »Eifersucht ist der einzige, verlorene Schmerz, die alleinigen Wehen in der ganzen Natur, welchen nie eine Geburt nachfolgt« (1862, Ges. Schriften).

III. Einheit und Bruch

Wir haben bisher – wie im Kaleidoskop – immer wieder andere Seiten einer Partnerschaft betrachtet. Alle diese Seiten haben zwar miteinander zu tun, sind aber doch auch wiederum von eigenen Regeln gesteuert. Wie ein Paar sich einrichtet und wie es Freunde empfängt, wie es finanzielle Fragen regelt und seine Ferien plant: Das alles hat im Muster des Eheteppichs einen unverwechselbaren Platz und ist doch nicht ganz unveränderbar. Einzelnes läßt sich immer wieder herauslösen und neu kolorieren. Es gibt Umschichtungen und Entwicklungen in jedem möglichen Aspekt. Aber auch die Grenzen der Veränderungsmöglichkeiten sind immer wieder zu spüren.

Michael und Rebecca – wir empfinden dies sehr deutlich – könnten es auch bei noch so viel Anstrengung nie zu Chloés und Thierrys faszinierend-selbstverständlichem Gleichschritt im Alltag bringen. Ernst und Silvia hinwiederum kann man sich nur schwer in getrennten Wohnungen als zufriedenes Ehepaar vorstellen, wie Thilo und Anna dies vorexerzieren.

Zwei erwachsene Personen mit ihren Erfahrungen, Fähigkeiten, Defiziten und seelischen Wunden treffen und verbinden sich auf eine ihnen gemäße Art und Weise. Das gemeinsame Lebenskonzept ist Produkt dieser zwei einzigartigen Persönlichkeiten, und ex post läßt sich meist recht schlüssig erklären, wieso es zu jenen glücklichen Tagen kam, wie diese Krise hereinbrechen mußte und warum jene immer noch auftauchenden Schwierigkeiten unlösbar sind. Sind diese Erklärungen aber wirklich valide? Hätte es nicht ganz anders sein können? Und was bedeutet eigentlich jener unwägbare Faktor »Liebe« im Geflecht einer Beziehung?

Bevor wir uns diesen Fragen annähern (und sie sicher nicht ganz befriedigend lösen können), wollen wir einige der von uns immer wieder zitierten Paare im Gesamtzusammenhang ihrer Liebes- und Lebensgeschichte darstellen. Wir wollen zeigen – vorwiegend in ihrer eigenen Wahrnehmung –, wie und warum sie sich gefunden und gebunden haben; wir wollen – bevor wir ans Analysieren und Theoretisieren über die Ehebeziehung gehen – nochmals den großen Bogen sehen, in dem sich das Leben und manchmal auch die Trennung zweier Menschen abspielt.

Das Innen und das Außen sind uns dabei gleichermaßen wichtig. Die objektiven beruflichen Chancen tragen ebenso bei zum Glück oder Unglück wie die persönliche Stärke oder die Neigung zur Resignation.

In unseren vier Beziehungsgeschichten wollen wir uns die wichtigsten Stationen eines Ehelebens nochmals vor Augen halten.

Warum haben wir gerade diese vier ausgewählt? Zum Teil war es Zufall, daß wir gerade von ihnen besonders viel erfahren konnten; zum Teil aber lag auch eine gewisse Absicht darin, weil jedes dieser Paare uns ein recht »typisches« und»spezifisches« Modell einer Ehebeziehung zeigen kann.

Bei einem Paartypus dominieren Bewunderung, Liebe und Ausschließlichkeit des Bezugs aufeinander – es sind dies Thilo und Anna. Beide müssen die Heftigkeit ihrer Gefühle und damit ihre symbiotischen Wünsche bitter bezahlen. Das vollkommene Einssein, die totale Harmonie lassen sich auf Dauer nicht erzwingen. Immer gibt es einen, der dies nicht durchhält; der das Recht auf Eigenständigkeit fordert und manchmal sehr hart erzwingt.

Sven und Margarete haben in gewisser Weise die »gegenteiligen« Probleme. Fast von Beginn an dominieren Mißtrauen, die Bemühung um Distanz und Abwehr. Ihr Miteinander ist geprägt vom Auftrumpfen darüber, daß man den anderen nicht braucht und nicht will. Hier, wie auch bei den anderen Paaren, aber gibt es Veränderungen und konstruktive Entwicklungen.

Ernst und Silvia haben wir ausgewählt, weil bei ihnen, mehr als bei den meisten anderen, der berühmte, so langweilige »Ehetrott« vorgeherrscht hat. Kennzeichen: Depression, Resignation. Die beiden beweisen andererseits auch, daß es dagegen Rezepte und Strategien gibt, wenn man die Gemeinsamkeit wirklich noch für etwas Schätzenswertes und Erhaltenswertes ansieht.

Bei Max und Isabella können wir – sozusagen als Kontrastprogramm – beobachten, wie eine große Leidenschaft zerbröckelt, weil eine dauerhafte Gemeinsamkeit im Alltäglichen nie ernsthaft möglich war.

1. Liebesgeschichten als Lebensgeschichten

Sven und Margarete

Sven und Margarete erzählen einen Abend lang »ihre Geschichte«. Sicher haben wir einiges ausgelassen, manches ein wenig verdreht beim Aufschreiben. Beide aber waren einverstanden, daß wir diesen Bericht so veröffentlichen. (Daß wir Namen und einige äußere Umstände verändert haben, dient der Verschleierung der wahren Identität, hat aber nicht sehr viel mit ihrer Geschichte zu tun.)

Sven und Margarete sind vor einigen Monaten nach dreijähriger Trennung wieder zusammengezogen und hoffen auf einen »besseren Neuanfang«. Sie sind nun achtzehn Jahre lang verheiratet und haben einen sechzehnjährigen Sohn, der während der Trennungszeit bei Margarete gelebt hat.

Sie berichten über ihre Anfänge:

»Wir waren zuerst nicht besonders verliebt ineinander. Wir haben uns am Arbeitsplatz in eher ›kumpeliger‹ Weise kennengelernt; wir waren beide Assistenten am Institut für Physiologie, hatten eine Menge Arbeiten miteinander zu erledigen, halfen einander, und so kamen wir eben auch ins persönliche Reden hinein.« Sven war recht unbeholfen und schüchtern. Margarete fand ihn nicht gerade besonders attraktiv. Sie liebte den Flirt, hatte mit einem verheirateten Kollegen eine »Liaison« und galt als ein wenig leichtfertig. Sven schien zuerst etwas langweilig zu sein. »Durch das Reden hat er es aber geschafft«, berichtet sie. »Plötzlich bemerkte ich, wie kultiviert er ist, mit wie vielen Problemen er sich befaßt und wieviel ich von ihm profitieren kann.«

Während Sven rasch Gefallen fand an der lebhaften und witzigen Margarete, hielt sie längere Zeit auf Distanz. Sven berichtet, daß ihn dies fasziniert habe. Er wäre sich seiner Bindungsscheu damals schon bewußt gewesen, hätte eigentlich eher von einem Junggesellendasein denn von trauter Zweisamkeit geträumt – aber mit Margarete schien es doch anders.

»Sie erschien mir so selbstbewußt, selbständig. Ich bewunderte ihr berufliches Können und selbst die vielbelästerte ›Liaison‹ ließ sie für mich noch attraktiver erscheinen. Ich glaube, daß ich damals schon davon träumte, mit Margarete so etwas wie eine ›Ehe zweier Singles‹ führen zu können.«

Diese Vorstellungen haben sie beide damals immer wieder präzisiert:

Kein gemeinsames Schlafzimmer; Abende zur freien Verfügung für jeden; getrennte Kasse. Für Sven, so sagt er jetzt, waren diese Gespräche wichtig. Sie schienen Garantie für ein unbürgerliches Glück. »Strenges Glück« haben wir das (nach Thomas Mann) genannt, sagt er. Margarete diskutierte zwar eifrig mit – aber für sie war es mehr eine »Spinnerei«.

Als es erst einmal so weit war und sie sich in Sven verliebt hatte (nach wie vor beharrt sie darauf, daß es nicht gerade eine »verrückte Liebe« gewesen sei), dachte sie plötzlich in den alten Kategorien über Ehe und Familiengründung. Svens Angst vor Zweisamkeit konnte sie nicht verstehen oder überhörte diesbezügliche Andeutungen. Für sie liefen Verlobung, Heirat und gemeinsamer Beginn in einer hübschen Neubauwohnung wie im Film ab: Alles hatte seinen rechten Platz, das Glück konnte beginnen. Sven sagt dazu: »Ich war plötzlich gefangen, aber ich konnte mich nicht wehren. Warum hätte ich Margarete vor den Kopf stoßen sollen? Und dann: ich war ja wirklich verliebt in sie ...« Und Margarete: »Warum hat er nie etwas davon gesagt? Wir hätten doch über seine Probleme reden können.« Nach einigem Nachdenken gibt sie aber ehrlich zu, daß sie das alles wohl »nicht ganz verstanden« hätte. »Er hatte mich gern, ich ihn: Warum hätten wir nicht heiraten und leben sollen wie alle anderen?«

Nun, das große Glück nach Margaretes Vorstellungen wollte sich nicht einstellen. Sven bekam noch während der Flitterwochen eine schwere Lungenentzündung; die anschließende Penicillinbehandlung bewirkte unangenehme Nebenerscheinungen, und Margarete befand sich plötzlich im Status einer Krankenschwester, anstatt die glückliche Jungverheiratete spielen zu dürfen. Wie das wohl ausgesehen hätte? frage ich. Margarete lacht jetzt darüber: »Ich hatte den Kopf einfach voll mit Kitschbildern. Sven sollte dauernd zärtlich sein, tiefe Gespräche führen; stundenlanges Schmusen sollte ebenso dazugehören wie nächtelange Diskussion.«

Sven aber war nun dauernd kränklich, quengelig und nervös. Meist verschwand er gleich nach dem Abendessen in seinem Zimmer und kam erst am nächsten Morgen wieder heraus. Wir wundern uns, daß Margarete das ertragen hat: »Hast du nicht rebelliert?« Nein. Margarete meint zögernd, daß sie zwar »irgendwie sauer« gewesen sei, aber eigentlich unglücklich wiederum auch nicht. »Wir lebten wie ein altes resigniertes Paar nebeneinander – aber da gab es auch eine ganz ›beruhigte Seite‹ in mir.« Margarete wundert sich selbst darüber. Sven bestätigt Margaretes Schilderung. Er hätte allerdings, so sagt er, sehr schnell kapiert, daß er für das Eheleben nicht geeignet sei. Immer diese Fragen:

»Was denkst du jetzt? ... wann kommst du heim? ... ach, komm doch eher ... Vergiß nicht die Einladung bei Müllers ...« Sven schüttelt sich noch in der Erinnerung.

Margarete erzählt, daß sie sich »unheimliche Mühe« gegeben hätte – allerdings genau am falschen Ort. Sie hatte nämlich beschlossen, eine gute und fürsorgliche Hausfrau zu werden. Einer von beiden hatte kündigen müssen (verheiratete Paare duldete man damals am Institut nicht), und das war natürlich Margarete gewesen. Sie hatte das als »normal« empfunden und fand es praktisch, als man ihr in einem Privatinstitut einen Halbtagsjob anbot. Die Arbeit war nicht besonders interessant, aber Margarete wollte sowieso nur »dazuverdienen« und im übrigen den Haushalt besorgen und auf Kinder warten. Ihr früherer beruflicher Ehrgeiz schien erloschen. Margarete meint auch jetzt noch – und darüber differieren ihre und Svens Meinung –, Sven wäre damals mit dieser altbackenen Lebensführung nicht unzufrieden gewesen; er hätte schließlich sehr viel dabei profitiert – z. B. den ungestörten Ausbau seiner Karriere.

Sven allerdings sieht es anders: Er hätte gerne partnerschaftlich gelebt, hätte nichts gegen eine Mitarbeit im Haushalt gehabt, seine damalige Arbeitswut sei einfach Kompensation gewesen. Er hätte begonnen, Margarete und ihre Lebensweise als »spießig und eng« zu empfinden; die Ehe erwies sich als genau das, was er befürchtet hatte. Alles sei festgelegt worden von Margarete.

Sehr viel hat die Ankunft des Sohnes an ihrem Leben nicht verändert – sie waren nun eine komplette Kleinfamilie mit nettem Freundeskreis; ein – häufig abwesender – hart arbeitender Ehemann, eine sehr verliebte Mutter. Sven nahm wahr, daß Margarete nun abgelenkt und mit dem Kind glücklich war. Er war nicht eifersüchtig – dazu fühlte er sich schon zu weit entfernt von seiner Frau –, eher erleichtert, daß er nun seinen Eigenbröteleien ungestört nachgehen konnte. Außerdem, so gesteht er, fing damals schon sein »geheimes zweites Leben« mit anderen Frauen an. Nichts besonderes: Flirts, flüchtige erotische Begegnungen – aber immerhin.

Margarete nahm von all dem nichts wahr. Sven war nicht mehr der zentrale Punkt in ihrem Leben (war er das je gewesen?). Margarete lebte mit ihrem Sohn Markus, mit Freunden und Freundinnen, mit ihrer Familie. (Margaretes Eltern und Geschwister spielten im Leben der beiden eine wesentlich wichtigere Rolle als Svens allzu strenge verwitwete Mutter.) Ein wenig mehr lebte sie auch wiederum mit ihrer Arbeit. Sie hatte einen privaten Forschungsauftrag erhalten, der sie mit ungewöhnlichen Methoden und Inhalten konfrontierte; sie fühlte sich herausgefordert, interessiert. Ihr späterer beruflicher Aufstieg nahm von dort seinen Anfang.

Die Organisation des Lebens lief reibungslos, wenn auch für Margarete mit großer Anstrengung verbunden. Sven gibt zu, daß er damals nichts beigetragen hat zur Haushaltsführung und zum sozialen Leben. Margaretes Lebhaftigkeit sei ihm damals auch »zuviel« gewesen: dauernd Gäste, Einladungen, Parties, lange Telefonate. Margarete setzt die Akzente etwas anders: Viele soziale Verpflichtungen seien aus Svens Karrierewünschen erwachsen ... er hätte auch an den von ihr geknüpften Freundschaften recht gerne partizipiert.

Als Svens Liaison mit einer Journalistin nicht mehr zu übersehen war, blieb die »große Katastrophe« übrigens aus. Margarete legte sich nur kurze Zeit darauf ebenfalls einen Liebhaber zu, wechselte diesen auch mal und blieb im übrigen relativ »cool«. Wir wundern uns darüber. Ob es nie Eifersuchtsdramen zwischen ihnen gegeben habe? Das hatte es wohl, aber erst zu späterer Zeit, erklären beide übereinstimmend. Anfangs wären ihre Außenbeziehungen synchron verlaufen, da hätte keiner das Recht gehabt, dem anderen etwas vorzuwerfen. »Es war die Zeit um 68«, sagen sie, »da genierte man sich, einander als ›Privatbesitz‹ zu betrachten. Eifersucht galt als reaktionär.« Außerdem war es auch eine Art Entlastung, gesteht Margarete. »Wir mußten nun kein schlechtes Gewissen mehr haben, weil wir einander so wenig geben konnten – jeder war emotional auf seine Weise beschäftigt, und unser eigenes Eheleben lief auf Sparflamme.«

Diese praktische Seelenökonomie änderte sich, als Margarete kurzfristig eine »große Liebe« hatte und Scheidungsabsichten äußerte. Sven war außer sich. Er spürte plötzlich, daß ihm der Alltag mit Frau und Kind mehr Intimität und Sicherheit gegeben hatte, als ihm bewußt gewesen war.

Margaretes Augen strahlen jetzt noch, wenn sie von der damaligen Zeit erzählt. Sven wäre wie ausgewechselt gewesen: Stundenlang habe er mit ihr gesprochen, ihrer beiden Beziehungsprobleme angegangen, sie mit Zärtlichkeit eingehüllt und mit Geschenken überschüttet. An dieser Stelle werde ich erstmals stutzig: Ist Margarete also wirklich immer so »cool« gewesen, wie beide es darstellen? Als ich dem Paar meine Empfindungen mitteile, scheinen sie verunsichert. Offensichtlich ist die gutgeölte Maschinerie ihrer Ehe-Interpretation an diesem Punkt empfindlich. Nein ... ja ... nein, natürlich nicht ganz so ... Und auch Sven: Hat er Margarete eigentlich damals »geliebt«? Welche Sprache! Sven wehrt ab.

Nun, Margarete hat von der »großen Liebe« bald abgelassen. Was ihr dieser Mann gegeben habe? »Viel, viel Erotik und Zärtlichkeit«, sagt Margarete spontan. Der Vorwurf ist unüberhörbar.

Für Margarete und Sven begann nun ein kurzes Flitterwochenglück. »Irgendwie sind wir aber bald wieder reingeschliddert in den Alltag des Nebeneinander-Herlebens.« Sven wurde wieder einsilbig, verkroch sich ins Labor, erschien Abende lang nicht daheim oder machte nur Stipvisite zum Gute-Nacht-Kuß beim Sohn.

Die nächste Beziehung von Sven gab Anlaß zu sehr vielen Auftritten. »Irgendwie aber haben wir uns um das Problem herumgedrückt, es auch bald wieder ›vergessen‹«, weil dieses Mal die betreffende Frau Sven den Laufpaß gab. Sven allerdings: »So war es bei mir nicht. Mir war schon lange klargeworden, daß ich meine Familie nur mit dem Ausgleich von Nebenbeziehungen ertragen konnte.« Sven denkt übrigens, daß es bei Margarete nicht viel anders sei – sie könne sich selbst das nur viel besser verbergen, weil sie meist »reaktiv« handle. Margarete aber meint, daß ihm doch gerade das zu denken geben müsse. »Von mir aus hätte ich nicht das Bedürfnis, auszubrechen – ich tue es nur, um in meinem Selbstwertgefühl nicht allzusehr irritiert zu werden.« Die beiden können sich nicht einigen, und es beginnt eine längere Diskussion. Margarete sieht sich als »prinzipiell beziehungsfähig«, während ihrer Meinung nach Sven eher ein »Igel« sei. »Wenn man ihm näherrückt, stellt er die Stacheln auf.« Sven leugnet dies nicht. Er denkt aber, daß Margarete seine Unzugänglichkeit auch »ganz gut in den Kram gepaßt« habe. »Erstens hat sie es immer wieder als Anklage gegen mich verwenden können, und zweitens ... ist ja auch in ihr etwas Unzugängliches ... ja, trotz ihrer vielen Kontaktmöglichkeiten. Aber ob sie sich wirklich je ganz ›hingeben‹ könnte?«

Ich berühre das heikle Gebiet der ehelichen Sexualität. Beide stimmen darin überein, daß sie so gut wie nie »himmelhochjauchzend« glücklich gewesen seien, aber alles hätte ganz gut »funktioniert«. Sven scheint sich darüber nicht allzu viele Gedanken zu machen. Margarete aber gibt zu, daß sie sich neben Sven als Frau eben »doch oft ganz schön mies« gefühlt habe. Dies hätte später auch oft zu Zank und Mißtrauen geführt: die ewige abendliche Abwesenheit von Sven, Telefonate von Frauen, die sich erstaunlich informiert über Sven zeigten. Margarete ahmt solche Frauen gerne und ausgiebig nach. Ob Sven denn seinen Schnupfen wirklich los sei? ... Sven hätte doch dienstags und nicht donnerstags seine Teambesprechung – wo er wohl stecke? ... Margaretes Lachen darüber klingt auch jetzt nicht ganz fröhlich. (Sven zieht nur schweigend an seiner Pfeife.)

Margarete vertiefte sich nun, da der Sohn größer war, sehr intensiv in ihre Arbeit. Ihrer Meinung nach hat Sven daran sehr wenig Interesse gezeigt. Erfolge hätte er ihr vielleicht nicht gerade geneidet, aber »gefreut hat er sich auch nicht ...« Als klar wurde, daß er ihr auf ihrem Spezialgebiet unterlegen war, machte er ihre Arbeit oft herunter.

Beide stimmen darin überein, daß es bei ihnen nicht gerade überdurchschnittlich viel offenen Streit gegeben habe, aber irgendwie sei ein geheimer Machtkampf zugange gewesen. Auf beruflichem Gebiet hätte keiner dem anderen viel Lob gespendet; allzuoft auch wäre Margarete »ganz zufällig« auf Hotelrechnungen für Doppelzimmer oder irgendwelche Briefe gestoßen; Sven hat sich nach wie vor dauernd übertölpelt gefühlt von Margaretes »Umtriebigkeit«. Wie viele Diskussionen hat es gegeben um die Anzahl der Wochenendbesuche ...! stöhnen beide.

Waren dies die Hauptanlässe für Streit oder Diskussion?

»Ja, sehr oft schon. Das ganze war aber verknüpft mit Svens beruflichem Aufstieg. Er hatte ja ›nie Zeit‹, weil er dauernd auf Kongresse fuhr, Vorträge vorbereitete, Symposien organisierte. Über die Wichtigkeit und Wertigkeit dieser Aktivitäten gegenüber einem guten Freundeskreis wurde sehr viel gezankt. Margaretes Wertvorstellungen waren ganz anders: Die Karriere rangierte bei ihr immer hinter dem sozialen Leben.

Sven gibt an, oft Angst gehabt zu haben, Margarete wiederum zu gestehen, daß er zu einem Vortrag eingeladen sei und auch gerne hinfahren wolle. »Ich habe es oft als ein lästiges Muß dargestellt«, sagt er, »in Wirklichkeit war ich froh, der Häuslichkeit entrinnen zu können.«

Es gab aber auch gut funktionierende »Inseln« im Eheleben, die Erziehung des Sohnes z. B. Sie waren sich – alles in allem – einig in ihrem lässigen Erziehungsstil, der aber auch wiederum nicht gerade modisch antiautoritär war; sie hatten beide Spaß am Heranwachsenden. Werden Margaretes Augen wirklich feucht, als sie von den lustigen sonntäglichen Fernsehnachmittagen mit den albernen »Waltons« oder »Bonanza« erzählt? Es scheint mit Markus wenig Probleme zu geben; sie sind sich einig darüber, daß sie früher zu dritt »am meisten Intimität« erlebt haben. Zu zweit hätten sie das nie geschafft, da war immer irgendeine dringende Arbeit oder ein Telefonat dazwischen ...

Warum, bei diesem etwas festgefahrenen, aber doch friedlichen Ehestand eigentlich eine Trennung notwendig gewesen sei, frage ich.

Margaretes Version: »Als ich Sven eine erneute Liebschaft nachweisen konnte, hakte es bei mir aus. Ich hatte plötzlich das Gefühl, all die Jahre als Frau für ihn überhaupt keine Rolle gespielt zu haben. Ich fühlte mich aber auch sehr viel stärker als früher. Es war da so ein Gefühl: ›Das lasse ich mir nicht mehr bieten, diese Zeit ist vorbei.‹ Und da habe ich Sven kurzentschlossen gebeten, auszuziehen.« Sven war damals von Margaretes Reaktion zwar überrascht gewesen, aber irgendwie auch erleichtert. »Das Eheleben hat für mich eben immer auch etwas vom Rollenspiel an sich gehabt. Die betreffende Frau war dabei gar nicht wichtig – sie war eher der klärende Anlaß. Ich habe mich doch immer mehr als Junggeselle gefühlt.« Margarete meint dazu etwas ironisch, daß dies wohl auch jetzt noch gelte: »Waschen und Kochen ist noch immer meine Sache, und wo das Salzfaß steht, hat er noch immer nicht kapiert.« Sven (dazwischenmurmelnd): »Steht auch immer wieder woanders ...« Der Streit um die Verteilung der häuslichen Aufgaben scheint noch nicht ganz ausgekämpft, er ist aber auch nicht allzu heftig.

Die Trennung verlief undramatisch. Man sah sich oft. Der Sohn war groß genug für eigene Entscheidungen, den Vater, so oft er wollte, zu besuchen. »Eigentlich war damals das Verhältnis zu ihm sehr intensiv«, meint Sven. Beide sind der Meinung, daß er durch die Trennung damals wenig Kummer gehabt hat.

Sven hat sich in einer kleinen Wohnung eingemietet und wenig Mühe gehabt, sich neu zu organisieren. Sein Leben lief weiter wie bisher. Margarete sah sich vor mehr Probleme gestellt. Ihr »soziales Leben« war eben doch sehr stark vom Ehestatus mitbestimmt gewesen; »natürlich – bei den guten Freunden macht es keinen Unterschied, ob du alleine kommst oder zu zweit ..., aber die anderen wissen nun plötzlich nicht mehr recht, an wen sie sich wenden sollen ...«

Sven war das gleichgültig. Margarete merkte erst jetzt, wie sehr ihr die – wenn auch meist schweigend-introvertierte – Anwesenheit Svens ein Gefühl von Sicherheit vermittelt hatte. »Abends, wenn Markus im Bett war, fühlte ich mich oft sehr alleine. Es dauerte relativ lange, bis ich mich neu organisiert habe ...« Der Sohn war allerdings für sie ein »großer Trost«. Ihre neue Beziehung zu einem alten Freund erwähnt Margarete nur kurz. Er war eines Tages tot gewesen – Herzinfarkt. »Ich habe geglaubt, wir könnten gemeinsam neu anfangen«, sagt Margarete. Ja, sie denke, daß in dieser Beziehung viel »drin« gewesen sei. Hier schaltet unerwartet Sven sich ein: Ohne Alfreds Tod wären sie beide wohl nicht mehr zusammengekommen – dieser Gedanke hätte ihn zuerst bedrückt, jetzt aber wolle er sich nicht mehr auf »wäre«- und »hätte«-Sätze einlassen. Er sähe lieber, was »jetzt läuft«. Margarete stimmt zu. Sven und Margarete haben nach dem Tod von Alfred sehr viel miteinander gesprochen, ihre eigene Beziehung analysiert, waren sehr ehrlich miteinander.

Margarete meint, daß Sven ihr damals sehr geholfen habe. Es war für sie ein neues Gefühl: sich auf ihn verlassen zu können, schwach sein zu dürfen. Ist das das Geheimnis ihrer neuen Möglichkeiten?

Die »Wiedervereinigung« war undramatisch gewesen. Keine »happy-end«-Stimmung. Sven hat sein Arbeitszimmer nie ganz ausgeräumt gehabt. Er sei immer öfters gekommen, auch über Nacht geblieben. Sie hätten das Für und Wider recht offen diskutiert.

Die Ehe als Spießbürger-Hölle, wo man dauernd Rechenschaft ablegen muß: dafür hätten sie nun beide zuviel erlebt, meinen sie. Auch, daß man sich eben »letztlich« doch auf den anderen verlassen könne. Ein gewisses »Nebeneinander« ist beiden recht.

Und wie es mit dem »Dritten« stehe? frage ich. Sie zucken die Achseln. Sven: »Wozu darüber allzuviel reden? Das hat in den letzten drei Jahren für mich an Dramatik verloren. Drei Beziehungen sind innerhalb dieser Zeit ganz schnell kaputtgegangen – also wozu die Aufregung?«

Sven hat übrigens seine Wohnung bis jetzt behalten. Manchmal bleibt er dort, weil sie direkt neben dem Institut gelegen ist. Margarete nickt gleichmütig. Ob sie glücklich sind? Na ja, sicher nicht »unglücklich«. Vieles läuft besser jetzt. »Wir nehmen einander ernster in unseren Ängsten und Nöten.«

Was sie jetzt anders machen würden, wenn sie nochmals von vorne anfangen könnten? Sie lachen. Eine sehr theoretische Frage. Alles war so unausweichlich, sagt Sven. Aber – gesetzt den Fall – man *könnte* etwas anders machen, dann ist dies für Margarete: Svens Bindungsscheu zu akzeptieren, auf Zwischentöne zu achten. Nicht auf dem eigenen »Modell Ehe« bestehen. Und Sven? Er sieht jetzt deutlicher, wie sehr seine vielen Seitensprünge Margarete als Frau verletzt haben; daß er sie dadurch in die Rolle der »keifenden Alten« gedrängt habe, aus ihr so etwas wie eine Spießerin gemacht habe. Ob ihn das letztlich aber hindern würde? Sven ist in dieser Beziehung unschlüssig. »Besuch uns in drei Jahren wieder«, sagen sie zum Abschluß. »Vielleicht wissen wir dann mehr über uns.«

Silvia und Ernst

Sind die ewigen Trainingsabende und -wochenenden wirklich das, was Silvia »sinnvolle Freizeitgestaltung« nennt? Die Geselligkeit mit den Clubkameraden ist zwar nett, aber eigentlich ist hier keiner, der ihr

Verlangen nach einem weiteren Horizont teilt. Wenig ernsthafte Gespräche, immer dieselben Blödeleien und natürlich das ewige Gerede über gestoppte Zeiten, Beinmuskulatur, Verkrampfungen und ähnliches. Silvia ist eine hervorragende Hürdenläuferin; ursprünglich war sie auf ihre vielen Siege auch recht stolz gewesen. Der Sport kontrastierte gut zu ihrem Beruf. Jedesmal, wenn sie jemandem sagt, daß sie Sozialarbeiterin ist, wundert der sich. So eine flotte junge »Sozialtante« ...!

Ernst, den Speerwerfer, kennt sie nur vom Sehen.

Als sie beide bei der 50-Jahres-Feier dazu ausersehen werden, die Tombola-Lose zu ziehen, berühren sich ihre Finger ganz zart. Wunderbar kräftige Hände hat er ... Ernst gefallen die dichten, blonden Haare, die Silvia ganz kurzgeschnitten trägt. Außerdem geht von ihr irgendein besonders feiner und anziehender Duft aus. Ob das Parfüm ist?

Nachher trinken sie sehr fröhlich ein Glas Wein miteinander. Der gut geprobte Sportverein-Blödelton hilft über jede Verlegenheit hinweg. Ernst fragt Silvia, ob sie einmal mit ihm ins Kino gehen möchte. »Das Lied der Bernadette« soll sehr schön sein, und unversehens gerät Ernst ein wenig ins Dozieren: über Werfel, den Juden, der sich schon lange nach der Taufe gesehnt und den letzten Schritt doch nie gewagt hat. Über sein letztes, mystisches Endzeit-Werk, wo er Juden und Katholiken als die letzten Vertreter einer menschlichen Religion weiterleben läßt ...

Silvia hört gerne etwas Neues. Sie weiß, daß ihre eigene Bildung nicht besonders tiefgehend ist. Sie wird sich Werfel sofort aus der Stadtbibliothek von Paderborn ausleihen. Als sie Ernst zum Kinobesuch trifft, hat sie den Roman »Das Lied der Bernadette« schon zur Hälfte gelesen.

Es wird ein wunderbarer Abend. Silvia kann frei und ungehemmt sprechen: über das Buch, den Film. Was sie sich eigentlich anders vorgestellt hat, wo ihr der Film eine Fantasie zerstört hat ... Ernst ist ein guter Gesprächspartner und sehr aufmerksam. Manchmal gerät er wieder ins Belehren – aber Silvia saugt alles auf, sie hat bisher wirklich zu sehr für alle diese albernen Sportfritzen gelebt und zuwenig gelernt. Sie bespricht das Problem mit Ernst. Er selbst hat sich davon bereits weitgehend gelöst. Nur nach Münster will er noch mitkommen, zur Regionalmeisterschaft. Ein guter Abgang mit Goldplakette wäre schön ... Silvia freut sich. Sie ist auch mit von der Partie.

Die Meisterschaft mit ihren Vorbereitungen ist anstrengend für Silvia. Sie sieht Ernst nicht mehr oft. Es lohnt sich aber; Silvia läuft eine Bestzeit und verhilft ihrer Mannschaft zur begehrten Siegestrophäe. Ernst geht leer aus.

Beim abendlichen Fest sitzen Ernst und Silvia in der ländlichen Münsteraner Kneipe zusammen. Ernst bemüht sich, seine Verstimmung nicht zu zeigen. »Laß uns spazierengehen«, sagt er zu Silvia und diese – strahlend in Siegesfreude und Ruhm – willigt gerne ein. Ernst greift das Gespräch von neulich wieder auf; daß man sein Leben von einem gewissen Alter an ernsthafter führen müsse; daß man Menschen finden sollte, die, wie er, die Absichten Gottes tiefer ergründen wollen. Die katholische Kirche, so sehr er sich ihr verpflichtet fühle, hätte auch nicht alle Probleme der modernen Welt im Griff.

Silvia erfaßt jetzt erst, wie tiefgründig Ernst sich schon mit Religion beschäftigt hat. Er scheint sehr viele theologische Werke gelesen zu haben. Die Namen Rahner, Guardini, Karl Barth fallen. Silvia staunt und freut sich, als Ernst ihre Hand faßt und sehr fest drückt.

Ernst gefällt ihr, auch äußerlich. Silvia gerät in Konflikt. Robert, ein Jurist in ihrer Abteilung, hat, wie sie seit langem weiß, ebenfalls Gefallen an ihr gefunden. Silvia weiß nicht, in wen sie nun verliebt ist. Robert ist so schüchtern. Eigentlich war zwischen ihnen noch gar nichts. Einmal, als sie gemeinsam im Obdachlosenasyl einen Hausbesuch machen mußten (es ging um eine Zwangsevakuierung), hat er vor dem Aussteigen aus dem kleinen VW gesagt: »Schade, ich könnte mit Ihnen ewig so weiterfahren ...«

Ernst aber ergreift die Initiative: Auf einer Parkbank im lauen Paderborner Frühling küßt er sie zum erstenmal, und Silvia spürt ein vorher nie geahntes körperliches Verlangen. Robert ist vergessen. Sie geht mit Ernst nun täglich abends durch den Frühling spazieren.

Silvia geht mit Ernst zur Messe; Silvia geht ins Kino ... Silvia genießt alles mit großer körperlicher Intensität. Silvia hat noch nie mit einem Mann geschlafen; die paar Abiturientenschmusereien, die sie hinter sich hat, waren nicht geeignet gewesen, ihr körperliches Verlangen anzuregen.

Ernst hat einige, wenige Erfahrungen hinter sich. Er ist etwas verlegen und unsicher, wenn er an Silvias Unerfahrenheit denkt. Eigentlich, sehr eng-katholisch betrachtet, dürfte er ja nicht ... aber: gleich so ohne weiteres heiraten? ... In einer Juni-Nacht, als Silvia sich fast schluchzend an ihn drängt, läßt er alle Bedenken fallen. »Du bist mein Mann«, sagt Silvia hinterher selig und benommen. Ernst ist sehr glücklich und auch stolz. Silvias Ausspruch nimmt er nicht sehr ernst; heiraten möchte er erst, wenn er ein, zwei Jahre in Amerika war, um seine kaufmännische Ausbildung zu komplettieren. Sein Chef hat Beziehungen. Später wird er sicher Prokura bekommen. Ernst gilt als sehr tüchtiger und solider Mensch.

Silvia geht nicht mehr zum Sportverein. Das ist Vergangenheit. Sie denkt, daß sich ihr nun die »Tiefe des Lebens« aufgetan hat.

Ernst liebt Silvia aufrichtig. Ihr schlanker, sportlicher Körper ist erregend, der Duft, der ihn sofort bezaubert hat, verfehlt seine Wirkung nicht. Und Silvia kann gut zuhören. Ob Silvia auf ihn warten würde? Sechs Wochen später ist klar, daß Ernst nicht so bald nach Amerika wird gehen können. Silvia ist schwanger. Ernst ist auf sich selbst wütend, aber er spürt, daß Silvia ihn nun anders braucht. Er gibt vor, sich zu freuen; nach und nach wird er auch stolz auf seine Leistung.

Die beiden Familien nehmen das Geschehen gelassen zur Kenntnis. Ernst schämt sich nur ein ganz klein wenig, daß Silvia nicht im strahlenden Weiß, sondern in einem blaßgrauen Kostüm heiratet. Er hatte andere Fantasien gehabt ... Der Alltag beginnt sehr bald, mühsam zu werden; Silvias Schwangerschaft ist nicht leicht, die Geburt ein Alptraum. Silvia vermißt ihre Arbeitsstätte. Sie hat mit Ernst ziemlich ausführlich darüber gesprochen, und sie mußte Ernst zustimmen, daß ein Kind die Mutter einfach braucht. Trotzdem ... Silvia findet Hausarbeit doch sehr langweilig, und Ernst?, ja, Ernst erscheint ihr auch nicht mehr ganz der Alte. Über den Sohn Johannes hat er sich gefreut; die Taufe wurde wunderschön zelebriert, und Ernst zeichnet Johannes täglich zum Abend ein Kreuzzeichen auf die Stirn. Aber sonst scheint er ziemlich wenig Interesse an dem Kind zu haben. Jedenfalls überläßt er Silvia alles. Ernst ist nach wie vor mit vielen Büchern, vor allem mit solchen über Religion, beschäftigt. Aber ist Silvia, mit ihren ewigen Rückenschmerzen, noch eine gute Zuhörerin? Silvia wird, im Gegenteil, oft ungeduldig, wenn Ernst sie belehrt oder vorliest. Silvia denkt, daß sie sich doch nur allzu kurz gekannt haben. Wie sonst hätte es ihr entgehen können, daß Ernst ziemlich geizig ist? Ernst spart eisern – natürlich nicht für sich, sondern für ein eigenes Haus. Aber Silvia hat daran nun wirklich wenig Interesse, weil sie sich inzwischen schon allzu gut vorstellen kann, daß sie dies Haus ohne Putzhilfe ganz alleine sauberhalten muß.

Zwei Monate nach Johannes' Geburt wird Silvia wieder schwanger. Sie ist rundweg verzweifelt. Sie haben doch beide so gut aufgepaßt? ... Aber die Methode Knaus-Ogino funktioniert eben doch nicht einwandfrei, wie ihr der Gynäkologe sagt. Er rät für später zur Pille. Nun ja; jetzt hat sie andere Sorgen.

Silvia fragt sich, ob nicht doch eine Abtreibung ... auch im Interesse von Johannes? ...

Doch Ernst ist so entsetzt und empört über diesen Gedanken, daß Silvia sich in ihr Schicksal fügt. Jenes verzweifelte Nachtgespräch aber wird

Silvia noch lange Zeit als einen Wendepunkt in ihrer beider Leben bezeichnen: sie hat damals so scharf wie noch nie das Gefühl gehabt, alleine zu sein. Nicht Ernst wird die Mühen der Schwangerschaft zu tragen haben, nicht Ernst ist es, der vor einer Wiederholung jener entsetzlichen Geburt Angst haben muß: Ernst hat nur immer wieder darauf hingewiesen, daß sie nun einer »unsterblichen Seele« zum Leben verhelfen. Schon recht; aber wer wird dieser unsterblichen Seele die kotverschmierten Windeln wechseln? Silvia hat aber auch ein schlechtes Gewissen. Ist sie eine schlechte Mutter; keine »wirkliche Frau« – wie Ernst es angedeutet hat? Sie hat aber Johannes wirklich lieb, und wenn er ihr so bedingungslos liebevoll die Ärmchen entgegenstreckt, dann ist sie glücklich wie eine Jungverliebte.

Ernst macht Karriere. Er hat nun Prokura bekommen. Sie feiern dies. Silvia, mit hochschwangerem Bauch, hat ein kleines Festessen veranstaltet. Freunde kommen. Silvia mag sie gern; sie hat sich ursprünglich darauf gefreut. Aber die Mühe des Tages mit Kochen und der Sorge für den zahnenden Johannes war zuviel. Ernst kommt noch dazu später als erwartet (»kleine Feier im Büro«) – Silvia hat wieder ihre Rückenschmerzen, und die Knie tun plötzlich auch so weh. Als Ernst, knapp vor Beginn der Feier, heimkommt, sitzt sie blaß, ungeschminkt und verweint auf dem Küchenstuhl.

Warum kann Ernst nicht einmal, ein einziges Mal, fünfe gerade sein lassen?Nein, Ernst ist verbissen – ärgerlich, als hätte sie gerade eben etwas wirklich Lebenswichtiges versäumt: Es ist kein Eis für den Aperitif da, und die Salatsauce ist noch nicht angerührt. Was sollen die Gäste von uns denken? Ernst übersieht sie, versucht den Schaden (mein Gott!) zu beheben und holt von den Nachbarn Eiswürfel. Silvia kann ihm ansehen, daß er sich selbstgefällig bedauert. Als die Gäste kommen, begrüßt er sie jovial und liebenswürdig, während Silvia noch im Badezimmer ihre Tränenspuren überpudert.

Nach der Geburt – sie war diesmal viel weniger schlimm – wird Silvia von ihrer Mutter entlastet. Silvia versteht sich gut mit ihrer Mutter, aber Ernst ist ihr gegenüber reserviert. Silvias Mutter, vom Ehemann geschieden, lebt seit zehn Jahren unverheiratet mit einem verheirateten Mann zusammen. Seine Frau verweigert die Scheidung. Ernst hält dieses Leben und überhaupt die etwas «lässige« Art der Haushaltsführung von Silvias Mutter für nicht unbedenklich. Silvia hat es aufgegeben, mit Ernst darüber zu diskutieren – zumal er in einigen Punkten durchaus recht hat.

Silvia trifft auf der Straße Robert. Sie fährt gerade den winzigen Thomas spazieren. Robert sieht viel männlicher aus als früher. Ob er verheiratet ist? »Nein«, lacht Robert, »ich habe dich noch immer nicht vergessen.« Silvia wird purpurrot. Als Robert sie ernsthaft fragt, wie es ihr geht, verschluckt sie das konventionelle »Danke, gut!« und beginnt zu weinen. Robert, der gar nicht mehr schüchtern scheint, legt ihr den Arm um die Schultern; sie setzen sich auf eine Bank, und Silvia erzählt; von Ernsts Unverständnis, seiner Unerbittlichkeit, seinem Geiz. Allerdings will sie ihm nicht unrecht tun: Noch immer bewundert sie seine Allgemeinbildung, seine Kenntnisse über Religion, seine Häuslichkeit. Ob sie seine Religiosität noch bewundert, weiß sie nicht. Zu ihrem eigenen Erstaunen hört sie sich zu Robert sagen: »Ich glaube überhaupt nicht an die alleinseligmachende Kirche; die Kirche ist unmenschlich«, und sie denkt an jenes Nachtgespräch mit Ernst. Aber Thomas ist so ganz besonders süß, und übrigens muß sie jetzt heim, ihn zu stillen.

Robert will anrufen.

Er tut dies aber nicht. Silvia ist enttäuscht, bekommt öfters Herzklopfen, wenn das Telefon schrillt, aber langsam vergißt sie dies alles wieder.

Kinder, Haushalt, Kinder. Windeln, Töpfchen, der erste Orangensaft, Johannes kommt in den Kindergarten, Thomas beginnt zu laufen. Masern und Windpocken. Thomas' labiles Magen-Darm-System. Johannes' Aggressivität in den ersten Monaten des Kindergartens.

Silvia ist für alles zuständig. Später hat Silvia Mühe, die Jahre anders zu unterscheiden als durch die von den Kindern produzierten Ereignisse.

Ernst scheint zufrieden; das Eigenheim rückt in erreichbare Nähe. Silvia will sich nicht mehr im Spiegel ansehen. Sie ist dicklich; die schönen Haare sind zu lang, ungepflegt.

Abends liest Silvia leichte Romane. Ernst möchte, daß sie Bücher von Friedrich Heer oder Böll liest. Silvia ist dies nach des Tages Mühe zu schwierig. Als Johannes vier und Thomas zweieinhalb ist, wird sie wieder schwanger. Diesmal denkt sie nicht an Abtreibung, aber freuen kann sie sich nicht.

Ernst findet es wiederum wunderbar, einer Seele zum Existieren zu verhelfen. Silvia denkt, daß dies *ihr* Kind sein wird, sicher ein Mädchen. Es ist ein Mädchen. Silvia nennt es Simone; denn Silvia hat ein Buch von Simone de Beauvoir gefunden, in dem sie ihr Schicksal beschrieben findet: »Das andere Geschlecht«. Silvia ist nicht mehr zu müde, trotz Schwangerschaft. Sie streicht gewisse Stellen an. Ernst kennt das Buch Gott sei Dank nicht; er würde sich wundern. Über den »exaltierten« Namen ärgert er sich. Er wollte eine Beate, das klingt christlicher. Aber Silvia ist schlau und weist auf den urchristlichen Papstnamen *Simon* hin.

Nun, das hübsche dunkelhaarige Mädchen heißt denn also Simone Beate. Silvia spricht zu Simone wie zu keinem ihrer Kinder: »Laß dich nicht unterkriegen ... Du bist besser als die Jungen ... wehr Dich ...« Das Baby lächelt unergründlich.

Ernst prüft eine besonders günstige Gelegenheit für den Hausbau. Er rückt mit Finanzierungstabellen und Plänen an. Ein Fertighaus im Grünen; die Pläne können modifiziert werden, und wenn sie zwei, drei Jahre auf Ferien verzichten, sollte es nicht allzu knapp werden. Ernst ist voll Feuereifer, aber Silvia wird eisig. Offenbar ist für ihn schon alles klar – Silvia aber, mit den drei Kleinkindern beschäftigt, erscheint eine solche Veränderung allzu aufreibend. Sie sieht noch mehr Arbeit auf sich zukommen. Eine schwere Grippe, von der sie sich nur langsam erholt, scheint ihre erste Antwort auf Ernsts Pläne. Silvias Mutter übernimmt Haushalt und Pflege; dagegen kann Ernst schlecht etwas einwenden. Silvia ist still, schlechtgelaunt, aber Ernst tut so, als würde er nichts merken. Vor der Schwiegermutter ist er ein recht liebevoller Ehemann, alleine im ehelichen Schlafgemach wird auch er knurrig. Daß Silvia nie anerkenne, was er für die Familie tue; daß Silvia sich sehr zu ihren Ungunsten verändert habe ... Silvia sieht ihn manchmal nur schweigend und eisig an und sagt wenig. Wenn er neben ihr mit offenem Mund, leicht röchelnd, schläft, spürt sie wahre Haßkaskaden in sich hochsteigen. »Hoffentlich trifft dich ein Herzinfarkt«, kann sie dann völlig kalt denken.

Sie verweigert den gemeinsamen Besuch der Messe; sie verweigert das eheliche Zusammensein: zu müde, zu traurig.

Als Silvia wieder gesund und die Mutter abgereist ist, ruft Silvia bei Robert an. Der ist inzwischen Abteilungsleiter, scheint viele Termine zu haben, arrangiert aber sofort ein Treffen. Silvia geht erstmals zu ihm in die Wohnung. Sie ist fest entschlossen, mit Robert zu schlafen. Als sie in die etwas ungemütliche Zweizimmerwohnung kommt, in der ein kleines Wohnzimmer mit viel zu großen dunklen Kunstledersesseln vollgepfropft ist, wird sie allerdings befangen. Der Ort scheint für den Beginn einer Romanze nicht recht geeignet. So setzt sie sich, das Whiskyglas fest umklammert, hin, um zu erzählen. Sie kommt sich vor wie beim Beichtvater. Was soll sie denn beichten? Ihren Haß, Todeswünsche, Verweigerung? Oder soll sie wiederum Ernst beschimpfen? Robert ist lieb, verständnisvoll, aber allzu vernünftig. Silvia merkt seine Zurückhaltung, möchte ihn auftauen, weiß aber gar nicht, wie man dies tut. Außerdem kann sie keinen Augenblick vergessen, daß sie vor Aufregung schwitzt. Ob ihr Deodorant noch schützt? – das sind Gedanken, die ihr durch den Kopf schießen und jede mögliche Spontaneität abtöten. »Ich möchte gerne öfters mit dir sprechen«, sagt sie schließlich gegen Ende. Robert nickt nur. Sein »aber gerne« klingt ein wenig kühl.

Silvia, wieder daheim, ist unglücklicher als zuvor. Ihre alte Anziehungskraft ist also verlorengegangen. Kein Wunder – bei der Figur, ihrem vernachlässigten Äußeren und außerdem: Wie kann man einen Mann, den man verführen will, auch mit seinem Ehejammer belästigen? Silvia könnte sich ohrfeigen.

Am Abend dieses Tages kommt es zu einem regelrechten Krach. Silvia erkärt, daß sie keine Lust hat, ein Haus zu bauen, daß sie die Nase voll hat vom Dienstmädchen-Dasein; sie wolle nicht Aschenputtel spielen. Ernst reagiert auf seine beherrschte, kühle Art. Ob sie sich eine Alternative überlegt habe? Nein, natürlich nicht. Also, ... Ernst sagt gespreizt und salbungsvoll: »Nun werden wir dafür bestraft, daß wir Gottes Gebot nicht ernst genug genommen haben.« Silvia ist zuerst verwirrt: Was das wohl heißen soll? Und Ernst: »Die Ehe soll nicht vorweggenommen werden, wie du weißt ...« Silvia schreit: »Du Heuchler, du herzloser!« Sie reißt ihr Bettzeug heraus und richtet sich im Wohnzimmer ihr Bett.

Voll Wut sinnt sie auf eine bessere Antwort. Als Ernst schon im Bett liegt – lesend, natürlich (ob es wohl die Bibel ist?), fällt ihr endlich das Richtige ein: »Ja übrigens: es tut mir auch leid, das mit der vorweggenommenen Ehelust, aber aus anderen Gründen. Lust war es nämlich sowieso nie mit dir, oder denkst du, daß deine 08/15-Bumserei Spaß macht?«

Ernst wird blaß vor Schreck. So hat Silvia noch nie gesprochen. Er springt aus dem Bett, stößt sich am Nachttisch, was höllisch weh tut, und zwischen Schmerz und Wut verschwimmt ihm Silvias Figur.

Hinterher weiß er nur mehr, daß er Silvia zweimal mächtig ins Gesicht geschlagen hat. Die ist aufschreiend hinausgelaufen und hat sich im Wohnzimmer eingeschlossen. Johannes erwacht, Ernst hat alle Mühe, ihn zu beruhigen. Er habe nur böse geträumt ...

Silvia weint und weint und weint. Sie weiß: so kann es nicht weitergehen.

Am nächsten Morgen: Ernst ist ohne Frühstück aus dem Haus gegangen, ruft sie bei der Caritas-Stelle für Ehe- und Familienberatung an. Nein, sie möchte alleine kommen ... nein, ihr Mann wisse nichts davon.

Die Psychologin ist sehr nett und trotz des Kreuzes in ihrem Zimmer ganz und gar nicht engherzig-religiös. Sie hört zu, fragt, holt aus Silvia mehr heraus, als dieser bewußt war. Vor allem eines: daß Silvia auch andere Menschen um sich braucht, ein anderes Betätigungsfeld. Silvia aber traut sich nichts mehr zu. Die Methoden in der Sozialarbeit haben sich geändert ... wie soll sie da wieder einsteigen?

Silvia geht mit verschwollenen Augen, aber erstmals wieder leichteren Herzens nach Hause. Die Psychologin hat sie ermuntert, Ernst mitzubringen? Ob er dies tut?

Ernst kommt zur gewohnten Zeit. Mit einem riesigen Strauß roter Rosen. Als die Kinder im Bett sind, bittet er sie um Verzeihung. Er weiß nun, so meint er, daß sich etwas ändern muß. Er ist entsetzt darüber, daß es ihn so sehr übermannen konnte. Ernst ist sofort zur Eheberatung bereit. Die Caritas-Stelle hat einen guten Ruf.

Ernst ist wirklich erschüttert. Dies macht es auch Silvia leicht, ihn um Verzeihung zu bitten. Und: daß sie maßlos übertrieben habe. Obwohl: in den letzten Jahren sei sie auch sexuell nur mehr selten auf ihre Rechnung gekommen. Ob sie auch das in der Eheberatung ...? Nun, man wird sehen.

Die beiden merken in jeder Sitzung, wieviel sie noch zusammenhält. Nicht nur die Kinder. Nein, eigentlich lieben beide ihre gemütliche Häuslichkeit, ihre Freunde. Sie bewundern aneinander vieles. Die Eheberaterin hat vorgeschlagen, in dieser Zeit der Spannung auf eheliche Sexualität zu verzichten. Die beiden halten sich daran. Jeder Abend wird aber dadurch ein wenig erregender. Sie lesen wieder miteinander. Ohne mit der Wimper zu zucken, hat Ernst eine Putzhilfe engagieren lassen. Das Schwierigste: Silvias Berufswünsche. Drei kleine Kinder ... das *kann* doch nicht gutgehen. Und wenn sie später Schulschwierigkeiten haben? – drogenabhängig werden? Ernst möchte um Gottes willen nicht, daß man sich Vorwürfe machen muß. Die Eheberaterin ist klug, sie forciert nichts. Eine Caritas-Außenstelle sucht aber eine Sozialarbeiterin für 12 Stunden pro Woche. Das Gehalt würde gerade die Kosten für eine Babysitterin decken. Ernst zögert. Ökonomisch ist das ja wohl Blödsinn. Die Eheberaterin ist verständnisvoll: Ja, da möge er recht haben. Aber er sei ja nun kein Mann, dem nur die nackte materialistische Ökonomie wichtig ist. »Seelenökonomie« – das gäbe es auch.

Silvia geht arbeiten. Ihre zweite »Hochzeitsnacht« mit Ernst findet an jenem Abend statt, als sie den ersten Arbeitstag feiern, und, angeheitert vom Mosel, beschließen, der Eheberaterin ein Schnippchen zu schlagen. »Wir lassen sie draußen vor der Schlafzimmertür warten«, sagt Ernst in einem seiner eher seltenen Anfälle von Humor. Silvia ist überglücklich. Die Beratungsstunden werden seltener. Merkwürdigerweise wird Silvia die Arbeit nicht zuviel. Ernst hilft nun auch ein wenig häufiger, obwohl dies mehr seinen guten Willen ausdrückt als echte Hilfe. Vom Haus wird vorderhand nicht mehr gesprochen.

Silvia und Ernst sind ein Paar, das sich jetzt erst richtig eins fühlt. Silvia weiß, daß es Dinge gibt, die Ernst nicht versteht. Ebenso geht es Ernst. Aber sollte dies allzuviel ausmachen?

Thilo und Anna

Kennenlernen in der rauchigen, dunstgeschwängerten Mensa. Thilo, wie fast immer, alleine am Tisch. Anna stößt sein Glas Apfelsaft mit ihrem Tablett um. Verlegenheit, Entschuldigung, Beschwichtigung. Thilo getraut sich kaum, hinzusehen. Als er es tut, ist der Anblick erfreulich: ein kleines, dunkelhaariges, kräftiges junges Mädchen, makellose bräunliche Haut, sehr große braune Augen. Sie sieht hübsch und appetitlich aus. Thilo fällt leider nichts ein. Anna guckt, lächelt, grüßt, geht. Thilo setzt sich nun jeden Tag um dieselbe Zeit an denselben Tisch. Es muß aber erst wieder Mittwoch werden, bevor er Anna erneut sieht. Diesmal hat Thilo sich vorbereitet und spricht Anna an. Anna findet ihn sympathisch. Sehr intellektuell wirkt er; groß und dünn, der Rücken ein wenig krumm, beginnende Stirnglatze. Sicher kein Adonis, aber irgendwie »besonders«. Thilo ist studentische Hilfskraft im soziologischen Seminar. Er teilt mit einem Kollegen einen kleinen Arbeitsraum. Seit vorgestern besitzen sie eine Kaffeemaschine. Ja, Anna hat Lust auf einen »schnellen Mokka«, bevor die Vorlesung beginnt.

Die langsame, zögernde, stolpernde Liebesgeschichte von Thilo und Anna beginnt. Thilo weiß sofort: die oder keine. Aber: Wie stellt man das an? Was für all die flüsternden, lachenden, kosenden, schmusenden Pärchen ringsum so einfach scheint: Thilo kann sich beim besten Willen nicht vorstellen, wie man es so weit bringt.

Gut, daß Anna nicht ganz so schüchtern ist. Als sie einer Grippe wegen zwei Wochen im elterlichen Bauernhof Unterschlupf findet und deshalb Thilo nicht treffen kann, schreibt sie ihm eine kurze, lustige Grußkarte mit Adresse. Nun ist Thilo in seinem Element: Schreiben bereitet ihm keine Mühe. Seine ersten Briefe an Anna sind kleine Kunstwerke: spritzig, voller Selbstironie, Tagesneuigkeiten und Alltagsepisoden parodierend.

Anna ist entzückt; die zwanzigjährige westfälische Medizinstudentin aus wohlhabender Bauernfamilie wird erstmals mit den Raffinessen eines intellektuellen Geistes bekannt. Ihre Bewunderung dafür wird sie ihr ganzes Leben lang behalten. Kann aber der leibhaftige schüchterne Thilo die Faszination seiner Brief-Kunstwerke einholen, als er schwitzend und verlegen Anna am Bahnhof von D. erwartet? Ja, es gelingt. Thilo, vierundzwanzig Jahre alt, behütetes Muttersöhnchen einer Professorenwitwe, spürt, daß es nun darauf ankommt, ein Mann zu werden. Seine Liebe überwindet seine Hemmungen, die bisherigen Bindungen. Die Mutter ist zwar mächtig in Thilos Leben, aber nicht allzu egoistisch-unterdrückend. Sie akzeptiert Anna; um so mehr, als sie in Anna (zumindest äußerlich) amüsiert eine junge Doppelgängerin sieht. Anna: staunend, beeindruckt – aber auch wiederum ganz lebendig, naiv und kräftig.

Die beiden sind ein Paar und bleiben es die ganze Studentenzeit hindurch.

Was gibt es über die Entwicklung ihrer Liebe zu sagen? Das Wichtigste: einmal verbunden, werden sie viele Jahre nicht mehr daran zweifeln, daß sie zusammengehören. Der sexuelle und persönliche Aspekt ihrer Liebesfähigkeit entwickelt sich gleichmäßig und stetig. Sicher ist Anna ein wenig neugieriger und kecker als Thilo – aber auch sie ist sexuell unerfahren (und wäre noch unberührt, wenn nicht ein junger Feriengast ihrer Eltern eine Sektlaune ausgenützt hätte); sie ist froh über die langsame Entwicklung auch in der körperlichen Liebe. Später wird sie zu einer Freundin einmal sagen: »Weißt du, daß ich den Zeitpunkt, wo wir erstmals als Mann und Frau zusammenwaren, gar nicht angeben könnte? Alles ging so unmerklich ...«

Zärtlichkeit, gemeinsame Freizeit, Ferien; lange Nachmittage gemeinsam im Arbeitszimmer sitzend und Prüfungen vorbereitend; einige wenige gemeinsame Freunde.

Als Thilo seinen Dr. rer. soc. gemacht hat, hat Anna gerade ihr zweites Staatsexamen hinter sich gebracht. Sie heiraten. Thilo hat eine Assistentenstelle in München bekommen, Anna kann ihre Ausbildung dort ebensogut weitermachen wie in D.

Ihr Leben ändert sich nicht wesentlich. Thilo arbeitet, wie Anna auch, oft zu Hause. Als Anna ihr Praxisjahr im Spital macht, mausert er sich zum guten Hausmann heraus. Wenn sie abends – meist todmüde – heimkommt, steht oft ein neues, interessant aussehendes Gericht auf dem Tisch.

Anna findet nette Berufskollegen, Freunde. Wir wissen (siehe S. 93), wie abwehrend Thilo reagiert. Solche Situationen ergeben nun erstmals richtige Streitszenen. Anna schämt sich ihres muffligen, unfreundlichen Ehemannes. Ihrer Freundin Marianne klagt sie ihr Leid. Marianne ist oft empört über Thilo. Sie nimmt Stellung gegen ihn. Thilo mag Marianne nicht. Wenn sie da ist (leider nur allzuoft!), verschwindet er in seinem Arbeitszimmer.

Annas Freude am Beruf, ihre wachsenden Kompetenzen. Die Praxisgründung, von den wohlhabenden Eltern unterstützt. Anna wird nach und nach eine beliebte und auch bekannte Ärztin.

Thilos Habilitation, seine Forschungsaufträge. An irgendeinem Punkt hakt es aber in Thilos Karriere: Wie oft ist er nun schon an zweiter Stelle einer Berufungsliste gelandet – und die Stellen werden knapp. Thilo wird ungeduldig. Für Anna ist dies unwichtig. Leider können sie keine Kinder bekommen – also verdient Anna mehr als genug für den Lebensunterhalt beider.

Thilos wachsende Unzufriedenheit, Nörgeligkeit.

Wenn Anna spät aus der Praxis kommt, steht nun oft weder ein Essen auf dem Tisch, noch findet sich etwas Eßbares im Eisschrank. »Ich hatte zu tun«, muffelt Thilo dann. Anna murrt, verläßt einmal sogar wortlos das Haus, um auswärts zu essen.

Böse, unbedachte Worte fallen. Dazwischen finsteres Schweigen. Thilo kommt stunden- ja tagelang nicht aus seinem Studierzimmer heraus. Anna ist verzweifelt und böse. Sie lädt nun kaum mehr Gäste ein, Thilo benimmt sich allzu sonderbar.

Der letzte große Streit:

Thilo: »Wenn du am kommenden Wochenende wieder zu einer Ärzteversammlung fährst, kannst du gleich bleiben, wo du bist.« Und Annas verhängnisvolle Replik: »Einer muß beruflich schließlich etwas leisten, damit der andere ihn ausbeuten kann.«

Thilo schreit, wie er noch nie geschrien hat. Schimpfworte, Beleidigungen, Aufgewärmtes aus vergangenen Streitigkeiten. Er weiß hinterher nicht mehr, was da alles an Unflat aus ihm herausgekommen ist.

Thilo bricht, als Anna ihn aus dem Haus wirft, zusammen und muß in die Klinik gebracht werden (s. S. 57). Thilos Leidenszeit, die ihn durch Krankenhäuser und Sanatorien führt, beginnt. Er entflieht so für lange Zeit dem Leben. Anna ist beileibe nicht glücklich oder befreit. Sie trauert lange und schmerzlich um den »früheren Thilo«, den jetzigen will sie aber nicht mehr zurückhaben.

Anna, die viel Kräftigere, bleibt trotz des Kummers ihrem Leben verhaftet.

Neue berufliche Wege, Freunde, Bekannte. Zwei-, dreimal auch der Versuch einer neuen Bindung zu einem Mann: Meist überlebt die Liebe die erste gemeinsame Nacht nicht. Anna fühlt sich in dieser Beziehung stumpf. Thilo ist ihr Mann, nur Thilo.

Als nach eineinhalb Jahren sein erster Brief kommt (durch Bekannte hat Anna über Thilo immer Bescheid gewußt), antwortet sie nach langem Zögern nur kurz. »Lieber Thilo, wenn ich sage: ich war überrascht, dann trifft es meine Gefühle nicht wirklich. War ich erfreut? Auch das weiß ich nicht. Eines nur ist mir klar: ich war alles andere als gleichgültig. Das kann ich nie sein – wo immer Du bist, wie immer Du lebst. A.«

Es wird Thilos Gewohnheit, Anna regelmäßig zu schreiben. Über den Tierarzt Dr. Melchior und dessen Familie, die für ihn lange Zeit Refugium bleiben wird; über die neue Arbeit. Anna antwortet immer kurz, aber nicht unfreundlich. Thilo weiß, daß Annas Domäne das Schreiben nicht ist. Als Thilo schon wieder einige Wochen in München lebt, ruft er Anna an. Als er ihre Stimme hört, läßt er den Hörer fallen. Es wird ihm nun aber zur Gewohnheit, Anna in ihrer sprechstundenfreien Zeit in der Praxis anzurufen – er hört dann ihre Stimme am Anrufbeantworter.

Eines Tages ist sie selbst am Apparat, und Thilo meldet sich. Ein stockendes Gespräch. Will Anna sich mit ihm treffen? Anna reist nach Bad Gastein zu einem Psychosomatik-Kongreß, morgen früh. Aber nachher ...

Annas Stimme klingt warm und stark. Thilo zittert innerlich noch stundenlang. Sein Freund Franziskus muß mit ihm die Neuigkeit noch hundertmal durchsprechen und von allen Seiten beleuchten.

Die Zugauskunft ist etwas unklar. Nach Bad Gastein gibt es am Morgen verschiedene Möglichkeiten. Um 7 Uhr ist Thilo am Bahnhof, er steht hinter einer Werbetafel. Um 9 Uhr sieht er Anna. Sie ist in Eile; ihr kräftiger Schritt; etwas eleganter als früher. Hat sie die Haare gefärbt? Sie entschwindet allzu rasch. An diesem Tag kann Thilo nichts lesen, nichts schreiben. Stundenlang läuft er durch den herbstfarbenen Englischen Garten.

Vier Tage später.

Franziskus, seit längerem nun Thilos bester Freund, postiert sich im Café gegenüber. Thilo kauft sich eine Zeitung, ist viel zu früh da. Natürlich ist Anna noch nicht hier. Thilo schaut trotzdem sorgfältig in alle Ecken. Nervt den Kellner mit Fragen, ob es wirklich nicht noch andere Gastzimmer gäbe? Der Kellner blickt seinen Kollegen bedeutungsvoll an: der kahle Dürre dort hinten spinnt wohl? ...

Anna ist pünktlich. Ja, sie ist wirklich eleganter gekleidet als früher. Übrigens auch schlanker. Und in ihrem dunklen Haar gibt es eine recht attraktive weiße Strähne. Thilo steht auf, ihm fällt nichts ein. »Sind die weißen Haare echt?« fragt er schließlich, und Anna lacht. »Fällt dir nichts Wichtigeres ein?« sagt sie spöttisch, aber durchaus freundlich.

Thilo schließt einen Moment lang die Augen und denkt an die Entspannungsinstruktion, die er damals im Sanatorium gelernt hat. Tatsächlich wird er ruhiger. Er fragt Anna aus. Wie der Kongreß war. Hat sie einen Vortrag gehalten? (Na ja, einen vorbereiteten Redebeitrag!) Hat sie ihre psychosomatischen Interessen noch vertieft? Gibt es Marianne noch in ihrem Leben? Was tut sie jetzt?

Anna staunt. Thilo interessiert sich für ihr Leben, sogar für die alten Freunde.

Fast hätte Thilo vergessen, ihr das kleine Buch mit seinen gesammelten Aufsätzen über Soziobiologie zu geben. Er findet die Fotos hervorragend, sagt er. Sie lacht. »Sei nicht so bescheiden; ich habe alle deine Aufsätze gelesen. Sie sind wunderbar.« Thilo spürt, daß Anna dies wirklich meint. Anna findet Thilo verändert und sagt ihm dies auch. Wie denn? Na ja: offener, zugänglicher ... Thilo wird wieder verlegen. »Und du bist noch hübscher geworden«, sagt er schließlich.

Eineinhalb Stunden später sitzt der treue Franziskus noch immer im Café. Er ist beschwingt und läßt Thilo neben dem Espresso noch eine erkleckliche Anzahl Cognacs zahlen. »Für treue Dienste.« Thilo ist ausgelassen, spricht soviel wie selten. Franziskus freut sich. »Na, vielleicht wird's doch noch was!?«

Anna und Thilo gehen sorgsam miteinander um. Kein Treffen im alten Heim. Restaurant, Kino, Ausstellungen. Thilo merkt, daß auch Anna dies genießt.

Er kennt nun die alten Gefahren, und so läßt er trotz seiner neuen Verliebtheit die alten Freunde nicht sitzen. Trifft sich nach wie vor mit Franziskus; lädt Bekannte aus der Redaktion ein. Am Wochenende reist er oft nach T., um Dr. Melchior zu besuchen. Er fühlt sich, wie immer, dort sehr wohl. Dr. Melchior freut sich, daß es seinem Schützling und Freund nun soviel besser geht.

Einmal lädt Thilo Anna gemeinsam mit Franziskus und dem Ressortleiter für Politik ein. Er kocht gut; der Abend wird interessant. Er merkt, daß beide Männer seine Frau nett finden. Er merkt auch, daß Anna über sein neues Leben verwundert ist.

An jenem Abend bringt er sie nach Hause, da ihr Auto in der Reparaturwerkstatt ist. Vor dem Haus sagt Anna – verlegen (oder bildet er sich das nur ein?): »Willst du nicht auf einen allerletzten Schluck mit mir nach oben kommen?«

Thilo geht am nächsten Morgen, gegen jede seiner Gewohnheiten, vergnügt pfeifend durch den Vorgarten und schließt, wie viele tausende Male vorher, ganz sorgfältig hinter sich die Gartentür.

Max und Isabella

Der Beginn

Isabella und Max haben sich vor drei Jahren kennengelernt. Max erzählt: »Es war ein wunderschöner Sonntagnachmittag im Spätsommer. Ich wollte mit meiner Freundin Françoise in Nantes telefonieren, hatte aber kein Kleingeld für die Telefonzelle. Im Haus konnte niemand wechseln. Als ich Stimmen im Nachbargarten hörte, bin ich rausgelaufen. Es war gerade eine Familie aus den Ferien zurückgekommen. Ich wedelte mit der Zwanzigernote und brachte meine Bitte vor. Der Mann guckte mich befremdet an; ich mußte wohl auch etwas komisch gewirkt haben. Die Frau ging hingegen sofort nach oben und kam mit Kleingeld zurück. Sie war eher klein, sonnengebräunt, überhaupt ging Sonniges von ihr aus; sie war sehr hübsch und ganz blond. Unsere Blicke trafen sich über dem Zaun und verfingen sich ineinander.«

Die Fortsetzung

Max denkt oft an den intensiven Blick der blonden Frau. Manchmal geht er in den Garten und hofft, daß die blonde Frau auf den Balkon kommen möge oder sogar runter in den Garten und daß vielleicht dann ein Gespräch begänne. Aber sein Wunsch bleibt unerfüllt.

Max trifft Heidy im Hausflur. Er fragt nach der blonden Nachbarin. Max erfährt, daß sie Isabella heißt, seit einigen Jahren geschieden ist, eine Tochter namens Natascha hat, daß sie eine Boutique besitzt. Max erfährt auch, daß Heidy morgen bei Isabella zum Frühstück eingeladen ist. Eher zurückhaltend und ziemlich schüchtern, faßt Max sich nun ein Herz und bittet Heidy zu arrangieren, daß er mitkommen kann. Anderntags erscheint er mit zwei duftenden Melonen zum Frühstück.

Isabella zeigt Heidy und Max Fotos von ihrem Haus in Bailloux, Südfrankreich. Nach der Trennung von Adalbert hatte sie sich mit ihrer kleinen Tochter und einem beschützenden Hund dorthin zurückgezogen, ein Grundstück am Meer gekauft und mit der Hilfe einheimischer Arbeiter ein verfallenes Haus wiederaufgebaut. Zwei Jahre lebte sie in der südlichen Einsamkeit, um sich wiederzufinden, nachdem sie bei ihrem Mann zuviel von sich aufgegeben hatte. Max hätte noch lange zuhören können; doch Isabella muß in die Boutique. Heidy und Isabella küssen sich zum Abschied: Bizou à gauche, bizou à droite. Max – in einem seltenen Anfall von Mut – will auch; er darf, und Isabella strahlt ihn an. Wie seinerzeit am Zaun.

Die Entwicklung der Dinge

Längere Zeit tut sich nichts. Max ist es sowieso nicht gewohnt, bei Frauen die Initiative zu ergreifen. Er wurde von Mama, Großmama und zwei Tanten erzogen und war in diesem männerlosen Haushalt der kleine Prinz; so etwas prägt. Max kann also gar nicht anders, als auf den Zufall warten.

Max geht samstags immer in die »Galerie« essen; er kauft sich viele Zeitungen und verkriecht sich dann an einen Ecktisch – kulinarisch nimmt er das Weltgeschehen auf. An diesem Samstag regnet es; Max geht mit seinem Schirm aus dem Haus. Er trifft Isabella; sie kommt ihm mit einer Einkaufstüte entgegen, die fast größer ist als sie selbst. Max denkt, daß dies so doch nicht geht, und nimmt ihr die Einkaufstasche ab. Dabei fällt ihm sein Schirm zu Boden. Er trägt nun die Tasche und Isabella den Schirm. Vor dem Hauseingang kriegt er den Schirm zurück und Isabella ihre Einkäufe. Mehr ist nicht; wieder lachen sich beide an.

Max arbeitet als Historiker über den Nahen Osten. Max schreibt für die Zeitung einen Artikel: »Krisenherd Libanon«. Isabellas Schwager interessiert sich auch für den Nahen Osten; er erfährt, daß Max Isabellas Nachbar ist und würde ihn gerne kennenlernen. Isabella wirft einen Zettel in den Briefkasten von Max und bittet ihn, mit ihrem Schwager Kontakt aufzunehmen. (Später bekennt Isabella, daß sie da ein wenig arrangiert hat.) Max ist einverstanden und schiebt umgehend seine Botschaft unter die Haustür von Isabella. Mit der Antwort kommt Isabella selbst. Es wird das Treffen mit dem Schwager geplant; aber Max und Isabella nutzen diesmal die Gelegenheit und machen ein erstes Rendezvous aus.

Die Zeit der Vorsicht

Max hat seit langem eine Beziehung zu Françoise, die er sehr liebt. Diese Verbindung ist intensiv. Aber sie ist auch schwierig, zumal Françoise, nachdem sie sechs Jahre symbiotisch mit Max zusammengelebt hat, sich nun beruflich entfalten will. Max begreift sich im Leben von Françoise – nicht zu Unrecht – als Randfigur. Isabellas sonnige Aufmerksamkeit tut ihm gut. Aber Max ist vorsichtig.

Isabella hat sich vor kurzem nach einer in jeder Hinsicht spannungsvollen Ehe von Adalbert scheiden lassen. Adalbert war für sie sehr wichtig gewesen; er hatte ihr sozial und geistig neue Welten eröffnet, mit denen sich Isabella in der Folgezeit stark identifizierte. Wenn nicht unbedingt Adalbert als Person, so blieb doch auch nach der Trennung Adalberts Welt (Ashram, Spiritualität, Bewußtseinserweiterung etc.) für Isabella identitätsstiftend und -erhaltend.

In der Trennungszeit und danach hatte Isabella einige Beziehungen zu Männern. Das meiste davon ist enttäuschend verlaufen. Isabella hat sich deshalb erst einmal von den Männern zurückgezogen. Später gesteht sie Max, daß sie mit ihm zum erstenmal nach ganz langer Zeit wieder »einen angenehmen Mann« getroffen habe. Aber auch Isabella ist vorsichtig.

Max ist bei Isabella zum Abendessen eingeladen. Im Blumenladen beim Frauenspital hat er Gerbera geholt. Isabella kocht noch, als Max kommt. Max schaut sich im Haus um. Max ist sehr empfindlich, was die Ästhetik angeht. Was er an zarten Farben, geschmackvollen Teppichen und Möbeln sieht, gefällt ihm. Das französische Essen ist einfach, aber raffiniert; dazu gibt es einen blumigen Wein; alles ist schön gedeckt, und zwei Kerzen brennen. Isabella und Max betasten sich verbal: Wer ist der andere? Was interessiert ihn? Was mag er? In welchen Beziehungen steht er noch? Max fühlt sich wohl.

Nach dem Essen geht Isabella mit Max nach oben, in einen ganz lichten Raum, helle Möbel, viele orientalische Kissen. Max ist sofort von diesem Zimmer und dessen Ambiance entzückt. Max schaut sich die vielen Bücher an; Romane von Autoren, die er mag, und ganze Reihen mit Titeln aus dem Orient. Isabella erzählt die halbe Nacht von ihren Reisen in die Türkei und nach Indien, von Derwischen, Gurus und Erleuchteten. Für Max ist das eine neue Welt; aber er hört ohne Vorurteile und vor allem gespannt der jungen blonden Frau zu, die so anschaulich von ihren Erfahrungen mit dem Fremden erzählt. Als Max gegen 3 Uhr morgens geht, leiht er sich noch ein Buch über asiatische Religionen.

Max bringt drei Tage später das Buch zurück. Als er sich mit Isabella über das Gelesene unterhält, kommt Charles, ein Therapeut aus Kalifornien. Max wird von Isabella als Freund vorgestellt und korrigiert umgehend, daß er nur eine Art Nachbar sei (»a sort of neighbour«). Max bleibt vorsichtig.

Max möchte Isabella wiedersehen; zudem hat er zu Hause gelernt, daß man sich für eine Einladung zu revanchieren hat. Max lädt Isabella schriftlich zu einem Abendessen ein, da er sie persönlich nicht angetroffen hat. Als Isabella bei Max läutet, ist dieser im Kino. Zu Hause findet er folgende Zeilen: »7. 12. 81, lieber Max – sort of neighbour. Ich lasse mich gerne am 16.12. zu einem Abendessen von Dir einladen. Love, Isabella.«

Max freut sich und ist irritiert zugleich. Wie soll er den Gruß verstehen? Love? Geht Isabella leichtfertig mit Gefühlen um? Ist das nur eine sympathische Grußformel, made in USA? Oder hat sich Isabella etwa schon in ihn verliebt? Max grübelt; sowieso hat er die Eigenart, sich Probleme zu erdenken, wo realiter noch gar keine sind.

Max sieht dem 16.12. mit gemischten Gefühlen entgegen; aber die Freude überwiegt. Isabella kommt verspätet. Max ist leicht verärgert: Warum kann sie nicht pünktlich kommen? Ist ihr der Abend mit ihm zu wenig wichtig? Auch Isabellas Kleidung gefällt ihm nicht sehr; sie ist zwar teuer, aber recht konventionell angezogen, und die Pluderhosen machen sie kleiner, als sie eh schon ist. Max denkt einen Augenblick nostalgisch an Françoise. Der Abend in der »Galerie« wird schön. Max vergräbt sich in den Anblick von Isabellas Gesicht; er beobachtet, genießt, versinkt – vor allem in Isabellas große braune Augen. Max und Isabella finden nun Gelegenheit, das Buch über asiatische Religionen zu diskutieren. Max erfährt spannend Neues über Religionsgemeinschaften in Indien, die auch nach Europa wirken, über das Leben in einem Ashram, über Meditation. Später denkt Max, daß er an den ersten Abenden mit Isabella eigentlich nur geschaut und zugehört hat und daß Isabella sich kaum für seine Welt interessierte. Aber warum hat er auf Fragen gewartet? Er hätte sich und seine Ideen ja einbringen können.

Zur Polizeistunde gehen beide nach Hause. Isabella lädt Max noch zu sich ein, und wieder reden sie sich in den Morgen. Max geht dann heim. Isabella scheint entwas enttäuscht; Max spürt das. Aber Max muß zu sich; er braucht das und Zeit, um zu überlegen. Max ist nicht so spontan wie Isabella; er ist es wohl sogar zuwenig. Max denkt an Françoise; Max denkt an Isabella. Eindrücke, neue und alte Bilder durchmischen sich, Erinnerungen und Gefühle. Max ist verwirrt. Was kann ihm Françoise noch an Gemeinsamkeit ermöglichen? Was ließe sich mit Isabella leben? Françoise ist in Paris, er meistens auch; Isabella ist 600 km von Paris entfernt. Max wägt ab; Max vergleicht zwischen Françoise und Isabella. Max sucht denkend Klarheit, wo Klarheit gegenwärtig gar nicht möglich ist. Max ringt um Entscheidungen, statt die Situation hinzunehmen. Warum hat es Max nicht einfach gelebt? Max hat wohl auch Isabella zuwenig von seinen Konflikten erzählt. Aus Angst, sie zu verletzen, und aus Angst, seine Zwiespältigkeit Isabella zu zeigen und sie damit verlieren zu können.

Ziehen wir eine Zwischenbilanz! Wie so oft: In der Phase des ersten näheren Kontakts und tieferen Interesses finden wir schon alle Themen angeschnitten, die später einmal zu Konflikten und Trennung führen werden. »In a nutshell« ist alles vorhanden: Max steht noch in einer starken Beziehung zu seiner ersten Partnerin und ist daher für eine neue intensive Beziehung innerlich noch gar nicht bereit. Eher ist zu vermuten, daß er Isabella braucht, um sich von der unerreichbaren Françoise zu distanzieren. Daß Isabella Max sofort »Adalberts Themen« kredenzt, läßt vermuten, daß auch sie, wenn nicht an ihren Ex-Mann persönlich, so doch noch sehr stark an seine Welt gebunden ist. Ihre Motive sind aber sehr viel klarer als die von Max: Sie möchte nun wiederum einen Lebenspartner – ein Thema, dem Max äußerlich scheinbar aufgeschlossen gegenübersteht, das er aber innerlich noch nicht bewältigt hat.

Seine kleinen Distanzierungsversuche (»Sort of neighbour«, Unwillen über die Kleidung etc.) sprechen für sich selbst. So unwichtig es scheint, wenn man sich etwa über die Pluderhosen der Gefährtin aufregt: Es zeigt doch den Willen zur plötzlichen Umkehr der Perspektive. Der (die) wirklich Geliebte kann auch verschwitzt, verweint oder in zerfetzter Kleidung noch als selbstverständliche »Königin des Herzens« fungieren, selbst wenn die Defizite durchaus bemerkt werden. Im Zustand der inneren Distanz aber wird dies zum Ärgernis.

Daß Isabella offenbar keinen Zugang zu den sehr ernsthaften Berufsinteressen von Max sucht, scheint auch nicht ohne Brisanz. Ist sie dazu intellektuell unfähig? Eher müssen wir vermuten, daß sie ihre eigenen Weltanschauungen allzu wichtig nimmt und daher jene an einer anderen Wirklichkeit orientierte Sachrationalität von Max innerlich abwertet. Da diese »negativen« Momente mit einer andrerseits schon sehr stark erotisch getönten Anziehung kombiniert sind, kann sich die Beziehung gar nicht einfach gestalten.

Der Lauf der Dinge

Isabella bringt Max ein Buch über ihren Ashram. Max liest von Kräften, die von dem Erleuchteten ausgehen, und von Erweckungserlebnissen der Menschen im Ashram. Max findet vieles davon schön; ihn beeindruckt die Schilderung eines Mannes, der beim Anblick des Erleuchteten sich mit dem gesamten Kosmos in Einklang fühlt. Aber Max ist Wissenschaftler; er denkt, daß zu solchen Erlebnissen schon eine ganz bestimmte Persönlichkeitsstruktur gehört: keine starke Identität und etwas hysterische Züge. Dennoch versucht Max zu verstehen. In der Trennungskrise mit Françoise hat er Kopflastigkeit aufgeben müssen. Seither interessiert sich Max für Dinge, die er früher mokant belächelte: Parapsychologie, energetische Ströme zwischen den Menschen, Astrologie ... Max bemüht sich um Isabellas Welt.

Isabella liest ein Buch von Max über soziale Bewegungen; sie lobt es; aber es entsteht keine Diskussion darüber. Max denkt wieder an Françoise. Max abonniert die »WOZ«. Da die linke Wochenzeitung bald in Schwierigkeiten gerät, wirbt Max bei Freunden um Unterstützung. Auch Isabella abonniert, bestellt die WOZ aber bald wieder ab. Sie hat sich über die Einseitigkeit des Blattes geärgert! Aber was ist einseitig? Isabella verweigert sich der Diskussion, die Max möchte. Spürt sie nicht das Anliegen von Max, über seine Welt zu reden, sie ihr mitzuteilen?

Max mag Isabella. Aber er greift sich zugleich das Unterschiedliche zwischen ihnen, um Barrieren zu errichten, die ihn hindern, unbeschwert auf Isabella zugehen zu können: Françoise hat sich viel mehr für Politik interessiert; Françoise hat über meine Arbeit gesprochen; Françoise hat äußerlich besser zu mir gepaßt; Françoise, Françoise ...

Isabella hat sich längst in Max verliebt. Sie will ihn, ganz. Als Isabella und Max wieder einmal zusammen ausgehen und Max sich wieder einmal mit einem geschwisterlichen Kuß vor seinem Haus verabschiedet, wird Isabella wütend. Sie stampft mit ihren Füßen auf und geht sichtbar zornig nach Hause. Max ist das beileibe nicht egal. Er überlegt, was mit ihm los ist. Françoise fällt ihm immer wieder ein. Max denkt auch an die Schwierigkeiten einer Liebesgeschichte, die von 600 km in zwei Hälften von Leben gespalten wird. Max fantasiert sich Probleme aus, die es noch gar nicht gibt, um sich zu schützen: vor Unwägbarem, vor unsicherer Zukunft, auch vor möglichem Leiden.

Max ist bei Isabella eingeladen. Auf seinen Wunsch hin gehen sie gleich in das lichte Zimmer. Es ist kurz vor Weihnachten. Im Kamin knistert Holz. Übermorgen fährt Isabella nach Indien. Isabella fragt Max, ob sie im März zu ihm nach Paris kommen darf; sie möchte einen tanztherapeutischen Kurs besuchen. Max fährt dann nach Amerika zu einem Kongreß. Natürlich kann Isabella bei ihm wohnen. Aber Max denkt, daß sie jetzt, wo er in ihrer Stadt ist, nach Indien muß, und wenn sie nach Paris kommt, er nach New York abfliegt. Max nimmt das als Symbol; die Weichen sind gestellt; es ist alles zu schwierig; das Ganze hat keinen Zweck. Der Kopf von Max ist überschwer. Max zieht es zu der jungen, blonden Frau. Doch Max geht. Isabella spürt das Entscheidende des Moments und begleitet Max das Treppenhaus hinab zur Tür. Als Max sich verabschiedet, fällt sie ihm um den Hals. Ihre Lippen finden den Mund von Max und öffnen ihn. Isabelle möchte nicht allein einschlafen und bittet Max in ihr Zimmer. Max willigt ein und schlägt – allen Ernstes – Isabella vor, eine Geschichte am Bettrand vorzulesen.

Doch jetzt ist Isabella viel stärker als er und das Geschehen auch. Max kommt es später so vor, als hätte er beim Eintreten in Isabellas Schlafzimmer seinen Kopf an der Haustür vergessen. Dafür spricht einiges; denn Max kann nicht mehr rekonstruieren, was sich dann ereignete. Max findet sich in den Armen Isabellas wieder. Es ist sanft und stark und sachte und schön. Sie lacht und strahlt und freut sich. Dann trifft sie der Schmerz, daß Max nicht bleibt. Max zieht sich an, nimmt ihre blonden Haare noch einmal zärtlich in seine Hände, küßt ihre Stirn und geht. Max muß wieder bei sich sein; ein Haus weiter, allein. Max muß verarbeiten, was jetzt mit ihm geschieht. Max zieht damit sich und Isabella in eine zermürbende Dynamik von Nähe und Distanz. Hätte er sich einfach treiben lassen sollen von dem, was sich ihm jetzt eröffnet?

Zwiespältiges

Isabella fährt anderntags nach Indien. Max erhält eine Karte: »Je t'embrasse, je t'aime!« Max ist wieder allein. Max kann sich wieder Gedanken machen. Max telefoniert viel mit Françoise; er freut sich, wenn er ihre Stimme hört, und er braucht es, ihr von sich und seiner Arbeit erzählen zu können.

Als Isabella in ihre Heimatstadt B. zurückkommt, ist Max längst wieder in Paris. Die Vorbereitung seines Referats für den Kongreß in New York entbindet ihn wenigstens zeitweise von seinen privaten Problemen: Françoise oder Isabella, Isabella und Françoise, wo steht er? Steht er überhaupt noch. Auch Isabella und Max telefonieren viel.

Max packt, als Isabella in Paris eintrifft. Isabella weiß nicht, daß Max mit Françoise nach Amerika fährt. Max will Isabella nicht verletzen; er hat auch kein sonderlich schlechtes Gewissen dabei, da die Reise mit Françoise geplant war, lange bevor er Isabelle kennenlernte. Max und Isabella schlafen noch einmal miteinander. Dann muß Max ins Institut und von dort zum Flughafen. Im Institut geht alles schneller als erwartet. Max nimmt sich wieder ein Taxi, fährt in seine Wohnung zurück, um Isabella noch ein letztes Mal zu lieben. Isabella freut sich und ist dann traurig: Liebe und Abschied; nun ist sie zehn Tage in der Wohnung von Max; Max ist überall präsent, ohne da zu sein.

Max hingegen ist nicht allein. Er fährt mit Françoise nach New York und von dort nach Boston im Zug. Die beiden entdecken zusammen Amerika oder doch wenigstens einen Ausschnitt davon. Max genießt es mit Françoise. Es ist so schön mit ihr. Sie kennen sich nun seit nahezu zehn Jahren, und alles ist selbstverständlich zwischen ihnen, ohne je fad zu sein. Ein einziger Blick genügt, und die Welt ist klar. Françoise und Max haben sich ein Universum errichtet, aus dem Verstehen, Tun und Lassen, Aufnehmen, Sehen, Halten und Hören noch immer gleichgerichtet fließen. Max schreibt Isabella eine Karte aus Boston: »Love, Max.«

Als Max aus Amerika zurückkehrt, ist Isabella bei einem Meditationskurs in England. Die Koordination zwischen Isabella und Max ist nicht zureichend. Auch das Planen gemeinsamer Wochenenden fällt den beiden nicht leicht; Max gibt Isabella dafür die Schuld. Aber Isabella ist berufstätig und hat eine Tochter. Max versteht diese Doppelbelastung nicht und nimmt Nicht-Können für Nicht-Wollen. Was er für Absagen hält, liefert ihm Zement für neuerliche Distanz.

Isabella macht den Fehler, sich Max monatelang als Frau zu präsentieren, die zwar irgendwo ein Kind hat, aber doch auch wieder keins. Es dauert länger als ein Jahr, bis Natascha und Max sich kennenlernen. Max bleibt zu lange für Natascha eine Gestalt von Geschichten, die Isabella ihr glücklich erzählt, und Natascha ist für Max nur eine hübsche Fotografie.

Isabella und Natascha fahren im Sommer 1982 mit Freunden zu Freundesfreunden nach Spanien. Max soll auch kommen. Als Isabella den Plan faßt, ist für sie klar, daß er Wirklichkeit werden wird. Isabella und Max sind Einzelkinder; beide sind ziemlich egozentrisch und verwöhnt. Insbesondere für Isabella besteht zwischen Wunsch und Erfüllung keine Diskrepanz. Isabella verdrängt, daß Max nicht »Ja« und nicht »Nein« gesagt hat. Max will es sich überlegen, und Max braucht ja immer lange zum Überlegen. Als Isabella ihn aus Barcelona anruft, hat Max sich gegen den Urlaub entschieden.

Er nennt Gründe: Termine, Arbeit, ein Buch. Isabella ist ungeheuer und zutiefst enttäuscht; sie fällt in eine Depression. Mit einem körperlich anstrengenden Surf-Kurs windet sie sich langsam aus ihrer Traurigkeit; doch die Ferien bleiben ihr vergällt.

Isabella macht dies Max immer wieder zum Vorwurf; sie reduziert die vielfältigen Gründe seiner Absage darauf, daß Max für die Ferienzeit seine Katze nirgends unterbringen konnte. Max fühlt sich unverstanden. Gewiß hätte ein spontanerer Mensch, als er es ist, die Reise nach Spanien wohl machen können. Darüber würde Max auch mit sich diskutieren lassen. Aber ihn ärgert, daß Isabella seine gewichtigen Gründe nicht nur nicht versteht, sondern offenbar nicht einmal mitgekriegt hat. Im Kopf von Max setzt sich fest, daß ihm Isabella nicht richtig zuhört, daß sie zu sehr um sich selber kreist, daß sie ihn allzuoft ungefragt zum Objekt ihrer Wünsche macht. Doch Max begehrt dagegen zuwenig auf;

er geht von der Annahme aus, daß sein betroffenes Gesicht ausreichen müßte, um Isabella die gemachten Fehler zu verdeutlichen.

Max ist konfliktscheu – zumindest in Beziehungen. Hätte er nicht den offenen Konflikt mit Isabella wagen sollen? Umgekehrt stößt Max Isabella vor den Kopf, weil er sich zuwenig in bestimmte Konstellationen ihrer Lage einfühlen kann. Weihnachten 1982: Isabella feiert mit ihrer Tochter, ihrem geschiedenen Mann und dessen Familie; Max feiert mit seiner Mutter und seiner Tante. Isabella und Max haben ausgemacht, daß sie sich um 23 Uhr treffen und beschenken wollen. Max ist pünktlich in seiner Wohnung. Es ist 23.00 Uhr; es wird 23.15; es wird 23.30 und auch 23.45. Max hat sich auf Isabella gefreut und darauf, ihr seine Geschenke zu geben. Seine Freude verwandelt sich in Ärger und der Ärger in Müdigkeit. Max macht einen Zettel an die Tür: »Bin schlafen gegangen. Besuche Dich morgen.« Isabella ist enttäuscht. Hätte Max nicht warten können? Sie kam doch gewiß nicht extra zu spät. Und gerade an Weihnachten!

Was ist inzwischen geschehen? Nun hat sich der Zwiespalt für beide vertieft. Die erotische Anziehung war zwar da; aber die Abstimmung der Lebenspläne hakt an allen Ecken und Enden. Isabellas großes Versäumnis, ihrem Geliebten klarzumachen, daß sie eine verantwortungsbewußte, berufstätige Mutter mit vielerlei Pflichten ist, muß man sehr ernst nehmen. Für Max, den Kinderlosen, der sich am liebsten selbst noch in der Rolle des verwöhnten Kindes sieht, würde – so kann man vermuten – das Kind eine große Belastung bedeuten. Es ist anzunehmen, daß die sensible und ängstliche Isabella dies – bewußt oder unbewußt – spürt und – konfliktscheu wie Max – das Problem verdrängt. Sie will sich nur als die Geliebte präsentieren; aber die Realität schlägt dem natürlich immer wieder ein Schnippchen. Beide sind nicht recht imstande, sich in die Lebensrealität des anderen einzufühlen. Max' Interesse für Isabellas »geistige Welt« ist ein intellektuell-genüßliches geblieben; ihre zweite Realität würde vermutlich allzuviel von ihm fordern. Nach wie vor verweigert aber auch Isabella ihre Zustimmung zu Max' Realität. Daß sie keinerlei Hinweise auf Françoises Anwesenheit in Amerika findet, scheint von viel Verdrängung diktiert. Hat sie nicht gefragt, gebohrt? Es ist anzunehmen, daß sie die Illusion nährt, sie könne die einzige, die wahre Partnerin für Max sein.

Das Fazit: Zwei Menschen haben es schon zu Beginn versäumt, ihre Problemseiten voreinander bloßzulegen: Max seine Unschlüssigkeit wegen Françoise, Isabella die überaus wichtige Verpflichtung mit Beruf und Kind.

Sicher hätte es dann gleich zu Beginn mehr Konflikte gegeben, es wären aber auch die Chancen zu mehr Nähe gestiegen.

Entsprechungen, Ergänzungen
Max und Isabella sind Schwimmen gegangen. Isabella läßt sich lachend vom Bassinrand ins Wasser rollen. Max filmt mit seiner Super-8-Kamera. Er schaut sich später diese Szene immer wieder an; er mag diese strahlende, vergnügte, helle Isabella. Max weiß, daß sie auch dunkel sein kann und depressiv.

Isabella und Max fahren nach N. Max sitzt gern in Isabellas Auto; Isabella fährt gut. Sie hören ein Oboen-Konzert, und Max legt seine Hand auf Isabellas Oberschenkel. Isabella wird ganz warm; sie spürt es bis zu ihrem Herzen.

Max zeigt Isabella N., wo er früher gearbeitet hat. Isabella läßt sich gerne von Max führen; sie mag, daß ihr einmal alles abgenommen wird und sie sich an der Seite von Max bloß treiben lassen kann. Max führt Isabella zu den schönsten Orten von N., zu solchen, von denen er denkt, daß sie ihr entsprechen. In der Kathedrale zündet Isabella eine Kerze an: »Für uns. Es kann sicher nicht schaden.« Max ist nicht religiös; aber solche Gesten rühren ihn.

Isabella und Max gehen indisch essen. Max ißt bedächtig und schön. Isabella schaut ihm gerne zu. Max ist überhaupt gediegen. Isabella hat manchmal den Eindruck, daß Max sich etwas im Jahrhundert geirrt hat. Er ist in vielem etwas weltfremd. Max wollte zum Beispiel nie Autofahren lernen. Max kann auch keinen Stecker an einer Lampenschnur anbringen. Isabella hilft Max und mag das. Max mag, daß Isabella ihm hilft und so praktisch ist.

Max steht auf Freundesfuß mit der Sprache. Er schreibt gern, und es fällt ihm ganz leicht. Isabella mag nicht schreiben. Max erhält in den drei Jahren ihrer Beziehung nur Postkarten von Isabella. Max stört das. Max schreibt Isabella lange Briefe; Isabella liebt es, von Max Post zu bekommen.

Max arbeitet schnell, organisiert sich und seinen Tag. Max organisiert auch seine Freizeit. Isabella ist anders. Max und Isabella wachen am Sonntagmorgen auf. Max beginnt, den Sonntag zu planen. Isabella küßt und streichelt seine Planung einfach weg. Zärtlichkeit, Liebe. Max läßt sich fallen und genießt. Frühstück im Bett, ein Orangensaft zum Auftakt, Reden, ein gemeinsames Bad ... Die Stunden vergehen ungeplant, und es ist schön so.

Max ist ernsthaft, aber auch albern. Max kann mit einer Büchse auf der Straße ein Fußballmatch gegen sich selbst veranstalten. Max geht bedächtigen Schrittes und hüpft plötzlich über eine Absperrung. Max und Isabella verbringen die Winterferien im Hotel; es gibt einen

Raum mit Tischfußball und Flipperautomaten. Max ist häufig dort. Isabella ist zunächst irritiert und läßt sich dazu anstecken; es macht Spaß.

Isabella fährt ausgezeichnet Ski, Max nur sehr mittelmäßig. Isabella führt Max eine schwierige Piste hinab. Max hat Angst, beschwert sich, motzt; er hat kaum noch Augen für die blitzende Sonne, den gleißenden Schnee. Doch plötzlich läuft es bei Max. Max freut sich über das Wagnis und darüber, daß es gelingt. Max ist Isabella dankbar.

Max und Isabella haben Besuch; Freunde sind gekommen. Isabella ist eine perfekte Gastgeberin. Alles klappt ohne Verkrampfung. Isabella unterhält sich mit Max; Isabella unterhält sich mit Freunden. Max mag, daß Isabella sich vergnügt und er nicht – wie bei anderen Frauen – immer schauen muß, wie es Isabella geht, was sie macht ... Max mag Isabellas Selbständigkeit.

Isabella und Max gehen in Paris aus. Isabella trägt einen schwarzen Lederrock und einen raffiniert dekolletierten schwarzen Pullover. Isabella ist sexy. Die Männer gucken Isabella an. Max ist von Stolz erfüllt. Isabella mag, daß die Frauen auf Max schauen. Isabella spürt Max sehr stark. Er durchdringt sie, reißt sie auf. Max wärmt Isabella; er öffnet sie. Isabella sagt: »Max hat mir meine Lebensangst genommen. Max hat mich zur Frau gemacht.« Isabella schreibt am 19. 3. 83 an Max: »Ich fühle mich weich, zuversichtlich, breiter (Schultern) und länger und ganz offen, zärtlich und dankbar, daß Du in meinem Leben bist. Du öffnest mir so viele Türen und ich brauche Dich! Ich bin sehr glücklich, obwohl Du so weit weg bist und mir sehr fehlst.«

Die Passion

Das Zwiespältige von Isabella und Max ist in Positives gebettet; es bleibt von daher lange Zeit untergründig. Das Zwiespältige besteht. Manchmal drängt es nach oben. Mehr bei Max als bei Isabella. Aber das Zwiespältige löst sich immer wieder auf in der körperlichen Leidenschaft, die Isabella und Max verbindet.

Max kommt mit dem Flugzeug aus Paris; Isabella holt ihn in K. ab. Es ist wieder einmal ein wärmender Sommertag. Isabella und Max fahren an den See und gehen in ein Restaurant. Max blickt über das ruhige, weite Wasser, das sich gegen die Berge erstreckt; Max blickt Isabella an; Max blickt auf das Wasser. Ruhe, Unruhe, Ruhe. Isabella hat nur Augen für Max. Sie nimmt Max in sich auf; die Gegenwart von Max verströmt in ihr. Isabella zerfließt durch und in Max.

Isabella arbeitet. Max telefoniert von unterwegs aus einer Zelle; es drängt ihn zu Isabella. Isabella sagt: »Wir sind doch nicht mehr achtzehn. Ich arbeite. Du kannst doch bis heute abend warten.« Max kann nicht, Max will vor allem nicht. Max kommt im Taxi. Isabella unterbricht ihre Arbeit. Isabella lacht. Der Rückfall in die Spätpubertät macht Spaß.

Auf der Terrasse in Bailloux. Die Sonne steht hoch am Himmel. Isabella und Max strecken sich in der Hitze. Max holt einen Krug Wasser aus der Küche und benetzt Isabella; dann begießt er sie. Isabella holt Wasser für Max. Beide versinken ineinander, in Wasser, Hitze und Glut.

Max betrachtet gerne Isabellas Körper. Max betrachtet Einzelheit um Einzelheit. Isabella ist unsicher. Kann sie sich das erlauben? Daß Max ihren Körper so mag, stärkt Isabella. Isabella zeigt sich Max. Max hat einen großen Spiegel in seinem Schlafzimmer. Freunde sagen zu Isabella: »Du bist so aufgeblüht.«

Isabella ist wieder zu Hause; Max ist in Paris. Isabella spricht mit dem Foto von Max hinter ihrem Bett. Max sitzt an seinem weißen Tisch und betrachtet den Ferienfilm von Isabella; sie lacht ihn an. Max muß Isabellas Stimme hören. Er ruft sie an.

Unterbrechen wir den Bericht von Max, der – im übrigen – retrospektiv einsieht, daß er und Isabella schnell Lücken gefüllt haben, um diese nicht schmerzhaft zu spüren. In der Tat: Max und Isabella haben, außer im Bereich der Sexualität, ziemlich wenig Einfühlungsvermögen füreinander entwickelt. Daran ist nicht nur die räumliche Entfernung schuld.

Isabella ist Max als Person nun zwar vertraut, aber weder rational noch intuitiv ist ihm klargeworden, was sie von ihm braucht. Verständlich, daß er ihre Klammerversuche abwehrt – hat er aber eine Vorstellung davon, warum sie ihre starken Halteversuche unternimmt?

Und Isabella: Hat sie je versucht, den Zwiespalt von Max' Verwöhnungs- und Abgrenzungswünschen zu ergründen? Sie will, je länger, desto verzweifelter, nur eines: Max, Max, Max. Träte sie einen Schritt zurück, könnte sie einen anderen Max auftauchen sehen: einen, der noch immer den Schmerz um Françoise nicht verarbeitet hat und dabei auch ihre Hilfe brauchte. (Dazu müßte sie aber imstande sein, das Thema zu ertragen!) Einen Max, dessen Verwöhnungswünsche ein Defizit an Vertrauen in die eigene Person ausdrücken. Dies aber läßt sich weder durch Bemutterung noch durch Abwehr decken. Isabella und Max hätten durch viel Dickicht gehen müssen. Daß sich überhaupt kein brauchbarer gemeinsamer Lebensplan finden läßt, ist vermutlich Ausdruck der unbewußten Resignation.

Machtkampf der Königskinder
Max packt Bücher für Paris ein. Isabella zeigt sich entsetzt: »Du nimmst noch mehr Sachen nach Paris?« Max braucht die Bücher; er versteht die Frage nicht. Isabella will, daß Max zu ihr kommt. Aber was soll Max in Isabellas Heimat? Max hat eine interessante Stelle in Paris, sogar eine Anstellung auf Lebenszeit. Dort, wo Isabella wohnt, würde Max nichts Gleichwertiges finden.

Isabella drängt; Max solle zu ihr kommen. Sie bietet Max an, ihn eine Weile als Hausmann zu beschäftigen; während dieser Zeit könne sich Max in Ruhe eine Stelle suchen. Max ist pikiert; aber Isabella wollte ihn nicht verletzen. Max denkt, daß Isabella ihn nicht verstehen will: »Mein Beruf ist doch Teil meiner Identität.«

Max erhält in Paris eine Karte von Isabella. Auf der Karte ist ein Hase von Janosch und ein Text: »Wenn Du nicht bald kommst, dann lege ich mich hernieder. Tot für immer und stehe nie wieder auf. Außer Du kommst doch.« Max fühlt sich gedrängt; er arbeitet gerade an einer wichtigen Untersuchung mit seinem Chef. Max nimmt den Nachtzug.

Max ist krank. Isabella pflegt ihn. Aber Isabella hat auch ihren Haushalt und vor allem Natascha. Max ist frustriert, daß Isabella nicht ständig neben seinem Bett sitzt.

Isabella kommt krank nach Paris. Max hat Karten für ein Konzert von Paco de Lucia gekauft. Isabella bleibt lieber im Bett; Max ist ärgerlich. Sie hätten mit dem Taxi zum Konzert fahren können. Isabella fühlt sich allein. Max hat in Paris seine Arbeit und seine Verpflichtungen. Isabella: »Halt mich; ich brauche dich.« Max: »Ich kann dich nicht immer halten; du mußt dich auch selber halten können.« Max verweigert sich Isabella; er findet diese Reaktion richtig für Isabella. Aber Isabella begreift das alles als Liebesentzug.

Max und Isabella gehen ins Kino. Es gibt einen Film über den italienischen Widerstand. Max arbeitet gerade über dieses Thema. Er konzentriert sich gänzlich auf den Film. Isabella beschwert sich, daß Max sie nicht halte.

Max sieht keine Perspektive mit Isabella: die Distanz, die anderen Schwierigkeiten. Max spricht von Trennung. Isabella flippt aus; sie muß sich übergeben, sie weint und läuft fast aus. Isabella kann sich nicht mehr vorstellen, ohne Max zu leben. Max spricht immer mal wieder von Trennung …

Max geht mit Isabella und Natascha in die Winterferien. Natascha hat Angst, daß Max ihr Isabella wegnehmen will. Max beschwichtigt. Natascha probt die Auseinandersetzung; sie hängt sich förmlich an ihre Mutter; sie läßt Isabella und Max keine ruhige Minute; sie kriegt Schreikrämpfe, als Max und Isabella einmal ausgehen wollen. Max und Isabella gehen schließlich trotzdem aus, aber der Abend ist verdorben. Isabella reibt sich auf zwischen Natascha und Max. Max reist vorzeitig ab.

Müdigkeit und Hoffnung
Der Machtkampf der Königskinder kennt nur Verlierer. Isabella und Max sind gestreßt. Im Spätherbst 1983 schreibt Isabella an Max: »Ich fühle mich innerlich unendlich müde, traurig und abgekämpft.« Bei Max setzt sich die Anstrengung der Auseinandersetzung mit Isabella in Ungeduld um. Am Neujahrstag 1984 schreibt er einen Abschiedsbrief an Isabella. Doch Max bleibt nicht konsequent; als er Isabella noch einmal trifft, obsiegt wieder die Anziehung.

Isabella kommt nach Paris. Max kann sie nicht vom Bahnhof abholen, weil er eine Sitzung hat; Isabella ist bestürzt. Max hat soeben ein neues Buch herausgegeben; Isabella blättert es nicht einmal auf. Max ist schockiert. Für beide sind das treffliche Anzeichen mangelnder Aufmerksamkeit des anderen.

Max beginnt sich über das aufzuregen, was er Isabellas Trödelei nennt. Max findet Isabella in ihrem Pelzmantel lächerlich. Max langweilt sich plötzlich in Isabellas Gegenwart. Max denkt vermehrt an Françoise. Max findet Isabella zu klein.

Isabella empört sich, weil Max angeblich in einem Restaurant mit einer anderen Frau flirtet. Isabella kritisiert den Pullover, den Françoise für Max gestrickt hat. Isabella findet, daß Max zu ungesund ißt; er soll seine Eßgewohnheiten ändern. Isabella nimmt in der Anwesenheit von Max des öfteren einen abwesenden Blick an.

Die Trennung
Max wird unsicher, ob und wie lange er zu Isabella nach Bailloux fahren will. Nun handelt Isabella, die eigentlich schon gehandelt hat; sie fährt mit ihrem Jugendfreund nach Bailloux.

Max, dem sie versprochen hat zu telefonieren, hört zehn Tage nichts von Isabella. Max wird unruhig, dann ängstlich. Max schläft schlecht und hat Vorahnungen; sie bestätigen sich am 6. Juli. Max erreicht endlich Isabella. Es ist aus.

Isabella überschüttet Max mit Vorwürfen, aggressiv, böse, angehäuft. Max habe sie nicht wirklich geliebt; Max habe sich nicht um Natascha gekümmert; Max habe sich nicht zu ihr bekannt; Max habe immer mit Trennung gedroht; Max sei zu anstrengend gewesen ...

Isabella erzählt von Visionen, die sie bei verschiedenen Gelegenheiten hatte. Dabei sei ihr bedeutet worden, daß sie ganz frei und ganz offen leben müsse. Sie wolle sich nicht mehr an einen einzigen Mann binden. Jetzt lebe sie die totale Freiheit.

Isabella sagt: »Mich brennt es nicht mehr nach dir.«

Max verliert seine Fassung und nahezu auch die Sprache. Max erkennt Isabella nicht wieder; für ihn klingt sie hektisch, durcheinander, völlig anders. Max ringt um Worte; aber Isabella scheint ihn in ihrem Monolog sowieso nicht zu hören. Max kommt sich wie ein negatives Abziehbild seiner selbst vor. Max kriegt Angst.

Ziemlich unvorbereitet und abrupt reißt ab, was als solch großes Liebeserlebnis empfunden wurde. Die vielen kleinen Zeichen von Abkühlung, Enttäuschung und Distanz konnten durch die räumliche Trennung noch einige Zeit übersehen oder »vergessen« werden.

Unter der Decke einer noch immer starken körperlichen Anziehung hatte aber der Zersetzungsprozeß schon seit längerem begonnen.

Isabella, die heftiger Klammernde und daher tiefer Verletzte, muß den Bruch von sich aus herbeiführen. Dies gibt ihrem angeknacksten Ego Halt. Die ideologischen Rechtfertigungen (freie Liebe, Visionen ...) sind aus ihrer eigentlich schon ein wenig überwundenen Vergangenheit wieder hervorgeholt worden; sie erweisen sich im Moment als Halt. Es ist zu bezweifeln, ob sie sich in dieser Weise auch längerfristig bewähren werden.

Unbezweifelbar aber: Isabella hat gespürt, daß Max nur selten wirklich bei ihr war; daß die erotische Verbundenheit alleine nicht für ihr ganzes Leben reichen wird, daß Françoise die Leitfigur von Max geblieben ist.

Beide führen keine Auseinandersetzung. Isabella entzieht sich durch ihr »Ausflippen«, womit sie sich Kummer und Mühe erspart. Max, erstarrt vor Schreck, kann nicht mehr an sie heran. Ihre Vorwürfe treffen ihn und können ihm doch nichts besagen: In dieser allgemeinen Form kann er nichts damit anfangen.

Briefe

In schlafloser Nacht greift Max zur Feder; er verfaßt einen ersten langen Brief an Isabella. Max schreibt: »Ich frage mich, inwieweit Du in allem, was jetzt abläuft, wirklich noch Du bist. Ich kenne eigentlich eine ganz andere Isabella.« Max schreibt: »Offenheit ist ja toll. Aber Offenheit löst auch auf, zum Teil in ganz gefährlicher Art. Offenheit ist nur zu leben, wenn man ein starkes Zentrum hat, das Grenzen setzen kann. Im

Leben ist immer alles dialektisch: Zu den Grenzen gehört die Offenheit, und zur Offenheit gehören die Grenzen. Niemand – nicht einmal ein Heiliger – ist so breit, daß er für alles offen sein kann, wie Du es Dir nach Deinen Worten nun vorgenommen hast. Die Konsequenz von solchem ist der Verlust der eigenen Mitte und Schlimmeres.«

Max geht es schlecht, Max leidet. Isabella telefoniert noch einmal: Sie habe die ganze Nacht von Max geträumt; sie liebe ihn; Max habe stets einen großen Platz in ihrem Herzen. Nun ist Max noch verwirrter.

Max schreibt einen zweiten Brief an Isabella. Max beschwört darin die Vergangenheit, ihre Passion, die Szene am See ... Max läßt schriftlich vor Isabella das Gelebte Revue passieren, als könne er damit die Gegenwart bannen.

Max geht es noch schlechter; Max mag nicht mehr essen und verliert in drei Tagen vier Kilo an Gewicht. Max ist förmlich zu. Max träumt ein Trennungsdurcheinander von Françoise und Isabella, in dem die eine das Gesicht der anderen und die andere die Stimme der einen annimmt. Max flippt aus.

Max spricht mit Ena, Sarah, Manfred, Thomas und Françoise. Max beginnt anderes zu sehen; Max schreibt einen dritten Brief an Isabella: »Mir ist klargeworden, daß Du Dich mehr in die Beziehung zu mir gegeben hast als ich in die Beziehung zu Dir.« Max wird deutlich, daß ihm Isabella zu früh begegnet ist; Françoise befindet sich noch zu stark in ihm, und es hat keinen Sinn, daß er gegen diese Realität ankämpft.

Der Film

Max träumt. Max sieht einen Film mit dem Titel »La Merde«; Hauptdarsteller ist Max. Max sieht sich als verwöhntes Kind, das alles bekommt – das Mäxchen, dem jeder Wunsch von den großen braunen Augen mit den langen Wimpern abgelesen wird. Der junge Max reitet auf einem Schimmel durch die grüne Wiese, vorbei an schönen barbusigen Frauen, die sich vor ihm verneigen. Max im Schlaraffenland. Max sieht seine Verletzbarkeit, wenn ihm Wünsche verweigert werden. Max als Mimose. Max steht auf einem hohen Turm und betrachtet die Welt von oben. Max, der sich nicht fallen lassen kann. Max sieht eine hübsche blonde Frau; Max denkt, daß es irgendwo sicher noch hübschere blonde Frauen gibt. Max, der häufig unzufrieden ist; Max, der aus der Gegenwart in die Zukunft drängt; Max, der sich zuwenig im Moment gehen läßt. Max ist auf einem Schloß zu Gast; Max ißt von einer großen süßen Torte. Aber wo hat Max sein Gastgeschenk gelassen? Max, der nimmt und zuwenig von sich zu geben vermag. Max wird auf dem Schloß zu einem Ball eingeladen; doch Max zieht sich lieber zum goldenen Schwan an den Teich zurück. Max, der Nähe scheut und sich in der Distanz souverän fühlt.

Max schreibt einen vierten Brief mit Eilboten nach Bailloux. Max hat nun verstanden, daß er Isabella in ein Wechselbad von Liebe und Liebesentzug, Nähe und Entfernung geworfen hat. Max schreibt: »Mea culpa (was das angeht).« Max exkulpiert nicht Isabella von ihren Fehlern. Aber Max weiß jetzt, daß ihm Isabellas Fehler nichts nützen. Max muß seine Ärmel hochkrempeln.

Isabella hat Max immer wieder gesagt: »Laß dich einfach von mir lieben, nimm es an, dann wird alles gut!« Warum hat sich Max gewehrt? Mußte Max sich wehren? Max mußte wohl, weil er noch zu viel Vergangenheit in sich trug.

2. Versuch einer Systematik von Partnerschaft und Trennung

Die ersten Phasen der Begegnung mit ihren schwerelosen Wünschen und Fantasien, mit der Verzauberung, die in körperliche Vereinigung mündet, wird später (s. S. 16ff.) langsam aufgefüllt durch die Phase des Diskurses, wo erstmals Entdeckungen über den anderen und über sich selbst als möglichen Partner gemacht werden; wo man sich einiges über die Chancen der Beziehung als Balance-Akt zwischen Nähe und Distanz überlegt.

All dies – meist noch umfangen vom überschwenglichen Glück der Verbliebtheit – hat gleichsam provisorischen Charakter. Ein erstes Vortasten, noch geleitet von übersteigerten Fantasien, Idealisierungen des anderen und ein wenig unrealistischen Gefühlen der eigenen Stärke.

All dies ragt dann auch hinein in diejenige Zeit, in der feste und realistischere Pläne gemacht werden für eine gemeinsame Zukunft. Die Zeit der beginnenden Konsolidierung des Lebens, ja: der Institutionalisierung (ob mit oder ohne Trauschein) beginnt.

Wir denken, daß die vorläufigen und vagen Themen der ersten Diskursphase nun wirklich durchgearbeitet, ja durchlitten werden.

Dominierendes Problem, Hintergrund aller Bemühungen um die Partnerschaft ist das Einpendeln der Beziehung zwischen Nähe und Distanz.

Zu erkennen, wieviel Nähe jedem der beiden »bekömmlich« ist, wieviel Distanz jeder braucht: das ist die hervorragende Aufgabe der Partnerschaft. Jeder bringt gerade hier seine eigenen, tiefsten Ängste mit, und leider wissen die wenigsten Menschen von vornherein, welches »Maß« für sie gerade recht ist. In gewissem Sinn ist es ein lebenslanger Prozeß und ein lebenslanges Bemühen, hier immer wieder neue Fein-Abstimmungen zu finden für den Wunsch nach innigem Zusammensein oder für jenen nach mehr Abgrenzung und eigenen Lebensraum.

Wir haben sechs Facetten der Partnerschaft herausgestellt, die sich auf dieser »Folie« des »Nähe-Distanz«-Problems aufweisen lassen. Wir wollen zeigen, wie sich in diesen Facetten immer wieder neu das Bemühen um die »richtige Balance« spiegelt.

Diese sechs Facetten bezeichnen wir als:

1. die »Aura« des Partners; das, was ihn zum »Einzigen«, »Wichtigen« macht;

2. das »Universum«: Das ist die Erarbeitung eines gemeinsamen »Kosmos«, die Übereinkunft über die wichtigsten Begebenheiten in der Welt, in der Beziehung, über sich selbst;

3. die »Komplementarität«: die Tatsache, daß man den anderen braucht, um eigene Defizite zu kompensieren;

4. die »Bilder«: Das sind diejenigen Projektionen und Vorstellungen, die wir entwickeln, um den anderen zu kennzeichnen;

5. die »Dienstleistungen«: Hiermit sind jene sichtbaren Hilfeleistungen gemeint, die in jeder Partnerschaft wichtig sind, damit sie nicht als eine »Ausbeutungsgemeinschaft« erscheint;

6. das »Thema«: Dies ist ein zentrales Interesse, ein über oder unter der Beziehung immer fortexistierender, gemeinsamer inhaltlicher Bezugspunkt, von dem aus die Partnerschaft entscheidend mitbestimmt wird.

Alle diese Facetten können, wie gesagt, sowohl »Nähe« als auch »Distanz« anzeigen. Sie sind janusköpfig, unterliegen einem Prozeß der Entwicklung, der sich sehr oft von einer als übertrieben empfundenen »Nähe«-Phase zur »Distanzierung« hin bewegen kann. Dieser Prozeß kann aber auch sprunghaft verlaufen, er ist umkehrbar, immer wieder anderes kann in den Vordergrund gerückt werden. Qualität von Partnerschaft und Trennung sind davon entscheidend geprägt.

In diesen Facetten mit ihrem Balance-Bemühen liegen im Keime verborgen: das zukünftige Glück und Behagen einer Beziehung oder auch Krise und Trennung.

Daß die Formung einer Persönlichkeit nach der Adoleszenz nicht abgeschlossen ist, wurde immer wieder gesehen und beschrieben. Die langdauernde Partnerschaft – eine für unsere Gesellschaft typische Form des Erwachsenenlebens – könnte, nach übereinstimmender Meinung aller aufmerksamen Beobachter, eine Chance sein, die eigene Person besser zu entfalten; den Gesichtskreis zu erweitern, Begabungen zu kultivieren; emotional differenzierter und/oder stabiler zu werden. Dies alles klingt sehr idealistisch – angesichts der hohen Scheidungszahlen für manche Menschen wohl auch schönfärberisch?

Partnerschaft, so meinen wir trotzdem, ist eine Entwicklungsaufgabe wie Schule, Pubertät oder Berufsausbildung. Sie ist eine bedeutende Sozialisationsinstanz. Wie alle diese wichtigen Abschnitte im menschlichen Leben ist sie aber auch gefährdet durch Krisen und Gefahren. Und so verwundert es nicht, wenn gerade innerhalb der Partnerschaft vieles von dem verlorengeht, was eine einigermaßen geglückte Adoleszenz uns eigentlich bescheren müßte: innere Unabhängigkeit, ein Gefühl für die eigene persönliche und sexuelle Identität, der Mut zum »Anders-sein« ... Zauber und Macht der erotischen Anziehung verdecken zuerst den drohenden Prozeß des Rückfalls in kindliche Verhaltensweisen: Man »liebt« einander eben so sehr, daß man alles gemeinsam macht, einander nicht aus den Augen läßt; der Geschmack paßt sich an, Meinungen werden kritiklos übernommen. Die frühe Kindheit – in Form des Wunsches nach Einheit und Symbiose – schlägt wieder zu; es droht die Regression. In vielerlei Formen kann sie sich bemerkbar machen: das große gemeinsame Bett, die genaue Abstimmung der Tagespläne, das Aufgeben von früheren Freunden. Das alles sind Anzeichen drohender Gefahren. Was zuerst als ideale Partnerschaft erlebt wird, kann später zum Gefängnis werden. Häufig sind nicht beide Partner gleich stark. Einer »gibt nach« und wird wieder zum Kind. In früheren Zeiten waren das erstaunlich oft die Frauen. Es sind jene, die nach Scheidung oder Tod des Partners als jämmerliches Häufchen Elend auch nach zwanzig Jahren die Ehebetten noch nicht auseinandergerückt haben und ihr ganzes Wohlbefinden (meist natürlich: Unwohlbefinden) dem böse oder tragisch Entschwundenen anlasten.

Die »Symbiose« ist für manche Menschen zuerst recht angenehm. Vorbei der Kampf um immer neue Beachtung beim anderen Geschlecht, vorbei die Angst vor einsamen Abenden, Ablehnung durch andere Menschen oder kämpferischen Auseinandersetzungen. Manche aber – bei unseren Paaren sind dabei vorab immer wieder Sven und Michael zu nennen – fürchten dieses Abgleiten in die Intimität fast augenblicklich und reagieren dementsprechend ablehnend gegen das »Gefängnis«, als das sie die Ehe sofort empfinden.

Sind also diese beiden Männer die eigentlich »Gesunden«? Beileibe nicht! Denn auch dies stimmt: Partnerschaft *muß* das Regredieren gestatten, muß das Einssein, die Nähe erlauben. Gerade diese Möglichkeit kann der Nährboden sein dafür, daß man vom anderen profitiert, daß man seine Andersartigkeit verstehen lernt, sich an ihr bereichert. Ähnlich wie das Kind erstmals nur durch das ungeteilte Einssein mit der schützenden Mutter Vertrauen faßt für seine Ausflüge in die Welt und damit für die Erfahrung, daß es jemand »anderer« ist als die Mutter: So muß dieser Prozeß auch in der Partnerschaft in wesentlichen Zügen wiederholt werden.

Ehen wie diejenigen von Michael und Rebecca oder Sven und Margarete, bei denen der »symbiotische Prozeß« nur sehr rudimentär abläuft, ermöglichen jene Chance zur Persönlichkeitsbildung ebenso schwer wie Ehen, in denen eine ewige Symbiose gewünscht wird. Moderne Paare sind sich rational solcher Gefahren bewußt. Vom ewigen Einssein sprechen sie natürlich nicht, die »Selbständigkeit« des einzelnen wird betont, welche durch die oftmals gute berufliche Ausbildung der Frauen auch objektiv möglich ist. Was macht es trotzdem so schwer, dem »Schlag der frühen Kindheit« zu entrinnen?

Neben den persönlichen und singulären Erfahrungen, die diese Auseinandersetzung steuern, sind es sicher auch gesellschaftliche Normen, die uns dabei verunsichern. Seit einigen Jahrzehnten sind wir nämlich dem Diktat zweier entgegengesetzter Ideale ausgesetzt. Es ist dies erstens die Forderung an unsere Fähigkeit zur Selbstverwirklichung als »autonome Persönlichkeit«, wobei man davon ausgeht, daß ein Mensch alleine und unabhängig leben, sich von anderen und ihren Meinungen distanzieren könne etc. Zweitens ist es die Forderung an unsere Bindungsfähigkeit; wir sollen Nähe ertragen, dem anderen entgegenkommen können, uns einfühlen, mit ihm eins sein.

Diese beiden Ideale zu vereinen scheint für viele Menschen eine Überforderung. Natürlich läßt sich – rein logisch – erklären, daß eben die Fähigkeit zur »richtigen Nähe«, zur »richtigen Balance« zwischen »Ich-Sein« und »Hingabe« erreicht werden muß. Psychologisch aber scheint gerade dies oft ungemein schwierig. Häufig tendieren wir allzusehr nach der einen oder der anderen Seite. »Nähe«-Toleranz wird dann zum »Klammern«, die eigene »Autonomie« zur »Abkapselung«. Es gibt keine absolute Meßskala dafür, ab wann etwa aus dem »Nähebegehren« der »Klammerreflex« wird oder aus dem »autonom Distanzierten« der »Autist«, und so entwickelt sich zwischen Partnern häufig eine Art »Hochpokern« dieser Eigenschaften. Man kennt das: Je mehr der eine klammert, desto stärker kapselt sich der andere ab. Ganz schnell wird außerdem – aus der eigenen Angst heraus – der andere zum Gegenpol stilisiert. Die Frage, ob man heute abend gemeinsam essen könne, kann dann bedrängende Freiheitsberaubung bedeuten; der Wunsch, alleine spazieren zu gehen, beweist schon die Kontaktlosigkeit des Partners.

So werden im Laufe der Jahre oft Animositäten geschürt und extreme Positionen gezüchtet, die der »eigentlichen Natur« eines jeden Partners nicht gerecht werden. Aus vagen Tendenzen werden festgefahrene Zuschreibungen. Dementsprechend wird mit Angst auf die leisesten Zeichen von Abwehr oder Klammern reagiert.

Die Geschlechtsspezifität dieser Verhaltensweisen ist zwar erstaunlich oft, aber beileibe nicht immer gegeben. Die Rollen können sich vertauschen: Aus dem Verweigerer wird der Klammernde, wenn der Partner nicht mehr »mitspielt« und seinerseits Fluchttendenzen zeigt. Wenn aber die gegenseitigen Animositäten einen gewissen Grad an Unerträglichkeit erreicht haben, wird das Kampfelement der Partnerschaft sichtbar. Es ist der Konflikt um die Kontrolle der Beziehung, der Kampf um das »Modell« des Zusammenlebens. Diese Auseinandersetzung hat nicht unbedingt mit der »Machtbesessenheit« des einen oder des anderen zu tun; sie resultiert aus der *jedem* Menschen innewohnenden Angst, überrollt zu werden, nicht mehr um seine Meinung gefragt zu werden, Kontrolle zu verlieren. Zwar werfen Paare einander recht gerne »Kontrollsucht« und »Dominanzstreben« sozusagen als persönlich diffamierende Eigenschaft vor. Sieht man aber näher hin, entdeckt man, daß natürlich beide kämpfen (einen einseitigen Kampf kann es ja gar nicht geben). Jeder besteht in seiner typischen Weise auf dem ihm gerade genehmen Aspekt von Nähe oder Distanz. Die Tränen des demütigen Opfers in einer Beziehung sind ebenso Waffe wie die harten Worte des »Täters«. Inhalt des Machtkampfes kann so gut wie alles sein.

Dieser Konflikt ähnelt wiederum in vielem der Auseinandersetzung des Adoleszenten mit dem Elternhaus, und er dient ja auch denselben Zielen: die eigene Identität wiederherzustellen, sich freizuschwimmen aus den Tiefen der symbiotischen All-Einheit, zurückzukommen zum Wissen, daß der andere meine Einsamkeit nie ganz wird teilen können. So wie sowohl Silvia als auch Margarete und Anna (die alle drei durch eine schwere Krise hindurch zu einem neuen Ehegleichgewicht gelangt sind) es immer wieder in neuen Variationen formulieren: »Wir sind jetzt gerne zusammen ... aber ich weiß, daß mein Mann mich nie ganz verstehen kann ...«

Ein glücklicher Ausgang des Kampfes ist möglich. Beide können sich dann ihrer Eigenart sicher sein und haben doch profitiert vom Leben des anderen. Geben und Nehmen sind ausgeglichen. Aber wie viele Gefahren lauern auf dem Weg – und es wäre vermessen, je auf ein endgültiges Happy-End zu hoffen. Die Phase des Machtkampfes strapaziert beide Partner in den mittleren Jahren ungeheuer. Je nach Temperament und Vorerfahrung spielt er sich laut oder leise ab – schmerzhaft ist er immer. Ob krachende Türen und Schimpfworte oder ob es nur die verächtlich hochgezogene Augenbraue bei der falschen Verwendung eines Fremdwortes ist: Jede Geste kann Ausdruck einer tiefsitzenden und über lange Zeit hindurch gehegten Verletzung sein.

Die Auflösung der Symbiose über den Machtkampf geht in vielen Phasen vor sich. Es wechseln Zeiten der Nähe mit solchen der Distanz. Im Streit wie in der Liebe aber spiegeln sich viele typische Aspekte der gesamten Beziehungsstruktur.

Die Aura

Das Liebesgefühl ist davon geprägt, daß der Geliebte für mich das ganz Besondere ist, das Unverwechselbare, und daß ich gleichzeitig dasselbe für den Geliebten bin. Es ist, als sei der Partner einmalig und gewissermaßen für mich geschaffen. Damit ist wohl bezeichnet, was Verzauberung, Betörung und Faszination des Liebesgefühls ausmacht (vgl. unsere Einleitung). Der eine Partner wird gefangen von dem, was der andere ausstrahlt, aussendet, und umgekehrt. Wir bezeichnen dieses psychoenergetische Feld, in das die Liebenden wie in eine Falle wehrlos geraten, als *Aura*. Ohne diesen Begriff als solchen zu verwenden, schreibt Georges Bataille dazu: »Die Wahl eines Objektes hängt immer von den persönlichen Vorlieben des Subjektes ab: Selbst wenn sie eine Frau trifft, die die meisten gewählt hätten, ist es oft etwas Unwägbares, das entscheidet, und nicht eine objektive Qualität, da vielleicht nichts an dieser Frau eine Bevorzugung bewirken könnte, wenn sie nicht an unser inneres Wesen rührte.« Diese Attraktion kann mehr oder minder stark sein: Betroffen davon sind und waren alle unsere Paare. Anna konnte selbst nach mehrjähriger Trennung von Thilo nur mit Mühe eine ganze Nacht mit einem anderen Mann verbringen. Mochte dieser auch noch so attraktiv, lieb und gescheit sein, spätestens am Morgen ergriff sie die unwiderstehliche Sehnsucht nach Thilo: »Seine Ausstrahlung fehlte mir.« Thilo versuchte erst gar nicht die Abwechslung, weil ihm die »ewige Unverwechselbarkeit von Anna«, wie er sagt, »ins Blut geschrieben war«. Chloé mußte in Erinnerung an Thierry häufig hemmungslos weinen, nachdem sie mit Tom intim zusammengewesen war. Thierry trug noch Jahre nach der Trennung die Aura von Chloé im Herzen; er suchte nach ihr oder später doch wenigstens nach einer möglichst wirklichkeitsgetreuen »Nachfolgerin«. Als er sechs Jahre nach der Trennung mit Ena und Markus zu den Salzburger Festspielen fuhr, saß in der Reihe vor ihnen eine feenhafte Blondine, die ihn ungemein an Chloé erinnerte; von der Aufführung bekam Thierry nun nichts mehr mit.

Doch das Gefühl, dem anderen das Unverwechselbare zu sein, hält auch Problem- und Streitehen zusammen. Rebecca und Michael sind dafür ebenso ein Beispiel wie Corinna und Herbert oder sogar Karl und Marion.

Was ist nun diese Aura genauer? Sie ist das irrationale Gespür dafür, daß der andere der Besondere für mich ist. In diesem anderen verdichtet sich augenblickshaft, sensationell, was ich als Kind, Heranwachsender und Erwachsener an Partnerwünschen, Partnerfantasien und konkreten Partnerbildern sukzessive in mir entwickelt habe. In »Madame Bovary« hat Flaubert solches trefflich beschrieben: »Durch ihre ständig wechselnden Launen – manchmal geheimnisvoll, manchmal heiter, jetzt gesprächig, dann wieder schweigsam, manchmal hingebungsvoll, manchmal überlegen – wußte sie tausend Begierden in ihm zu erwecken, tausend Instinkte und Erinnerungen. Sie war die Geliebte in allen Romanen, die Heldin aller Theaterstücke, die ›Sie‹ aller Gedichte. Auf ihren Schultern entdeckte er das ›bernsteinfarbene‹ Leuchten der badenden Odaliske; sie hatte den hohen Wuchs der Damen aus der Zeit des Rittertums; auch sah sie aus wie die ›bleiche Dame aus Barcelona‹; aber sie war immer ein Engel.«

Leopold Szondi hat darauf aufmerksam gemacht, daß bei der Partnerwahl in Manifestation tritt, was uns die familiären Ahnen als Lebensmöglichkeiten mitgegeben haben. Rilke hat in der Dichtung auf Ähnliches hingewiesen. Plötzlich tritt uns als *konkrete* Erscheinung entgegen, was uns am Großvater, an dem und jenem Onkel, am Vater und ältesten Bruder schon je immer gefallen hat, worin uns Urgroßmutter, Schwester, Tante und Cousine faszinierte. Konzeptuell noch klärender ist das Begriffspaar von *Animus* und *Anima*, das C. G. Jung prägte und interpretierte: »Wie die Anima dem mütterlichen *Eros* entspricht, so der Animus dem väterlichen *Logos.*« Gemeint sind damit *innere Figuren* im Unbewußten von Mann und Frau. Die Anima verkörpert alle weiblichen Gefühle, Seelenqualitäten und Fantasien im Manne, und der Animus alle männlichen in der Frau; ihre jeweilig individuellen Ausformungen erhalten Animus und Anima durch Vater und Mutter, aber auch durch die anderen männlichen und weiblichen Bezugspersonen innerhalb unserer Lebensläufe.

Solche inneren Figuren, die wir in unseren Wünschen, Fantasien und Bildern seit je transportieren, treten uns irgendwann und durchaus urplötzlich im geliebten Wesen von Frau und Mann gegenüber; sie *objektivieren* sich in ihnen, und wir können nun konkret mit ihnen umgehen und leben.

Aura kann freilich mit den Monaten und Jahren bröckeln oder verblassen. Was einstmals tiefe Wünsche und Fantasien erweckt und befriedigt hat, hält dem Alltag nicht immer stand. Trotzdem ist es schwer, sich vom Zauber dieser früheren Faszination loszureißen. Die notwendige Enttäuschung fällt denn auch schlimmer aus, als wenn wir bei Bekannten und Freunden irgendwann Negatives entdecken. Der Sog in die Aura hinein hält an – die Enttäuschung darüber, daß der Zauber nicht alles hält, was man sich von ihm versprach, läßt harscher reagieren als im sonstigen Beziehungsgeschehen.

Zur Erklärung von Bröckeln und Verblassen rekurrieren wir noch einmal auf Szondi und Jung. Ziehen wir in Betracht, daß sich in der Aura des Geliebten ein Ahnenschicksal materialisiert, so können dabei durchaus die problematischen oder gar dunklen Dimensionen gelebt werden. Szondi notiert: »Auch das Schicksal ist somit – wie das Ich – stets unterwegs. Es bewegt sich zwischen den Bereichen des Ahnenerbes, der eigenen Trieb- und Affektnatur, der sozialen und mentalen Umwelt und dem Bereich des Geistes. Erstarrt das Ich in irgendeinem Gebiet dieser Funktionen, so erstarrt mit ihm auch das Schicksal. Es versteinert sich zum Zwangsschicksal, und damit wird der Gang des Einzelnen auf dem Wege der Menschwerdung unterbrochen. Das Schicksal wird zum Petrefaktum im Sein.« Die Beziehungskrise oder Trennung kann hier der persönlichen Entwicklung wieder auf die Sprünge helfen.

Ebenso konstatiert C. G. Jung, daß sich Anima und Animus im jeweiligen Mann, in der jeweiligen Frau quasi verirren können. Der Animus kann sich in der Gestalt des attraktiven Räubers und Mörders objektivieren; Ritter Blaubart wäre hier ein Beispiel aus der Literatur. Die Anima kann Gestalt finden im leichten Mädchen oder in der »femme fatale«;

denken wir nun an Heinrich Manns meisterhafte Beschreibung von Professor Unrats Schicksal.

Aufgrund ihrer je spezifischen Sozialisation und der damit verbundenen Frauen- und Männerbilder im weitesten Sinne können Animus und Anima in Sackgassen führen; sie tendieren dann zu Ende, Krise und Trennung oder Schlimmerem, wie etwa ein russisches Märchen zu erzählen weiß: Da sieht ein Jäger eine wunderschöne Frau am anderen Ufer des winterlichen Flusses. Sie erweckt in ihm die Realisation seiner weiblichen Traumbilder. Diese Anima lockt und singt: »Komm, komm, ich habe vermißt dich, vermißt dich; nun will ich umarmen dich: Komm, komm, nah ist mein Nest.« Als der Jäger schwimmend das entfernte Ufer erreicht, fliegt seine Anima lachend als Eule davon. Der Jäger ertrinkt im eisigen Fluß.

Das Universum

Die Soziologen Berger und Kellner beschreiben eine Facette der Partnerschaft, die wir auch bei unseren Gesprächspartnern immer wieder als wichtig und beziehungsstiftend erlebt haben. Es ist dies das gemeinsame Erschaffen eines »Universums«, die gemeinsame Erarbeitung einer »Welt« durch das Gespräch, in dem man Alltagsereignisse, Freunde, Familienmitglieder, politische Ereignisse und ähnliches kategorisiert und bewertet. Berger und Kellner nennen dies einen »nomischen Prozeß« (nomos = Gesetz, Ordnung) oder den Prozeß der »gemeinsamen Sinnstiftung«. Was man erlebt, wird durchgesprochen. Etwas überspitzt formulieren die beiden: »So mag es tatsächlich geschehen, daß eine Erfahrung nicht als völlig wirklich erscheint, solange sie nicht durchgesprochen ist.«

Daß man ein solches gemeinsames Universum hat, macht einen Teil des »Heimeligen«, des »Gemütlichen« in der Ehe aus; es ist ein wichtiger Teil der Intimität, ja der Identität der Beziehung und der eigenen Person.

Dieses gemeinsame Universum wird einem Paar aber nicht geschenkt, es muß »erarbeitet« werden. Wo Verzauberung, Verliebtheit und Vereinigung vorherrschen, ja auch dann, wenn schon die ersten Diskursversuche einsetzen, mag es manchmal scheinen, als sei man von ewig her aufeinander »programmiert« gewesen. Die Ansichten über die Welt scheinen erstaunlich oft bis in Details hinein übereinzustimmen, man könnte fast »wie aus einem Munde« sprechen.

Mit großer Sicherheit läßt sich behaupten, daß man hier vorerst »dem schönen Schein« auf den Leim geht. Da man so gerne eins sein will, fühlt man sich augenblicksweise in idealer Weise in den anderen ein, übersieht Unstimmiges und feilt Übereinstimmendes immer besser zurecht.

Später erst wird das Gespräch so differenziert (und damit aber auch sehr viel »unebener« und schwieriger), daß eine wirklich neue gemeinsame Welt geschaffen wird. Die Bewertung des alten Freundes wird im Laufe des ersten Ehejahres etwas verändert, nachdem man seine Schrullen mit der Partnerin des öfteren besprochen hat. Er, der früher einfach »ein wenig komisch« war, mag nun ein »unangenehmer Narziß« werden oder aber auch »witzig und kreativ«. So ändert sich langsam und unmerklich die Welt für beide.

Gerade in diesem Prozeß, wenngleich kein Paar einer gewissen Angleichung entgeht, gibt es sehr viele unterschiedliche Nuancen, wo auch Unstimmigkeiten und Unbehagen entstehen können; es gibt Prozesse, wo der eine allzusehr »dominiert«, vielleicht auch, weil der andere es »nötig« hat, geleitet zu werden. (Siehe Abschnitt »Komplementarität«). Wie immer der Weg zum gemeinsamen Universum aussehen mag: Eine echte Partnerschaft zeichnet sich dadurch aus, daß zumindest in wichtigen Teilen Einigkeit herrscht über die Welt und das, was in ihr passiert. Man schafft sich einen Fundus an gemeinsamen Begriffen, Präzedenzfällen für die Bewertung von Ereignissen und ähnlichem mehr. Nach einiger Zeit »weiß man, was der andere denkt«. Natürlich lauern aber auch hier schon die Gefahren. Eine Partnerschaft, die ihre »Sinnstiftung« vorwiegend dem Begriffs- und Bewertungsinventar nur des einen verdankt, kann zum unerträglichen Gefängnis werden. In diesem kann man ersticken, oder man muß daraus ausbrechen. Bei Michael und Rebecca ist – wenngleich abgeschwächt – Ähnliches passiert. Michaels Welt war für die hochkonservativ erzogene Rebecca so reizvoll, daß sie anfangs alles, was der so »andersartige, so besondere, so begabte« Michael dachte und tat, mitgemacht hat. Später, als sie sich auf ihre eigenen Talente besann, konnte sie Michael davon nur wenig nahebringen. Noch jetzt, Jahre nach der Trennung, spricht Rebecca davon, daß ihr die Ehe »geistig viel gebracht« hat. Michael aber, ein immer nur auf sich selbst konzentrierter Mensch, war nicht so glücklich dran. Auf unsere Frage meinte er nur zögernd, er habe sich und seine Einstellungen durch die Ehe nur »unwesentlich« verändert. Wenn dies auch übertrieben sein mag: Hier liegt in der von Anfang her schlechten gemeinsamen Erarbeitung des »Universums« sicher schon die Problematik der Ehe mit eingeschlossen.

Ganz anders z. B. bei Thilo und Anna, deren erste jugendliche Jahre fast rauschhaft geprägt sind von der gemeinsamen »Sinnstiftung« in der

Welt. Auch dies, wie wir wissen, kann verhängnisvoll werden. »Ausbrüche« aus dem gemeinsamen Universum: nämlich die Erarbeitung einer Teilwelt, zu der Thilo weniger Zugang hat (Annas Beruf), können von ihm nicht geduldet werden und verwandeln sich daher zum Explosionsstoff. Hier lauert die allzu große Nähe in einem Universum, dem keine »Frischluft« mehr zugefügt wird, in dem keiner alleine seine »Inseln« bewohnen darf. Es lauert aber auch die Gefahr der Distanzierung: wenn einer sich vom anderen ganz leise wegbewegt und auf einem Stern landet, den der Partner nicht mehr kennt.

Komplementarität

Unsere Welt ist voll von angsterregenden Geschehnissen. Auch wenn wir noch so tüchtig und mutig erscheinen: überall drohen Mißerfolge, böse Nachrede, das Verlassenwerden durch Freunde, Langeweile, ein betrügerischer Wohnungsmakler oder ein Wasserrohrbruch. Je nach persönlicher Eigenart ist es das eine oder das andere, was besonders bedrohlich erscheint. Nichts aber ist dem Menschen tiefer eingepflanzt als das Bedürfnis, diese Bedrohungen in den Griff zu bekommen, zu kontrollieren und – dies ist besonders wichtig – aus vielerlei ungereimtem Geschehen heraus einen Sinn zu lesen. Letzteres betrifft vor allem unsere menschlichen Beziehungen: Warum beobachtet uns die Nachbarin immer so neugierig, wenn wir Besuch empfangen? Weshalb hat der Arbeitskollege immer wieder seine Anfälle von schlechter Laune? Und: Ist es etwa gegen mich gerichtet, wenn meine Freundin so oft auf die Wichtigkeit eines »guten familiären Hintergrunds« hinweist?

Alle diese Ängste und oftmals chaotischen Wahrnehmungen können gemildert werden, wenn uns ein anderer dabei hilft. Wenn der andere sozusagen verspricht, dies »für immer« zu tun, dann wird er für uns unentbehrlich und bekommt sehr große Wichtigkeit.

Wo aber soll er uns »helfen«? Nun, natürlich gerade dort, wo wir unsere größten Ängste und Schwächen haben. Ziehen sich also die »Gegensätze« an, oder – was ja der Volksmund auch immer wieder behauptet – gesellt sich lieber »Gleich zu Gleich«?

Es gibt sehr viele Spekulationen und empirische Untersuchungen über diese Frage. Ursula Jäckel hat nach einer gründlichen Übersicht den Stand recht vorsichtig so formuliert: »Obwohl für die in den Erklärungsansätzen enthaltenen Hypothesen wenigstens im allgemeinen so viel empirische Unterstützung nachgewiesen werden konnte, daß sie nicht in den Bereich reiner theoretischer Spekulationen verwiesen werden können, ist der Grad ihrer empirischen Überprüfung nicht befriedigend.« Sicher ist, daß Eheerfolg und Partnerwahl mit einer Reihe von ähnlichen »Sozialdaten« (Schicht, Bildung, Rasse ...) zusammenhängen; wie es mit den »feineren« psychologischen Daten aussieht, ist schlecht zu entscheiden, weshalb bei der Frage, ob die psychologische Komplementarität im Gegensatz zur Homogenität als Garant für das Eheglück die entscheidende Rolle spielt, ein Teil der Untersuchungen mit »ja«, ein Teil mit »nein« und der weitaus größte mit »jein« antwortet. Dies hängt natürlich davon ab, welche psychologischen Eigenschaften wir untersuchen und mit welchen Methoden wir dies tun.

Es gibt offensichtlich Dimensionen des Lebens, in denen wir den »gleichen« Partner brauchen und suchen, und solche, in denen der »Gegensatz« uns anzieht. Welche Dimensionen dies jeweils sind, hängt von unserer Lebensgeschichte und Persönlichkeit ab und ist in jedem einzelnen Fall wiederum unterschiedlich und daher mit unseren bislang gängigen sozialwissenschaftlichen Methoden schwer zu untersuchen. Es gibt Paare, die auf die »Ähnlichkeit« miteinander sehr viel Wert legen und diese kultivieren. Es sind Paare mit starken Anklammerungstendenzen, deren Leben anfangs oft paradiesisch anmutet, jedoch im Laufe der Zeit entweder von Langeweile oder vom abrupten Ausbruch eines Partners bedroht ist. Thierry und Chloé gehören zu dieser Kategorie. Nie hätte der attraktive und begabte Thierry eine weniger schöne und nur durchschnittlich begabte Partnerin neben sich dulden mögen. Der von ihm immer wieder beschriebene »Gleichklang der Seelen« wird aber für Chloé zum Gefängnis, weil sie selbst offenbar auch das »ganz andere« sucht – wobei übrigens Chloé bis jetzt noch nicht genau angeben kann, worin dieses besteht. (Bisherige Partnerschaften nach der Trennung waren jedenfalls meist dadurch gekennzeichnet, daß sie das »Gegenmodell« zu Thierry darstellten.)

Es fällt jedoch ins Auge, daß – viel häufiger als solch ein Bestreben nach Ähnlichkeit – der Partner die Funktion hat, eigene Defizite auszugleichen und ein Stück nicht gelebtes Leben sozusagen »stellvertretend« zu leben. Dies kann sehr unterschiedliche Dimensionen des Lebens betreffen. Der schwermütige Pessimist kann einen fröhlichen Partner, dem die Alltäglichkeiten des Lebens leicht fallen, brauchen. Dies ist aber beileibe kein »Gesetz«. Zwei eher ernste Menschen können es sehr gut miteinander aushalten, wenn keiner der beiden unter dieser Ernsthaftigkeit allzusehr leidet. Es mögen dort wiederum andere Dimensionen sein, in denen Komplementarität gesucht wird, z. B. im Bereich der geistigen

Interessen. Hans und Monika haben zu Beginn ihrer Ehe eine solche Komplementarität sehr stark empfunden: Hans, ein eher realitätsangepaßter und tüchtiger Betriebsingenieur, sah sich immer wieder mit den Rätselhaftigkeiten menschlicher Erlebens- und Verhaltensweisen konfrontiert, die er mit seinen für diese Bereiche dürftigen Kategorien nur mangelhaft erklären konnte. Ursprünglich hatte es für ihn hauptsächlich »gute« und »böse« Menschen gegeben, dazu auch noch »stille« und »laute«; wenn er dazu auch noch das Gegensatzpaar »flach« und »tief« addierte, war er mit seiner Menschenkenntnis auch schon am Ende.

Hans, dessen Mutter früh gestorben war, war mit Vater und Brüdern aufgewachsen, die alle dem »Männlichkeitswahn« huldigten und für die überspannten Feinheiten der »Seelenklempner« wenig übrig hatten. Die Sichtweise der Psychologin Monika hatte Hans ursprünglich zutiefst beeindruckt und ihm eine neue Welt eröffnet. Genau diese Welt (eine, die in unserer Gesellschaft oft von den Frauen repräsentiert wird) war es, die er vermißt hatte. Nicht wenig von Hans' und Monikas großer Liebe basierte auf dem großen Vertrauen, das Hans in Monikas psychologische Kenntnisse setzte. Lange Zeit war es Monika, die ihm die menschliche Welt erklärte und so seinen Alltag entscheidend mitbestimmte. Für Monika dagegen – dies läßt sich leicht ausrechnen – war natürlich Hans' Realitätssinn wichtig. »Hinter seinem breiten Rücken konnte mir die Welt nichts Bedrohliches mehr antun.«

Nicht immer mögen Außenstehende die für beide wirklich relevanten Unterschiede zwischen den Partnern sehen. Michael und Rebecca z. B. galten der Umwelt gerade ihrer geistig-kulturellen Übereinstimmung wegen als »füreinander bestimmt«. Beide waren tatsächlich auch vor der Eheschließung recht gebildete und kultivierte Menschen gewesen: kein »Zeit«-Feuilleton, das ihnen entgangen wäre, die »Süddeutsche« als Pflichtlektüre, und beide trugen riesige Bücherbestände zusammen. Und trotzdem waren es für Rebecca gerade die geistig-kulturellen *Unterschiede*, die sie immer wieder für ihre Wahl und für ihr langes Festhalten an Michael geltend macht. »Michael dachte unkonventioneller als ich, auch chaotischer. Durch ihn habe ich gelernt, ›gegen den Strich‹ zu denken; außerdem hat er mir in gewissem Sinn auch erst das Sehen beigebracht – auch wenn ich es darin nie zu großer Meisterschaft bringen werde ...«

Sicher hat diese Lust am »unkonventionellen Geist« viel mit Michaels Gesamtpersönlichkeit zu tun (wobei Rebecca natürlich unter Michaels psychischem Chaos immer wieder sehr litt). Daß Rebecca aber Michael gerade in der Dimension »geistiges Leben« brauchte, ist natürlich für sie bezeichnend.

Und so sehr wir Rebecca mit ihren Klagen über Michaels Egoismus bezüglich ihres Berufes Glauben schenken: Wir denken doch, daß Rebecca gerade als Journalistin durch diese ihr ehemals wesensfremde Art des Denkens viel profitiert hat.

Die Attraktion des Partners liegt so unter anderem darin, daß er geahnte Möglichkeiten der eigenen Person vorlebt und damit vielleicht entwickelt; daß er schmerzlich empfundene Defizite deckt, ja, daß er sogar »Verbotenes« tut. Dadurch aber fühlen wir uns besser gewappnet, der Welt denkend und handelnd gegenüberzutreten.

Was jedoch geschieht im Laufe der Jahre mit dieser – oben sozusagen als Idealfall geschilderten – Komplementarität? Wie kommt es, daß auch Ehen mit anscheinend »idealer Ergänzung« scheitern können?

Erstmals ist zu sagen, daß diese »Ergänzungen« nicht immer als ideal erlebt werden. Das Phänomen ist irisierend: Im Morgenlicht der ersten Liebe fasziniert es mit Glanz und Licht; am späteren Nachmittag kann die »Andersartigkeit« stumpf und ärgerlich werden. Die eigenen Defizite werden durch den anderen ja meist nicht geringer erlebt – im Gegenteil. Die Welt wird zwar besser kontrollierbar, besser interpretierbar – dies macht das Vertraut-Heimelige des Lebens zu zweit aus. Sie verliert aber auch an Herausforderung; man wird träge; man mummelt sich ein mit seinen Schwachstellen und läßt den anderen agieren. Das aber macht oft aggressiv. Der »Tüchtige«, dem alles mühelos zufällt, der nie unter Schlaflosigkeit und Migräne leidet, wird nicht mehr *nur* bewundert. Man beneidet ihn; oder man beginnt, ihn zu hassen. Man fühlt, daß man durch ihn schwächer wird, und kommt doch nicht recht darauf, daß man diesen Prozeß ja selbst mitträgt. Ein solcher Zustand kann lange dauern. Nun gibt man bissige Kommentare ab: »Schon wieder dein Psychologisieren ...« – »Verschon mich bloß mit deinem Basteltrieb ...« – »Hör auf mit der blöden Politik ...« Hier wird der latente Machtkampf offenbar. Man hört nicht zu, nörgelt. Mit einem Wort: Der andere darf seine Kompetenzen nicht mehr ungestört ausleben, obwohl man noch immer davon profitiert.

In dem Maß, in dem keiner der beiden Partner sich persönlich entwikkelt, bleibt allerdings das symbiotische Muster bestehen. Jeder ist angewiesen auf den anderen und hütet sich, sein Verhalten zu ändern. Es mehren sich aber die stummen Vorwürfe in Form von Depression, Langeweile oder Psychosomatik.

Gibt es Entwicklungen (schließlich läßt sich der Umgang mit der Bohrmaschine ebenso lernen wie die Fähigkeit, Gäste stilvoll zu empfangen), dann dominiert eher der »Kampf«-Anteil. Nun will man den anderen vielleicht sogar »abstoßen«. Viele Frauen tun dies auf ihrem Emanzipationstrip. Sie beginnen – oft unter dem Einfluß Gleichgesinnter – zu sehen, daß sie sich bisher zuwenig zugetraut haben und sich das Aschenputtel-Teil zudiktieren ließen. Was sie oft nicht anerkennen wollen, ist die Tatsache, daß sie selbst an diesem Muster ebenso willig mitgestrickt haben wie der Partner. Vorwürfe an seine Adresse werden von ihm daher oft mit Wut und Unverständnis aufgenommen. Du warst doch einverstanden ... alles hat doch recht gut geklappt ...

Krisen unter diesem Aspekt entstehen häufig dann, wenn man die Komplementarität des anderen nicht mehr nötig hat. Jeder hat auf dem gemeinsamen Weg von den Fähigkeiten des anderen profitiert und ist nun selbst sehr viel besser imstande als früher, einiges alleine zu tun. Man hat den anderen in die eigene Person integriert; so wie das Kind es langsam lernt, sich selbst zu füttern und anzukleiden, und daher die Hilfe der Mutter bald als lästig und entwicklungshemmend empfindet, so wird der Partner nun in vielen Ehen als ein Hemmschuh auf dem Weg zur eigenen Vervollständigung gesehen. Dieser wiederum ist nicht willens, seine Dominanzposition, die ihm viel Selbstbewußtsein gebracht hat, aufzugeben.

War einer der Partner mit der alten Rollenteilung sehr zufrieden, dann wird die neue Selbständigkeit des anderen mit Groll und Kränkung quittiert. Obwohl zur Zeit die sich emanzipierenden Frauen sicher das Bild am nachdrücklichsten prägen und literarisch am besten dokumentiert sind, wäre es wohl einseitig, dies als »frauenspezifisch« zu betrachten.

Männer, die die soziale Geschäftigkeit ihrer Feste und Einladungen organisierenden Frau nicht mehr »nötig« haben (sie haben eigene Formen von Kontakt gefunden), deren Verlangen nach »Bemutterung« wesentlich geringer wird: Auch diese Formen von Verselbständigung finden wir häufig.

Der andere als das »bessere Ich« zur Vervollständigung der eigenen Person kann also deshalb an Wert verlieren, weil man ihn nun »nicht mehr nötig« hat. Es kann aber auch sein, daß man durch neue Erfahrungen andere Wertdimensionen anpeilt und daher die alte »Ergänzung« als nicht mehr wichtig erachtet. Diese Erfahrungen werden im allgemeinen durch wichtige andere Menschen vermittelt (der »Dritte« holt sich oft dadurch seine Überlegenheit). Oft aber werden neue Werte durch Nachdenken und eine dadurch erhöhte Sensibilität für die eigenen Bedürfnisse entdeckt. (Daß durch eine Psychotherapie oftmals Ehen auseinandergehen, ist eine Allerweltsweisheit – hier wird ja der

Prozeß der »Wertänderung« ganz bewußt angestrebt.) Ist man wirklich noch so begeistert von der »Schönheit« einer Frau? Braucht man wirklich noch die prestigeträchtige Berufsfassade des Partners so nötig? Oft genug gelangt man zu dem Schluß, daß dies nicht so ist – und dann kommt es zu ernsthaften Überlegungen über eine Trennung.

Natürlich sind dies nicht die einzigen Aspekte, unter denen das Trennungsgeschehen verläuft – auch sie aber können mithelfen, das brüchig gewordene Gebäude der Partnerschaft zu unterminieren.

Bilder

Wir werden beileibe nicht nur durch reale Verhaltensweisen unserer Mitmenschen beeindruckt, in unserem Urteil beeinflußt und gesteuert. Die sogenannte »Vorurteilsforschung« in der Sozialpsychologie konnte in vielen Experimenten nachweisen, daß es vor allem unsere Ideen, Fantasien und Vorerfahrungen sind, die uns leiten, wenn wir die Person oder das Verhalten anderer beurteilen. Jeder Therapeut weiß: Er selbst bekommt – ungeachtet der realen eigenen Person – für den Klienten sehr bald Ähnlichkeit mit Mutter, Vater oder Geschwistern, meist also mit Personen, mit denen man sehr frühe wichtige Erfahrungen gemacht hat. Eine ernsthafte Partnerbeziehung ist in mancherlei Hinsicht einer therapeutischen Situation nicht unähnlich: Die große emotionale Nähe, die hohen Erwartungen und eine Ahnung davon, daß man in dieser Beziehung viel gewinnen oder verlieren kann, bewirken offensichtlich, daß auch in der Partnerbeziehung frühe Erfahrungen reaktiviert werden. Die Kindheit schlägt auch hier wieder zu ...

Blanck und Blanck beschreiben dies folgendermaßen: »... können die unvollständig gelösten Entwicklungsaufgaben, die früher zu einem Abschluß hätten gebracht werden sollen, die weitere Entwicklung in einer Ehe behindern oder zu dem Versuch führen, Befriedigungen in der Ehe zu finden, für die sie nicht bestimmt ist. Dann führt die Frustration inadäquater Wünsche und die Unfähigkeit, mit der daraus entstehenden Enttäuschung fertigzuwerden, mit großer Wahrscheinlichkeit zu Aggression und heftigen Streitereien ...«

Wir »beurteilen« unsere Partner weniger rational-distanzierend als vielmehr hochemotional. Die »Blindheit« der ersten Verliebtheit ist bekannt. Jeder noch so offenkundige Fehler wird umgedeutet, bagatellisiert, übersehen. Mit Verliebten läßt sich schwer über »den anderen« reden – es überwiegen bei der Beurteilung meist allgemein übliche

Wunschvorstellungen. Der andere ist – je nach eigener Prägung – tiefsinnig, heiter, zärtlich, intelligent –, auch wenn der unbeteiligte Beobachter an ihm all diese blühenden Merkmale nicht zu sehen vermag. Häufig erkennt man im anderen eine »verwandte Seele«. Viele Verliebte fantasieren sich in eine Art »Geschwister-Status« hinein, wobei das Inzestuöse dieser Fantasie ihren besonderen Reiz verleiht. Das Inzest-Zwillingspaar Ulrich / Agathe von Musil (»Mann ohne Eigenschaften«) gab bei einem uns bekannten, literarisch versierten Paar anfangs ein offenbar als stimmig empfundenes Muster für ihre Beziehung ab. Vier Jahre später hörte ich sie beide sagen, sie wüßten gerne, ob es eigentlich »irgendeinen Bereich unserer Ehe gibt, in dem wir nicht uneins sind«.

Diese allgemeinen, klischeehaft anmutenden Idealisierungen werden aber meist rasch wieder aufgegeben. Man würde meinen, daß nun an ihre Stelle ein realistischeres Bild vom anderen tritt. Genau dies ist aber nur in beschränktem Maße der Fall. Nun treten nämlich alte Wünsche und Befürchtungen auf den Plan und können – je nach neurotischer Fixierung der Partner – das Bild des anderen sehr stark verfälschen.

Welches Bild vom Mann (von der Frau) aber trägt jeder in sich? Es nimmt nicht wunder, daß diese Bilder sehr stark von den Eltern, manchmal auch von den Geschwistern geprägt sind; daß auch die Vorstellungen davon, wie man sich in der Ehe verhalten (nicht verhalten) sollte, von frühen Vorbildern abhängen. Die »Interpretationsleistungen« gehen oft bis zur krassen »Umdeutung« des anderen.

Wichtig und interessant bei diesen Umdeutungen (oder Projektionen) aber ist, daß der Partner sozusagen »bereit« sein muß, das auf ihn projizierte Bild auch »anzunehmen«. Annehmen aber kann er es nur dann, wenn dieses Bild ihm vertraut ist,weil er auch ein Stück davon in sich trägt.

Die gescheite und etwas frivole Margarete z. B. hätten sicher die wenigsten Menschen ihrer Umgebung als spießiges Hausmütterchen ansehen mögen. Sven aber, dem seine recht beschränkte Witwen-Mutter noch im Nacken saß, hat Margarete bald nach der Eheschließung »umgedeutet« – er sieht sie nun in einer ähnlich einengenden Rolle wie seine Mutter: eifersüchtig, auf eine gemütliche Häuslichkeit bedacht, seine Zeit fordernd. Margarete selbst gibt zu, daß sie in jener Zeit tatsächlich wiederum mehr Ähnlichkeit mit ihrer eigenen Mutter bekommen hat: Das »Familienrezeptbuch« wird wichtig. Margaretes durch eine große und solide festgefügte Familie bestimmte Erziehung gewinnt die Oberhand.

Zum Spiel mit den Bildern gehören immer zwei. Die eigene Identität, die der andere bestätigen soll, wird nicht vollkommen verfehlt, wenn man ein ähnliches Bild von sich selbst kennt. Man paßt sich dem Bild des anderen an (im positiven wie im negativen Fall), weil es *auch* vertraute Züge hat. Diese Züge können übrigens bewußt durchaus abgelehnt werden – man arrangiert sich trotzdem damit, weil sie bekannt und daher stimmig sind. Eine als »böse« fantasierte Frau möchte zwar nicht böse sein; hat man ihr aber von früh an mitgeteilt, daß sie ein »böses Kind« sei, dann ist ihr dieses Bild vertraut, und sie wird sich nicht vehement dagegen wehren. Die Erwartungen ihres Partners – sie werde häufig aggressiv sein, ihm Fallen legen oder ähnliches – treffen auf altbekannte Vorstellungen. Sie wird bei ihm weniger Hemmungen haben als bei einem anderen, nun auch wirklich ab und zu aggressiv und hinterhältig zu agieren. Auch wenn sie dies nicht oft tun sollte, hat sich das Bild der »Bösen« nun eingeschliffen und wird von beiden Partnern sorgfältig poliert. Da hilft kein noch so heftiger bewußter Streit mit Argument und Gegenargument. »Du bist immer so aggressiv – alle sagen das«... »Wer sagt das? ich bin nur aggressiv, wenn du mich beleidigst – das sagen nämlich *meine* Freunde ...« etc. etc. Unter der Oberfläche ihrer Argumente haben sich beide längst mit dem Bild der »Bösen« arrangiert. Die Muster der Bestätigung wiederholen sich daher endlos.

Die Vorbilder aus dem Museum der Kindheit können positiv und negativ sein. Die liebevolle Mutter, der böse Vater, der fürsorgliche Bruder – all dies kann mit dem Partner wiederholt werden, wenn er dazu bereit ist.

Oft wundert man sich, daß gewisse Ehen noch immer nicht zu Bruch gegangen sind, obwohl jeder vom anderen vorwiegend Negatives zu berichten weiß. Als distanzierter Beobachter mag man auch denken: Warum läßt sie (er) sich das gefallen? Man findet es peinlich, in welcher Art der andere als Tyrann, Dummkopf, als beschränktes Dickerchen oder als oberflächliches Lieschen dargestellt wird. (Es hängt vom Grad der Kultiviertheit ab, wie kraß dem Außenstehenden diese Bilder serviert werden; aber auch bei feinerer Zubereitung kann man mit einiger Übung bald heraushören, was der eine vom anderen denkt!)

Daß Menschen sich den Vorstellungen anderer gemäß verhalten – selbst wenn sie das bewußt gar nicht wollen –, ist eine Binsenwahrheit. In jeder Ehe finden wir sie immer wieder bestätigt. Der Partner bekommt mit seiner Interpretation der eigenen Person im Laufe der Zeit recht. Die als reizlose Hausfrau fantasierte Partnerin wird unattraktiv – auch wenn sie ursprünglich imstande war, einer Reihe von Männern den Kopf zu verdrehen.

Denken wir nur an Silvias auch äußerliche Verwandlung in den ersten Ehejahren. Was war damals von der hübschen, schlanken Sportlerin übriggeblieben? Noch krasser schildert uns dies Margarete. (Siehe: »Sexualität«)

Auch der »unsensible Langweiler« äußert nach einiger Zeit vor allem Banalitäten. Erstaunlich ist dann nur, wie schnell sich dies ändern kann, wenn ein neuer (potentieller) Partner auf der Bildfläche erscheint. Daran könnte man eigentlich am deutlichsten die Verformungen erkennen, die man dem Ehegespons angedeihen läßt. Die meisten nehmen dies aber so nicht wahr, sie bevorzugen in ihrer Gekränktheit andere Versionen: Der andere spielt nur Theater, heuchelt, ist ein lächerlicher Poseur ... Es ist sehr schwer einzusehen, daß man weniger den realen Menschen neben sich kennt, als ein (zu zweit) erstelltes Bild. Allzu überzeugend ist dieses Bild im Lauf der Zeit geworden, allzusehr verhält sich jeder in der vom Partner erwarteten Weise. Viel eher merkt man natürlich, daß man selbst vom anderen »völlig verkannt« wird – ein Schicksal, dem dann »der (die) Dritte« abhelfen soll. Welche dieser Vorstellungen und Fantasien sich auf die Entwicklung einer Beziehung negativ ausgewirkt haben, ist leider oft erst im nachhinein feststellbar. Lebt man einigermaßen in Frieden, will man sich damit meist nicht auseinandersetzen. Krisen werden allzu leicht bagatellisiert, das Fantasiebild des Partners wird immer wieder von neuem hergestellt. Es gibt Paare, deren Machtspiel in besonderer Weise ihre Bilder und Fantasien betrifft. Ist nämlich einer der Partner stärker im Fantasieren, oder hat er auch mehr psychische Kraft, dann werden seine Bilder so übermächtig, daß der andere daran zerbricht oder sich vehement zu wehren beginnt. Der »häusliche Trottel« im Zweireiher kauft sich plötzlich enge Jeans, läßt die Haare lang wachsen und schafft sich eine Freundin an, die »elegante Mondäne« zieht lila Latzhosen an, liest Freud und studiert Sozialpädagogik. Beide machen auf die Umwelt zunächst oft den Eindruck infantiler Pubertierender, weil all dies persönlichkeitsfremd, aufgesetzt und ein wenig »vertrotzt« wirkt. Sehr oft aber pendelt sich durch diese übertrieben wirkende Abgrenzung vom alten »Bild« ein neues und stimmiges Gleichgewicht ein, das – schlimmstenfalls – dem alten Partner in solch schmerzlicher Weise zum Bewußtsein bringt, daß er sein Gegenüber bisher falsch eingeschätzt hat, daß die Partnerschaft zerbricht.

Nichts scheint schwieriger, als dem anderen Entwicklungschancen zuzugestehen. Die alten Bilder haben Sicherheit vermittelt, man wußte, »woran man war«. Daß hier aber Neues möglich ist, ja, vielleicht unter der Oberfläche schon seit langem sich entwickelt hat, kränkt Eigenliebe und Sicherheitsbedürfnis. Offenkundig orientieren wir uns bei allen Mitmenschen an gewissen »Bildern«, die wir uns von ihnen zurechtbasteln.

In einer erfreulichen Partnerschaft sollten diese Bilder aber nicht allzu eng sein, sozusagen nicht »luftdicht verpackt«, um dadurch dem Partner Möglichkeiten zu lassen, sich auch noch als einen anderen zu erleben.

Dies gilt im guten wie im bösen. Eine Klientin, die von ihrem Mann stark idealisiert wurde, brach in unaufhaltsames Weinen aus, als sie von einigen (nicht allzu ernsten) Ehebrüchen erzählte. »Mein Mann würde das nie überleben, wenn er es wüßte, wo er doch nur Gutes von mir denkt.«

Dieser Mann hatte zwar seine Frau als eine »gute Frau« im Kopf; bloß mußte sie dazu auch noch mit dem eher persönlichkeitsfremden Merkmal der Treue ausgestattet sein, was dem Paar jede Auseinandersetzung damit unmöglich machte.

Ob positive oder negative Fantasien: Man fühlt sich dadurch eingeengt; die eigene Identität wird im Lauf der Zeit allzusehr beschränkt. Von den reichen Möglichkeiten der vorehelichen Zeit bleibt oft nur mehr ein fader Rest. In der Partnerschaft verlöschen Glanz und Lebendigkeit der Person nur allzuoft – von Glück kann sagen, wem sie nicht auch in der Außenwelt verloren gehen.

Die Emanzipationsbestrebungen vieler Frauen sind explizit darauf ausgerichtet, einen Teil des eigenen Selbst wiederzugewinnen. »Ich wußte gar nicht mehr, wie lustig ich sein kann ...« »Ich bin ja gar nicht so dumm und ungewandt im Diskutieren ...«; das sind die immer wieder getroffenen Feststellungen von Frauen, die sich endlich wieder in die Außenwelt wagen.

Ein wichtiges Moment für Krise oder Scheitern in der Partnerschaft: daß man in der Entwicklung der eigenen Person (trotz und gegen die Bilder des Partners) immer klarer sieht, daß man von den Projektionen des Partners eingeengt wird. Die Diskrepanz geht immer näher an die »Substanz«. Die dauernden wechselseitigen Vorwürfe bezüglich der »Einschränkungen« betreffen nicht nur die Gebote des Tun und Lassens; sie betreffen in viel tiefgründigerer Weise auch die Einschränkung innerhalb der eigenen Identität. Diese Erkenntnis kann durch das plötzliche Dazwischentreten eines Dritten ausgelöst werden; es mag aber auch im langsamen Prozeß die Erkenntnis reifen, daß der Partner die eigene Identität verfälscht, ja schlimmer noch: daß man sie sich selbst verfälscht, indem man ihr nachlebt.

Seit die traditionellen Rollen von Frau und Mann in der Ehe in Frage gestellt werden, klappt das »Dienstleistungsgefüge« in der Partnerschaft nicht mehr so recht. Es gibt daher viel Anlaß zu Auseinandersetzungen und eignet sich vorzüglich zum Machtkampf. Dies gilt vor allem für die Paare in den mittleren Jahren, weil sich dort alte und neue Leitbilder in besonders explosiver Form mischen. Je nach Laune kann man auf das eine oder das andere zurückgreifen.

In einer guten Partnerschaft, so meinen viele, sollte die Bilanz zwischen dem, was einer für den anderen »tut«, einigermaßen ausgeglichen sein. In der traditionellen Partnerschaft hieß dies also z. B., daß der Mann die Familie mit dem nötigen Geld versorgte, die Frau Kinder und Haushalt in angemessener Weise betreute. Es gab ziemlich eindeutige Kriterien dafür, ab wann die Dienstleistung »zufriedenstellend« war: die blinkenden Fensterscheiben, ordentlich herausgeputzte Kinder ... etc. Auch diese Kriterien aber sind fließend geworden, und je nach dem Stadium des Machtkampfes kann jeder Ehepartner die Kriterien wechseln. Plötzlich wird es »ungerecht«, wenn immer nur der Mann die größeren finanziellen Verpflichtungen hat, oder die wachsende Unordnung in der Küche wird als »gemütlich« definiert. Als Außenstehender mag man sich oft über eine erstaunlich schiefe Bilanz wundern.

Frauen, die Geld verdienen, Kinder betreuen und den Haushalt führen, gegenüber Männern, denen ihr Schreibtisch das wichtigste ist. Oder: schwer arbeitende Männer, deren Frauen ein Luxusdasein im Grünen führen und die schon darüber stöhnen, wenn sie nur am Wochenende eine warme Mahlzeit zubereiten müssen. Offenbar gibt es für den jeweils »zu kurz Gekommenen« einen Ausgleich. Dieser Ausgleich kann darin liegen, daß der andere im Sinne der Komplementarität sehr viel »Lernmöglichkeiten« bietet und daher das Gefühl gibt, man sei zusammen mit dem Partner irgendwie »kompletter«; für manche Menschen (solche mit sehr geringem Selbstwertgefühl)ist die Bilanz schon einfach dadurch ausgeglichen, daß sie den Status des »Verheiratetseins« genießen.

Aber auch innerhalb des Dienstleistungsgefüges ist es für den Außenstehenden schwer zu beurteilen, ob »die Bilanz stimmt«. Unter Umständen ist eine »Dienstleistung« für den anderen so wichtig und bedeutend (z. B. das viele Geld, das ein Mann verdient), daß dafür sehr viel geleistet wird. Andrerseits mag noch so viel Geld (gut geführter Haushalt etc.) kein besonders erstrebenswertes Gut darstellen – der Außenstehende muß dann feststellen, daß diese Frau (dieser Mann) es sich auf Kosten des anderen »wirklich gutgehen« läßt.

Lisa z. B., mit einem Italiener verheiratete Deutsche, führte ihrem Mann einen deutschen Superhaushalt. Die Fenster blinkten, vom Fußboden konnte man essen, die Kinder sahen wie aus dem Ei gepellt aus – Tonino aber half nie mit, äußerte sich sogar negativ über die Putzsucht seiner Frau und dachte nicht im Traum daran, ihren größten Wunsch – nach mehr materiellem Wohlstand – zu erfüllen. Der Fleiß seiner Frau war für ihn erdrückend, ein gepflegtes Heim bedeutete ihm, der sich lieber in Bars und Restaurants mit seiner hübschen Frau gezeigt hätte, ziemlich wenig. Kein Wunder, daß des Zankens kein Ende war ...

Wenn man das »Bilanzdenken« allzusehr von der beobachtbaren Seite her definiert, dann ist auch noch eine andere Art von Verblüffung für den distanzierten Betrachter möglich: daß zwar ganz eindeutig eine schiefe Bilanz besteht, daß diese sogar wahrgenommen wird, daß der »Betrogene« das aber überhaupt nicht tragisch nimmt oder sogar bagatellisiert. Dies hat nun wiederum mit den Bildern und Vorstellungen zu tun, die einer von sich und der Welt hat. Ist z. B. sein Selbstkonzept davon bestimmt, daß man sowieso »nichts bekommt« oder »immer mehr leisten muß als andere«, dann wird die schiefe Bilanz als stimmig empfunden.

Helene (die uns nur von Freunden beschrieben wurde!) war nicht nur eine hervorragende und gut verdienende Wissenschaftlerin; sie kochte auch für ihren kulinarisch anspruchsvollen Mann täglich ausgesucht gute Gerichte. Wenn sie verreisten, packte sie den Koffer. Die Rügen ihres Mannes über notwendigerweise immer wieder auftretende Mängel in der Haushaltsführung nahm sie schuldbewußt zur Kenntnis. Oft stand sie um 6 Uhr morgens auf, um Knöpfe anzunähen oder Silber zu putzen. Ihre emanzipierten Freundinnen versuchten sie aufzuhetzen. Meist prallte dies an ihr ab. Sie meinte nur versöhnlich, ihr Mann habe gerade die letzten Seiten eines Buches zu schreiben oder einen besonders wichtigen Vortrag zu halten. Helene, die wenig attraktive ältere Schwester eines von der Mutter umworbenen und verwöhnten kleinen Bruders, empfand ihren »Dienerinnen«-Status als stimmig. Er entsprach ihren Erfahrungen: War man häßlich, dann mußte man als Frau eben auf anderen Gebieten mehr leisten und sich ausnützen lassen, um doch noch geliebt zu werden und Erfolg zu haben. Von klein an war ihr diese Rolle auf den Leib geschrieben worden; ihr Mann, ein eher verwöhnter Mensch, konnte davon hervorragend profitieren.

Dieselbe Kraft der Vorstellung kann natürlich dazu führen, daß bei objektiv »ausgeglichener« Bilanz einer der beiden sich übervorteilt vorkommt. Hat man die Vorstellung entwickelt, das Leben müsse einem »alles schenken«, dann wird der andere schnell zum krassen Egoisten und Verweigerer gestempelt.

Die »Geben-Nehmen«-Problematik ist also recht vielschichtig verwoben: einerseits mit den Fantasien und Vorstellungen über sich und den anderen, andererseits mit der Fähigkeit des Partners, eigene Defizite zu decken. Die häufigen fruchtlosen Streitereien um die »Bilanz der Dienste« verdecken oft nur tieferliegende Unzufriedenheiten, die mit der »Bilanz« wenig zu tun haben.

Hans und Monika z. B. hatten gegen Ende ihrer Ehe ein ausgetüfteltes System der gegenseitigen Alltagsverpflichtungen ersonnen. Dies konnte sie allerdings nicht daran hindern, dauernd übereinander herzufallen. Hans spürte dauernd »Tricks« heraus: An jenem Wochenende war sein Einkauf besonders zeitraubend gewesen; die Fenster im Wohnzimmer, die er zu putzen hatte, waren besonders schmutzanfällig etc. Auf dieser Basis ließ sich der Streit natürlich endlos ausdehnen. Das Problem lag darin, daß Hans eigentlich der Meinung war, seine Zeit und Arbeit als Ingenieur sei unendlich viel kostbarer als die seiner Frau als Psychologin – ein Beruf, den er zu jener Zeit nicht mehr besonders hoch einschätzte. So zählte für ihn buchstäblich jede Minute doppelt und dreifach, und selbstverständlich fühlte er sich übervorteilt durch die objektiv »gerechte« Arbeitsverteilung.

Noch rechtzeitig und mit Hilfe der Eheberaterin hat Ernst erkannt, daß ein wichtiger Aspekt ihrer Ehekrise in Silvias dauernder Überforderung durch Haushalt und Kinder liegt. Daß er nun wenigstens seinen guten Willen zeigt, die Dienstleistungsbilanz auszugleichen, rechnet Silvia ihm hoch an.

Ob eine Bilanz schief oder ausgeglichen ist, läßt sich also von außen her nicht richtig beobachten – es ist ein primär subjektives Phänomen, das sich allerdings besonders gut für den Dauerstreit eignet. Mit Verwunderung erleben viele Ehetherapeuten immer wieder, daß ihre rationalen Vorschläge zur gerechteren Verteilung der »Dienstleistungen« zu nichts führen oder dauernd unterlaufen werden. Unausgewogenheiten hier sind eben häufig wirklich nur Symptom und nicht Ursache von Konflikten. Wenn wir davon ausgehen, daß auch unabhängig von der Partnerschaft jeder sich weiterentwickelt und neue Erfahrungen mit sich und der Umwelt macht, nimmt es nicht wunder, daß die fragile »Gesamtbilanz« einer Ehe sich verschiebt. Die schiefe »Dienstleistungsbilanz« wird dann nicht mehr ausgeglichen und führt zum Dauerkonflikt oder sogar zum Bruch.

Das »Thema«

Bei vielen Paaren meinten wir so etwas wie ein zentrales »Thema« ihrer Partnerschaft ausmachen zu können. Dieses Thema beherrscht offen oder untergründig viele ihrer Interaktionen und ist sowohl für das Nähegefühl als auch für den Streit besonders wichtig. Entscheidende Themen können sein: Liebe, Sex, Geld, Beruf und Karriere, Erziehung ... etc. Wie kommt es zu solch einem Thema? Es ist natürlich nicht leicht, dies zu erforschen, da die Beteiligten sich meist nicht einmal darüber klar sind, *daß* sie dauernd mit einem solchen Thema beschäftigt waren. Sicherlich sind jeweils beide Partner von ihren früheren Erfahrungen, wie man ein Thema bewältigt, vorgeprägt; aber erst, indem sie beide dieses zu ihrem ganz zentralen, persönlichen machen, wird es ausgefeilt und entfaltet seine Kraft. Daher kann es ebensosehr den symbiotischen Wünschen dienen wie dem Bedürfnis nach Streit. Im Laufe der Jahre kann die Funktion des gleichen Themas natürlich wechseln. Sofern gerade die »Streit«-Komponente überwiegt, mag sich einer der Partner sogar gegen das »Thema überhaupt« sträuben. Dann geht der Streit eben darum, und das »Thema« wird auf diese Weise aufrechterhalten. Da mag dann z. B. die Karriere des Mannes lange Zeit im Mittelpunkt stehen und eine Partnerschaft zusammenhalten. Im Laufe ihrer Entwicklung kann die Frau finden, daß dies »kein Thema« mehr ist, und der Streit geht nun darum, wer mehr Anrecht auf eine Karriere hat. Michael und Rebecca verkörpern dieses Muster in sehr deutlicher Weise.

Das »Thema« ist Inhalt vieler Gespräche, Wünsche, Fantasien und Handlungen. Das »Thema« durchzieht leitmotivisch die Struktur des Alltags und ist daher besonders störanfällig. Unverhüllt oder verdeckt, verbal und averbal sind die Partner bemüht, einander immer wieder »bei der Stange« zu halten. Für Marion und Karl z. B. hat das Thema »Geld« immer schon Bedeutung gehabt. Das anfängliche Sparen für Auto und Eigenheim hat verbunden; beide freuten sich über besonders günstige Sonderangebote und berechneten am Ende der Campingferien mit Vergnügen, wieviel Hotelkosten man gespart habe. Später wird Geld zum Kampfthema: Wer darf mehr verbrauchen? Immer wieder betont Karl übrigens, daß er »von sich aus« niemals dauernd das leidige Finanzproblem auf den Tisch bringen würde. Dies ist allerdings zu bezweifeln. Im Vergleich dazu läßt sich z. B. bei Ernst und Silvia recht gut erkennen, daß hier ein Partner (nämlich Silvia) nicht »mitspielt«. Nachdem sie Ernsts Geiz klar erkannt hat, versucht sie, dem Thema Geld auszuweichen, und gleicht durch ihre Großzügigkeit vieles aus. Ihr »Thema« ist vielmehr das der unterschiedlichen Dienstleistungsverpflichtungen bezüglich Haushalt und Kinder. Von Anfang an gab es darum viele Diskussionen sowie unterdrückte und offene Wut. Später hat sich der bessere Ausgleich in dieser Beziehung als stabilisierend erwiesen. Als »Thema« existiert es auch jetzt noch.

Wenn wir Thierry und Chloé zuhören, kann man sich z. B. gerade dies als zentrales Thema nicht vorstellen. Ihrer beider Gedanken kreisen vielmehr unermüdlich um das Thema »Liebe«, was auch bei ihnen sowohl Bindung als auch Trennung bedeutet. Jede Nuance ihres Gefühls füreinander haben sie anfangs diskutiert und in langen und liebevollen Dialogen analysiert. Immer wieder auch der Einbruch von ängstlichen Befürchtungen: Liebt mich der (die) andere noch so wie früher? Habe ich nicht in letzter Zeit bemerkt, daß er (sie) allzuviel arbeitet? sich mit anderen Menschen besser amüsiert? Auch aus diesem Thema heraus kann natürlich sehr heftiger Streit entstehen. Nach Chloés und Thierrys Trennung kreisen die Gedanken eines jeden darum, ob er von dem anderen »doch noch geliebt wird«. Thierry erzählt die Geschichte eines sehr deprimierenden Tages, als Chloé ihm erklärte, daß sie nun eine vermutlich sehr ernsthafte neue Beziehung begonnen habe. Als er am Abend jenes für ihn schmerzlichen Tages heimkam, hörte er auf dem Anrufbeantworter die geliebte Stimme sagen: »Vergiß nicht, daß ich dich sehr lieb habe.«

Das »Thema« einer Ehe ist nicht gleichzusetzen mit den möglichen Streitthemen – obwohl es diese Funktion oft in besonders ausgeprägter Form haben kann.

Die normalen Streitthemen aber sind variabler, sie wechseln. Wenn Hans und Monika nach ihrer Trennung um Geld streiten, dann ist dies ein Symbol für anderes. Sicher wird dieser Streit eines Tages verblassen.

Das »Thema« ist vielmehr derjenige Inhalt einer Beziehung, der allem vorangeht und viele Kräfte im positiven wie im negativen Sinne bindet. Beide Partner müssen bereit sein, diesen Inhalt mitzutragen.

IV. Überleben, Weiterleben

Auch noch so viele dramatische Scheidungsstatistiken, Illustriertenberichte über die nunmehr »5. Ehe der Schauspielerin X« und die gescheiterten Beziehungen in der Verwandtschaft und Bekanntschaft können einen Menschen, der nun plötzlich ohne Partner in der Welt steht, nicht wirklich trösten. Mag es zuletzt nur mehr Haß, böse Anwürfe und Verdächtigungen gegeben haben: auch dies hat dem Leben Sinn und Inhalt verliehen. Alles scheint nun besser als ... *nichts*.

Es fehlt eben nicht nur die schlafwarme Hand am Morgen oder der regelmäßig abgegebene Kommentar zum Wetter; nein, auch die berühmten Morgenmuffeleien fehlen nun und auch die darauf folgenden bösen Worte. Kein Paar, das nicht auch aus seinem Streit heraus Impulse empfing; für manche Paare waren diese Impulse jahrelang fast die einzigen – aber auch sie haben Intimität geschaffen. Nun, ohne den Partner (schlimmer noch, wenn auch die Kinder fehlen), lebt man plötzlich ohne diese Intimität. Was aber hat diese Intimität – im guten wie im bösen – bedeutet? Wie überwindet man ihr Fehlen? Ist sie wieder zu »rekonstruieren«? Und: Wie überlebt man ohne sie?

Sicherlich ist eine Partnertrennung viel schwerer zu überstehen, wenn Liebe und Attraktion, die Schönheit des gemeinsamen Alltags und zärtliche Verbundenheit miteinander einstmals sehr groß gewesen sind. Was aber immer wieder erstaunt, ist die Tatsache, wie schwer doch auch dann die Trennung fällt, wenn vieles davon gefehlt hat. Die von uns geschilderten Paare legen beredtes Zeugnis davon ab.

Wir denken, daß neben den (in vielen Kapiteln immer wieder beschriebenen) Gefühlen der Kränkung, den unvermutet und erschrekkend immer wieder einbrechenden »kritischen Ereignissen« für alle Paare als größtes Problem gilt, daß sie nunmehr einem Leben ohne eheliche Intimität gewachsen sein müssen. Diese Intimität aber ist nichts anderes als die Konsequenz der Tatsache, daß man über längere Zeit hindurch mit einem Partner gemeinsam an der »eigenen Welt« gebaut hat; eine Welt, die einem nicht immer und in allen Aspekten lieb gewesen sein mag, die aber ein *gemeinsames* Produkt war. Man hat sich Meinungen gebildet über dies oder das; man hat den Alltag nach gewissen

Richtlinien organisiert, die beständig geblieben sind; man »wußte« häufig, wie der andere denken und reagieren wird. Dies gibt Geborgenheit. Geborgenheit übrigens, die auch schnell in Langeweile übergehen kann – immerhin, aber: sie ist da und tröstlich. Selbst die Aufregung des Streits findet in der Intimität statt: Alle Argumente sind bekannt, die Nuancen des Hasses und der Versöhnung xmal durchgespielt und daher vertraut.

Nun fällt man in ein Vakuum. Der veränderte soziale Rahmen (»Bin ich noch Margas Ehemann?, Huberts Ehefrau?«) macht zu schaffen. Er hat das äußere Gerüst für die innere Intimität abgegeben. Jetzt ist beides verlorengegangen.

Die Intimität des partnerschaftlichen Lebens stärkt die Identität, ja manche Autoren sprechen geradezu von einer »Neuschaffung« der individuellen Identität in der Partnerschaft.

Das Zerbrechen der Intimität ist daher, wie Caruso es formuliert, nicht nur »... ein ›Verlust‹, etwa so wie wir zwar etwas Wertvolles, aber nicht gerade Lebenswichtiges verlieren. Sie bedroht vielmehr das Ich an seinen Wurzeln im Es und in seinem Selbstverständnis (die Identität). Es ist nämlich eine Identität zugrunde gegangen: eine Eigenidentität durch Identifikation mit dem anderen ...«

Auch Caruso bezeichnet (wie viele vor ihm, so z. B. Rilke) die Trennung als den »Vorboten des Todes«. Im Sprichwort der Franzosen heißt es denn auch: »Partir c'est mourir un peu.«

Es gilt also, diesen Vorboten des Todes ins Auge zu sehen, um sich zu vergewissern, daß man lebendig ist wie eh und je, daß man – zwar anders als vorher, aber doch nicht weniger kräftig – imstande ist, eine neue Identität aufzubauen. Es mag der hilfreiche Innenraum der partnerschaftlichen Intimität nunmehr fehlen, was heißt: Der neue Prozeß der Ich-Werdung geht mühevoller vor sich, wird von häufigen Verzweiflungen unterbrochen. Er kann aber auch bewußter vor sich gehen und damit auf eine Zukunft weisen, in der man weniger anfällig, weniger abhängig ist. (Daß Zweitehen dauerhafter sind, ist neben vielen anderen Gründen vermutlich auch dieser Tatsache zu verdanken.)

In den drei nächsten Abschnitten versuchen wir zu zeigen, wie dieser Prozeß neuer Menschwerdung aussieht; mit welchen Mitteln man sich – oft noch als krückengestützter Invalide – zubewegt auf das Ziel einer neuen Identität.

»Krise und Trennung« (Abschnitt 1) zeigt auf, was die Krise alles ans Tageslicht bringt, unter welchen Bedingungen sie aufbricht und wie sie –

schon in Hinblick auf eine neue Persönlichkeitsbildung – genutzt werden kann.

»Nach der Trennung« (Abschnitt 2) kennzeichnet die schmerzlichen Phasen des Alleinseins, zeigt aber auch auf, wie man hier bereits Kraft sammeln kann.

»Überlebensstrategien« (Abschnitt 3) schließlich versucht die von unseren Gesprächspartnern verwendeten ganz konkreten Methoden zu explizieren, mit deren Hilfe sie eine Art neues Gleichgewicht finden konnten.

1. Krise und Trennung

Wir vermuten und wissen eine ganze Menge darüber, warum – ganz allgemein gesprochen – die Ehen heutzutage so wenig dauerhaft sind (siehe Kapitel I). Diese gesellschaftliche Außenansicht bedarf aber einer Ergänzung durch die Sicht »von innen«. Auch wenn wir – als Beobachter – mit Recht (wie dies auch z. B. Shorter, Berger und Berger und viele andere tun) konstatieren können, daß der Innenraum der Ehe emotional »überlastet« ist: Die Empfindungen, die den erlebenden Menschen in den kritischen Momenten seiner Beziehung beseelen, sind natürlich vielfältiger und komplizierter, als dies vom allgemeinen Beobachter-Standpunkt aus zu sehen ist. Jede krisenhafte Zuspitzung (ob mit oder ohne Trennungskonsequenz) enthüllt sehr viel vom Geflecht der Beziehung, zeigt an, wo die immer schon »schmerzhaften Punkte« gesessen haben, wo die beteiligten Partner ihre Stärken und Schwächen haben, wie sie diese gegeneinander und miteinander ge- oder mißbrauchen. In der Krise enthüllt sich in ganz besonders scharfer Konturierung aber auch nochmals die individuelle Geschichte jedes Partners.

Die Position des Sündenbock-Kindes z. B. wird nun – ohne den wärmenden Mantel der ehelichen Liebe – wieder stärker spürbar; die verwöhnte Prinzessin begehrt nun in heftigerer Weise auf als in jener Zeit, da sie die notwendigen Einbußen ihres Status durch die bewundernde Liebe ihres Ehemannes kompensiert sah.

In der Krise, wenn sie einmal offen ausgebrochen ist, erlebt sich jeder in seinen äußersten Möglichkeiten – und dies können sowohl Möglichkeiten der Stärke wie der Schwäche sein; meist ist beides vorhanden. Dem Außenstehenden, ja sogar dem Partner, mag manchmal sogar ein

»ganz neuer Mensch« vor Augen stehen, weil er den anderen immer nur in seinen »gemäßigten« Positionen erlebt hat. Daß er »so weit ...« gehen könnte, hat man nie vermutet. Obwohl genauer betrachtet: Da war immer schon etwas spürbar von jener Härte ... Schwäche ... Verletzlichkeit ...

Die Krise läßt Positionen in der Beziehung (und damit eben auch in der eigenen Person) aufbrechen, die hart und klar dokumentieren: So sind wir ... so bin ich! Dies zu erleben kann erschütternd sein. Es kann passieren, daß man sich im nachhinein verwundert fragt, »ob man das wirklich gewesen ist«. Angst vor dem anderen, Schreck über die eigene, bisher *so* nicht bekannte Person: Das sind Erlebnisse, die uns offener machen können, erlebnisfähiger und toleranter gegenüber andersartigem. Die Krise sprengt den bisher gemäßigten Lebensrahmen, in den man sich die Welt manchmal allzu idyllisch hineingemalt hat. Ein anarchisches Element auch beim bisher bravsten Bürger kann sichtbar werden. Man könnte den anderen erwürgen ... Türen eintreten ... brüllen ... ordinär werden. Manches davon tut man auch. Hat die kritische Zuspitzung zur Trennung geführt, bleiben vorerst fast immer Scherben zurück. Diese muß man, so drängt es sich uns auf, sorgsam aufheben und betrachten. Was sie enthüllen, mag erschreckend sein, aber es ist unsere psychische Realität. Wenn einer sie – um im abgegriffenen Bild zu bleiben – rasch wieder »unter den Teppich kehrt«, hat er sich um wichtige Erkenntnisse gebracht.

Was die Krise ans Tageslicht bringt, sollte in der Zeit danach nicht wieder vergessen werden; es sollte aber nun auch wiederum nicht unbedingt als böse Last auf uns liegen bleiben. Man kann damit »arbeiten«, sich im veränderten Rahmen des neuen und vielleicht beruhigten Lebens auseinandersetzen mit dem, was hier in erschreckender Weise klar geworden ist. In dieser Auseinandersetzung verschieben sich die Akzente des Geschehenen langsam und zuerst fast unmerklich.

Nun gut, man hat sich in entwürdigender Weise dem Partner an den Hals geworfen, war bereit, jede Demütigung zu akzeptieren. Ist es aber wirklich nötig, darüber solche Scham und Wut zu empfinden? Könnte es nicht vielmehr Anlaß sein für die Frage, warum man damals sich selbst so wenig genügen konnte, daß man fast lieber gestorben wäre, statt auf den Partner zu verzichten? Der Blick auf die Fragwürdigkeit des eigenen Selbstgefühls kann sich auch noch durch andere Fragen erweitern: Wieviele andere Personen braucht man zur Stütze, und: wer oder was hat es einem schon in frühesten Zeiten verwehrt, sich selbständig und stark zu fühlen?

Diese und ganz andere Probleme können und sollen auftauchen, wenn man die dramatische Krise (und vielleicht auch die Trennung) innerhalb einer langjährigen Partnerschaft erlebt hat.

Wann und wie kommt es zur »großen Krise«, die – schlimmstenfalls – zur Trennung führen kann? Ist diese letzte Krise vorprogrammiert, durch die Ehestruktur vorherbestimmt, oder ist sie Zufall? Hätte sie z. B. ebensogut ausbleiben können, wenn Fred jenen Kinobesuch mit Karin nicht vergessen hätte? – wenn Sven in dieser späten Nacht beim Heimkommen weniger Krach gemacht hätte? Oder wäre es dann eben irgend etwas anderes gewesen?

Selten im Leben wird die Dialektik von Zufall und Notwendigkeit mit solcher Schärfe durchlebt und durchdacht wie in ehelichen Krisen. Der schneidende Vorwurf: »*Du* hast schließlich ein Verhältnis angefangen ...«, wird mit einem bösen »... Warum hast du mich aber auch dauernd ausspioniert?«... gekontert. »Alles wäre anders gekommen, wenn sie diesen Mann nicht getroffen hätte ...« – »Jene Emanzengruppe hat uns entfremdet ...« – »Meine Beziehung zu X war doch gar nicht die Ursache, nur der Auslöser ...« – »Wenn du damals jenes Wort nicht gesagt hättest ...« – »Irgend etwas anderes wäre dir als Vorwand auch recht gewesen ...« So gehen Vorwürfe, Selbstvorwürfe und abwehrende Entschuldigungen hin und her.

Daß es unbedingt und auf jeden Fall »so« hätte kommen müssen, das ist nur in Extremfällen zu mutmaßen. Andrerseits: reiner Zufall war es ja wohl nie.

Schlüssige Kriterien dafür anzugeben, von wann an sozusagen alles »programmiert« abgelaufen ist, ob und wann man das Rad auch nochmals hätte zurückdrehen können, ist wohl ganz ausgeschlossen. Auch im Bewußtsein der Betroffenen verändert sich das Bedürfnis nach Erklärungen dieser oder jener Art immer wieder von neuem. Die Notwendigkeit der Trennung betonen zu müssen ist in manchen Zeiten wichtiger, als den Zufallsaspekt herauszuholen. Es kann tröstlich sein, sich und anderen zu beweisen, daß bei *dieser* Ehekonstellation gar nichts anderes möglich gewesen sei als Trennung. Es kann aber auch Momente geben, wo man eine einzelne Handlung herauslöst und sich selbst oder den Partner als den »Schuldigen« belastet.

Tage- und vor allem: nächtelang kann das Sinnieren über diesen Punkt gehen: Hätte ich nur nicht ...

Auch wenn wir die »kritischen Momente« unserer Paare durchgehen: Wir bleiben in derselben Unsicherheit stecken. Hinterher läßt sich vieles erklären. Stimmt aber alles?

Bei Rebecca und Michael können wir vielleicht am ehesten von einer geradlinigen Entwicklung bis hin zur Trennung sprechen. Bei ihnen gab es eigentlich »keinen« Anlaß, sondern nur das beiderseitige Gefühl: »Es reicht mir.«

Keine von Michaels Ehe-Eskapaden? Nein, damals gerade nicht. Streit? Ja, schon, aber ...»solche Streitigkeiten hatten wir vorher schon hundertmal gehabt«.

Rebeccas Version: »Ich habe Michael gebeten, mir zu sagen, ob wir zu Silvester eigentlich die Party bei X mitmachen wollen. Daraufhin hat er herumgemosert, ich wolle ihn schon wieder erpressen und drängen; er könne Silvester sowieso nicht leiden, er wolle alles offenhalten ... vielleicht gehe er auch einfach alleine in die Stadt. Daraufhin habe ich irgendeine andere Frau im Spiele gewittert und entsprechend scharf reagiert. Und schon gab es Krach. Es war eine sehr merkwürdige Nacht für mich. Ich habe nämlich, als wir mit den alten und aufgewärmten Argumenten anfingen, plötzlich die ganze Szene schon im voraus vor mir gesehen: meine Aufregung, Hysterie, Michaels Geschrei, Türengeknall; meine Angst, die mich plötzlich wieder zum kleinen Mädchen macht, das einlenkt, beruhigt, bittet, nachgibt; Michaels Mißmut, der zwei bis drei Tage dauern kann, meine innere Wut usw. usw. Und als blitzschnell dieser Film vor meinem inneren Auge ablief, wurde ich völlig kalt. Etwas in mir sagte ›*Stop*‹. Und ich habe *nicht* geschrien und getobt und mich nicht klein gemacht; ich habe plötzlich gespürt, daß ich über all diesen Pubertätskram jetzt hinaus bin und ohne Michael leben kann. Und da habe ich nur so etwas wie ›Bitte, zieh morgen aus‹ gesagt. Und Michael war ziemlich perplex. Er hat aber offenbar gespürt, wie ernst es war, und nur gesagt ›gut‹. Ich denke also, für ihn war derselbe Punkt erreicht wie für mich.«

Und Michael? Er bestätigt das Streitgespräch, setzt aber natürlich andere Akzente. Jene Frage nach der Silvesterparty hat er nicht als so »harmlos« empfunden, wie Rebecca dies schildert. »Das war wieder dieses scharfe und mißtrauische Bohren; ich hatte schon wieder einmal das Gefühl, gefangen zu sein; der Gedanke, wirklich alleine durch die silvesterfröhliche Stadt bummeln zu können, war für mich ungemein verlokkend. Und schon wieder sollte ich an die Kette genommen werden.« Michael meint, daß er ohne Rebeccas Rausschmiß wohl nicht so ohne weiteres ausgezogen wäre. »Aber als sie das Wort aussprach, war es irgendwie eine Erlösung. Es schien mir der richtige Moment. Wahrscheinlich wäre es ja irgendwann doch gekommen, nachdem unsere Tochter fast erwachsen war ...« Die wachsende Selbständigkeit Rebeccas, die sich vor allem auch an ihrer beruflichen Höherentwicklung festmacht, ermöglicht diese vergleichsweise »leichte« Trennung, die Michaels Drang nach Freiheit und Ungebundenheit sehr entgegenkommt. Michael pflegt oft zu sagen, daß er der »geborene Junggeselle« sei – ein etwas euphemistisches Klischee für die Tatsache seiner besonders großen Angst vor menschlichen Verpflichtungen und der im Zusammenleben notwendigen Beschneidung seiner Freiheiten.

Michael hat vermutlich recht, wenn er sich selbst immer wieder einmal »Eheuntauglichkeit« bescheinigt. Es lag wohl eher an Rebecca, wenn diese Ehe so lange Zeit hindurch gehalten hat. Rebecca sieht retrospektiv, daß sie durch dieses ängstliche Festhalten an der Beziehung ihre eigene Entwicklung in vieler Hinsicht aber auch behindert hat. »Dauernd diese Angst: Wird Michael mitkommen? Kann ich ihm dies oder jenes zumuten? Wird er sich wieder depressiv verkriechen oder gar Tobsuchtsanfälle bekommen? Nie war ich wirklich sicher, und das meiste habe ich voll Angst mitgemacht. Aber gegen Ende unserer Ehe immer häufiger das Gefühl: Du bist von ihm nicht abhängig. Wenn er fünf Minuten vor einer Einladung zu Freunden ›keine Lust‹ hatte – o. k. dann bin ich eben alleine gegangen. Und gelogen habe ich zum Schluß auch nicht mehr für ihn. Ich war dann schon ganz sicher, daß mich die meisten Freunde auch ohne Michael akzeptieren. Und so ist das auch nach der Trennung gewesen.« Wir wissen, daß für beide die getrennten Wohnungen nur mehr das äußere Symbol einer längst vorangegangenen inneren Unabhängigkeit voneinander sind.

Daß Michael die Einrichtung seines Single-Alltags nicht besonders schwer gefallen ist, verwundert nicht. Rebecca aber ging immer wieder einmal ein schmerzhafter Stich durch das Herz, wenn beim Heimkommen die Fenster dunkel waren oder die Tagesschau so ganz kommentarlos ablaufen mußte. »Aber alles in allem«, so resümiert sie, »war es eine gesunde und notwendige Operation.«

Sicher ist die abrupte Trennung von Fred und Karin sehr viel weniger einsehbar als die von Michael und Rebecca. Daß Fred immer wieder darauf zurückkommt, nur Karins »Sturheit« habe ihre Ehe zerstört, ist nicht ganz verwunderlich. Karin wiederum kann auch nicht ganz schlüssig angeben, warum es eigentlich so weit gekommen ist.

Tatsächlich hat sie sich lange Zeit immer wieder eingeredet, daß ihre Ehe »gut« sei, sogar »ausnehmend gut«; so etwas wie eine Ideal-Ehe, sagte sie manchmal. Kein Streit; keine Einschränkungen; sie hat für Fred getan, was immer er wollte: war eine gute Hausfrau und Gastgeberin, konnte amüsant sein und es ihm gemütlich machen. Er wiederum war in geradezu idealer Weise tolerant und fürsorglich.

Daß er neben ihr noch andere Frauen haben könnte, war unvorstellbar. Hinterher muß sie zugeben, daß sie da vor sich selbst oft Verstecken gespielt hat. Konnte sie wirklich annehmen, daß ein Mann in seinen Jahren nur etwa alle zwei bis drei Monate einmal mit einer Frau schläft? Schließlich hat doch auch sie ab und zu ...? Karin wehrt ab. Das war doch etwas anderes; kleine Gelegenheits-Ehebrüche, nichts Ernsthaftes. Aber die Hartnäckigkeit, mit der Fred an seiner neuen Freundin gehangen hat ... In allen Gesprächen hat er darauf bestanden, daß er sie »brauche«, auch erotisch ...

Karin kann jetzt noch plötzlich in Tränen ausbrechen, wenn sie von ihrer Enttäuschung spricht. Sie ist ungeheuer verletzt, das kann man ihr sehr deutlich anmerken. Karins Bild von sich selbst als Ideal-Ehefrau und von ihrer Ideal-Ehe war offenbar ein ganz wesentlicher Bestandteil ihrer Bindung. So wie sie sich auch nach der Trennung wiederum nur in der Identifikation mit einem Mann aufrechthalten kann, hat sie auch innerhalb der Ehe ihre Identität nur auf dieses – imaginäre – Bild hin empfunden. Fred versteht nicht, daß sie so wenig verzeihen kann und keine Kompromisse kennt. Karin aber spürt, daß Kompromisse ihr den Boden unter den Füßen wegziehen würden. Für sie gibt es immer nur »alles oder nichts«-Lösungen, immer ein Anzeichen für ein recht schwankendes Selbstgefühl. Fred und Karins Krise ist – so unvermutet sie auch hereinbricht – eben doch eine, die sich schlüssig ergibt, wenn man die massiven Verleugnungstendenzen Karins in Betracht zieht. Nur in der ungeteilten Liebe des Partners findet sie sich selbst; solange es geht, fantasiert sie sich in der Rolle der »Über-alles-Geliebten«. Bricht diese Illusion zusammen, ist auch ihre Ehe zu Ende. Fred sieht diesem Schauspiel hilflos zu und merkt nur undeutlich, was hier vor sich geht. Für ihn ist Erotik jetzt, Mitte vierzig, so wichtig wie noch nie. Nun erst hat er gemerkt, was er in der Ehe mit Karin vermißt hat. Daß die Liebe und Fürsorge, die er ihr fünfzehn Jahre lang angedeihen ließ, nun einfach nichts mehr wert sein soll, versteht er nicht. Sein Festhalten an seiner Geliebten stellt wohl auch eine Art »Test« dar: Hat Karin ihn selbst geliebt oder nur seine Liebe? Im Scheitern dieser »Ideal-Ehe« wird vor allem die Eigenliebe Karins, die im Partner allzusehr nur eine Erweiterung des eigenen Ichs gesehen hat, klar. Fred hätte, dies behauptet er immer wieder (und es ist auch glaubhaft), die Ehe weiterführen können. Voraussetzung auf Freds Seite allerdings scheint zu sein, daß er seine sexuelle Attraktivität durch eine andere Frau beweisen kann. Und dies geht – soviel ist klar – auf Karins Kosten.

Auch Thierrys und Chloés Krise ist schleichend gekommen und

konnte vor allem von Thierry lange Zeit verleugnet werden. Von beiden Partnern wurde zuerst ihre Beziehung sehr stark idealisiert. »Narzißtische Spiegelung« nennen das die Psychoanalytiker: Jeder sah sich in seiner Schönheit und Besonderheit im Auge des anderen gespiegelt. Lieben und Geliebtwerden war eins. Der fantastische Gleichklang ihres Lebens erfüllte beide mit Glück und Jubel. Es war Chloé, die nach und nach unzufrieden wurde; sie spürte, daß dieses innige Zusammensein ihre Entwicklung lähmte. Da sie so viel jünger war als der beruflich erfolgreiche Thierry, ahnte sie eine Zukunft als das aparte (wenn auch sehr geliebte) Anhängsel von Thierry. Chloé aber spürt, daß sie zu anderem begabt ist als zur perfekten Ehefrau und Geliebten. Anders als bei Karin wird ihr immer klarer, daß sie nur in sich selbst Sicherheit für die eigene – gefährdete – Identität finden kann. Chloé ist eine sehr introvertierte und begabte Frau. Ihre Malerei zeugt von vielen inneren Kämpfen, verzweifelten Bemühungen um Perfektion. Vielleicht will sie sogar allzu perfekt sein? Geht ihr die »Leichtigkeit« ab, eine gewisse Kompromißfähigkeit auch mit den eigenen Unzulänglichkeiten? Wie auch immer: Auch in der Ehe war sie schließlich nicht mehr imstande, Kompromisse zu machen. Nein, sie wollte ohne die dauernden Übergriffe durch Thierry arbeiten. Wenn sie – als passionierte Nachtarbeiterin – bis drei Uhr morgens malte, wollte sie kein schlechtes Gewissen haben müssen. Thierrys drängende Forderung, doch »endlich ins Bett zu kommen«, erfüllte sie dann mit immer mehr (leider nicht formuliertem) Unbehagen. Sie möchte ihr Leben alleine einteilen können. Der Bildhauer Tom wird für ihre künstlerische Entwicklung immer wichtiger. Liebt sie ihn? Sie weiß nur: Er versteht, was sie umtreibt; er kann ihr helfen in ihren Schaffenskrisen. Thierry aber bleibt immer wieder das entzückende und zu verwöhnende Kind, so wie sie selbst sich ihm gegenüber nicht recht als die erwachsene Künstlerin, die sie nun geworden ist, präsentieren kann. Immer empfindlicher wird sie gegenüber Thierry; das meiste spielt sich aber innerlich ab. Und so ist Thierry tatsächlich wie vom Donner gerührt, als Chloé eines Tages verschwunden ist und sich wochenlang jeder Auseinandersetzung entzieht. Übereinstimmend berichten beide, daß es gar kein »auslösendes Moment« gegeben habe. Für Chloé war die Situation einfach »unerträglich«, aber noch sechs Jahre danach kann sie sagen, daß das größte Opfer, welches sie ihrer künstlerischen Berufung gebracht hat, ihre Ehe ist. Gegenüber anderen Bindungen, die sie eingeht, wirkt Thierry auf sie noch immer wie das »Original« gegenüber einer »Kopie«, wie sie es einmal formuliert. Trotzdem schlagen alle Versuche, es nochmals miteinander zu versuchen, fehl. Noch immer ist eine glückliche Balance zwischen Nähe und Distanz bei diesen schwierigen Menschen, die einander trotz allem angehören, nicht möglich.

Hans und Monika (die nun nur mehr über Rechtsanwälte miteinander verkehren) können zwar einen Punkt angeben, an dem bei ihnen »der Ofen aus« war – aber natürlich ist auch das nicht der einzige und wahre Grund. Das auslösende Moment war bei ihnen ein wohl nicht allzu ernst gemeinter Seitensprung von Hans. Monika behauptet nach wie vor, daß ihr dies »an sich« nichts ausgemacht habe, aber ... Und an diesem »Aber« macht sich eigentlich alles fest, was Monika an ihrer Beziehung je auszusetzen hatte. Vor allem *und immer wieder*: Hans' Feigheit und Verlogenheit. Nichts als Zurückweichen, kein Konflikt wurde je ausgetragen, alles hat er nur »irgendwie hintenherum arrangiert«. Und wie sieht Hans das Ende der Ehe? Wir haben mit ihm nicht sehr ausführlich gesprochen, weil Monika nach anfänglichem Verständnis für unser Anliegen immer ängstlicher reagierte, wenn wir Hans sahen. Aber soviel wurde klar: Hans erlebt (jetzt oder auch schon früher?) Monika als: uneinsichtig, aggressiv, und – »entgegen dem aufgesetzten Psychogeschwätz dieser widerlichen Berufsgruppe« – innerlich verlogen und voll von Rationalisierungen. »Ihr Beruf hat sie verdorben«, sagt er. Der Machtkampf hat sich offenbar lange Zeit hindurch auf einer komplizierten verbalen Ebene abgespielt, wo Monika – dank größerer Vertrautheit mit dem Vokabular der Psychoanalyse – immer im Vorteil war. Hans hat sich – mit wechselnden Freundinnen – ein beschütztes »Neben-Leben« aufgebaut. Ja, er *war* feig, ist dem Kampf ausgewichen. Er hat zuletzt nur mehr gelogen, ist ziemlich schwer krank geworden und hat das Verhältnis zu seiner letzten Freundin mehr oder weniger »absichtlich« verraten. »Neben Monika wäre ich an meiner Wut erstickt; ich bin sicher, daß ich schließlich einen Herzinfarkt bekommen hätte ...« Der finanzielle Kampf ist demgegenüber sehr viel leichter zu ertragen – vor allem auch, weil Hans hier endlich einmal im Vorteil zu sein scheint.

Sowohl Hans als auch Monika erzählen von ihren Anfängen als einer »besinnungslosen Liebe«. Sie haben sehr viel äußere Hindernisse – so die fünfjährige Lebensgemeinschaft von Hans mit einer Freundin Monikas – überwinden müssen. Als die Kämpfe gegen die Umwelt vorbei waren, begann es innen zu kriseln. Die Geschichte einer »sado-masochistischen Kollusion«, wie Jürg Willi das nennt, nahm ihren Anfang. Das heißt: Ihre Beziehung hat sich zum damaligen Zeitpunkt vor allem daraus genährt, daß einer dem anderen nicht nur Leid zufügen wollte, sondern sich auch sozusagen in genußvoller Weise dann empörte, wenn er zur Zielscheibe der Gemeinheiten des anderen wurde. Zur Zeit ist nichts mehr geblieben als blanker Haß.

Auch hier steht jenes Moment des »letzten Tropfens« im Vordergrund. Warum aber, nach zwölf kämpferischen Jahren dieser eine der »letzte« sein kann, das konnte uns niemand ganz schlüssig erklären. Ganz offensichtlich entzieht es sich dem Bewußtsein der Beteiligten über lange Zeit hinaus, ihr eigenes Wachstum und ihre neuen Möglichkeiten zu beobachten. Noch vor einer Woche hätte man vielleicht in der alten Weise reagiert – und nun merkt man plötzlich: Es hat sich etwas verändert. Rebecca hat am anschaulichsten geschildert, wie die »alte« und die »neue« Rebecca gleichsam nebeneinander existiert haben. Welchem Zufall es zu verdanken war, daß diesmal die »neue« gesiegt hat? Sie weiß es nicht.

Es kann allerdings vorkommen, daß diese »neue Person« sozusagen über die eigenen Möglichkeiten schon hinausgreift, was sich dann in einer besonders quälenden und mit vielen Vorwürfen und Selbstvorwürfen versehenen Trennungszeit niederschlägt. Marlene z. B., die Frank gedrängt hat, sich eine eigene Wohnung zu suchen, hat dies nachher hundertmal bereut. In den »Idealisierungszeiten«, wenn sie sich schwach und hilflos fühlt, kann es vorkommen, daß sie sogar die letzte »stumme« Zeit ihrer Ehe noch für erträglicher hält als die Einsamkeit. Hat sie den Kopf oben – was immer häufiger passiert –, mißt sie ihrer Initiative keinen besonderen Wert bei. Ihr scheint dann klar, daß Frank sie – ein typisches Muster – zum Handeln gezwungen hat, um sich nicht als einer jener »Schurken, die ihre alternde Frau verlassen«, fühlen zu müssen. Sie spürt dann, daß der Trennungsschritt zur damaligen Zeit wohl sehr viel innere Notwendigkeit gehabt hat; daß sie selbst sich in jener entwürdigenden Ehebeziehung nicht mehr hätte entwickeln können und endgültig zum depressiven Klammerfrauchen abgesunken wäre. Dies aber wäre der intelligenten und lebendigen Marlene nicht gut angestanden.

Die krisenfeste Ehe ist heutzutage so selten wie ein schwarzer Diamant. Daß die Krise nicht mehr unbedingt verheimlicht werden muß, macht es allerdings vielen Menschen leichter, sich damit zu arrangieren. Muß man zur Qual des Kämpfens auch noch die Mühe des Verheimlichens aufbringen, werden die Kräfte in unzumutbarer Weise strapaziert. Einige Paare haben dies auch dankbar vermerkt: daß man sogar Arbeitskollegen gegenüber klagen konnte, ohne sich genieren zu müssen; daß diese oft Verständnis für schlechtere Arbeitsleistungen zeigten, ja, daß auf diese Weise auch im Büro plötzlich eine neue Vertrautheit entstand, durch die man Hilfe erfuhr.

Aber auch wenn einem niemand die Krisenbewältigung (mit oder ohne Trennung) abnimmt, scheinen uns die Chancen der Veränderung, die darin liegen, so wertvoll, daß wir eigentlich niemandem eine »krisenfeste Ehe« wünschten.

Wir haben Paare getroffen (Marion und Karl gehören dazu), bei denen uns dieses Moment der »Krise« eigentlich gefehlt hat. Die Ehe läuft schlecht und recht, mit den immer wieder alten Streitigkeiten und Verletztheiten; keiner wagt den Ausbruch (»Kinder« werden entweder vorgeschoben oder mögen auch der wirkliche Grund sein), die Angst vor dem Skandal überwiegt. In allen diesen Fällen hapert es ganz offensichtlich mit den Entwicklungsmöglichkeiten der Eheleute. Was innerhalb und durch die Beziehung nicht geschafft wird, können sie sich in vielen Fällen auch von »außen« nicht holen. Oft mag es eine gewisse psychische Schwäche sein, die einem Menschen die Entwicklung auch in den mittleren Jahren nicht gestattet, so daß er mit schlecht durchlebter »midlife-crisis« nach dem vitalen Aufschwung der jungen Jahre absinkt in ein lang sich hinziehendes Resignationsalter. Aber auch die äußere Umgebung und die objektiven Möglichkeiten spielen eine gewisse Rolle für die Entwicklung. Für viele unserer Interviewpartner war beim Prozeß ihrer Ich-Findung z. B. der Beruf sehr wichtig. Vor allem die Frauen spürten plötzlich, daß sie oft allzu achtlos mit einem wertvollen Schatz umgegangen waren. Ganz abgesehen von der Befrieidigung, die es gewährt, sich in irgendeinem Bereich kompetent fühlen zu können: Es steigen natürlich auch die Chancen, mit neuen und interessanten Menschen zusammenzukommen. Hat man besonders großes Glück, kann sich daraus sogar eine dauerhafte Partnerbeziehung anbahnen. (Alle unsere getrennt Lebenden waren allerdings klug genug, darauf nicht als »einziges Pferd« zu setzen.)

Nicht nur der Beruf bietet Entwicklungschancen, auch Freunde, das Erlebnis gemeinsamer Interessenvertretung in Gruppen (eine wichtige Rolle spielen dabei oft die Frauengruppen), die Begegnung mit psychologisch orientierter Denkweise etwa in der Encounterbewegung: Dies alles kann Anstoß geben zur Wahrnehmung eigener Kräfte, die man in dieser Weise vorher nicht gespürt hat.

Lebt ein Paar in einer auch äußerlich beschränkten Umgebung – etwa in einem kleinen Ort oder in einem ideologisch verengten Milieu –, dann wird die Veränderung einer eigentlich unerträglichen Ehesituation sehr schwierig. Doch haben wir an Ernst und Silvia erlebt, daß auch dann die Möglichkeit gegeben ist, sich selbständig zu entwickeln. Ob die Krise zur totalen Trennung führt oder zum Sich-Wiederfinden auf einer besseren

Ebene der Beziehung: Am wichtigsten schien uns, daß sich überhaupt »etwas bewegt«.

Denn nichts ist trauriger als der Anblick zweier Menschen, die im Grab ihrer Ehe langsam vermodern.

2. Nach der Trennung

Trennung von der geliebten Partnerin, vom geliebten Partner bringt das Ich zum vorläufigen Einsturz; es bedeutet, daß die Person des Verlassenen sich entstrukturiert.

Trauer ist in der Trennungszeit kaum vermeidbar. Auch bei denen, die um nichts in der Welt Kummer empfinden wollen, bricht sie immer wieder durch, und sei es im körperlichen Symptom: schwere Grippen, vermehrte Kopfschmerzen, Magendrücken – das sind alles wohlbekannte Begleiter des Trennungsprozesses. Wohl keiner bleibt, zumindest in der ersten Zeit, ganz verschont vom destruktiven Doppelgespann »Vorwürfe und Selbstmitleid«. Beides dient der Abwehr wirklich neuer Einsichten und konstruktiver Bearbeitung der neuen Situation. Der innere Dialog, der sich in diesen beiden Kategorien erschöpft, ist ebenso monoton wie aufreibend. »Wenn er (sie) nur nicht immer ...« – »Weil er (sie) auch überhaupt nie ...« – »... und jetzt sitze ich da und bin völlig fertig ...« – »... auf meine Kosten hat er (sie) sich saniert ...« Diese Litaneien können endlos wiederholt werden; sie führen zu nichts. Unglückliche, die in dieser Phase steckenbleiben, gehören bald zu den Menschen, die man flieht: Verbittert, resigniert, anklagend vermiesen sie sich selbst und ihrer Umwelt jeden Kontakt.

Im Sumpf, aus dem Sumpf

Nach der Trennung befinden sich die Betroffenen in einem Sumpf des Schmerzes, der Auflösung, der Bodenlosigkeit. Jeder ist bemüht, aus diesem Zustand herauszugelangen. Wie geschieht dieses »Sich-aus-dem-Sumpf-Ziehen« im einzelnen? Schwierig war und ist es für alle; das sei als ein Resümee von Trennungsprozessen vorangestellt.

Der sich Trennende hat es zunächst leichter als der Verlassene; er hat sich für eine neue Lebenswelt mit vielfältigen Eindrücken und überraschenden Empfindungen entschieden. Solches löst häufig Euphorie aus, während der Verlassene in »Depressionen« fällt. Doch die Hochstimmung hält auch bei jenen, die sich aus einer Partnerschaft abgesetzt haben, nie lange an. Wenn die neue Lebenswelt an Sensationalität verliert, wenn die ersten Probleme von Daseinsbewältigung auftauchen und wenn sich dann mit unvermeidbarer Logik die Erinnerungen einstellen, die Träume plagen, Nostalgie quält, dann schlägt die Stunde der Auseinandersetzung mit der Vergangenheit auch für den, der aktiv den ersten Schritt der Trennung vollzogen hat.

Nach der Separation lassen sich drei Verhaltensmöglichkeiten unterscheiden: Es gibt Menschen, die – wie z. B. Fred – jedwede eigene Auseinandersetzung mit ihrer Trennungsproblematik von sich weisen und im gleichen Rhythmus weiterleben; es gibt Menschen, die – wie z. B. Karin – sich hektisch beschäftigen, neue Beziehungen suchen, ständig unterwegs sind. Beides heißt: verdrängen, Probleme wegschieben, die Auseinandersetzung mit sich selbst nicht wagen, nichts verarbeiten. Schließlich gibt es jene Männer und Frauen, die, wie Sven und Margarete, Max und Marlene, die Trennung als Problem annehmen und damit auch bereit sind, sich selbst zu problematisieren (s. Kap. V: »Veränderungen«). Dieser Weg führt durch Höllen des Schmerzes, des Leids, der nahezu metaphysischen Zweifel, der Trauer und der Traurigkeit; Thierry z. B. hat dieses Erlebte in aller Deutlichkeit geschildert (s. Kap. II. 1.: »Die Organisation des Alltäglichen«).

Gibt es einen bleibenden Gewinn aus allen diesen inneren Kämpfen, diesen verzweifelten Bemühungen um einen neuen Halt? Diejenigen unserer Gesprächspartner, die mit ihrer Situation konstruktiv umgegangen sind, haben wir in erstaunlicher Einmütigkeit bekennen gehört, daß sie *»trotz allem«* die Zeit nach der Trennung nicht missen möchten. Alle meinen, ein verfeinertes Sensorium für sich und die Welt gewonnen zu haben. Alte Selbstgefälligkeiten sind abgefallen. Menschen wie Thilo, Anna, Max, Margarete fühlen sich vielleicht oft sogar verletzlicher als früher – aber auch vorsichtiger in ihrem Bestreben, die Kränkbarkeit von Freunden, Partnern und Bekannten nicht zu übersehen. Ihre Beziehungen zu anderen Menschen gewinnen dadurch an Tiefe und Lebendigkeit. Der Partner ist nicht nur mehr wertvoll als Ja-Sager, Bewunderer und Spiegelung der eigenen Person: Er gewinnt Kontur in seiner Eigenart, in seiner Andersartigkeit. Die eigenen Wünsche werden besser relativiert.

Eine über- und durchstandene Trennung bringt neben der verfeinerten Wahrnehmung aber auch mehr Gelassenheit. Das herabsausende Damoklesschwert hat nicht getötet. Blessuren können heilen – zumindest in gewissem Umfang. Diese Erfahrungen verändern die Welt.

Bleibt jemand aber im Jammern, Projizieren oder Räsonieren stecken, bringt er die Trennung nie »auf die Reihe«, dann entgehen ihm diese Möglichkeiten, und man ahnt mit Schaudern, wie seine nächsten Beziehungen aussehen mögen.

Voraussetzungen, um Trennung zu bewältigen

Die Wahl dieser geschilderten Verhaltensmöglichkeiten und der damit verbundenen Überlebenstechniken hängt im wesentlichen von drei Faktoren ab: zum einen von der Intensität der gelebten Beziehung, zum zweiten vom Selbstvertrauen und zum dritten von den Kompetenzen und Fähigkeiten, die im Sozialisationsprozeß erworben wurden oder die man auch einfach »ererbt« hat.

Eine Partnerschaft, die zwar aus einer Verliebtheit heraus eingegangen wurde, aber in der Folgezeit nie an emotionaler und kommunikativer Tiefe gewann, kann relativ einfach und ohne großen Trennungsschmerz von beiden Seiten abgebrochen werden. Wenn Gefühle in positiver oder negativer Hinsicht stets nur an der Oberfläche geblieben sind, ohne sich in den Partnern psychisch zu verankern, ist eine Trennung ebenso leicht zu vollziehen, wie anschließend eine neue Beziehung oder Ehe aufgebaut werden kann. Die Erinnerung an den ehemaligen Partner verblaßt in solchen Konstellationen schnell, weil nie intensive Bindungen und Eindrücke in dieser Beziehung entstanden sind.

Ganz anders präsentiert sich die Situation, wenn die Partnerschaft in einer ersten Phase von starken Gefühlen geprägt wurde (Verzauberung, Vereinigung) und in der zweiten Phase in strukturierende Qualitäten (Ergänzungen, Geben und Nehmen, Bilder, Interessen u. a.) sich umsetzen konnte. Diese Qualitäten können ebenso positiv wie negativ geprägt sein; stark verbindend und schwer lösbar sind beide. So zeigten sich zum Beispiel Rebecca und Michael eher durch einen negativen Aspekt von Machtkampf geeint, während Anna und Thilo durch positive Gefühle wie Verbundenheit, Zärtlichkeit, Komplementarität aneinander gebunden waren. Wichtig ist vor allem die Intensität des Gefühls. Diese Intensität aber wiederum hängt vor allem davon ab, ob eine Partnerschaft wichtige Lebensmuster aus der Kindheit her aufnimmt, fortsetzt und/oder entwickelt. Nur dort, wo dies (auch) geschieht, wird sich jenes vielfältige Geflecht von Beziehungsmöglichkeiten bilden, das dem einzelnen das Gefühl gibt, in dieser Partnerschaft liege sein »Wohl und Wehe« beschlossen. Natürlich kann sich, wie wir immer wieder gezeigt haben, die Balance durchaus zum »Wehe« neigen, ohne daß dadurch der Trennungsschmerz geringer wird.

Der zweite der obengenannten Faktoren betrifft das schon in der Kindheit erworbene Selbstvertrauen; eine gesunde Vorstellung davon, daß man – relativ unabhängig von anderen Menschen – wertvoll und wichtig ist.

Dieses Vertrauen in die eigene Person ist sicher eines der »Kernstücke« jeder Neuorientierung. Nur zum Teil hängt es ab von den eigenen realen Fähigkeiten – obwohl auch diese wichtig dabei sind. Wie wir es aber besonders kraß an Marlene erlebten: Sie reichen nicht immer aus.

Selbstvertrauen gründet im Glauben daran, daß man auch ohne die Bestätigung durch andere wertvoll ist; daß weder die konventionelle Bestätigung, man habe den Status der »Ehefrau, des Ehemannes«, noch die individuelle durch einen Menschen, von dem man bedingungslos geliebt wird, nötig ist, um die eigene Person als einzigartige Kostbarkeit zu erleben, deren Wohlergehen wichtig ist.

Das Fundament des Selbstvertrauens wird natürlich in der Kindheit gelegt. Allzu große Verwöhnung genauso wie Härte und Ablehnung können dafür verantwortlich gemacht werden, daß dies Fundament für immer brüchig bleibt. Das verwöhnte Kind – der kleine Prinz, das kleine Prinzeßchen – hört immer wieder, wie wichtig er (sie) ist, wie unendlich liebenswert, wie schön und/oder gescheit. Es muß wenig tun für dieses ständige warme Bad des Lobes; es wird verwöhnt und gehätschelt, auch dann noch, wenn ihm eigentlich eine Tracht Prügel gebührt. Ist das verwöhnte Kind wirklich begabt, dann gelingt es ihm auch später, verwöhnende Menschen zu finden. Leider sind diese meist nicht ganz so geduldig und selbstlos wie Mami und Papi – und dann befindet sich der kleine Prinz sofort in einer tiefen Krise. Die gesunde Paarung: »Liebe ja – Lob nur für Verdienste«, die eine gute Stärkung des Selbstvertrauens bewirkt, hat ihm gefehlt. Er weiß daher nicht recht, wie man sich Liebe und Bewunderung verdienen kann; fordert alles und gibt wenig. Dies sind die Ursachen für die typischen »narzißtischen Krisen«. Wenn der (die) Bewundernde wegfällt, bleibt nichts mehr übrig. Wie Alice Miller es beschreibt: Der Narziß sonnt sich im bewundernden Glanz des mütterlichen Auges. Auch das achtlos und vernachlässigt aufwachsende Kind andererseits hat Mühe, in sich selbst Halt zu finden. Was immer der verwöhnte Prinz getan hat: Er wurde geliebt. Was immer das Aschenputtel tat: Man hat es übersehen. Wie glücklich ist Aschenputtel daher, wenn ihm endlich einer (eine) sagt, daß es schön und begehrenswert ist. Der Partner wird dann die Quelle aller Selbstachtung. Fällt er weg, ist auch die eigene Person erloschen. Marlene ist ein solcher »typischer« Fall (in der elterlichen Hierarchie rangierte sie früher weit unter dem Bruder); Max, Thierry und Thilo stellen eher Beispiele des »Prinzen« dar. Natürlich gibt es überall Abweichungen. Im Leben wird nichts je so kraß gelebt, wie die Theorie es beschreibt. Das Selbstvertrauen ist sicher die wichtigste Quelle für eine konstruktive Neuorientierung nach der Trennung, obwohl natürlich bei fast jedem Menschen nach der krisenhaften Trennung das Selbstvertrauen empfindlich gestört ist. Schnell wird klar, daß das sichere Gefühl, wer ich »eigentlich« bin, vom Partner entscheidend mitgeprägt wurde. Im Verlauf der Krise gibt es oft viele Abwertungen, der »andere« scheint schuld daran, daß man nun so »down« ist. Ist aber ein Mensch schon von Kindheit an mit einem soliden Fundament versehen, dann erholt er sich rascher und kann das Meistern der Trennung auch zur Erhöhung seines Selbstwertgefühls nutzen.

Nicht unwesentlich sind aber auch angeborene und erlernte Kompetenzen, der dritte Faktor, den wir oben erwähnt haben. Ob einer charmant, hübsch, begabt und gut ausgebildet ist: Auch das bestimmt sehr wesentlich seine Fähigkeit, sich nach der Trennung zu arrangieren. Die meisten der von uns befragten Menschen hatten eine solide Ausbildung, besaßen offensichtlich einige Begabungen, und dementsprechend haben wir auch kaum richtige »Trennungsleichen« gefunden. Selbst Thilo, der Schwächste von allen, hat sich schließlich am eigenen Schopf mittels seiner weit überdurchschnittlichen Fähigkeiten aus dem Sumpf gezogen. Diese Begabungen und Kompetenzen stehen zwar nicht in einem direkten Zusammenhang mit dem Selbstvertrauen, aber ganz unabhängig davon werden sie auch nicht gepflegt und erworben. Wenn einer kraft seiner Fähigkeiten Erfolg im Leben hat, verhilft ihm dies zwar sicher nicht dazu, ein ehemals schwaches Selbstvertrauen in ein »urkräftiges« zu verwandeln; aber ein wenig mehr Mut und Stolz auf die eigene Person, ein wenig Hoffnung, daß man nicht ganz untergehen werde, ergibt sich daraus durchaus. Und diese gesammelten Erfahrungen mit den eigenen Fähigkeiten sind es eben auch, die die Trennung erleichtern. Sicher erspart man sich den »großen Schmerz« nicht ganz, wenn man imstande ist, gute Zeitungsartikel zu verfassen, schöne Bilder zu malen oder eine charmante Abendeinladung zu gestalten. Doch bewahrt das gesicherte Wissen um all diese eigenen Möglichkeiten und die daraus entstehenden kreativen Neugestaltungen des Lebens manchen vor dem Abgrund der Selbstvernichtung.

Trennungstypen

Wir haben bislang mehrere Verhaltensmöglichkeiten nach der Auflösung von Partnerschaft und Ehe kennengelernt; ihre »Träger« lassen sich folgendermaßen typisieren:

Die »Erstarrten«
Einer (oder beide) der Partner ist wie »erstarrt«, was sich meist in stark depressiven Reaktionen äußert: Man hat keine Hoffnung, kämpft nicht, läßt vorerst alles mit sich geschehen. Manchmal gelingt es, das letzte bißchen Kraft zu mobilisieren: Freunde anzurufen, im Berufsleben zu funktionieren. Dieses Stadium kann unterschiedlich lange dauern und ist von der persönlichen Stärke des einzelnen abhängig. Verschiedene Ausprägungen dieses Typs finden wir in Thilo, Marlene und Thierry.

Das Beispiel Thilo: Thilo hat allen Lebenssinn aus seiner Ehe mit Anna bezogen; weder seine Arbeit noch irgendwelche soziale Bezüge außerhalb der Ehe waren für ihn identitätsstiftend. Anna war sein Lebensfundament. Als sie ihn in extremer Plötzlichkeit aus dem Haus weist, bricht Thilo total zusammen. Er ist leer geworden und kann nur in einer Klinik überleben.

Das Beispiel Marlene: Obwohl Marlenes Ehe schon lange Jahre vor der Trennung nicht gut gewesen ist, leidet auch sie unter der Sinnlosigkeit, nachdem ihr Mann den gemeinsamen Haushalt verlassen hat. Sie muß sich nun zu allem zwingen, was sie vorher natürlich und freudig schaffte. In ihr setzt sich das Gefühl fest, niemand mehr zu sein. Was früher organisch war, wirkt jetzt unorganisch und chaotisch auf sie. Erst nach längerer Zeit kann Marlene sich durch Freunde und Erfolg im Beruf ganz langsam wieder »aufbauen«.

Das Beispiel Thierry: Auch Thierry wird unter traumatischen Umständen verlassen. Er fällt in eine schwere reaktive Depression. Im Gegensatz zu Thilo besitzt Thierry aber ein soziales Netz von Freunden und Bekannten, das ihn in besonders schlimmen Momenten stützt; er verfügt außerdem über seine Arbeit, mit der er sich identifizieren und aus der er stärkende Erfolge ziehen kann. Überdies ist er von der Hoffnung getragen, daß Chloé zu ihm zurückkehren wird.

Die »Coolen«
Manche bleiben ziemlich gelassen. Sie haben sich in der Partnerschaft als die Stärkeren empfunden und können sich kaum vorstellen, daß die Trennung ganz ernst gemeint ist. Auch lange Zeit nachher können sie das Geschehen weder interpretieren, noch konstruktiv für einen neuen Lebensweg verwenden. Allenfalls stürzen sie sich in neue Beziehungen mit dem alten Muster. Fred und Michael sind zwei Ausprägungen dieses Typs.

Das Beispiel Fred: Nachdem ihn Karin verlassen hat, projiziert Fred alle Schuld für das Scheitern ihrer Ehe auf seine Frau. Fred kommt es nicht einmal ansatzweise in den Sinn, sich selber in Frage zu stellen. Nach seiner Auffassung ist er »total okay«; einzig seine Frau ist anomal und schuldig. Fred bleibt auf seinem Podest eingebildeter Unfehlbarkeit.

Das Beispiel Michael: Michael leidet zwar ab und zu unter der Trennung, aber – ähnlich wie Fred – ist er selten fähig zu sehen, was er und seine Charakterstruktur damit zu tun haben. Auch Michael bleibt auf seinem Podest und schiebt die Schuld für die Trennung eher Rebecca zu.

Die »Flipper«
Die neue plötzliche Freiheit kann für manche erregende Qualitäten haben. Neuerdings sind es sehr oft Frauen, die es verstehen, ihren Trennungsschmerz durch eine Kette von Abenteuern zu anästhetisieren. Solche Abenteuer gehen einher mit immer neuem Identitätswechsel. Isabella und vor allem Karin sind dafür einleuchtende Beispiele.

Das Beispiel Isabella: Als die Beziehung zu Max für Isabella schwierig wird und sie aufgrund wiederholter Trennungsdrohungen von Max in Ängste gerät, bindet sie sich an einen Jugendfreund. Mit dieser neualten Beziehung trifft Isabella eine prophylaktische Maßnahme für eine Trennung von Max, die sie dann selber vollzieht. Aus der Sicherheit der neuen Beziehung verdrängt Isabella aber die nötige Auseinandersetzung mit Max; dies wird noch dadurch verstärkt, daß sie auf ideologische Muster aus früherer Zeit rekurriert, die sie vor der Aufnahme der Beziehung zu Max schon als zu einseitig erkannt hatte.

Das Beispiel Karin: Karin verändert sich nach der Trennung von Fred ständig, ohne sich wirklich zu verändern. Sie hängt sich an einen Mann nach dem anderen und definiert ihre Identität nach den jeweils wechselnden Partnern: Sie ist bürgerlich, dann alternativ, dann religiös. In ihrem Wesenskern aber bleibt sie schwach und damit abhängig von den aufeinanderfolgenden Männern.

Die »Kompensierer«

Trennung vom Partner bereitet immer Schmerzen. Manche aber können durch ihre früher erworbenen Kompetenzen viel wettmachen; sie halten an dem fest, was sich auch in ihrem alten Leben als wichtig und identitätsstiftend erwiesen hat: Beruf, Freunde, Kinder. Anna, Rebecca und Margarete gehören zu diesem Typ; auch Chloé schafft es nach ihrem ersten depressiven Schub, mit doppelter Kraft zu arbeiten.

Das Beispiel Anna: Anna weist Thilo aus dem Haus, weil sie eingesehen hat, wie sehr sie ihr Mann beruflich und auch privat einschränkt. Obwohl sie Thilo liebt, erscheint er ihr nun als Klotz am Bein. Anna überwindet ihr Alleinsein durch eine kräftige berufliche Entfaltung.

Das Beispiel Rebecca: Auch Rebecca empfindet den Weggang von Michael nicht als Freude. Wie alle anderen hat sie Gefühle von Einsamkeit und Leere. Ihr hilft indessen, daß die Ehe mit Michael emotional nie besonders beglückend gewesen ist. Durch vielfältige berufliche und gesellschaftliche Aktivitäten gewinnt sie relativ rasch ihre Selbständigkeit zurück und empfindet dann die Trennung von Michael als Erleichterung.

Das Beispiel Chloé: Chloé entscheidet sich in ihrem Interessenkonflikt zwischen Arbeit und Thierry für ihre Arbeit. Sie hat es nach der Trennung schwerer als Anna. Monatelang ist sie depressiv und gelähmt. Auch in der Depression ist es aber immer wieder ihre Tätigkeit als Malerin, die ihr hilft, das entstandene Vakuum von Sinn und Identität sukzessive zu beseitigen.

Die »Aufarbeiter«

Wenn Trennung von beiden als allzu schmerzlich empfunden wird, kann sich die Bereitschaft vermehren, eine grundlegende Revision der eigenen Person durchzuführen. Es können alte Empfindungen oder allzu hohe Ansprüche abgelegt werden, der Partner erscheint nun in »neuem Licht«: Und wie er erscheint, ist oft realistischer, aber beileibe nicht schlechter, als in der Zeit verblendeter Verliebtheit. Eine gesündere Basis für die Partnerschaft kann entstehen. Beispiele dafür sind Sven und Margarete sowie Ernst und Silvia. Auch Max ist zu diesem Schritt bereit.

Das Beispiel Sven und Margarete: Sven und Margarete gelingt es, die Probleme, die zu ihrer Trennung geführt haben, aufzuarbeiten und zumindest ansatzweise auch zu lösen. Insofern können sie einen zweiten Start auf einer qualitativ neuen Ebene beginnen.

Das Beispiel Ernst und Silvia: Ernst und Silvia lernen nach der Krise in mühsamer Kleinarbeit zum erstenmal, ihre Ehe wirklich zu gestalten.

Sie haben sich zuerst ohne Nachdenken von der Situation treiben lassen. In der Ehetherapie reflektieren sie, wie es zum Desaster kommen konnte und welche neuen Chancen ihre noch immer vorhandene Liebe hat.

Das Beispiel Max: Isabella gibt Max am Telefon den Laufpaß. Max hat keine Möglichkeit, sich mit Isabella direkt auseinanderzusetzen; deshalb schreibt er. Innerhalb von vier Briefen gelingt es ihm, die Erschütterung der Trennung aufzuarbeiten und zu Erkenntnissen vorzudringen, was er mit dieser Trennung selber zu tun hat und wie er sie auch mit eigenen Fehlern provoziert hat. Max kann die Trennung als Chance begreifen, sein Selbstbild zu korrigieren.

3. Überlebensstrategien

Was haben diese Männer und Frauen in unserem Buch en détail an Überlebensstrategien nach der Trennung entwickelt? Wir systematisieren im folgenden, was unsere Interviewpartner in ihren Berichten dazu geschildert haben:

Die Beschäftigung mit Literatur

Viele der von uns Befragten konsultierten Sachbücher, die die Problematik von Trennung und Scheidung behandeln. Sie suchten dann nach konkretem Rat, um ihre Situation von Alleinsein, Trauer und Mühsal besser bewältigen zu können. Oft war der Wunsch vorhanden, geradezu Rezepte für die Lösung der entstandenen Schwierigkeiten zu erhalten. Diese Erwartung erwies sich in allen Fällen als Illusion. Nach Aussage unserer Interviewpartner half die Lektüre von Trennungsbüchern und Scheidungsberichten weniger direkt bei konkreten Fragestellungen als vielmehr bei der Erkenntnis, daß Trennung kein individuelles Problem ist, daß andere ebenfalls und zu einem großen Teil sogar die gleichen Schwierigkeiten haben, daß man in seinem Leid nicht allein ist.

Der nächste Schritt war in den meisten Fällen der Griff zu psychologischer und psychotherapeutischer Fachliteratur: Die Betroffenen wollten wissen, warum es zur Trennung gekommen ist, welche eigenen

Defizite dazu geführt haben, welche Charakterstrukturen des ehemaligen Partners die Eruption erklären lassen, welche praktischen Möglichkeiten es gibt, mit den entstandenen Problemen besser fertigzuwerden.

Manches klärt sich in der Tat über solche Lektüre. Doch ist diese Beschäftigung auch nicht unproblematisch. Für den Laien ist es schwierig, die für ihn adäquate psychologische Literatur zu finden, die sehr verschiedenartigen Erklärungsmuster der unterschiedlichen psychologischen Schulen in Einklang zu bringen, sich nicht von Fallbeschreibungen, die partiell auf ihn zutreffen, ganzheitlich anstecken zu lassen.

Einige Titel, die in den Trennungssituationen für unsere Interviewpartner immer wieder hilfreich waren,sind:

Erich Fromm, Die Kunst des Liebens (Ullstein),
Alexander Lowen, Depression (Kösel),
Wilhelm Reich, Charakteranalyse (Fischer),
Jürg Willi, Die Zweierbeziehung (Rowohlt),
Karen Horney, Unsere inneren Konflikte (Kindler),
Verena Kast, Trauern (Kreuz),
Robert S. Weiss, Trennung vom Ehepartner (Klett-Cotta),
Fritz Riemann, Grundformen der Angst (Reinhardt),
Norman O. Brown, Zukunft im Zeichen des Eros (Neske),
Sam Keen, Die Lust an der Liebe (Beltz).

Für viele unserer Gesprächspartner war nach der Trennung insbesondere die Auseinandersetzung mit Belletristik wichtig. Thierry zum Beispiel kam sich wieder näher, indem er »Kindheitsmuster« von Christa Wolf las, und er entdeckte anhand von Adolf Muschgs Roman »Albissers Grund«, daß er lange nicht so »kaputt« war, wie er eigentlich befürchtet hatte. Thilo greift während einer langen Zeit auf die Lektüre seiner Jugendjahre zurück und liest vor allem wieder Hermann Hesse und Tucholsky; innerhalb seines grauen Daseins ohne Anna stößt er auf eine buntere und heitere Welt.

Die Lektüre von Romanen und Erzählungen förderte bei unseren Gesprächspartnern nach der Trennung die Auseinandersetzung mit sich selbst, aber zugleich auch die Rückgewinnung eines Interesses an anderen Personen, an der Umwelt, am Lauf der äußeren Dinge, an der Politik im weitesten Sinne.

Schreiben

Ein Weg, der aus Passivität und Depression nach der Trennung führen kann, ist der Versuch, sich die Last des Schmerzes von der Seele zu schreiben. Rebecca zum Beispiel skizzierte wochenlang die Geschichte ihrer Ehe mit Michael; Thierry intensivierte die Arbeit an seinem Tagebuch, das er seit seinem vierzehnten Lebensjahr führte; Max rekonstruierte seine Liebes- und Trennungsgeschichte mit Isabella. (Insofern erklärt sich im übrigen, daß insbesondere von Rebecca, Thierry und Max in diesem Buch viel schriftliches Material vorliegt.) Karin und Hans schrieben nach der Trennung an ihre Freunde viele Briefe, in denen sie ihre Situation, ihre Gefühle und ihre Sehnsüchte schilderten. Auch Marlene schrieb Tagebuch.

Nach übereinstimmenden Aussagen war das Schreiben für Rebecca, Thierry, Max, Karin und Hans zunächst eine mehrschichtige Auseinandersetzung mit sich selbst: Es wurde Zeugnis abgelegt, wie der einzelne Tag überstanden werden konnte, was er an Problemen und nostalgischen Erinnerungen, aber – nach und nach – auch an kleinen Freuden und Erfolgserlebnissen gebracht hatte; Gefühle wurden beschrieben und analysiert; Rückschritte wie Entwicklungen wurden sorgfältig bilanziert. So lernten die Schreibenden zum einen, sich selber besser zu beobachten und damit auch zu kennen; zum anderen halfen ihnen ihre Notizen, Tagebücher und Briefe, reflektierend zu merken, was sie an Erlebnissen, Orten und Gewohnheiten besser vermeiden und was sie umgekehrt zu ihrem Nutzen intensivieren sollten.

Die zweite wichtige Dimension des eigenen Schreibens betrifft die Auseinandersetzung mit dem früheren Lebensgefährten. Über Tagebücher, literarische Versuche und Briefe wurde den Betroffenen deutlich, was in der Interaktion mit dem Partner an Fehlern, Defiziten und Zwängen, aber natürlich auch an Freuden und Stärkungen steckte. Ebenso wie die Vor- und Nachteile des einstigen Lebensgefährten nahmen die eigenen Fehler und Schwächen klarere und faßbarere Gestalt an.

Begegnung mit der Natur

Nicht wenige unserer Gesprächspartner suchten Trost und Stärkung in der Natur. Thilo berichtet, wie er stundenlang unter einem Baum sitzen und in die Landschaft schauen konnte. Dabei wurde ihm immer wieder die Relativität seines Schicksals deutlich; er begriff sich in diesen Stunden als Teil von etwas viel Größerem und vermochte so, von der Überwertigkeit seines Kummers und seiner Gedanken an Anna zumindest etwas zu abstrahieren. Ruth, die nach der Trennung in die Einsamkeit geflüchtet war, ersetzte die symbiotische Beziehung zu ihrem Mann nahezu durch eine Natursymbiose; sie fühlte sich auf ihrem Berg, unter dem sich das weite Meer ausdehnte, mit Kosmischem verbunden, ja nahezu davon aufgesogen. Ihr wurde deutlich, daß der Mensch nie allein ist, sondern auch in seiner Traurigkeit und Verzweiflung von kosmischen Energien gehalten und durchzogen wird.

Chloé fand ähnlich wie Thilo Zuversicht in der Erkenntnis, daß sie Teil eines wunderbar Größeren ist. Indem sie den Fluß beobachtete, spürte sie, daß das Leben immer weitergeht, in keinem Moment stehenbleibt und sich stets verändert. Dergestalt begründete sich in ihr die Sicherheit, daß sich auch in ihrem Leben immer wieder neue Entwicklungen eröffnen würden, die ihr das Dasein wertvoll machen.

Das Religiöse

Schutz und Geborgenheit vermag auch die Religion – hier im weitesten Sinne – zu geben. In der anstrengendsten Konfliktphase mit Silvia findet Ernst immer wieder Kraft und Trost in seinem katholischen Glauben. Er weiß – wie er betont –, daß er niemals tiefer als in Gottes Hände fallen kann. Trotz aller Probleme und Ängste, die ihm die Auseinandersetzung mit Silvia schafft, bleibt ihm die ontologische Sicherheit, daß er in Gottes Schutz steht.

Für Ruth erfüllt die Zugehörigkeit zu einer spirituellen Gemeinschaft aus Indien nämliche Funktion; auch die Verwirrung ihrer Trennung von David läßt sie nicht vergessen, daß ihr spiritueller Führer ihr Wege in die Zukunft weisen wird.

Wir haben bei unseren Gesprächspartnern allerdings kein Beispiel dafür gefunden, daß Weltanschauungen identitätsstärkend und zukunftweisend wirken; dennoch wollen wir darauf hinweisen, daß auch sie in den geschilderten Situationen stabilisierende Auswirkungen hatten, was im besonderen dann gilt, wenn sie mit festigenden und haltenden Gruppenaktivitäten verbunden waren.

Kunst und Musik

Von nahezu allen Gesprächspartnern werden Kunst und Musik als wichtige Faktoren genannt, die es vermochten, in Krise, Trennungsphase oder nach der Trennung »mal andere Gedanken zu erzeugen«, wie es Hans ausdrückt. Vielen der Interviewten wird Musik zum Tagesbegleiter in der leeren Wohnung, nachdem Partner oder Partnerin ausgezogen sind. Rebecca und Margarete berichten, daß sie nach der Trennung zum Frühstück jeweils klassische Musik hören. Thilo hat während seines langen Aufenthalts in der Klinik von Anna zum Geburtstag einen Walkman geschenkt bekommen, den er nun häufig benutzte, wenn er sich einsam fühlte. Die ersten anderthalb Jahre nach der Trennung eilte Thierry morgens noch vor dem Zähneputzen zum Radio, um »France Inter« einzustellen; »entfernt so etwas wie Heimat«, sagt der Lausanner Journalist. Auch für Chloé wird das Radio zum »Tagesfreund«.

Für mehrere unserer Gesprächspartner bietet die bildende Kunst eine bedeutende Erlebnisdimension in ihren schwierigen Tagen. »Die kräftigen und farbigen Nanas von Niki de Saint Phalle haben mich nach der Trennung von Thilo getröstet und auch in übertragenem Sinne Farbe in mein Dasein gebracht«, sagt Anna. Auch Max geht nach der Separation von Françoise häufig in Ausstellungen und Pariser Galerien. Einen Spezialfall stellen Chloé und Michael dar, die als Maler nach der Trennung in ihrer Arbeit viel Kraft finden (s. Abschnitt »Arbeit«, S. 265).

Bewegung

Spaziergänge, vielfältige Sportarten und Tanz zeigen sich in unseren Interviews ebenfalls immer wieder als bedeutsame Überlebensstrategien. Michael entwickelt in Krise und Trennungszeit ein Waldlaufprogramm gegen seine depressiven Verstimmungen. Insbesondere jene unserer Gesprächspartner, die stärkere depressive Komponenten in sich tragen, berichten vom therapeutischen Nutzen von Waldlauf, Jogging oder Intervalltraining: »Ich habe mich plötzlich wieder gespürt«; »die Anstrengung hat meine dunklen Gedanken vertrieben«; »vor lauter Herzklopfen konnte ich nur noch an meinen Körper denken«; »ich wußte, daß es gleich nach dem Aufstehen für mich eine konkrete und zu bewältigende Aufgabe gibt«: Das sind Äußerungen aus unseren Interviews. Auch die ehemaligen Leistungssportler Silvia und Ernst entsinnen sich in ihrer schlimmsten Krisenzeit wieder des Sports; Ernst erzählt: »Wenn ich es nach den Auseinandersetzungen mit meiner Frau gar nicht mehr zu Hause aushielt, bin ich sogar abends noch zur Vereinsanlage gegangen, habe einige Runden gedreht oder mir mit meinem Speer die Wut etwas aus den Armen geschleudert.« Insbesondere die Frauen nennen das Tanzen als probates Mittel gegen Depressionen, Grübeln und Einsamkeit. Monika, Karin und Ruth haben sich »Frust und Verstimmung beim Tanzen so richtig aus den Gliedern geschüttelt«.

Spaziergänge geben nahezu alle Interviewten als wichtige Beschäftigung in Krise und Trennungszeit an; das Spazierengehen lenkt ab, führt aus der Isolation der eigenen, einsamen Wohnung heraus, verhilft zu Anregungen, klärt Gedanken. Thierry konnte zu Beginn seines Verlassenseins seiner unbändigen inneren Unruhe überhaupt nur mit stunden- und kilometerlangen Spaziergängen Herr werden; Thilo kann »während der Spaziergänge in der Natur am besten Gedanken ordnen und die Vergangenheit mit Anna heraufbeschwören«.

Arbeit

Mit Ausnahme von Thilo, der nach der Trennung aus allen Funktions- und Pflichtbereichen des Lebens regredierte, zeigt sich Arbeit für alle Interviewten als ein Mittel, »zunächst einmal über die Runden zu kommen«, wie es Ernst ausdrückte, »sich als noch funktionierend und etwas leistend zu empfinden«, wie es Anna formuliert, oder gar als sinn- und erkenntnisstiftend zu erleben wie etwa im Fall Chloés.

Thierry, der sich zumindest in seinen Fantasien in nicht unbeträchtlicher Nähe zu Thilo befand, bezeichnet retrospektiv die Arbeit als den wohl wichtigsten Bereich, der ihn vor »weiterer Regression« bewahrt hat. Zwar hat Thierry nach der Trennung große Arbeitsschwierigkeiten; doch damit setzt er sich jeden Tag auseinander: »Manchmal habe ich diesen Kampf verloren – es war wirklich einer –, aber meistens habe ich ihn eben doch gewonnen und so gespürt, daß ich noch etwas wert bin und zu etwas tauge, daß es noch Dinge gibt, die ich kann.«

Es hängt natürlich auch nicht zuletzt von der Qualität der Arbeit ab, ob sie in den geschilderten Situationen solch stützende Funktion haben kann oder nicht. Je anspruchsvoller die Arbeitsleistung ist, desto größer ist auch letztendlich der Halt, den sie vermittelt. Am deutlichsten scheint das bei Michael und Chloé auf, die bei ihrer künstlerischen Arbeit menschlich am breitesten gefordert sind; sie brauchen Fantasie, Reflexion, Originalität, Geschick, handwerkliches Können, Kopf und

Hände und damit das ganze Spektrum unseres Arbeitsvermögens, das die industriell-kapitalistische Gesellschaft so entfremdend zerstückelt hat.

Kinder

»Wenn ich nach der Trennung von David meine Tochter nicht gehabt hätte«, so gesteht Ruth, »wäre ich mir vollends einsam und nutzlos vorgekommen.« »Hätte ich damals bloß ein Kind von Thilo gehabt«, erinnert sich Anna, »dann wäre mir ein Stück Sinn und persönliche Bedeutung geblieben. So gab es eigentlich nur die Arbeit, die mich gebraucht hat, und die hätte auch von jemand anderem erledigt werden können. Mein Kind hätte hingegen mich gebraucht, mich als seine Mutter. Das wäre etwas Unverwechselbares gewesen.« Auch Thierry hat sich in der ersten Trennungszeit oft gewünscht, Chloé hätte ihn mit einer Tochter zurückgelassen; später war er allerdings froh, nicht auch noch diese Belastung haben zu müssen. So hat auch Silvia ihre Kinder in der Krisenzeit mit Ernst oft als belastend erlebt: »Manchmal habe ich meine Kinderschar fast verflucht und dann Gott um Verzeihung für solche Gedanken gebeten. Aber ich hatte schon des öfteren die Fantasie, keine Kinder zu haben und unbeschwert meine Koffer packen und weggehen zu können.« Silvia weiß andererseits auch, daß ihr die Kinder in vielen Situationen Halt gegeben und ein Gefühl von Sinnlosigkeit von ihr ferngehalten haben, über das viele andere nach der Trennung klagten.

Freunde

Freundschaften sind in der Krisen- und Trennungszeit für nahezu alle Interviewten nachgerade unverzichtbar (vgl. das Kap. über Freunde); eine Ausnahme bildet hier wohl nur Karl. Rebecca zieht bei und nach ihren Auseinandersetzungen einen Großteil ihrer Kraft aus dem Kontakt mit ihren Freundinnen und Freunden: »Wenn mich in solch einer Situation nur schon eine liebe Stimme angerufen hat, war die Welt für mich halbwegs wieder in Ordnung.« Nachdem Anna ihren Thilo verlassen hatte, suchte sie erst einmal Zuflucht bei Freunden: »Wenn ich damals nicht meine Freunde gehabt hätte, wäre ich mir wie ein ausgesetztes Kind vorgekommen.«

Freundinnen und Freunde haben »mir nach der Trennung zumindest teil- und zeitweise meinen Mann ersetzt«, gesteht Margarete. Tatsächlich wird der Freundeskreis in solcher Konstellation zu einer Art Heimat, zur »zweiten Familie«, wie es Anna einmal nennt.

Tiere

Ruth legt sich nach der Trennung von David einen Hund zu, um »beschützt zu sein«; das ist auch im übertragenen Sinne gemeint. Marion kauft sich in ihrer Dauerkrise mit Karl einen Dackel – »Purzel« mit Namen – und erzählt diesem während Hausarbeit, Einkaufen etc., was sie offenbar mit ihrem Mann nicht besprechen kann. »Buri Pim«, die Katze wird für Thierry immer wichtiger, nachdem ihn Chloé verlassen hat (s. »Die Organisation des Alltäglichen«). Von daher auch die Bedeutung des Schwans »Phoenix« für Thilos Gesundungsprozeß (s. S. 290).

Umgebung verändern

Der Verlassene hat es in manchem schwerer – ganz sicher darin, in der alten, einst gemeinsamen Umgebung zurückgelassen worden zu sein. Immer wieder begegnet er (sie) Dingen und Gegenständen, die eine Vielzahl von Erinnerungen in sich bergen; in jedem Moment gerät er (sie) an etwas, das nostalgische Gefühle weckt, Traurigkeit, Tränen und Wehmut provoziert. Der aktive Trennungsteil muß und kann sich in einer neuen Umgebung einrichten; der passive Trennungsteil verbleibt in der einstmals gemeinsamen Umgebung und ist mit der Aufgabe belastet, daraus nun sukzessive seine *eigene* Umgebung zu gestalten. Abgesehen davon, daß dazu oft die Kraft fehlt, impliziert ein solcher Akt auch »irgendwie den endgültigen Abschied«, wie es Marlene formuliert. »Mit dem Um- und Ausräumen gibt man die Hoffnung auf, daß der Partner zurückkommt.«

Umgekehrt ist die Gefahr groß, sich in der unveränderten Umgebung der alten Wohnung, des einstigen Heims, selbst zu mumifizieren. So haben auch jene Menschen des vorliegenden Buches erste Veränderungen in ihrer Umgebung als positiv für ihre Entwicklung erlebt, die nie die Hoffnung auf eine Rückkehr des Partners aufgegeben hatten (vgl. das Kapitel: »Die Organisation des Alltäglichen«).

Anna geht viereinhalb Monate nach der Trennung zum erstenmal zufrieden ins Bett, als sie in einem Münchner Antiquitätengeschäft einen Sekretär erstanden hat und daraufhin ihr Schlafzimmer umräumt: »Jetzt war es *mein* Schlafzimmer.« Thierry freut sich über den Kauf eines Bildes von Tapiès und den ersten – freilich sehr kleinen – Schritt, sein Wohnzimmer etwas umzugestalten. Rebecca beginnt sofort nach dem Auszug von Michael mit der entschiedenen Veränderung der Wohnung; doch noch zwei Jahre nach der Trennung bleibt Michaels ehemaliges Arbeitszimmer unbenutzt und auch nahezu unberührt. Anna tastet Thilos Bibliothek überhaupt nicht an; sie weigert sich sogar, diesen Raum zu betreten; nur ihre Putzhilfe hat Zugang zu »Thilos Allerheiligstem«.

Allgemeinhin wird die zögerliche oder dezidierte Veränderung der einstmals gemeinsamen Umgebung aber als ein positiver Schritt erlebt, die eigene Selbständigkeit zu betonen, das Alleinsein – wenigstens partiell – zu akzeptieren, etwas für sich und nur für sich allein getan zu haben.

Reisen

Die alte Umgebung, in der alles an den ehemaligen Partner erinnert, zumindest temporär zu verlassen kann hilfreich sein. Das muß es nicht, wie z. B. die Erlebnisse von Thierry beweisen (vgl. das Kap. »Ferien«). Anna gesteht ebenfalls, daß Ferien und Reisen nach der Trennung von Thilo für sie eher belastend gewesen sind; Chloé hat beim Reisen »einen großen Bogen um jene Orte und Landschaften gemacht, wo ich einst mit meinem Mann gewesen bin. Die unmittelbare Erinnerung hätte ich nicht ausgehalten.«

Thilo schaudert es, wenn er bloß an die Möglichkeit einer Reise ohne Anna denkt.

Doch viele Interviewpartner haben das Reisen nach der Trennung oder auch in der Krise als positiv erlebt. Sie erzählen von neuen Eindrücken, von der Möglichkeit, die eigenen schrecklichen Erlebnisse zu vergessen oder doch wenigstens zu relativieren, von gewonnener Klarheit und Einsicht durch die Distanz. Am extremsten reagierten sicherlich Isabella und Ruth, die sich mehrmals in Trennungssituationen in ihre Refugien in Frankreich respektive Italien zurückzogen und dort längere Zeit lebten, um »Abstand von den Beziehungskisten zu gewinnen«.

Sich erweitern

Dieser Bereich der Überlebensstrategien verdankt seine Formulierung Thilo, der damit die doppelte Entwicklungsrichtung bezeichnen wollte, einerseits *neue Aktivitäten* zu beginnen und andererseits sich *neue Einstellungen* zu schaffen. Wie beides oft in eins fließen kann, erzählt Corinna: »In meiner Krisenzeit mit Herbert entschloß ich mich, an der Volkshochschule einen Meditationskurs zu belegen. Das war etwas gänzlich Neues für mich und hat mich gleichzeitig dazu geführt, ein anderes Bild von mir zu gewinnen und mich zu verändern. Ich wurde ruhiger, konnte Probleme mit mir selber austragen und mußte nicht mehr gleich alles herausplappern. Das hat sich dann auch positiv auf die Auseinandersetzung mit meinem Mann ausgewirkt.«

Rebecca, die sehr bürgerlich aufgewachsen war und sich eine Party ohne männlichen Gastgeber überhaupt nicht vorstellen konnte, rang sich dann dazu durch, ein Fest ohne Michael zu organisieren; es wurde ein Erfolg. Thierry – zunächst von Marie-Jeannes und dann Chloés Küche verwöhnt und grundsätzlich davon überzeugt, fürs Kochen völlig unbegabt zu sein – lernte nach und nach wirklich wie ein Könner mit Pfannen, Fetten und Gewürzen umzugehen. Thilo, der zwei linke Hände zu haben glaubte, mauserte sich zum höchst geschickten Assistenten von Dr. Melchior (vgl. Kap. »Die eigenen Veränderungen«).

Nicht wenige unserer Interviewpartner veränderten sich nach der Trennung beruflich oder zumindest in Teilbereichen ihrer Arbeit: Brigitte machte eine Zusatzausbildung und wurde Sozialarbeiterin; Ruth lernte in den USA Gestalt und konnte in der Folgezeit damit therapeutisch umgehen. Thilo entdeckte die Soziobiologie. Alle werten diese Veränderung in der Rückschau als Selbsterweiterung.

Das neue Selbst- und Fremdbild

Mit dem Weggehen des Partners entfallen viele Kompensations- und Projektionsmöglichkeiten für das »Selbst«. Man ist allein, häufig isoliert, muß mit allem fertigwerden – auch mit seinen Fehlern, Nöten und Defiziten. Für viele löst das Prozesse verstärkter Selbsterkenntnis aus. Thilo entdeckt seinen Egoismus in bezug auf Anna; Thierry wird sich seiner Verwöhnungsansprüche bewußt; Marlene muß sich mit ihrer Unselbständigkeit auseinandersetzen – das sind nur Beispiele. Die Menschen kommen sich selber auf die Spur, und dabei werden ihnen ihre positiven wie auch ihre negativen Seiten klar. Ihr »Schatten« zeichnet sich nun ab als ihr Dunkles, Böses, Fehlerhaftes. Damit verändert sich häufig auch das Bild vom einstigen Partner, das Fremdbild. Die Auseinandersetzung mit den eigenen Schattenseiten erklärt, wo der Partner verprellt, geärgert, verletzt wurde und wo an ihm Kritisiertes oft eine Reaktion auf eigene Fehler war. Umgekehrt fallen sukzessive die aufgebauten Idealisierungen; der Partner erscheint nun in realistischerem Licht. Sven und Margarete schildern solche Entwicklung. Das kann das Startsignal für eine Wiederannäherung sein; auf jeden Fall gibt es grünes Licht für besseren Umgang mit sich und den anderen.

Neue Beziehungen

Hat man vieles für sich geklärt, ist auch Öffnung für neue Menschen wieder möglich. Aber ersteres ist schon Voraussetzung. Das Vergessenwollen des einstigen Partners bei einem neuen – dieses Suchtverhalten von Karin zum Beispiel – ist hier nicht gemeint. Der Trauerprozeß muß zumindest in seinen wichtigsten Etappen abgeschlossen sein, bevor man Neues auf ein vergleichsweise unbrüchiges Fundament stellen kann. Dann kann über die neuen Bekannten, Freunde und Geliebten ein neues Stück Welt und Erfahrung erobert werden.

Therapie

Eines der »modernen« Hilfsmittel, die mit jener Trennung verbundenen Schmerzen und Probleme zu bewältigen, ist die Therapie. Gruppentherapie, Einzeltherapie und (soferne noch Hoffnung besteht oder zumindest die unvermeidliche Trennung einvernehmlich »richtig« bewältigt werden soll) auch Paartherapie verschiedenster Schulrichtungen bieten sich an. Die meisten Menschen in solchen krisenhaften Situationen fühlen sich aber so elend, daß sie wenig echte Wahlchancen haben. Meist wird auf Anraten von Freunden irgendwo »zugegriffen« – oft genug voreilig und ohne Überlegung, ob man zu diesem(r) Therapeuten(in) wirklich Vertrauen empfindet oder ob jene Gruppe gefällt. Oft genug enden diese Versuche denn auch in noch mehr Verzweiflung. Man ist anfällig für Vorwürfe und Selbstvorwürfe, das Gefühl für die eigene Identität ist erschüttert: Und so ist man – hilfloser als früher – besonders verwundbar, wenn man in einer Gruppe attackiert wird oder der Therapeut immer wieder verletzende Interpretationen gibt. Auch wenn man sich noch so jämmerlich fühlt: Es ist richtig und wichtig, eine Therapie aufzugeben, wenn sie zum Elend der Trennung noch neues hinzufügt. Zwar können sich die meisten Therapeuten oder Gruppenleiter bei solch schieflaufenden Therapien nicht enthalten, alle Schuld dem Patienten aufzuhalsen: Er habe Widerstände; vertiefte Selbsterkenntnis verschaffe nun einmal Schmerzen; er sei therapieunfähig ... und was dergleichen Vorwürfe mehr sind.

Ein Mensch, der seinen Schmerz um eine zerbrochene Partnerschaft in der Therapie bearbeitet, sollte sich aber erstmals seines Rechts auf »Schonung« bewußt sein. Was für spätere Phasen einer Therapie seine Gültigkeit haben mag, ist anfangs nicht angezeigt. Ein Trauernder muß ungestört trauern dürfen; er hat ein Recht auf Sympathie und Verständnis. Erst wenn er merkt, daß der Therapeut wirklich imstande ist, Schmerz und Wut (wie immer sie sich artikulieren mögen) zu akzeptieren, und ihn nicht gegen seinen Willen sofort in die »Bearbeitung der eigenen Anteile« stößt, hat eine Therapie gute Chancen.

Was aber kann sie erbringen? Es gibt recht unterschiedliche Zielsetzungen für eine Therapie; meist läßt sich erst retrospektiv sagen, welches Ziel zu welchem Zeitpunkt wichtig und vorrangig war.

Ein erstes Ziel bei den meisten »Trennungskranken« ist es bestimmt, ein wenig Trost und Halt zu finden. Ein- oder zweimal wöchentlich allen aufgestauten Haß, Kummer, alle Selbstvorwürfe loszuwerden und zu spüren, daß ein anderer einfühlsam zuhört, ein wenig weiterfragt, vielleicht vorsichtige Vorschläge zur Neuorientierung macht. Ist man in einer Gruppe, kann es ein wichtiges Ziel sein, »Gleichgesinnte« zu finden. Immer sind ein, zwei Leute da, die Ähnliches erlebt haben, an deren Versuchen zur Bewältigung man sich orientieren kann. Vielleicht findet man in einer Gruppe auch neue Freunde. Unter Umständen genügt dies schon, um mit dem veränderten Leben wieder besser zurechtzukommen. Dann hat eine solche Therapie viel Unterstützung gebracht, man hat Neues gelernt.

Manchen Menschen hilft dies noch nicht genügend weiter. Für sie ist das Geschehene oft so unbegreiflich, daß Partnerschaft und Trennung nun wie ein unentwirrbares Garnknäuel auf dem Lebensweg liegengeblieben sind. Sie haben das Gefühl, erst dann wieder auf die richtige Bahn geraten zu können, wenn das Knäuel entwirrt ist. Diese Menschen müssen sich langdauernder und intensiverer therapeutischer Bemühung unterziehen. Es sind Einsichten zu gewinnen darüber, welche Funktionen gerade dieser *eine* im eigenen Leben hatte, warum es so schwer ist, diese Funktion nun selbst zu übernehmen; in welcher Weise man zur Trennung beigetragen hat, welche »Kampfspiele« man selbst insziniert hat und ähnliches mehr.

Dies ist ein oftmals schmerzhafter Prozeß der Selbsterkenntnis, an dessen Ende man meist nicht mehr als das »arme Opfer« dasteht. Häufig hat man dann gelernt, sich über seine Mittäterschaft klar zu werden, wodurch sich die Haßgefühle verringern.

Den Kummer über verpaßte Chancen muß wohl jeder auf seine Weise durchstehen; aber auch dieser kann gemildert werden durch eine neue Klarheit, mit der man nun seinen Lebensweg sehen kann.

V. Veränderungen

»In einer possessiven und unterdrückenden Gesellschaftsordnung, die auf der Ausbeutung der Klassen und Geschlechter errichtet wurde, wird das Glück im individuellen und möglichst quantifizierbaren Erfolg gesucht.« Diese Feststellung von Igor A. Caruso impliziert, daß Liebesleid, Trennung und Scheidung in einer sozialen Bewertung durch solche Gesellschaftsordnung als Scheitern und Mißerfolg interpretiert und erlebt werden müssen. Was schon nach innen als schmerzendes Problem empfunden wird, potenziert sich in seinem Leidensdruck noch einmal durch Pressionen und Bewertungsmuster von außen. Norm und Forderung dieser Gesellschaft ist das gut funktionierende Individuum, als Arbeits- und Konsumfaktor kalkulierbar, störungsfrei. Die Ich-Katastrophe der Trennung kommt alledem nicht zupaß, sondern streut Sand ins sozioökonomische Getriebe. Hinzu kommt, was Caruso schreibt: »Sie ist immer ein individuelles Drama, das alles andere beschattet und daher von der Gesellschaft wiederum mit Argwohn betrachtet wird. Da das gesellschaftliche Leistungsprinzip die Katastrophe nicht verhindert, sondern sie provoziert, wird nach der Katastrophe entweder die individuelle Heilung (etwa durch eine psychoanalytische Kur) oder die einsame Betäubung angestrebt.«

Daß Trennung als Chance zu Einsicht und damit auch zu Veränderung begriffen werden kann, fördert die gegebene Gesellschaftsordnung mitnichten. Sie induziert vielmehr Fluchtmechanismen und -drogen im direkten und indirekten Sinne: Vergessenssuche in Arbeit und Leistung, Kompensation in der sozialen Überanpassung, Eskapismus mit Hilfe von Alkohol, Spiel, Television, ein Sich-Abstellen – wie auch immer – nicht zuletzt durch Tranquilizer. Es kann von daher nicht verwundern, daß viele unserer Interviewpartner vor den Stunden der Wahrheit, die jede Trennung provoziert, ausweichen und flüchten. Nur die anderen – und sie sind in der Minderzahl – erleben Trennung nach allem fürchterlichen Leiden irgendwann kreativ, indem sie sie als Chance zu Erkenntnis und Korrektur ihres bisherigen Lebens annehmen.

1. Die veränderte Beziehung

Ob ein Paar es »gut« oder »schlecht« miteinander hat, ob beide ihre Leben sehr stark aufeinander beziehen oder nicht: Nach einigen Jahren ernstgemeinten Zusammenlebens ist der Partner in gewissem Maß Teil des eigenen Ichs und nicht mehr wegzudenken aus dem eigenen Leben. Eine Trennung ändert daran vorerst gar nichts – die »innere Verweildauer« (der merkwürdige, aber passende Ausdruck eines Geschiedenen) des anderen ist sehr lang, und es fragt sich, ob sie je ganz zu Ende sein kann.

Die erste Zeit der »Trauerarbeit« ist von rasch wechselnden Gefühlen bestimmt. Der (die) andere als gemeiner Schurke, kalte Hexe, liebliche Fee, Retter, wärmender Kachelofen: Jede Fantasie ist möglich, auch wenn sie noch so weit von der früher erlebten Realität entfernt ist. Immer wieder wird ein winziges Stück Erleben totalisiert. Jener brutale Ausspruch damals beim ersten Streit um Geld, beweist er nicht eindeutig, daß der andere ein abgrundtief egoistischer Narziß ist? Dann aber auch wieder: Diese schönen Ferien in Südfrankreich, wo man gemeinsam wunderbare kleine Lokale entdeckt hat; der Partner war doch wirklich ein solch strahlend lebensfroher Mensch ...

Partner, die sich nach einer ernsthaften langjährigen Beziehung getrennt haben, müssen sich auch von vielen anderen Dingen in ihrem Leben separieren und vieles neu aufbauen. Neben den wichtigsten organisatorischen Problemen (»Wer macht die Steuererklärung?«) und sozialen Neuorientierungen (»ob ich Meiers auch alleine einladen kann?«) sind es vor allem die neuen Interpretationen, die man für sich selbst, den Partner, die Trennung und allerlei Geschehnisse in der Welt überhaupt erarbeiten muß. Diese Form von Neuorientierung bereitet die größte Mühe, vor allem in Hinblick auf eine neue Identität. Im bewegenden Bericht von Thierry finden wir diese Mühe beschrieben. Als was soll sich Thierry nun begreifen? Als nutzlosen, weggeworfenen Sozialfall? Als kräftigen jungen Mann, der »stärker ist, als du denkst«; oder soll er Halt in seinem Beruf suchen? (vgl. Kapitel Arbeit und Beruf)

Ebenso schwierig ist es, das Trennungsgeschehen zu interpretieren. Nach dem ersten Schock, in dem oft Anlaß und Ursache verwechselt werden (»Daran ist nur der verdammte Trottel schuld, von dem sie sich hat verführen lassen!«), beginnt ein mühsamer Weg der Neu-Interpretation. Karin hat, wie wir wissen, diesen Weg gemeinsam mit Fred machen wollen, was ihr mißlungen ist. Mit wechselnden Partnern und mit

Hilfe ihrer Freundin versucht sie nun, das Geschehene zu analysieren, wobei allerdings ihre Interpretationsmuster allzu häufig wechseln.

In dieser Phase des Versuchs neuer eigener Identität, der vielen Interpretationen des Partners und schließlich der Neubewertung des Trennungsgeschehens ist die gegenseitige Beziehung zueinander wechselhaft und voll von inneren Widersprüchen.

Der Umgang mit dem »Ehemaligen« fällt dementsprechend aus: Vorwürfe, Anklammerung, sentimentale Erinnerung und brüske Abweisung bestimmen oft gleichzeitig das Bild. Eine einigermaßen endgültige und in sich stimmige Interpretation der veränderten Beziehung wird nur langsam gefunden, und erst dadurch pendelt sich nach und nach ein Gleichmaß ein.

Unmittelbar nach dem Trennungsschock können beide ziemlich enthusiastisch eine neue Basis der »Freundschaft« proklamieren, eine des »ewigen Stillschweigens« oder der »interessanten Dauerdiskussion«. Solche Konstruktionen halten nicht lange stand, da eben die beidseitigen Interpretationen immer wieder auseinandergehen. Jeder muß nun für sich (und mit Hilfe von Freunden und Freundinnen) für die eigene Ehe und die Trennungsursachen selbst ein neues Bild finden. Es kann sich um elaborierte Sinnsysteme handeln oder um recht einfache Konstruktionen.

In dem Maße, in dem die »Neu-Interpretationen« für beide einigermaßen »stimmig« sind und vom anderen in groben Zügen akzeptiert werden können, kann auch eine neue und verläßliche Beziehung gefunden werden. Sind aber die Vorstellungen über die eigene Person und über die des Partners allzu schwankend, wird auch die Beziehung über lange Zeit unstet bleiben. Findet man den Partner noch immer sehr attraktiv, dann ist dieses Wechselbad von Nähe und Distanz oft mühsam und kräftezehrend.

Marlene z. B. ist, trotz ihrer Vorwürfe und Bedenken, noch immer sehr angetan von Frank. Sie kennt seine Schwächen – sein ewiges Zaudern, seine Feigheit und Unfähigkeit, mit Konflikten umzugehen –, und trotzdem liebt und bewundert sie ihn. Ihrer Meinung nach hätten sie eine gute Chance gehabt, »wenn Frank nur imstande gewesen wäre zu kämpfen«. Daß er den »leichten Weg einer neuen Beziehung« gewählt hat, verübelt sie ihm sehr. In diesem von Ärger, Hoffnung und Liebe getragenen Erleben bedeutet jedes Zusammentreffen mit Frank neue Aufregung. Sehr sorgfältig klopft sie jedes Wort ab: Wohin neigt sich die Waagschale? Ihr Verstand signalisiert ihr immer wieder die Sinnlosigkeit ihrer Hoffnung; nichtsdestotrotz hält sie an dieser Hoffnung fest.

Sie vermeidet nun, nach zwei Jahren, allzu häufige Treffen. Noch vor einiger Zeit hat sie dauernd Vorwände gesucht, um Frank ins Haus zu locken: Probleme wegen der Kinder, Reparaturarbeiten, Hilfe bei der Steuererklärung. Darüber ist sie nun weg, sie kennt sich selbst und alle Fallen, in denen sie sich immer wieder von neuem gefangen sieht. Vor jeder der seltenen Begegnungen: Herzklopfen, Überlegungen, was man besser nicht erwähnt ... doch erwähnt ... anders sagen muß ...; nach diesen Treffen immer wieder Frustration, Ärger, Depression.

Am meisten Angst hat sie vor Franks »weichen« Seiten und vor seiner sublimen Art, Schuldgefühle zu erwecken, indem er sich als hilflosen Missetäter darstellt. »Ich weiß, mit mir kann man nicht leben ... Du hast es selbst einmal gesagt ...!« Hinter diesen Selbstbezichtigungen spürt sie eiskalten Egoismus und kann doch nicht umhin, Frank in solchen Momenten zu bedauern und sich selbst anzuklagen. Nachher gerät sie dann in Wut.

Die besten Treffen: wo sie mit ihm sachliche Probleme klärt; ihm ohne Selbstmitleid klarmacht, daß sie die eheliche Gemeinschaft wieder aufnehmen würde, wenn sie beide einen neuen Anfang versuchen wollten – daß sie aber auch ohne Frank zurechtkommen kann; wenn es ihr gelingt, ihn nicht unter moralischen Druck zu setzen. Hat sie das alles gepackt, dann fühlt sie sich stolz und sicher. Sie sieht Frank dann aus einer gewissen Distanz mit seinen guten und schlechten Seiten und ist bereit, an sich selbst zu arbeiten.

Bei solchen »guten« Begegnungen kann es plötzlich passieren, daß Frank in Tränen ausbricht und ihr sehr nahe ist. Das gemeinsame Reden und Handeln kann dann aussehen wie in den besten ehelichen Zeiten. Leider geschieht all dies nicht sehr oft. Frank hält sich ebenso zurück wie Marlene.

Thierry sieht erst später ein, daß das »Moratorium« in das ihn Chloé gezwungen hat, gute Früchte getragen hat; Respekt und Zuneigung sind den beiden nicht verlorengegangen. Beide ergänzen sich noch immer aufs vorteilhafteste, potenzieren sich gewissermaßen und wirken nach außen als das ideale, innige Paar. Michel, der Pächter des »Café Bordeaux« in Berlin, wo Thierry und Chloé sich allwöchentlich einmal zum Mittagessen treffen, ist baß erstaunt, von anderen Gästen zu erfahren, daß Chloé und Thierry seit sechs Jahren getrennt, auseinander sind: »Ich dachte immer«, so sagt er in seinem gebrochenen Deutsch, »dies sei das letzte glückliche Paar, das eigentlich gar nicht mehr in unser verzwicktes Jahrhundert paßt.« Professor B. trifft bei einem Fest auf Chloé und Thierry und nennt sie spontan »das Traumpaar«. Als Chloé und Thierry bei Dietlinde und Boris eingeladen sind, nimmt Boris nach dem Essen die beiden beiseite und fragt: »Seid Ihr wirklich getrennt, oder tut Ihr nur so?« In der Tat haben Chloé und Thierry die Zärtlichkeit, die Bezogenheit und den gegenseitigen Respekt ihrer Ehe in die Trennungszeit hinübergerettet. Das war nicht immer so.

Erinnern wir uns: Chloé hatte Thierry abrupt verlassen. Nach langen inneren Kämpfen hatte sie sich für ihre Kunst und gegen ihren Mann entschieden. Beides war für Chloé nicht vereinbar, weil sie in ihrer dezidierten Absolutheit nur einen der beiden Lebensbereiche richtig auszufüllen imstande sich glaubte. Nach dieser Entscheidung, die im August fiel, sahen sich Thierry und Chloé nur selten, was dem Wunsche Chloés entsprach. Gemeinsame Aktivitäten wie z. B. das wöchentliche Jazz-Tanzen wurden eingestellt. Ganz selten trafen sich beide während circa drei Monaten: hin und wieder ein Besuch in der Philharmonie, mal ein Essen, mal ins Kino. Thierry litt unter der Rarheit der Begegnungen, und er kam nicht mit der Weigerung Chloés zurecht, ihm ganz rational darzulegen, warum sie ihn verlassen hatte. Thierry, einerseits Gefühls-, andererseits aber auch Vernunftmensch, wollte begreifen, wollte Gründe und Argumente, wollte wohl auch Recht und Unrecht irgendwie verteilen, wollte sich auseinandersetzen und zumindest im Kopfe Klarheit bekommen. In der Rückschau gesteht indessen auch Thierry: »Vielleicht war es gar nicht so schlecht, daß sich Chloé jedweder Diskussion widersetzte. Wenn ich an all die Paare denke, die vor und nach der Trennung fürchterlich streiten, dann sehe ich doch, welche unheilbaren Verletzungen, Beleidigungen und Kränkungen in solchen Situationen entstehen. Es wird so viel Porzellan zerschlagen, daß nichts mehr zu kitten ist. Chloé und ich haben es zwar auch nicht geschafft, wieder zusammenzukommen; aber es ist gefühlsmäßig zwischen uns nichts kaputtgegangen.«

So »gescheit« war Thierry zunächst nicht. Ende November 1978 will er partout eine Diskussion mit Chloé; er insistiert und erzwingt die Auseinandersetzung. Das Resultat ist: ein verpatzter Abend, eine weinende Chloé, ein vollends unruhiger Thierry und eine längere Sende- und Ruhepause zwischen beiden. Thierrys Schmerzen aus dieser Zeit sind dokumentiert (s. »Die Organisation des Alltäglichen«). Noch aus der Rückschau ergreift es Thierry beim Gedanken an diese lange Leidenszeit: »Ich bin durch eine Hölle gegangen, die so tief und so dunkel gewesen ist, daß ich sie nicht einmal meinem schlimmsten Feind wünschen möchte. Der Grat zwischen Leben und Verzweiflung war so schmal, daß ich – statt ins Leben – ebensogut auf der anderen Seite auch in die Selbstzerstörung hätte rutschen können.« Auch Chloé sind in dieser ersten Trennungszeit die dunkelsten Gedanken und die schlimmsten Visionen nahe; sie verbringt häufig ganze Tage im Bett und weint.

Wo eine lebendige Beziehung auch außerhalb des ehelichen Kontexts entstehen soll, darf nicht allzu viel »Porzellan zerschlagen« werden. Zwar leiden Chloé und Thierry nach wie vor unter der Unsicherheit über ihre Zukunft. Aber wie in ihren besten Jahren können sie das Zusammensein auch genießen.

Kurz vor Weihnachten fragt Chloé Thierry in der U-Bahn, ob er nicht mit ihr den Heiligen Abend bei ihren Eltern am Genfer See verbringen möchte. Von da an werden die Kontakte zwischen beiden häufiger. Thierry traut sich nun auch, manchmal bei Chloé zu läuten und ihr einen Besuch zu machen. Mal bringt er Blumen, mal eine Zeichnung; manchmal legt er ihr eine Tafel Schokolade ins Bett; manchmal bringt er ein selbstzubereitetes Mittagessen. Thierry will Chloé zurückhaben. Mit diesem Ziel in Herz und Kopf macht er auch reichlich Fehler – gegenüber Chloé und gegenüber sich selbst; so vermeidet er nun unangenehme Themen; er hat Angst, sie zu kritisieren; er wagt es nicht einmal mehr, eine andere Meinung als die ihre zu haben. Thierry macht sich klein, zerdrückt sein Eigenes und seine Authentizität. Es ist nicht so, als merkte er das nicht. Aber auch dies Merken hält ihn nicht von falschen, manchmal unsinnigen Reaktionen ab. Thierry schildert retrospektiv: »Mir ist schon seinerzeit klar geworden, daß ich nichts mehr wage, wie ich mich verstecke, wie ich mich zum Schatten von Chloé mache. Ich habe mich dann auch gegen diese Verkümmerung gewehrt. Aber selbst dieses Wehren kam dann verquer heraus. Ich will hier nur ein Beispiel zitieren: Hin und wieder, wenn Chloé anrief und fragte, ob ich nicht zu einem Mittagessen in die Stadt oder zu ihr kommen wollte, habe ich abgelehnt und andere Termine vorgeschoben. Dabei saß ich zu Hause und habe nichts anderes getan, als auf ihren Anruf zu warten. Mit meiner idiotischen Absage wollte ich mir beweisen, daß ich noch Ich bin.«

Lange Zeit gab es solch »Unnatürliches« auf beiden Seiten. Daneben häufte sich Widersprüchliches bei Thierry wie bei Chloé. Thierry erzählt: »Ich habe unlängst mal wieder meine Tagebücher durchgesehen und ein Beispiel für diese Widersprüche unter meiner Eintragung vom 2. April 1979 gefunden. An diesem Morgen habe ich Chloé zum Frühstück getroffen; dabei sagte sie mir ganz deutlich, daß es für uns keine Basis mehr für ein gemeinsames Zusammenleben geben würde – niemals mehr. Abends sind wir ins Kino gegangen und haben uns den Film ›Une histoire simple‹ angesehen. Eine Liebes-, Trennungs- und Liebesgeschichte. Das Paar, das sich trennt, kommt nach einer Weile wieder zusammen. Happy End.

Chloé und ich haben im Kino geweint. Als wir nachher noch einige Schritte auf dem Kurfürstendamm gingen, hat mich Chloé gefragt, ob wir wohl auch wieder so zusammenkämen wie die zwei im Film. Solche Wechselbäder gab es in den ersten zwei Jahren häufig für mich.«

Langsam nähern Chloé und Thierry einander wieder an. Ein gemeinsamer Ausflug nach Amsterdam in einem einzigen Hotelzimmer und einem einzigen großen Bett ist der Beginn; es folgen irgendwann gemeinsame Ferien in Italien. Und so weiter. Doch eine letzte Barriere bleibt. Ein dubioses Spiel setzt ein: Wenn Chloé zu Thierry zurückkehren will, ist Thierry gerade nicht offen für einen solchen Vorschlag – einmal hat er sich gerade in Alise verliebt, ein anderes Mal hat er grundsätzliche Zweifel, ob er überhaupt noch einmal mit einer Frau zusammenleben will. Wenn indessen Thierry auf Chloé zugeht, blockt diese ab; sie zitiert ihre Ängste, wieder von Thierry vereinnahmt zu werden (wozu freilich immer zwei gehören), oder steckt ihrerseits gerade in einer neuen Beziehung. Synchron läuft der Wille zur »Wiedervereinigung« der beiden in den ganzen sechs Jahren nicht einmal. Zufall oder Notwendigkeit?

Wahrscheinlich würde jeder Ehetherapeut recht »ungeduldig«, wenn er dieses ewige Zögern und Zaudern bearbeiten müßte. Sicher spiegeln sich darin sehr persönliche Probleme und Defizite wider. Daß die beiden aber ihre Unzulänglichkeiten nicht einfach mit einem »Radikalschnitt« beenden, schien uns doch auch wiederum als sehr menschlich, sehr berührend. Was der kalte Analytiker an »masochistischen Elementen« in einer solchen Beziehung entdecken mag, kann man auch als eine Form von unverbrüchlicher Treue ansehen, die stets neu »belohnt« wird. Thierry und Chloé werden in ihrer neuen Beziehung immer wieder Glückshöhepunkte geschenkt; diese müssen sie allerdings jedesmal mit viel Leid bezahlen.

Die Voraussetzung dafür: daß die beiden ihre Liebe nie abgewertet und in Frage gestellt haben; daß sie bei allem Ärger, bei aller Trauer über ihre »Unvereinbarkeit« sich gegenseitig nie in Frage gestellt haben. Daß dies vor allem mit der Abwehr einer »Analyse« ihres Scheiterns zusammenhängt, ist aufschlußreich. »Modern« mutet diese Form von Trennung im Zeitalter der Scheidungsgruppen, Kommunikationstherapeuten und des Dauergeredes über »Beziehungskisten« nicht an. So wird man bei den beiden eher an die mythologischen Figuren der armen Königskinder, zwischen denen das »Wasser viel zu tief« war, erinnert als an irgendwelche Kollusionsformen aus dem psychoanalytischen Bereich.

Anders kann es aussehen, wenn – wie bei Karin und Fred oder bei Hans und Monika – sofort nach der Trennung verzweifelte Dauerdiskussionen einsetzen. Wir haben in diesen Fällen nie gesehen, daß dort wirklich »Aufbauarbeit« geleistet wurde, obgleich es kurzfristig ab und zu so scheinen mag. Der Grund dafür kann darin liegen, daß diese Diskussionen sehr stark vom gekränkten Narzißmus der beiden getragen sind, so daß die Gefahr der allzu emotionalen Abwertungen, der verzweifelten Vorwürfe und schließlich der »erstarrten Fronten« sehr groß ist. Dies vermag die Beziehung für lange Zeit oder für immer zu zerstören.

Diese beiden Paare aber schienen es nach einer ersten, noch hoffnungsvollen Zeit »nötig« gehabt zu haben, den Partner ganz und gar anders als bisher und negativ zu definieren. Fred wird in Karins Augen zum kalten Ausbeuter, zum primitiven Erotiker. Karin gewinnt bei Fred zusehends die Züge eines blutsaugerischen Psycho-Vampirs. Beide geben an, sich nunmehr voreinander zu »fürchten«. Ihre seltenen Treffen sind organisationsbedingt, und persönliche Elemente werden sehr ängstlich ferngehalten.

»Aus und vorbei« ist die Ehe auch für Hans und Monika. In geradezu hektischer Weise hat Monika in altbewährter Manier Hans' Untreue noch und noch analysiert, angeklagt und auf frühe Kindheitswurzeln hin befragt. Hans, damals schon nicht mehr ein allzu williges Opfer, wollte auch »Monikas Anteil« besser herauspräpariert sehen, aber irgendwie mißlang alles; sie verstrickten sich in Widersprüche, und auch eine – natürlich von Monika hinzugezogene – Ehetherapeutin konnte mit dem Wirrwarr wenig anfangen.

Noch ärger als Karin und Fred sind diese beiden einander nunmehr in Haß verbunden. Nur die immer wieder mit Herzklopfen geöffneten Briefe der Rechtsanwälte legen Zeugnis ab von ihrer Beziehung. Selbst Monika fällt zu Hans »nichts mehr ein« – ein Zeichen dafür, wie sehr sie sich die weitergehende Bearbeitung des Geschehens und ihrer beiden Personen nun »verbietet«. Beiden Paaren, so meint man als Außenseiter, hätte ein »Moratorium« gutgetan. Nicht jeden von Kränkung getragenen Gedanken auch gleich mitteilen zu müssen, nicht jedes Gefühlchen sofort zu analysieren. Warten können ...

Ruth und David, wenngleich auch sie anfangs nicht frei waren von der »Diskutierwut«, haben es besser geschafft. Als sie sahen, daß das Gerede zu noch immer mehr Kränkungen führt, haben sie sich auch räumlich voneinander distanziert. Ruth hat in der ländlichen Stille ihres Ferienhauses, das sie in dieser Zeit aufbaute, Abstand gefunden. David gelang Ähnliches in spirituellen Zentren. Jetzt sprechen sie voll Respekt voneinander. Ruth hat sich einiges von ihrer alten Bewunderung für David bewahrt. Daß die sexuellen Schwierigkeiten ein wesentlicher Grund für das Scheitern der Ehe war, scheint für Ruth klarer als für David. Es wird darüber aber nie mehr gesprochen. David ist Ruth dankbar für die sorgfältige Erziehung, die sie Amy angedeihen läßt. Das Kind bildet noch immer ein Hauptinteresse im Leben der beiden. Es bindet sie nach wie vor aneinander, und ihre Gespräche über Amys Zukunft, ihre Schwierigkeiten und ihre Talente verlaufen für beide meist erfreulich. Ruth (mit der wir mehr Kontakt hatten) beschreibt ihre Beziehung als: vertrauensvoll, freundschaftlich, ganz und gar unerotisch, so als könne sie »nichts mehr erschüttern«. Daß zwei Tage nach diesen Aussagen eine von Weinen geschüttelte Ruth anrief und uns mitteilte, daß David wieder heiraten wolle, kann aber sicher nur einen allzu rationalen Beobachter erstaunen. Soll das heißen, daß sie ihn »doch noch liebt«, sich doch noch Hoffnungen gemacht hat? Mit einiger Sicherheit läßt sich sagen: nein. Es zeigt sich hier nur wieder einmal besonders deutlich, daß ein ehemals echter Partner ebensowenig »abgelegt« werden kann wie die Eltern. Allzu eng ist er einmal mit den tiefsten Schichten des eigenen Lebens, mit Wünschen, Träumen und Hoffnungen verknüpft gewesen. Man muß akzeptieren, daß er als Teil des gelebten Lebens nie mehr verschwinden wird. Wenn, wie bei Ruth und David, ein relativ gutes neues Freundschaftsgefühl entstanden ist, kann man gratulieren. Daß dieses Gleichgewicht immer wieder gefährdet ist – wen verwundert das? Wenn, wie bei Ruth und David, plötzlich ein ernstzunehmender neuer Partner auftaucht, wird (kurzfristig) auch das Gleichgewicht wieder gestört. Dies ist ein wenig der Ankunft des neuen »Geschwisterchens« zu vergleichen – aber auch dies kann ja bei gutem allgemeinen Familiengleichgewicht schadlos überstanden werden.

Interpretationen finden, die nicht allzu disparat sind; ein gewisser Abstand, der garantiert, daß der »Ehemalige« nicht alles gleich mitbekommt, was da an Gefühlswallungen auftaucht; die immer noch bestehenden Gemeinsamkeiten weder verleugnen noch hochstilisieren: Dies alles kann eine Vorbedingung sein für eine neue zufriedene Beziehung. Wie schwer aber, dies zu schaffen! Am schwierigsten erschien es uns, Michael und Rebecca darzustellen. Beide geben an, alleine viel glücklicher zu leben als zu zweit. In ihren Widersprüchlichkeiten aber zeigen sie viel mehr »Gemeinsames«, als sie ahnen. Ihnen ist bisher weder die Harmonie einer gemeinsamen Neu-Interpretation ihrer Personen und ihrer Ehe geglückt, noch können sie sich zu einem endgültigen Bruch durchringen.

Michael, den wir als den »egozentrischsten« unserer Gesprächspartner erlebt haben, konnte uns über seine neue Beziehung zu Rebecca wenig sagen. Er besucht sie offenbar ganz gerne, allerdings häufig unangemeldet. Lange Zeit hat er sich sogar geweigert, den Schlüssel der früher gemeinsamen Wohnung herauszugeben, angeblich, um jederzeit noch »Vergessenes« holen zu können. Rebecca, die allzu Kompromißbereite, konnte sich auch in dieser Frage nur schwer durchsetzen. Michael findet, daß Rebecca durch die Trennung »gewonnen« habe, und wir hatten das Gefühl, als wollte er sich gerne dafür etwas Lob abschneiden. Er hält Rebeccas Emanzipation weitgehend für sein Werk. Da die beiden über diesen wie über viele andere Punkte geteilter Meinung sind, läßt sich schwer entscheiden, ob Michael dieses Gefühl zur Abwehr seiner Schuldgefühle vielleicht nötig hat. Das Streitgespräch über den Beruf (s. S. 137 ff.) legt das allerdings nahe.

Michael ist froh darüber, daß ihre Beziehung nun entspannter ist, eigentlich »so wie unter guten Bekannten«. Die Gespräche findet er aber weder tiefgehend noch sehr klärend. (»Gott sei Dank, daß damit Schluß ist«, meint er dazu, »Psychogequatsche hatten wir genug!«) Das Streitgespräch über den Beruf hat ihn so wütend gemacht, daß er Rebecca danach vier Wochen lang nicht sehen wollte und nicht einmal mit ihr telefonierte.

Was ihn noch an sie bindet? »Ach – die Erinnerungen ... eine gewisse Bewunderung für ihre scharfzüngige Intelligenz ... und überhaupt: Man kennt sich eben so durch und durch.« (Diesen Eindruck hatten wir nicht!)

Rebecca, unsere Laienpsychologin, hatte ganze Kaskaden von Interpretationen für Michael, sich selbst und die Beziehung parat. Sie empfindet die Treffen mit Michael als ziemlich sinnlos. »Man kann ja doch nicht mit ihm reden!« In dieser Beziehung ist sie ganz resigniert und berichtet von etlichen Versuchen ihrerseits, mit Michael doch noch zu Rande zu kommen. Sie ist, wie sie meint, nun wirklich »fertig« mit ihm. Keine inneren Dialoge, Vorwürfe? Nein, nichts. Allerdings freut sie sich, wenn ihr zugetragen wird, daß es wieder einmal mit einer seiner neuen »Flammen« zu Ende ist. (Wo bleibt da die Distanz?) Sie sieht gerne ihre ziemlich negative Sicht von Michael bestätigt. Ihrer Ehe gewinnt sie trotzdem retrospektiv einiges ab: vor allem die gemeinsame Tochter (»Gott sei Dank hat sie von Michael die Begabung und nicht den Charakter mitbekommen!«), den interessanten Freundeskreis, die Erweiterung ihres Horizonts. Anders als Michael sieht sie überhaupt nicht, daß sie sich als »normale Bekannte« begegnen. »Es gibt mir immer wieder kleine elektrische Stöße: Ach, das kennst du ja, natürlich, da konntest du dich gegen ihn noch nie durchsetzen ... etc.« Die Gespräche sind für sie frustrierend, weil sie immer wieder in ihre alte Gewohnheit – sich auf faule Kompromisse einzulassen, zu begütigen – verfällt. Daß sie dies beim Streitgespräch nicht getan hat, macht sie stolz. Michaels »Strafe« nachher hat sie gar nicht berührt. Eher triumphiert sie, daß er sich hier endlich einmal offen »getroffen« gezeigt hat.

Wie kann Michael sie noch immer verletzen? Rebecca erzählt von einem Fest, das sie gegeben hat. »Eigentlich wollte ich Michael nicht dabei haben; er hat mich aber gefragt, und da wollte ich nicht kleinlich sein. Michael hat sich aber unverschämt benommen: alte Freunde beleidigt (solche, mit denen ich jetzt mehr Kontakt habe) und natürlich wieder einmal ohne jede Hemmung geflirtet. Der Abend endete damit, daß ich mit zwei guten Freundinnen in der Küche saß und heulte. Den ganzen nächsten Tag lag ich mit Depressionen im Bett.« Wir staunten über diese Erzählung. So ganz gut scheint das mit der Distanzierung also doch nicht zu klappen? Immer noch Spuren des alten Machtkampfes? Rebecca erschien uns in diesem Punkt äußerst unsicher.

Daß die »veränderte Beziehung« bei denjenigen Paaren, die sich nach einer Trennung »wiedergefunden« haben, unter anderen Gesetzmäßigkeiten steht als bei den »endgültig Getrennten«, verwundert nicht. Sowohl bei Anna und Thilo als auch bei Sven und Margarete haben wir bei der Beschreibung ihrer nunmehr neuen Beziehung eine Art »optimistischer Vorsicht« gefunden. Beide wollen die »Fallstricke« ihrer alten Konstellation vermeiden. Bei Sven und Margarete ist dies die prekäre Frage der ehelichen Treue, bei Thilo und Anna die der Vereinnahmung Annas durch Thilo, wobei ihr geliebter Beruf und ihre vielen Freunde ein »dunkles Kapitel« darstellen könnten. Sie haben viel gelernt in der Trennungszeit. Beim Wiederzusammenkommen haben sie vieles gemeinsam geklärt, interpretiert und analysiert. Da dies aber schon unter dem Stern einer neuen Hoffnung geschah, blieben Bösartigkeiten und allzu große Kränkungen weitgehend aus.

Immer wieder können wir sehen, daß der Umgang mit dem (der) »Ehemaligen« sowohl die Probleme als auch die positiven Valenzen der alten Beziehung mitschleppt. Es bedarf großer Distanz, Ruhe und Reife, um dem »Positiven« schließlich zum Sieg zu verhelfen. Nie aber wird dieser endgültig sein, die Gefahr, daß alte Probleme auftauchen, kann immer wiederkehren.

Wer es aber schafft, wenigstens vorwiegend und ohne allzu große Diskontinuität die einstmals hellen Seiten der Ehe hinüberzuretten in die neue Beziehung, der hat sicher einen wichtigen und wertvollen Freund fürs Leben gefunden.

2. Die eigenen Veränderungen

Veränderung vermeiden heißt: Angst vermeiden. Das alte Ich bleiben, keine neuen Gedanken und Gefühle zulassen, sich selbst als für immer geschlossene Festung betrachten: Das gibt Sicherheit.

Was aber ist Veränderung? Nicht unbedingt läßt sie sich an der Veränderung des äußeren Rahmens oder am neuen Sprachstil ablesen. Die wichtigste Veränderung nach einer Trennung betrifft die neue Verankerung in der eigenen Person, das Loslassen-Können, das Erlebnis der Angst beim Gefühl, allein zu sein, und eine meist langsam keimende Ahnung davon, daß Einsamkeit die Voraussetzung für Beziehungen ist. Das Gefühl, man könne sich auch selbst genug sein.

Grob besehen kann Trennung zwei Verhaltensmöglichkeiten auslösen: Sie kann die eigene Persönlichkeitsstruktur verhärten, oder aber sie kann sie aufweichen und damit für Veränderungen elastisch machen. Diese beiden Verhaltensmöglichkeiten setzen sich in zwei diametral entgegengesetzte Selbstbilder um: Der erste Typus weist jedweden Gedanken, daß die erfolgte Trennung etwas mit ihm selbst zu tun haben könnte, weit von sich und projiziert alle Ursachen, Schuld und Gründe auf den ehemaligen Partner, dessen Freundeskreis oder den neuen Geliebten; der zweite Typus geht in sich, sucht Fehler und Defizite in der eigenen Persönlichkeit und ergreift die Chance zur Selbstkorrektur.

Die nachfolgend geschilderten Typen zeigen jeweils ihre eigene spezifische Abwandlung dieser »Grobstruktur«. Dabei ist Fred sicher der »sturste« von allen. Er fühlt sich einfach vom Schicksal geschlagen und versucht mit allen Mitteln, den Status quo wieder herzustellen. Wenn dies nicht gelingt, wird er brutal.

Karin gehört zu denen, deren Schicksal das der ewig Abhängigen ist, die nach dem Radarschirmprinzip funktionieren: Alles was kommt, wird aufgefangen und reflektiert.

Thierry, Thilo, Max, Marlene und Margarete aber bringen einen Prozeß der Einsicht hinter sich, der ihnen vielleicht einen echten Neuanfang (mit dem alten oder einem neuen Partner) möglich macht.

Thierry und Thilo gehen dabei den zentralen Punkt ihrer allzu starken Vereinnahmung der Partnerin an; Max sieht in einem schmerzlichen Prozeß voll Reue, wie sehr er Isabella verunsichert haben muß.

Marlene, die sich mit ihrer Selbstwertproblematik herumquält, muß einsehen, daß sie den Partner nicht »benutzen« kann und darf, um sich selbst »gut zu fühlen«. Margarete schließlich muß ihre Dominanz und Kälte durchbrechen, um die Beziehung zu Sven wieder zu aktivieren.

Wir stellen im folgenden diese Beispiele innerhalb der Grobstruktur der Typen von Verharrenden und Sich-Verändernden des näheren vor:

Fred

Der erste große Sprung in Freds und Karins Ehe passierte um drei Uhr morgens, als eine verweinte und übernächtigte Karin auf der Wohnzimmercouch kauernd vom whiskybeflügelten (und wohl auch anderweitig angetörnten) Fred wegen eines vergessenen gemeinsamen Kinobesuchs just an diesem Abend ungeschickt beschwichtigt wurde.

In jener Stunde fügten sich für Karin wie im magnetischen Puzzle alle Teile blitzschnell ineinander. Anders als viele Male zuvor ließ sie sich nicht beruhigen, verschloß nicht die Augen, blieb unbestechlich. Die Tage danach wurde sie fündig: Rechnungen für Orchideen und teure Restaurants (der finanztüchtige Fred, ein Immobilienmakler, hatte natürlich alles für die Steuer aufgehoben), eine vergessene Visitenkarte, Freunde, die sich »verplapperten«.

Fred fühlte sich zwar schuldbewußt, fand aber die hysterischen Reaktionen seiner Frau unerträglich. Mein Gott, fünfzehn Jahre waren sie nun zusammen – hatte Karin geglaubt, sie sei mit einem leibhaftigen Erzengel verheiratet? Fred wußte, daß er auf Frauen wirkte; seinen beruflichen Aufstieg vom schmalbrüstigen Angestellten zum Eigentümer des größten Maklerbüros der Stadt gab es eigentlich sonst nur mehr in Trivialromanen. Er hatte Geld und gab es gerne aus; er liebte den Flirt und das »große Leben«. Karin war durchaus eine aparte Partnerin gewesen: hübsch, intelligent, witzig. Was er an ihr vermißte, war nicht gar soviel. Daß Sex zwischen ihnen langweilig geworden war, nahm er als naturgegeben hin. Warum sollte er sich nicht außer Haus verschaffen, was im immer noch altväterlich-braven Ehebett (mit Ritze) fehlte?

Karin konnte tun und lassen, was sie wollte. Er fand sogar, daß er ein sehr zahmer Ehemann war, immer zur Anpassung bereit: Er bewirtete ihre alten Schulfreundinnen mit seinen köstlichen Weinen (obwohl sie, weiß Gott, wenig davon verstanden!), er bezahlte ihre teuren Gesangsstunden und begab sich zu recht öden Hausmusikabenden. Hatte er denn gar kein Anrecht auf seine eigenen kleinen Abenteuer?

Fred blieb stur.

Als Karin sich in einer hübschen Mansardenwohnung einmietete (mit seinem Geld natürlich), hielt er dies noch für einen korrigierbaren Spleen. Als er sie mit einem sehr intellektuell wirkenden Mann im schäbigen Kordanzug im Restaurant traf (wer bezahlte wohl die Rechnung?), sagte er sich großmütig, daß sie ihn nun wohl besser verstehen würde.

Wenn sie sich trafen, um ihre »Beziehungsprobleme zu klären« (wie sehr Fred nur schon diesen merkwürdigen, von Karin eingeführten Ausdruck haßte!), bemerkte er allerdings mit Mißfallen, wie oft Karin von ihrer Freundin Johanna sprach. Johanna schien zu allen ihren Problemen eine Meinung zu haben ... Johanna schien Karin gut zu verstehen, natürlich viel besser als er, Fred. Natürlich verstand Johanna auch ihn selbst sehr viel besser, als er dies selbst tun konnte, er, der neureiche Geldmensch. Fred begann, Johanna zu hassen.

Bisher hatte er noch ganz gut gelebt. Seine neue Freundin fand er erotisch ungemein an- und aufregend. Sie sah toll aus, mit ihr konnte er sich sehen lassen. In seinen Kreisen hatte fast jeder Mann eine Freundin, in sozialer Beziehung gab es also keine Probleme.

Fred hatte gerade einige besonders interessante Objekte an der Hand; wenn ihm hier seine Pläne gerieten, würde er in punkto Finanzen zu den obersten Zehntausend der Stadt gehören. Manchmal hatte er sogar schon an eine politische Karriere gedacht.

Je länger sich der Zustand mit Karins Halsstarrigkeit hinschleppte, desto wütender wurde er. Bei einem jener fruchtlosen Treffen (»Johanna hat gesagt ...«), spürte er plötzlich, wie ihm ein Kloß in den Hals geriet. Er fühlte mit Erstaunen, daß er weinte.

An jenem Abend blieb er allein zu Hause. Irgend etwas mußte sich ändern. Er rief Karin an und verlangte in barschem Ton von ihr ein »Entweder – Oder«: Scheidung oder bedingungslose Rückkehr. Er hatte keine Lust mehr an der albernen Beziehungsklärerei, er wollte ein für allemal von ihren Problemen verschont bleiben.

Fünfzehn Jahre lang hatten sie vernünftig und friedlich zusammengelebt. Karin, dies spürte er, liebte ihn noch immer. Die vielen neuen Probleme, die sie plötzlich in ihrer beider Leben entdeckt hatte, wuchsen ihm zum Hals heraus. Als Karin bitterlich schluchzend den Hörer auflegte, wartete er noch zwei Stunden vor dem laufenden Fernseher, ohne einen einzigen Satz zu verstehen, ein Bild aufzunehmen. Karin kam nicht in jener Nacht; Karin kam auch später nicht. Sie hatte in ihrem alten Beruf eine Stelle gefunden (Arzthelferin – lächerlich!, das war ja fast ein Trinkgeldberuf) und verkehrte nur mehr schriftlich mit ihm. Auch dies aber waren nur kurze Notizen: eine Bitte um die Steuererklärung, Postsendungen etc.

Fred war böse und verbittert. Karin hatte »einer Lappalie wegen« alles zerstört. »Wir leben doch nicht im viktorianischen England«, pflegte er im Freundeskreis zu sagen, wenn die Rede auf seine zerbrochene Ehe kam. Oder: »Der Kavalier schweigt und genießt – das waren noch vernünftige Zeiten. Daß ich alles zugegeben habe, war mein größter Fehler. Ich hätte bis zum letzten leugnen sollen, dann wären wir jetzt noch ein glückliches Paar.«

Daß Johanna mit ihrem dummen Geschwätz sehr viel zwischen ihnen zerstört hatte, war für Fred sonnenklar.

Karin hatte eine midlife-crisis; sie war immer ein wenig »überspannt« gewesen (Musik, Gesang, Jazz-Gymnastik ...). In letzter Zeit hatte er sie außerdem seiner beruflichen Pläne wegen auch ein wenig vernachlässigt, das mußte er zugeben. Was aber diese widerliche Johanna alles hineingeheimniste in ihn und Karin, das war nicht auszuhalten, das hatte eben alles kaputtgemacht. Leider war Karin aber auch sehr leicht zu beeinflussen.

Fred hatte sich nicht verändert, das konnte er guten Gewissens von sich behaupten. Noch immer wäre er bereit, Karin wieder aufzunehmen.

Die neue Freundin war zwar eine fantastische Frau, es fehlte ihr aber etwas, das Karin hatte. Fred wußte, daß ihn Karins »Andersartigkeit« immer schon fasziniert hatte.

Andererseits: Gerade deswegen war sie offensichtlich solch eigenartigen Weg gegangen.

Seit neuestem verdächtigte Fred übrigens auch den Gesanglehrer. Daß dieser, ein eher wohlbeleibter Mann in mittleren Jahren, in die attraktive Karin verliebt gewesen war, hatte Fred nur natürlich gefunden. Daß aber Karin ihrerseits?... Komischerweise erschien dies nun, da Karin sich so neu und anders gezeigt hatte, gar nicht mehr unwahrscheinlich. Möglicherweise hatte auch der Gesanglehrer seine Hand im unglücklichen Spiel.

Fred fühlte sich verraten und verkauft. Vermutlich mußte er zu alledem auch noch einiges blechen, wenn Karin darauf bestand. Er hatte sich bei einem Anwalt erkundigt und war fest entschlossen, sich nicht auch noch finanziell übers Ohr hauen zu lassen. Einige Möglichkeiten gab es da schon noch.

Fred wußte noch nicht so recht, was er nun tun sollte. Seiner neuen Freundin einen Heiratsantrag machen? Karin nochmals irgendwie (wie denn?) zwingen, zu ihm zurückzukehren; sich versöhnen? sich auf die Psychoredereien doch noch etwas mehr einlassen?

Fred war ratlos.

Karin hat sich sehr verändert, sagen alle. Sie war eine wunderbare und ergebene Ehefrau von Fred gewesen: vorzeigbar, gute Erziehung, Eleganz – alles, was Fred gefiel. Sie wußte, daß Fred sie brauchte, und liebte ihn und seine Bewunderung. Sie fiel aus allen Wolken, als ihr klar wurde, daß er auch noch andere Frauen »gebrauchen« konnte.

Über ihr vermuffeltes Sexleben hatte sie sich hinweggelogen, begreifliche Müdigkeit vorschützend, Freds Interessenschwerpunkt in den Beruf verlagert etc.

Johanna, Lehrerin und seit neuestem Gruppendynamikerin, war ihr schon vor dem Bruch mit Fred eine interessante Gesprächspartnerin gewesen. Nun wurde sie unentbehrlich. Karin begann, in neuer Terminologie über sich selbst und ihre Beziehung zu Fred nachzudenken. Sie war eine äußerst gelehrige Schülerin.

Als Karin Hans traf, war er von ihrer psychologischen Feinfühligkeit begeistert. Hans, ein arbeitsloser Sozialpädagoge, hatte drei Jahre Gruppentherapie hinter sich, arbeitete in einem alternativen Stadtteilprojekt und hatte einen aussichtsreichen Listenplatz bei den »Grünen«. Karin wurde gern gesehene Kundin diverser Demeter-Läden, las Bücher über Umweltschutz und entfernte aus ihrer Mansardenwohnung allen Kunststoff. Baumwolle und Leinen beherrschten ihr Leben, Kräutertees und Weleda-Präparate stapelten sich in ihrer Küche. Das altmodische Bettgestell verschwand, eine breite Doppelmatratze lag am Boden. Bunte Holzperlen zierten ihren Hals usw. usw.

Wen verwundert es, daß acht Monate später Manfred ihr Leben wiederum veränderte?

Manfred lebte mit Schwester und Mutter im hübschen Reihenhaus und brachte in Karins Leben niedliche Hochglanzbilder der heilen Welt der Spießbürger. Er wollte nämlich sofort heiraten. Karin wurde der Mutter und Schwester vorgestellt; Karin sollte auch Mutter werden – ganz schnell, bevor es zu spät war. Karin zog ihre weiten selbstgestrickten Pullover aus und holte flotte Tweed-Kleidchen aus der alten Garderobe. Karin lächelte nun sowohl über die aufgeplusterte »große Welt« von Fred als auch über die kindlichen »Alternativen«. Nun war sie endlich »erwachsen«, reif für eine richtige Familie. Daß Manfred seine Mutter und Schwester gar so sehr liebte, mißfiel ihr zwar, sie konnte mit ihm über das Thema aber »unheimlich gut sprechen«. Manfred hatte sich über die Bevormundung durch die beiden Frauen sowieso immer schon erregt. Manfred verschwand jedoch von der Bildfläche, als Karin am Telefon mit seiner Mutter Krach bekommen hatte. Diese hatte nämlich gemurrt, als Karin »ihren« Manfred noch um elf Uhr nachts sprechen wollte, und war nicht bereit gewesen, ihn zu holen.

Karin war in der nächsten Zeit die perfekte Geliebte einiger Männer. Sie philosophierte stundenlang mit dem (leider verheirateten) älteren Professor; sie zog durch Discos mit dem jugendlichen Beinahe-Punk Dieter, der seit zwanzig Semestern Ethnologie studierte.

Kurt aber war der größte Knüller: ein tiefernster, verinnerlichter Christ, der mit Leidenschaft und Glut Anhänger der Taizé-Bewegung geworden war. Sie beteten und meditierten gemeinsam in der französischen Mönchsgemeinschaft, sie lasen religiöse Schriften, studierten die Bibel und trafen sich auch in ihrem Wohnort nur mehr mit Gleichgesinnten zum ökumenischen Gottesdienst und zur gemeinsamen Meditation.

Verlassen wir Karin.

Kurt wird nicht ihr letzter Liebhaber sein. Karin hat noch viele Veränderungen vor sich.

Was werden ihr diese aber an bleibenden Einsichten bringen? Karin hat bisher bei jeder Station den Eindruck gehabt, dies sei nun die »richtige« Sache für ihr Leben. Daß sie bei wechselnder Möblierung sozusagen nie die Wohnung gewechselt hat, scheint ihr bisher nicht klargeworden zu sein. Würde sie nun zu Fred zurückkehren: Alles könnte weitergehen wie vor der Trennung.

Das aber heißt doch wohl: Karin hat sich nicht verändert. Ihre Unsicherheit ist die gleiche geblieben, sie braucht immer wieder den Anstoß von außen, vor allem die Faszination durch einen neuen Mann, um Neues erleben zu können. Sicherlich wird sich dadurch ihr Gesichtskreis erweitern, und das könnte ihr guttun. Sie muß aber dennoch erst lernen, ihren eigenen Platz zu finden.

Thilo

Thilo wurde in einem dramatischen Auftritt von Anna aus dem gemeinsamen Haus gewiesen. Dem nahezu zwanghaft ordentlichen Thilo gelingt es, noch das Gartentor zu schließen; dann bricht er vor der Brombeerhecke zusammen. Nachbarn alarmieren einen Rettungswagen, und Thilo wird mit dem Verdacht auf Herzinfarkt ins Krankenhaus Rechts der Isar eingeliefert. Dort stellt man eine schwere vegetative Dystonie fest. Thilo wird behandelt. Auf die Fragen der Ärzte reagiert er ebensowenig wie auf die Dienstleistungen und freundlichen Ermunterungen der Krankenschwestern. Nach zehn Tagen ziehen die Fachärzte der inneren Medizin einen Kollegen von der Psychiatrie hinzu; Thilo bekommt nun starke Antidepressiva. Die Medikamente bewirken, daß Thilo sich gänzlich von der Außenwelt abschließt und dösig vor sich hinstiert. Einzig in der Nacht wird er aus seiner Apathie gerissen: Schwere Fallträume lassen ihn schweißgebadet und zum Teil sogar schreiend erwachen.

Nach vier Monaten im Krankenhaus wird Thilo nach T. in eine psychosomatische Klinik überwiesen. Thilo hält sich angepaßt an die äußere Ordnung der Klinik, weigert sich nicht, Maltherapien und Tischtennis-Wettbewerbe mitzumachen, bleibt aber innerlich apathisch. Jeden freien Moment verbringt er im Bett, wo er sich Bilder von Anna anschaut oder Briefe an sie schreibt, die er dann aber nicht abschickt. Mittlerweile ist Thilos Anstellung als Soziologe in der Universität gekündigt worden; Anna übernimmt die Klinikkosten.

Eine Gesprächstherapie, die Thilo nach einigen Wochen begonnen hat, scheint das erste zu sein, was ihn nach seinem Zusammenbruch vor sechs Monaten interessiert. Die Therapeutin erinnert ihn im übrigen in ihrer Art und Diktion an Anna. Nach vierzehn Sitzungen regrediert Thilo erneut; ein unmittelbarer Anlaß dafür läßt sich nicht ausmachen. Auch die Ärzte und das therapeutische Team sind ratlos. Thilo verweigert sich nun auch dem Mal-, Bastel- und Sportprogramm und bleibt drei Wochen mit leichtem Fieber im Bett.

Als er körperlich wieder gesund ist, beginnt Thilo lange Spaziergänge an den entfernten See zu machen. Es ist mittlerweile Frühling geworden, und Thilo ist nun seit einem Jahr in der psychosomatischen Klinik. Bei jedem Wetter läuft Thilo zum See; auch bei Regen und Wind trägt er keine Kopfbedeckung, sondern läßt sich Wasser und Sturm ins Gesicht schlagen. Am 9. April findet Thilo einen flügellahmen Schwan. Das Tier liegt in Ufernähe und ist nahezu bewegungsunfähig. Thilo ist hilflos. Doch das Schicksal des Tiers rührt ihn dermaßen an, daß er zum Veterinär des Dorfes rennt und diesem eindringlich den kranken Schwan beschreibt. Beide fahren wieder zum See.

Der Veterinär und Thilo holen das fast bewegungslose Tier aus dem Wasser und bringen es in die Praxis. Der Flügel des Schwans wird geschient, und er kommt dann zur Ausheilung seiner Blessuren in ein geschlossenes Bassin der Tierarzt-Praxis. Jeden Tag besucht Thilo den Schwan, den er inzwischen Phoenix getauft hat. Nach acht Tagen schlägt Dr. Melchior Thilo vor, ihm doch in der Praxis zu helfen. Mit Erlaubnis der Ärzte verbringt Thilo nun jeden Nachmittag von 14–18.30 Uhr bei

Dr. Melchior. Über die Liebe zu den Tieren wendet er sich langsam den Sorgen der Menschen zu, die im Wartezimmer von Dr. Melchior mit ihren Hunden, Katzen, Vögeln, Schildkröten und Meerschweinchen sitzen. Thilo ist bald allseits beliebt. Dr. Melchior löst er nun schon manchmal ab, wenn bei besonders kritischen Fällen Nachtwachen nötig sind.

Die Geschichte von Thilo und Phoenix spricht sich in T. herum. Ein Reporter der Regionalzeitung geht dem Fall nach und berichtet darüber in der Samstagsausgabe. Thilo findet den Bericht schlampig recherchiert und borgt sich bei Dr. Melchior Literatur über Schwäne. Thilo ist gerührt, als er liest, daß Schwäne zeitlebens zusammenhalten und monogam sind. Thilo denkt an Anna. Ist Phoenix vielleicht verwitwet? Ist er deshalb gestrandet? Zum erstenmal nach anderthalb Jahren fährt Thilo nun nach München, um sich in der Universitätsbibliothek Literatur über Soziobiologie auszuleihen. Nach intensiver Lektüre schreibt Thilo einen Aufsatz über das soziale Leben der Schwäne, dem lange Beobachtungen am See vorangegangen sind. Dr. Melchior entsinnt sich eines Verbindungsbruders in München, der dort eine große Zeitung leitet. Der Artikel von Thilo erscheint in der Sonntagsausgabe und erhält ein solches Leserecho, daß die Redaktion Thilo zur freien Mitarbeit auffordert. Nach zwei Jahren verläßt Thilo die Klinik. Er nimmt ein Zimmer im Hause von Dr. Melchior und wird dort in der Familie herzlich aufgenommen. Thilo hilft nachmittags weiterhin in der Praxis des Veterinärs und erhält dafür einen angemessenen Lohn. Morgens schreibt Thilo für die Zeitung. Dr. Melchior ermuntert ihn, sich doch über ein Inserat Freunde zu suchen, mit denen er aufgrund seiner intellektuellen Sozialisation mehr Gemeinsamkeiten entwickeln kann als mit den Dorfbewohnern von T. Das gelingt (siehe Abschnitt über »Freundschaft«). Nach weiteren Monaten erhält Thilo einen Lehrauftrag für Soziobiologie an der Universität; er fährt nun einmal pro Woche nach München und überlegt sich, ob er vielleicht demnächst wieder ganz in die Hauptstadt übersiedeln soll.

Resümieren wir: Anna, die Kräftigere von beiden, will Versäumtes innerhalb der Ehe nachholen. Dies aber ängstigt Thilo; er will nur verharren, in kindlicher Geborgenheit nur immer das Gleiche zulassen. Dies führt zum Bruch. Anna selbst hätte ihn vermutlich gar nicht nötig gehabt, um sich zu verändern.

Daß sie schließlich die Initiative ergreift, zeigt die Kraft ihres Veränderungswunsches. Unbewußt spürt sie, daß Thilos Ängstlichkeit und Schwäche sie immer wieder behindern werden. Ihre Lebenskraft siegt.

Für Thilo aber ist dies ein Sturz ins Ungewisse. Wie leicht hätte er schiefgehen können! Die lange Zeit der Regression in die Krankheit gleicht dem nochmaligen Durchlaufen des Embryonal- und Säuglingszustandes. Daß ihm die vergleichsweise »erwachsenen« Hilfsangebote von Ärzten und Therapeuten nichts bringen, verwundert nicht. Er findet aber eigene Wege.

Thilo ist zwar schwach, aber begabt. Er erobert sich seine Heilung im für ihn symbolischen Bereich der Natur. Ausgesetzt den Gewalten von Wind, Regen und Sonne kann er sich ganz unmerklich mit seinen eigenen Widersprüchen auseinandersetzen. Durch die Episode mit dem kranken Tier gelingt es ihm, sich selbst in die Dialektik von Heilung und Zerstörung einzuschalten. Das schwache, kranke Tier gibt ihm erstmals Gelegenheit zur Erprobung seiner Stärke. Der menschenscheue Thilo braucht dies als ersten Schritt, aber er läßt auch den zweiten nicht aus: Langsam schließt er sich wieder an Menschen an und beginnt, Kontakte zu pflegen, die nicht mehr ganz so symbiotisch sind wie jene zu Mutter und Ehefrau. In Dr. Melchiors Haus wird er als eigenständiger Mensch wiedergeboren. Langsam, sehr langsam erweitert er seine Gehversuche. Erst als er so weit ist, kann er sich Anna wieder nähern. Vielleicht können sie jetzt als zwei Erwachsene miteinander leben.

Marlene

Marlene, Lehrerin für Kunsterziehung, vierzig Jahre alt, zwei halbwüchsige Töchter.

Frank ist nach siebzehnjähriger Ehe aus dem gemeinsamen Haus ausgezogen. Vorausgegangen: viel Unzufriedenheit, Marlenes Vorwürfe wegen Franks Rückzug, Franks Tendenz zur Abkapselung wird immer stärker. Der Anlaß: nichtig.

Frank lebt nun alleine, hat aber Kontakt zu einer Jugendfreundin aufgenommen. Mit ihr verbringt er Freizeit und Ferien. Marlene gegenüber hat er ein schlechtes Gewissen, es gelingt beiden aber nur selten, über ihre Probleme zu sprechen. Frank hilft Marlene bei allen Arbeiten in Haus und Garten, will sich aber offenbar nicht mehr näher einlassen. Nach zwei Jahren hat Marlene keine Hoffnung mehr. Sie kämpft um ihre alte Fröhlichkeit, ihre Lebendigkeit. Von ihrer Tochter hat sie ein Tagebuch geschenkt bekommen; sie kann es gut gebrauchen. Wut, Anklagen, Selbstzerfleischung und viel, viel Selbstmitleid werden dort notiert. Immer wieder fällt sie in dunkle Verzweiflung. Allein der Kinder wegen funktioniert sie weiter. Alles läuft recht gut, auch in der Schule. Innerlich aber fehlt der Bezug zum gut gemeisterten Leben. So sieht sie sich selbst in ihren dunklen Stunden: verlassen, einsam, ältlich, langweilig, sitzengelassen. Ohne Chancen. Und so sieht sie in diesen Stunden ihren Ehemann: klug, souverän, zärtlich, schön, lebendig, glücklich.

Daß keines der beiden Bilder stimmt, weiß sie natürlich; sie drängen sich aber immer wieder auf. Nach langem Ringen wird ihr klar: wie wenig ernst sie sich bisher selbst genommen hat; daß sie sich nur wertvoll fühlt in Verbindung mit Frank. Alle ihre eigenen Begabungen und Verdienste (deren nicht wenige sind): wertlos, glanzlos – wenn nicht ein Ehemann als goldene Hintergrundsfolie dient. Sie kämpft um ein neues Bild ihrer selbst. Läßt langsam die immer wiederkehrenden Vorwürfe an Frank fallen, weil sie ihr nur schaden und nichts Konstruktives bringen. Soll er doch ...

Manchmal kann sie es dann spüren: daß sie eine hübsche, begabte Frau ist; eine, mit der viele Freunde gerne beisammen sind; eine, die in ihrem Beruf Hervorragendes leistet.

Immer wieder aber jenes Abgleiten in den Sumpf der Wertlosigkeit. Voll Verzweiflung schreibt sie in jener Stimmung einmal in ihr Tagebuch: »Ich war eine aufgeblasene Gummipuppe. Jetzt, wo die Luft raus ist, spüre ich mich nur mehr als wertloses Fetzchen Gummi. Frank hat mich aufgeblasen.«

Sie weiß, daß Selbstmitleid und Vorwürfe ihr Ruin sind. Ein neuer Liebhaber oder Partner (noch ist keiner in Sicht) wäre sicher eine Erleichterung. »Aber«, wie sie ehrlicherweise einer Freundin sagt, »er wäre nur eine Art Droge, nicht die Heilung.«

Ihr neues Selbstvertrauen wächst langsam. Oft fragt sie sich, ob es überhaupt wächst. Immer häufiger aber gibt es Tage, auf die sie stolz ist: Sie hat etwas Schönes eingekauft, sie hat den bewundernden Blick eines Mannes genossen, sie hat mit einem Kollegen geflirtet. Und all dies hat sie bewußt als ihre eigene Leistung ansehen können. Sie weiß, wie ihr Weg aussehen muß. Nicht mehr über die Abhängigkeit – auch wenn sie den »Neuen« eines Tages treffen sollte. Sie muß sich selbst lieben lernen. Der Weg dorthin wird noch lange dauern. Sie ist oft zuversichtlich.

Thierry – wir erinnern uns – war nach der Trennung von Chloé in eine schwere reaktive Depression gefallen; sechs Jahre später wurde dieser Zustand noch einmal aktualisiert, als die Beziehung zu Alise auseinanderbrach. Thierry wurde mit der Trennungsproblematik nicht allein fertig. Ena empfahl ihm damals eine Bekannte, bei der Thierry eine Gesprächstherapie begann. Zwei- bis dreimal pro Woche ging Thierry nun zu seiner Therapeutin. Es zeigten sich zunächst einmal seine Mühen, über sich selbst und seine Gefühle sprechen zu können. Thierry war zwar bestrebt, aus seiner jämmerlichen Situation schnell herauszukommen; aber gerade dabei verfehlte er den Sinn von Therapie: Er strengte sich an, problematische Punkte zwischen Chloé und sich systematisch anzugehen; er wollte Thema auf Thema lösen und abhaken; er verkrampfte sich dabei; er benutzte seinen Kopf zu stark und schnitt sich damit von seinen gegenwärtigen Erlebnismöglichkeiten ab. Immer wieder geriet er ausgiebig ins Jammern, wie sehr ihm Chloé fehle und daß er ohne sie nicht leben könne. Wenn Thierry heute an diese Gesprächstherapie zurückdenkt, so fällt ihm vor allem ihre Klagemauer-Funktion ein. Thierry konnte mehrmals wöchentlich jammern und wurde auch für ein Weilchen getröstet, bis dann der Schmerz des Verlassenen wieder über ihn hereinbrach.

Mit Unterbrechungen dauerte diese Gesprächstherapie zwei Jahre; sie endigte, als Thierry sich für einige Monate von Berlin entfernte, um in Lausanne zu leben. Thierry wollte auch dort an sich arbeiten und versuchte sich einige Sitzungen lang in Gestalttherapie und etwas länger in Bioenergetik. Zu der Gestalttherapeutin faßte er kein Vertrauen; ihn störte bereits, daß sie eigentlich Physikerin war und nur nebenher eine Fernausbildung in Gestalttherapie machte. Thierry zweifelte schnell an ihrer Kompetenz. Daß sie ihn ständig auf Kissen herumrutschen ließ, wobei er sich selbst einmal im Jetztzustand und das andere Mal als Kind spielen sollte, dünkte ihn weder besonders seriös noch im eigentlichen Sinne produktiv. Thierry hatte andere Probleme.

Thierry hat sich nach der Trennung von Chloé lange Zeit als totaler Versager gefühlt. Über seine Freunde, die treu zu ihm halten, über seine Familie mütterlicherseits und über seine Arbeit baut er sich sukzessive wieder auf. Erst dann ist es ihm möglich, langsam sich selber gegenüberzutreten und seine eigenen Mängel und Fehler zu sehen. Thierry nimmt nun nicht einseitig die Schuld für die Trennung auf sich; aber er ist in der Lage zu analysieren, welche Strukturen in seiner Persönlichkeit, in der

Persönlichkeit Chloés und in der gemeinsamen Interaktion die Separation bewirkt haben.

Thierry erzählt: »Ich war sehr lange Zeit nur mit dem Gedanken beschäftigt, Chloé zurückzuerobern. Ich war auch fest davon überzeugt, daß es mir dann wieder gut gehen würde. Sehr langsam erkannte ich, daß ich ganz unabhängig von Chloé daran gehen mußte, mich zu verändern. Wenn ich heute auf diesen mehrjährigen Prozeß zurückblicke, so weiß ich, daß ich offener und gesprächsbereiter geworden bin. Ich arbeite lieber und viel unkomplizierter als früher mit Freunden und Kollegen zusammen. Ich kann mich besser anpassen, aber auch besser meine Forderungen anmelden; das eine geht mit dem anderen zusammen. Ich bin toleranter geworden; ich kann mich mit anderen Standpunkten, auch gerade wenn ich sie nicht teile, vorurteilsfreier auseinandersetzen. Das hat auch die Weite meiner Interessen gefördert und meine Originalität. Wo ich früher oft Sekundärliteratur konsultierte, schreibe ich heute viel mehr aus der Sicherheit der eigenen Erfahrung heraus. Das zeigt schon an, daß ich generell weniger Hemmungen und weniger Angst habe; ich bin ein Stück mutiger geworden.«

Dies ist ein Auszug aus dem Interview mit Thierry. Während des Verlaufs unseres Gesprächs hat Thierry noch viele andere Themenkreise seiner Veränderung angesprochen, die wir hier allerdings nur summarisch wiedergeben wollen: die Fähigkeit, über sich reden zu können; neue Orientierungen, z. B. ein stärkeres Interesse an der Belletristik; eine größere Sorglosigkeit und das Nachlassen seiner Angst vor Krankheiten; die wachsende Gabe, genießen zu können.

Inzwischen hatte er sich viele Bücher gekauft, die über die verschiedensten Therapieformen informierten. Er las wie besessen. Als er wieder einmal mit Büchern bei seinem Psychiater erschien, den er wegen seiner somatischen Beschwerden zu konsultieren hatte, fuhr dieser ihn an: »Machen Sie doch endlich mal selber etwas, statt ständig indirekt über sich zu lesen.« Thierry entschloß sich zur Bioenergetik. Er hatte mehrere Werke von Lowen gelesen und spürte nun jene Panzerung um Brust und Herz, die Lowen in Anklang an Wilhelm Reich immer wieder beschrieben hat. Thierry hatte die Hoffnung, daß ein Bioenergetiker seine Panzerung einfach aufknacken könnte. Thierry ging auch hier von der falschen Voraussetzung aus, daß einige Sitzungen ausreichen müßten, um aus ihm einen neuen und freien Menschen zu machen. Die Körperübungen ermüdeten Thierry rasch; er brauchte immer lange Pausen, um sich zu erholen. Hier meldeten sich wohl seine Widerstände. Auch Thierrys Bioenergetiker befand sich noch in der Ausbildung; was er mit

Thierry machte, korrespondierte wenig mit dem, was Thierry bei Lowen und Keleman sehr differenziert gelesen hatte. Als der Therapeut Thierry eines Tages aufforderte, auf ein Kissen zu schlagen und dabei zu schreien: »Mein Vater ist ein Arschloch«, hatte Thierry endgültig genug. Sein Vater war zwar ein schwieriger Mensch, aber beileibe kein Arschloch, und Thierry hatte ihn gern.

Durch Selbsterkenntnis und vor allem über Gespräche mit Freunden war Thierry inzwischen klar geworden, daß die Trennung von Chloé bei ihm Probleme und Defizite ausgelöst hatte, die – verdeckt – schon vorher bei ihm bestanden hatten: seine Egozentrik zum Beispiel, seine Verwöhnung, sein Frauenbild, seine Passivität, auch seine Erwartungen an die Welt als eine liebende und gebende Mutter. Thierry konsultierte in Lausanne einen renommierten Analytiker und besprach mit ihm seinen Wunsch, eine Psychoanalyse zu beginnen.

In Berlin setzte er seine Absicht in die Wirklichkeit um. Schon in der ersten Stunde faßte Thierry Vertrauen zu seinem Analytiker. Ihm fielen Bilder aus der Kindheit ein, wie er inmitten einer Schafherde steht und ein pissendes Schaf betrachtet, wie er im elterlichen Garten in Lausanne mit seiner Gießkanne Blumen Wasser gibt. Auf die Frage, was ihm dazu einfalle, antwortete der Freud-belesene Thierry mit einem kleineren Exkurs über die Sexualität. Der Analytiker unterbrach ihn und meinte, daß dies zu hoch gegriffen sei; Thierry solle seine Einfälle erst einmal so verstehen, daß er noch Mühe mit dem Fließen-lassen und dem Assoziieren habe. Das beeindruckte Thierry. Trotz vieler stagnativer Phasen lernte sich Thierry in seiner Analyse immer besser kennen; er erwarb ein freundlicheres Verhältnis zu sich selbst, zu den Mitmenschen und ein realistischeres gegenüber der Welt.

Als Alise ihre Beziehung zu Thierry veränderte und damit vor allem auch seine Trennungsgeschichte mit Chloé noch einmal aktualisierte, konnte Thierry viel besser mit dieser Situation umgehen. Trotz aller Verletztheit griff er diesmal nicht zu Medikamenten; er verfiel nicht in endloses Jammern, sondern erkannte rasch vor allem seine eigenen Fehler; er begriff, daß er eine Leidenszeit annehmen und durchstehen mußte. Thierry war ein ganzes Stück souveräner geworden.

Das Fazit: Die Wiedervereinigungsfantasien von Thierry polstern den ersten Schmerz ab. Wer darüber nicht hinausgelangt, kann leicht verbittern und versteinern. Er kann dann sein Leben lang dem (der) Entschwundenen nachstarren und hat eine wichtige Chance verpaßt. Thierry aber begreift nach einiger Zeit, daß sein Leben trotz des großen Kummers durch diese Trennung Bereicherung erfahren hat. Er wählt neben den herkömmlichen Mitteln der Trauerbewältigung den modernen Weg der Therapie.

Wie er selbst sehr klar sieht: Der erste Therapieversuch war noch nicht viel mehr als ein »Medikament«. Von Mal zu Mal holt er sich nur kurzlebige Tröstung.

Auch die nächsten Versuche sind noch von allzu großer Ungeduld getragen: Er erhofft den »raschen Durchbruch«, um endlich sozusagen als »Geläuterter« sein Leben besser durchstehen zu können.

Das Vertrauen zu seinem Analytiker ist hergestellt, als dieser sofort den Finger auf den wunden Punkt: nämlich seine Ungeduld, legt – Thierry fühlt sich verstanden. Von da an gelingt es ihm, den therapeutischen Prozeß in seiner Langsamkeit und auch Langweiligkeit nicht nur zu ertragen, sondern auch produktiv zu gestalten. Die Schwierigkeiten, die er in die Beziehung zu Chloé hineingebracht hat, werden ihm klarer. Die Obsession an Chloé lockert sich – Thierry wird dadurch weltoffener, freundlicher. Nun ist nicht mehr Chloé der einzige Garant für Wärme, Glück und Geborgenheit – Thierry lernt andere Quellen kennen.

Max

Nachdem Max während seiner dreijährigen Beziehung zu Isabella innerlich doch immer noch der langen Zeit mit Françoise verpflichtet geblieben war, entscheidet sich Isabella für einen Jugendfreund, der ihr dort Hilfe und Unterstützung zu geben vermag, wo Max in der Distanz geblieben war.

Nun beginnt für Max ein wichtiger Prozeß, den er ganz mit sich alleine abmachen muß, zumal sich Isabella in südländischer Ferne befindet und für ihn nicht einmal telefonisch erreichbar ist. Max schreibt für sich – und sekundär für Isabella – einen »Erfahrungsbericht« (vgl. »Liebesgeschichten als Lebensgeschichten«). Dieses Dokument ist bereits in sich ein Zeichen der Veränderung; in der Beschreibung der Entwicklung und Trennung der Beziehung zu Isabella, die Max liefert, scheinen seine Fehler, seine Einsicht und damit auch seine positive Veränderung auf. Gleichzeitig gelingt Max in diesem Bericht auch die Reflexion darüber, welchen Stellenwert Isabella wirklich in seinem Leben hatte und wie stark die Erinnerung an und die temporäre Präsenz von Françoise – z. B. die Reise in die USA – seine oftmals distanzierte Haltung gegenüber Isabella prägten. Max kann sich nun – vor allem innerlich – Françoise wieder annähern und erleben, was Françoise für ihn emotional und intellektuell immer bedeutet hat.

In seinem Selbsterfahrungsbericht wird deutlich, in welchen Stufen und Etappen sich Max sukzessive entwickelt. Zuerst ist seine Reaktion Abwehr. Er sucht den schwächsten Punkt: Isabellas Offenheits-Ideologie. Es fällt ihm leicht, dazu die passenden Worte zu finden. Er ist zärtlich, schmeichlerisch. Wir können uns vorstellen, wie sehr Isabella früher solche Worte in sich aufgesogen hätte.

Max' Erschütterung wird durch ihr Schweigen verstärkt; diese führt ihn nun aber über Vorwürfe und über sein altes Selbstmitleid weit hinaus. Max reflektiert seine eigene Rolle in der Beziehung: seine ewigen Distanzierungsversuche, mittels derer er sich um offene Auseinandersetzungen drückt; seine Neigung, alles zu fordern und nur sparsam mit sich selbst umzugehen. (Er hat, im Traum, das »Gastgeschenk« vergessen.)

Max beginnt zu ahnen, was die Beziehung hätte werden können, wenn er sich Isabella mit weniger Egozentrik genähert hätte. Der von Isabella aufgestellten (und diversen Psycho-workshops entliehenen) Forderung, sich doch einfach »fallen« zu lassen, würde Max zwar retrospektiv sehnsuchtsvoll nachkommen wollen. Dagegenzuhalten ist aber: daß Max auch Isabellas Verständnis für seine Nöte und sein gesamtes Lebensumfeld gebraucht hätte, um nochmals die »volle Liebe« wagen zu können.

Max aber hat nun kein Interesse mehr daran, Isabellas Fehler immer wieder neu durchzubuchstabieren. Er bleibt bei sich selbst. Er weiß, daß nur er selbst seine Veränderung einleiten kann.

Margarete

Die Trennung von Sven hat für Margarete nichts Schockartiges, eher erscheint sie als der Abschluß eines langen Prozesses. Verweigerung und Abgrenzung, die Sven sowohl durch seine überaus engagierte Arbeit als auch durch seine Frauengeschichten vornimmt, haben sie fast von Beginn an verletzt. Ihr wurde immer klarer, daß sie – ihrer Selbstachtung wegen – ein sehr eigenes und abgegrenztes Leben konzipieren müsse. Der Zeitpunkt der Trennung war sicher etwas beliebig, die Trennung selbst liegt in der Logik der Beziehung. Die dreijährige Trennungsphase bringt ihr die dringend nötige und von Sven hartnäckig verweigerte Bestätigung als Frau. Erst mit der erneuten Garantie ihrer Weiblichkeit kann sie Sven wieder ohne Groll gegenübertreten und die bindenden Momente ihrer Beziehung – ihre Interessen, ihren Lebensstil und ähnliches – wieder wahrnehmen. Von diesem schon verloren geglaubten Fundament her gelingt es ihr auch, die Unsicherheit von Svens Treueversprechen ohne Angst hinzunehmen.

Was andere Menschen erst nach der Trennung mühsam erlernen müssen: sich als selbständige Person zu finden, hat Margarete innerhalb der Beziehung selbst getan. Ihre neue Aufgabe war es, von sich selbst und ihrer sicheren Panzerung wiederum Abstand und die Ängste Svens ernst zu nehmen. Diesen Ängsten und den damit verbundenen Beleidigungen ihrer Person hatte sie früher nichts anderes entgegengebracht als ihre ziemlich dominante Art, die Ehe nach ihrem Modell erzwingen zu wollen. Die daraus erfolgenden Kämpfe um Alltagsprobleme hatte sie häufig gewonnen: Aber welche Pyrrhussiege waren es gewesen! Sven hatte mit immer mehr Abschottung reagiert!

Margarete lernte in der Distanz von Sven, daß sie allzuoft nur im konventionellen Sinn »recht« gehabt hat gegen ihn. Daß sie in tieferen Schichten immer wieder grob verstoßen hat gegen seine Eigengesetzlichkeit, die starke Bedürfnisse nach Autonomie und Einsamkeit beinhaltet. Dies macht es ihr leichter, auf die Rolle der »ewig Gekränkten« zu verzichten, wodurch sie es auch Sven ermöglicht, sich in sie einzufühlen und erneut zu respektieren. Wie von selbst leben dadurch die alten Gefühle von Wärme und Geborgenheit wieder auf. Margarete kann nun auch dies wieder zulassen. Sie sichert sich weder durch Kontrolle noch durch ihre alte »Kühle« ab.

Wenngleich man – von außen betrachtet – häufig das Gefühl bekommen kann, Trennung sei für die meisten Menschen nicht ein notwendiges Übel, sondern eine wichtige Chance zur Neuorientierung, so wird dies doch erst sehr viel später so erlebt.

Schmerz, Wut und Verzweiflung machen es unmittelbar danach schwer, sich Neues vorzustellen. Aber auch wenn für den Außenstehenden schon ganz sichtbar die Konturen einer neuen Person entstehen: Noch immer können alte Interpretationsmuster, die mit dem neuen Leben gar nicht mehr viel zu tun haben, verwendet werden. In seelischen Tiefs kann dann z. B. das Stereotyp der »sitzengelassenen Frau« auch von recht munteren Singles hervorgekramt werden, oder man stellt in resignierter Einigkeit fest, daß man sich getrennt habe, weil man »einander nie etwas hat geben können«.

Erst langsam und zögernd werden neues Leben und neues Selbstbild kongruent; das Gefühl: »Ich habe es geschafft«, gehört zu den wichtigsten Quellen einer neuen Identität.

3. Anders wieder zusammenkommen

Wenn eine schwere Krise oder sogar eine vorübergehende Trennung so bewältigt werden soll, daß ein Paar nun auf einer neuen ehelichen Basis wieder versucht, miteinander auszukommen, gibt es besonders viele diffizile Punkte, an denen dieses Bemühen scheitern kann. Den alten Fallstricken auszuweichen ist sehr schwierig.

Was sind die Vorbedingungen dafür? Es ist, wie wir immer wieder erleben konnten, nicht unbedingt die »große Liebe«, die dies ermöglicht. Manchmal, wie bei Thierry und Chloé, scheint sie der endgültigen Wiedervereinigung sogar im Weg zu stehen, weil mit der Tiefe der Liebe auch die Angst vor Verletzungen wächst.

Es scheint uns vielmehr, daß die wichtigste Vorbedingung erstmal eine klare Abgrenzung zwischen den Partnern ist. Sehr klar zu wissen, was man selbst will; wer man eigentlich ist. Die Andersartigkeit des Partners sehen und akzeptieren.

Ein anderes wichtiges Moment ist eine klare und rationale Analyse dessen, was die Beziehung zum Scheitern gebracht hat. Hier gibt es keine Ausflüchte, weder für sich selbst noch für den Partner. Andrerseits: Diese Analyse soll auch nicht getragen sein von Wut und Kränkung, so daß der andere beleidigt wird. Das aber heißt: Keiner der Partner darf allzu schlimm »kränkbar« sein. Immer wieder war zu sehen (s. Kapitel »Die veränderte Beziehung«, S. 274ff.), daß die wildwüchsigen Dauerdiskussionen oft mehr Schaden stiften als daß sie Nutzen bringen.

Diejenigen Paare, denen der Balance-Akt zwischen Ehrlichkeit und Freundlichkeit gelang, haben wohl nicht zufällig besondere »Vorsichtsmaßnahmen« getroffen. Für Silvia und Ernst war es der »kontrollierte Raum« bei der Therapeutin. Beide berichten, daß sie anfangs nur in der Paartherapie »vernünftig streiten« konnten. Daheim hätte alles sofort im Chaos gemündet. Eine Zeitlang hat ihnen die Therapeutin daher sogar »verboten«, daheim gewisse Themen zu diskutieren. Sie hätten den Auftrag gehabt, ihre Gedanken und Gefühle aufzuschreiben und erst in der Therapiestunde darüber zu berichten.

Bei Sven und Margarete sowie bei Thilo und Anna war es die räumliche Distanzierung, die ihnen immer wieder die nötige Ruhe gebracht hat. »Manchmal bin ich mitten im Satz aufgestanden und in meine Wohnung gegangen«, berichtet Sven. »Dies sah zwar hart aus, war aber für uns sicher besser als die garantiert folgenden Verletzungen. Nach einiger Zeit haben wir uns jeweils beruhigt gehabt und vernünftig miteinander telefoniert.« Jedoch wohl die wichtigste Vorbedingung für ein solch neues Beziehungsniveau ist sicher ein Gefühl dafür, daß es noch »lohnt«, daß der Partner nach wie vor ein wichtiger Teil des Lebens ist; daß man innerhalb der Ehe Entwicklungsmöglichkeiten spürt, die einem sonst vielleicht in dieser Weise nicht geschenkt würden. Sven und Margarete, die sicher nicht zu den »großen Liebenden« gehören, haben dies als eine wichtige Komponente deutlich gemacht. Margarete sagte einmal: »Sven ist ein Mensch, der mir schon sehr viel Kummer gemacht hat – aber auch einer, der mir immer wieder einen Anstoß gibt.«

Wenn aber auch alle die genannten Vorbedingungen wichtig sind für eine Wiederaufnahme der ehelichen Beziehungen: Sicher reichen sie nicht ganz, um den »letzten Entschluß« zu klären. So geht es uns wie auch beim »letzten Tropfen«, der die Trennung auslöst: Die Rechnung geht nicht glatt auf. Ein Quentchen Zufall spielt auch hier immer mit.

Wie sieht das »neue Leben« aus? Wir wissen in welch vernünftig-kalkulierender Form Silvia und Ernst jetzt ihr Leben planen: mehr Gemeinsamkeiten, mehr Zeit füreinander.

Sven und Margarete führen ebenfalls ein nunmehr »beruhigtes« Leben, in dem es mehr Gemeinsamkeiten gibt.

Merkwürdigerweise haben sie das so früh unterbrochene wissenschaftliche Gespräch nicht wieder aufgenommen. Wie Margarete meint: weil ihre Spezialgebiete sich zu weit voneinander entfernt haben. Ob es da wirklich zwischen zwei qualifizierten Naturwissenschaftlern keine Verständigungsmöglichkeit gibt? Vielleicht spüren beide hier die Bedrohung durch das Konkurrenzdenken und damit einen neuen Krisenherd?

Jedenfalls liegen die neuen Gemeinsamkeiten auf einem anderen Gebiet; am stärksten verbindet sie das Interesse am Film, auch am eigenen Fotografieren. Beide sind gute Amateurfotografen, können gemeinsam sehen und interessante Motive entdecken und neiden einander auf diesem Gebiet ihre Erfolge nie. Jeder führt ein stark von eigenen Angelegenheiten bestimmtes Leben; es gibt aber eine wichtige Neu-Einführung: Am Anfang der Woche wird ein Abend festgelegt, an dem beide zu Hause sind, und auch das Wochenende soll – wenn möglich – gemeinsam verplant werden. (Margarete ist allerdings etwas verspannt in bezug auf beides: »Na ja – *theoretisch* ist das wohl so, aber in der *Praxis* läuft es häufig doch anders.« Sven bestreitet dies, vor allem will er dafür nicht alleine die Schuld aufgehalst bekommen.)

Alles in allem aber scheint ein für beide gutes Gleichgewicht von Nähe und Distanz gefunden zu sein. »Wenn ich es genau bedenke – es hat sich gar nicht so viel geändert; es ist nur meine Sichtweise eine andere geworden«, sagt Sven.

Offenbar ist die größere Wärme und Intimität zwischen ihnen weniger ein Produkt äußerer Veränderungen. Vielmehr sind beide weniger ängstlich auf ihre Integrität bedacht, weil sie sich persönlich sicherer fühlen – und das erlaubt mehr Gemeinsamkeit.

Anna fühlt sich mit Thilo wieder »echt verheiratet«, obwohl Thilo noch immer eine eigene Wohnung hat. Das Wochenende verbringen sie oft in Annas Wohnung, während der Woche geht Thilo in die seinige, um zu arbeiten. Häufig bleibt er auch über Nacht dort. Anna macht einen recht zufriedenen Eindruck. Sie hat das Gefühl, mit Thilo gemeinsam eine große Hürde genommen zu haben, und das bindet sie, wie sie sagt, fester an ihn, als eine »alltägliche« Ehebeziehung dies gekonnt hätte.

Anna lebt ihr früheres Leben mit Kollegen, Freunden und beruflichem Engagement weiter wie zur Zeit der Trennung. Jedes Treffen mit Thilo ist verabredet – auch wenn es oft vier- bis fünfmal wöchentlich stattfindet. »Thilo ist zwar ein fester Posten in meinem Terminplan, aber er muß doch immer wieder von neuem abgerufen werden«, sagt sie lachend. Dies, so denkt sie, täte ihrer neuen Beziehung sehr gut. Nichts ist selbstverständlich; »wenn wir uns einladen oder gemeinsam ausgehen, ist immer wieder ein Extra-Make-up nötig – auch psychisch«. Anna meint, daß sie beide im Restaurant nie dasäßen wie eines jener typischen langverheirateten Ehepaare, also verbiestert oder gelangweilt schweigend. Anna freut sich darauf, Thilo immer wieder von ihrem Alltag erzählen zu können. Thilo brächte nun sehr viel mehr Interesse auf – »vermutlich, weil auch er sich beruflich konsolidiert hat«. Anna findet es nach wie vor interessant, mit Thilo zu sprechen. Durch ihn erfährt sie sehr viel Neues, seine Analysen auch scheinbar belangloser Alltagsbegebenheiten sind für sie immer wieder eine Quelle der Freude. »Gegen Ende unserer ersten Ehe gab es nur mehr Kampf. Er brüskierte mich dauernd bei meinen Gästen, und ich habe es ihn dafür spüren lassen, daß er alleine mir nichts mehr bieten kann. Jetzt ist das Problem sehr viel besser gelöst, und da fällt es mir ganz leicht, ihm zu zeigen, wieviel er mir bedeutet: persönlich und intellektuell.«

Anna ist auch nicht mehr so überempfindlich, wenn Thilo bei geselligem Anlaß schweigsam ist. Sie weiß, daß er damit die Freunde nun nicht mehr vertreiben will. Ihr Selbstbewußtsein ist durch die erfolgreich bestandene Trennung so groß geworden, daß sie auch nicht mehr das Gefühl hat, sie könnten nur als »Paar« bestehen. »Thilos Schweigsamkeit ist ja nicht die meinige«: So klar kann sie nun Grenzen ziehen. Ob sie wieder einmal ganz zusammenziehen wollen, weiß sie nicht ganz sicher, sie hat das Gefühl, die getrennten Wohnungen tun ihnen gut.

Da Außenbeziehungen in ihrer beider Leben nie eine nennenswerte Rolle gespielt haben, kommt dabei auch kein diesbezügliches Mißtrauen auf. Die zwei Wohnungen sind einfach äußere Marksteine einer Auflösung der Symbiose, die sie beide beziehungsfähiger macht.

Thilo, so meinten wir feststellen zu können, hat es in seiner neuen Ehebeziehung schwerer als Anna. Er betont, daß ihn die immer wieder erneut nötigen Trennungen Kraft kosten. »Wenn Anna in ihren Terminkalender guckt und sagt, ›morgen und übermorgen habe ich keine freie Minute‹, werde ich noch immer ein wenig unruhig. Ich weiß rational, daß dies unsinnig ist, und daher hüte ich mich auch, darüber zu sprechen. Aber ganz leicht fällt es mir nicht.«

Auch er bestätigt aber die neue und ungewohnte Befriedigung in ihrer Beziehung. »Zwischen uns ist nun alles so viel interessanter.« Er hat nie aufgehört, Anna zu lieben und zu bewundern; nun kann er aber sehr viel freier ausdrücken, was er empfindet. Die wichtigste Neuerrungenschaft ist, daß er sich jetzt wirklich ohne Hemmung und Ärger mit Annas Beruf befassen kann. Er hört gerne zu, wenn sie über Patienten erzählt, er findet Literatur für sie und hat sogar kürzlich einen von ihr für ausgezeichnet befundenen Bericht über ein Psychosomatik-Symposion geschrieben. Der Nachmittag, an dem sie gemeinsam den Bericht durchgegangen sind, ragt für ihn als ein Markstein ihrer Beziehung heraus. »Da war eine neue Qualität an Nähe dabei«, sagt er. Thilo würde gerne wieder »richtig« zusammenleben – aber er will Anna auf keinen Fall drängen. Außerdem meint er: »Ich traue mir selbst nicht ganz – die Gefahr, sie wieder mit Haut und Haar verschlucken zu wollen, ist mir nach wie vor bewußt.«

Allen drei Paaren ist es gelungen, nicht mehr in ihre »Fallen« zu tappen. Dies waren bei Silvia und Ernst die graue und resignierte Alltagsroutine; bei Sven und Margarete die extremen Abgrenzungen, verbunden mit Svens häufigen Ehebrüchen, und bei Anna und Thilo die fast krankhafte Vereinnahmung Annas durch den psychisch unselbständigen Thilo.

Die neuen Lebensformen spiegeln wider, was die Beteiligten gelernt und wie sie sich entwickelt haben. Die Partnerschaft war für alle drei

Paare ein wichtiger Motor, eigene Defizite zu klären und zu überwinden. Was immer an Problemen noch auftauchen wird (und wir sind sicher, daß auch diese drei nunmehr nicht in Märchenmanier »happily forever« leben!): Das Wissen um ihre erweiterten Möglichkeiten wird ihnen kaum mehr verlorengehen.

VI. Die Routine und das Fest – Plädoyer für eine entritualisierte Partnerschaft

»Die Liebe«, so notierte Anaïs Nin in ihren Tagebüchern, »stirbt nie einen natürlichen Tod. Sie stirbt, weil wir das Versiegen ihrer Quelle nicht aufhalten, sie stirbt an Blindheit und Mißverständnissen und Verrat. Sie stirbt an Krankheiten und Wunden, sie stirbt an Müdigkeit. Sie siecht dahin, sie wird gebrechlich, aber sie stirbt nie einen natürlichen Tod. Jeder Liebende könnte des Mordes an seiner eigenen Liebe bezichtigt werden.« So ist das wohl. Aber läßt es sich nicht verhindern? Muß *jede* Liebe sterben? Ist Liebe niemals dauerhaft? Versuchen wir das Ganze einmal positiv zu wenden. *Was ist nötig und was muß geschehen, um Liebe in Ehe und Partnerschaft lebendig zu halten?* Diese Frage sei auf dem Hintergrund des in diesem Buch bislang ausgebreiteten Materials beantwortet.

Erinnern wir uns, daß wir die Liebe erwachsener Menschen in Beziehung und Ehe mit Erich Fromm als das »Eins-Sein unter der Bedingung, die eigene Integrität und Unabhängigkeit zu bewahren«, definiert haben (vgl. »Partnerschaft als soziales Problem«). Diese Eins-Werdung betrifft also zwei Menschen, die in der »Symbiose« durchaus Individuen bleiben. Das heißt aber auch und vor allem: Jeder dieser beiden Menschen in der Paarbildung ist zunächst einmal verantwortlich für sich, dafür daß sie/er »okay« ist, dafür, daß er das, was er immer wieder für sich tun muß, nicht an den anderen delegiert. Paarbildung impliziert damit nicht nur als Voraussetzung, sondern als alltägliche »Hygiene« die Selbstliebe und die Selbstverantwortung der Partner. Ohne Liebe zu sich selbst kann der Mensch gar nicht wissen, was Liebe für den anderen wirklich ist.

Selbstliebe und Selbstverantwortung sollen freilich nicht »autistisch« sein, sondern sind die entwicklungsnotwendige Basis für die Liebe zum Partner. Wer sich selbst liebt und für sich selber verantwortlich fühlt, kann auch besser von sich selber abstrahieren und sich damit erst richtig für den Partner öffnen. Die anderen hingegen erwarten passiv und egozentrisch vom Geliebten, was sie sich selber gar nicht geben können; solche Erwartungshaltung ist auf Dauer fast immer der Tod der Partnerschaft.

Wer sich selbst liebt und damit in seinen positiven wie auch negativen Seiten akzeptieren kann, ist viel eher in der Lage, solche Haltung auf den Partner zu übertragen. Die Akzeptanz des anderen, seiner Wesenheit und seiner Unverwechselbarkeit, ist fundamentale Bedingung jedweder Paarbildung, die andauern soll. Caruso schreibt: »Das lebendige Objekt ›ändern‹ zu wollen heißt, ihm ein *anderes* Gesetz als das in ihm bereits waltende aufstülpen zu wollen. Das hieße gerade, das Lebende in ihm zu beeinträchtigen und zu verkrüppeln. Es ist vielleicht nicht übertrieben zu sagen: Jemanden lieben, um ihn *anders* zu machen, heißt *ihn morden.*«

Solche Akzeptanz meint indessen nicht, daß sich die Liebenden in der Paarbildung wie autonome Schiffe hin und wieder im Meer begegnen – eine Vision, wie sie etwa aus Peter Lausters Buch aufscheint. In der Partnerschaft müssen alle Handlungen des einen nicht nur auf jene des anderen bezogen sein, sondern bereits in ihrem Entwurf den Geliebten miteinschließen. Liebe besteht darin, daß die Partner miteinander ein Universum aufbauen, welches nicht nur ihre alltäglichen Handlungen speist, sondern eine Sinnkonstruktion für ihr gemeinsames Leben darstellt (s. unseren Versuch zur Systematik von Liebe und Partnerschaft).

Liebe ist nicht – im Sinne Lausters – die Begegnung isolierter Individuen in quasi punktuellen Gefühlsaufwallungen, sondern alltägliche Interaktion; gerade darin hat sie sich zu bewähren (vgl. Teil II). Sie ist in solchem Kontext durchaus eine Kunst, wie Erich Fromm notiert; aber auch Kunst impliziert – und hier sei Fromm gefolgt – Disziplin, Konzentration, Geduld, unbedingtes Interesse, das Überwinden des eigenen Narzißmus, Vernunft und Demut.

Was Erich Fromm solchermaßen die »Kunst des Liebens« nennt, ließe sich auch als Ethik von Liebe und Partnerschaft fassen. In der Tat fordert das Zusammenleben der Liebenden eigentlich den Diskurs über die Normen und Spielregeln der Partnerschaft. Das verhindert Mißverständnisse und vielerlei Verletzungen; es setzt Ordnungselemente und gibt Leitsätze vor, die freilich auch eingrenzen. Doch die offene Liebe ist eh nicht lebbar: Menschen müssen sich verständigen, um überhaupt zusammenleben zu können, und schon in dieser Verständigung als solcher liegt der Kompromiß und damit die Eingrenzung.

Wir gehen indessen noch über derlei anthropologische Grundtatsachen von Menschsein und Partnerbildung hinaus: Das Material dieses Buches dokumentiert deutlich, daß Ethik der Partnerschaft auch verlangt, nicht allen individuellen Impulsen nachzugeben. Gefordert ist bei jeder Handlung die Reflexion nach deren Stellenwert in der Partnerschaft und damit in bezug auf den anderen. »Denn in Beziehung treten meint«, so schreibt Verena Kast, »sich einem anderen öffnen, sich auch von einem Du her ansprechen, verstehen lassen, mit einem Du etwas teilen ...« Das heißt nicht zuletzt: diesem Du nach Möglichkeit auch keinen Schmerz zufügen, die Verletzbarkeit des Partners in den Entwurf der jeweilig eigenen Handlung hineinnehmen.

Auch solche Ethik und vor allem deren Respektierung in der alltäglichen Welt der Paare kann freilich Schmerz, Fehler und Verletzungen nicht verhindern, sondern nur einschränken. Insofern sind in jeder Partnerschaft Verzeihen, Verständnis, Einfühlen und Vergebung geboten. Wir sind als menschliche Wesen gegen Fehler niemals gefeit; positiv gewendet macht das einen wichtigen Teil unserer Entwicklungsfähigkeit aus – wir lernen auch und manchmal vor allem über Fehler.

Sam Keen merkt an. »In gewißem Maße sind wir alle pervers, neurotisch, sündig, unvollkommene Exemplare. Das Versprechen der Kindheit ist in keinem von uns eingelöst. Der Mythos vom Sündenfall porträtiert uns alle als Verbannte. Unser Eros, unsere Motive, Wünsche und Antriebskräfte sind entstellt. Das Paradies ist verloren.« Nun ist Sam Keens Hinweis auf den perversen Anteil in uns kein menschenfeindliches Urteil, worauf er selber ausdrücklich verweist: »Unsere Unvollkommenheit anzuerkennen ist die Grundlage der Demut. Wir alle sind irgendwie verdreht. ›Pervers‹ bedeutet wörtlich ›falschherum gedreht‹. Wir machen viele falsche Drehungen, setzen unsere Reise in abwegiger, oft qualvoller Weise fort. Keiner von uns verkörpert das ganze menschliche Versprechen vollständig.«

Andererseits streben wir nach dem Idealen und wollen wir das Vollkommene. Gerade die Liebe und die Vorstellung, die wir von ihr haben, ist dafür ein Musterbeispiel. Wir alle haben als begrenzte Wesen die Sehnsucht nach dem Absoluten in uns und nicht nur das: Wir versuchen das Absolute auch immer wieder zu verwirklichen, uns ihm wenigstens partiell anzunähern. Das ist gut so, wenn es auch manchmal gefährlich sein kann; aber diese Sehnsucht trägt doch in sich unseren Wunsch, über Beschränkungen und Grenzen hinauszugehen, Neues zu erfahren und damit uns weiterzuentwickeln. In solchen Zusammenhang paßt, was C. G. Jung folgendermaßen formuliert hat: »Was hat schließlich die banale Wirklichkeit mit ihren Standesämtern, Monatslöhnen, Mietzinsen etc. zu bieten, das ein Gegengewicht bilden könnte zu jenen mystischen Schauern des Hierosgamos? zu jenem Sternenweib, dem der Drachen folgt, und zu jenen frommen Ungewißheiten, welche die Hochzeit des Lammes umweben?«

Doch wir leben im Alltag und damit alltäglich. Schon dieses Wort jagt vielen die Schauder des Schreckens und der Langeweile den Rücken herab. Der Alltag ist das Gewöhnliche, von dem sich das Außergewöhnliche des Festes unterscheidet. Aber auch hier stoßen wir wieder auf die unabdingbare Dialektik menschlicher Existenz: Das Gewöhnliche und das Außergewöhnliche bedingen einander mit Notwendigkeit. Ohne das Gewöhnliche gäbe es nichts Außergewöhnliches; ohne Alltag wäre das Fest durchaus fad.

Konkretisieren wir dies an zwei Beispielen: Die bezeichnete Dialektik veranschaulicht sich bei der Aushandlung des Universums ebenso wie in der Sexualität der Partner. Auf ersteres bezogen schreibt Igor A. Caruso: »Lebensbereiche aufeinander abzustimmen ist von vornherein belastend und bereichernd zugleich. Hier ist wieder die unausrottbare – weil grundlegende – menschliche Ambivalenz am Werke. Diese Ambivalenz bedingt sowohl die Verteidigung des personalen Bereichs als auch – und das ist für unsere Betrachtung hier wesentlich – die ›Mehrung des Lebens‹ durch die ›gemeinsame Welt‹. Die Abstimmung der kleinen Welten der Menschen aufeinander mag noch so widerspruchsvoll, zögernd und unsicher sein, ihr Ziel bleibt doch immer, zweien Vertretern der Spezies den Zugang zu einem verwandelten, qualitativ reicheren und erweiterten Universum zu ermöglichen.«

Nicht viel anders ist es mit der Sexualität; Georges Bataille bezeichnet es: »Das Schwerwiegendste ist, daß die Gewohnheit oft die Intensität abschwächt und daß die Ehe die Gewohnheit mit sich bringt. Es besteht eine bemerkenswerte Übereinstimmung zwischen der Unschuld und der Gefahrlosigkeit, die der wiederholte Sexualakt gewährt ..., und seiner Wertlosigkeit, die man dieser Wiederholung auf der Ebene des Vergnügens gewöhnlich zur Last legt. Diese Übereinstimmung ist nicht unwesentlich: Sie bezieht sich auf das eigentliche Wesen der Erotik. Aber die Entfaltung des sexuellen Lebens ist auch nicht unwesentlich. Ohne ein geheimes Verstehen der Körper, das sich nur mit der Zeit einstellt, ist die Umarmung flüchtig und oberflächlich, kann sie sich nicht *organisieren*, ist sie in ihrer Bewegung fast tierisch, zu schnell, und oft versagt sich die erwartete Lust.« So bedingen sich Fest und Alltag auch hier, im konkreten wie im übertragenen Sinne.

Wir können freilich auch selber Diverses dazu tun, um diese Dialektik in ihrem ganzen Facettenreichtum zu leben und damit zu verhindern, daß Liebe und Partnerschaft sich ritualisieren – das heißt in diesem Kontext nichts anderes als: in Gewöhnung erstarren. Die Erfahrung dieses Buches ist unzweifelhaft, daß die Intensität von Liebe und Partnerschaft mit der Fähigkeit, Ritualisierungen zu durchbrechen, reziprok steigt oder fällt. Je schmaler bei einem Paar die Basis für Ungewöhnliches, für Überraschungen und für Durchbrechungen von Alltag ist, desto schneller geschehen Routinisierung und Habitualisierung der Partnerschaft, und damit stellen sich Langeweile, Müdigkeit, Perspektivelosigkeit und Alltagstrott ein.

Verwechseln wir nicht die Phänomene: Am Alltag und dessen Routine kommt kein Paar vorbei, und es braucht ebenso viel Realitätsverständnis wie Frustrationstoleranz, um Liebe und Gemeinsamkeit nicht daran scheitern zu lassen. Die entscheidende Frage ist aber, ob die faktische Macht des Alltäglichen einem Paar die Grenzen setzen kann oder ob das Paar die Gewöhnung immer wieder zu durchbrechen vermag. Letzteres gelingt – wie unsere Berichte beweisen –, wenn zwei Menschen zureichend Spielfähigkeit, Fantasie, Humor und die Bereitschaft zur Abwechslung in allen Lebensbereichen eignet. Nur solche Paare können lebendig bleiben, denen es immer wieder gelingt, den Alltag zu entritualisieren.

Bei allen Schwierigkeiten, die die Emanzipation der Frau für beide Geschlechter auch gebracht hat, schafft gerade sie Voraussetzungen für die Entritualisierung von Partnerschaft und Ehe. Verena Kast notiert in solcher Optik: »In der Brudermann-Schwesterfrau-Beziehungsphantasie könnte sich vielleicht eine neue Beziehungsform zwischen Menschen ganz allgemein, nicht nur in der Ehe, zeigen, die nicht primär auf Dominieren aus ist, sondern auf ein Miteinandersein auf gleicher Ebene, auf der beide einander anregen können, die Beziehung kreativ zu gestalten, wobei beide einander auch die Grundsicherheit, das Grundvertrauen geben, auf dem sich Beziehung erst wirklich entwickeln kann. Beide wären dann hingegeben an die Beziehung.« Dergestalt wäre ein gleichberechtigter Diskurs möglich, der Partnerschaft lebendig hält.

Es wäre freilich einseitig, den Paaren die Verantwortung für Ritualisierung und Routinisierung ihres Lebens allein anzulasten; die gesellschaftlichen Verhältnisse steuern hier genug Negatives bei: schlechte Sozialisationsbedingungen für die unteren Schichten; eine routinisierte Arbeitsorganisation, die routinisierte Verhaltensweisen nachgerade verlangt; Hierarchie und Unterordnung, die Fantasie und Kreativität töten; alltägliche Erziehung zur Passivität durch Verbots- und Gebotstafeln; materielle Ungleichheit und Ungerechtigkeit.

Wenn Lauster als erste Grundvoraussetzung für die Liebe fordert, die gesellschaftlichen Verhältnisse zu ignorieren, predigt er blind die weitere und unaufhaltsame Zerstörung der Partnerschaft. Die Menschen und Paare sind nicht aufgerufen, die bestehenden Gesellschaftsstrukturen aus ihrem Dasein auszublenden, sondern sie im Gegenteil so zu verändern, daß endlich auch sozial jene Bedingungen für Liebe und Partnerschaft geschaffen werden können, die ihnen wirkliches Leben und Entwickeln erlauben.

Bibliographie

Badinter, Elisabeth: Emilie, Emilie – Weiblicher Lebensentwurf im 18. Jahrhundert; München 1984

Balint, Michael: Die Urformen der Liebe und die Technik der Psychoanalyse; Stuttgart 1966

Bataille, Georges: Der heilige Eros; Frankfurt, Berlin, Wien 1982

Blanck R. u. Blanck G.: Ehe und seelische Entwicklung, Stuttgart 1978

Berger, Brigitte und Berger, Peter-L.: In Verteidigung der bürgerlichen Familie; Frankfurt/M. 1984

Berger P. L. u. Kellner H.: Die Ehe und die Konstruktion der Wirklichkeit in: Soziale Welt, 1965, 220ff.

Bhagwan: Beziehungsdrama oder Liebesabenteuer; Meinhard 1983

Caruso, Igor A.: Die Trennung der Liebenden; Bern, Stuttgart 1968

Cesarano, Giorgio: Der erotische Aufstand; Berlin 1983

Donzelot, Jacques: Die Ordnung der Familie; Frankfurt/M. 1980

Foucault, Michel: Sexualität und Wahrheit; Frankfurt/M. 1983

Freud, Sigmund: Beiträge zur Psychologie des Liebeslebens und andere Schriften; Frankfurt/M. 1981

Fromm, Erich: Die Kunst des Liebens; Frankfurt/M., Berlin und Wien 1979

Gilligan, Carol: Die andere Stimme; München 1982

Hollstein, Walter: Die Gegengesellschaft – Alternative Lebensformen; Bonn 1982

Irigaray, Luce: Ethique de la différence sexuelle; Paris 1984

Jäckel, Ursula: Partnerwahl + Eheerfolg; Stuttgart 1980

Jung, C. G.: Welt der Psyche; München 1973

Kast, Verena: Paare – Beziehungsphantasien oder Wie Götter sich in Menschen spiegeln; Stuttgart 1984

Keen, Sam: Die Lust an der Liebe; Weinheim und Basel 1984

Kracauer, Siegfried: Das Ornament der Masse; Frankfurt/M. 1963

Krantzler, Mel: Der Weg aus dem Scheidungsschock; Bern 1975

Lauster, Peter: Die Liebe; Reinbek 1984

Lefebvre, Henri: Das Alltagsleben in der modernen Welt; Frankfurt/M. 1972

Miller, Alice: Das Drama des begabten Kindes und die Suche nach dem wahren Selbst; Frankfurt/M. 1983

Rosenbaum, Heidi: Formen der Familie; Frankfurt/M. 1982

Schelsky, Helmut: Soziologie der Sexualität; Reinbek 1955

Shorter, Edward: Die Geburt der modernen Familie, Reinbek 1983

Simmel, Georg: Soziologie; Berlin 1968

Stierlin, Helm: Delegation und Familie; Frankfurt/M. 1980

Szondi, Leopold: Freiheit und Zwang im Schicksal des Einzelnen; Bern 1968

Tweedie, Jill: Die sogenannte Liebe; Reinbek 1982

Willi, Jürg: Die Zweierbeziehung; Hamburg 1980

Alice Fuldauer

Fatale Liebe

Mord und Totschlag in der Partnerschaft. Aus dem Niederländischen von Eva Schweikart. 191 Seiten. SP 2239

Täglich schwören sich Paare ewige Liebe – bis daß der Tod uns scheidet. Wenn Liebe in Haß umschlägt, wenn jahrelang Demütigungen und Mißhandlungen das Leiden unerträglich machen oder ein Partner die Beziehung beenden will, kann es passieren, daß das Ehegelöbnis wörtlich genommen wird und ein Ehepartner den anderen umbringt. Die Motive sind so verschieden, wie es kein einheitliches Täterprofil gibt. Alice Fuldauer hat zwölf Jahre lang geforscht und Menschen interviewt, die ihren Partner getötet, zu töten versucht oder bei der Tötung des Partners mitgeholfen haben. Das beunruhigende Fazit ihrer Untersuchungen auf dem Schlachtfeld der Liebe: Jedem von uns kann es passieren. Wenn wir nicht zufällig – oder aus purer Selbsterhaltung – vorher die Notbremse ziehen.

Elisabeth Müller-Luckmann

Die große Kränkung

Wenn Liebe ins Leere fällt. 137 Seiten. SP 2565

Er will »nur mal eben« Zigaretten holen und kommt nicht wieder. Der Märchenprinz hat sich einer anderen zugewandt und hinterläßt eine schmerzliche Leere. Die Gefühle verlassener Frauen hat die Psychologin Elisabeth Müller-Luckmann in diesem Buch untersucht. Setzen Frauen Erwartungen in Liebe und Partnerschaft, die Männer einfach nicht erfüllen können? Ist die große Kränkung also geradezu vorprogrammiert? In ihrer Beratungspraxis hat die Autorin mit vielen Frauen in der Verzweiflung des Verlassenseins gesprochen und dabei bestimmte weibliche Beziehungsmuster entdeckt: Frauen bauen fiktive Manns-Bilder auf, sie erhöhen den Stellenwert des Geliebtwerdens und verlieren so den Kontakt zur Wirklichkeit und zu den eigenen Bedürfnissen. Seit dem Erscheinen 1985 ist dieses Buch zum Standardwerk geworden.

SERIE PIPER

Barbara Dobrick

Abschied von den Kindern

Loslassen und sich neu begegnen.
261 Seiten. SP 2305

Die normalen Probleme der Ablösung von Eltern und Kindern sind bekannt: In der Pubertät werden Söhne und Töchter schwierig, irgendwann ziehen sie aus, sie brauchen eine Phase der inneren Distanzierung, die meistens heftige Auseinandersetzung bedeutet. Irgendwann wollen und müssen sie selbst über ihr Leben bestimmen. Heute aber ist das Problem der Ablösung in einer Weise verschärft, die viele Eltern verzweifeln läßt: Ihre Kinder sind voller Ablehnung, Groll, Schuldzuweisungen, Vorwürfe, oft überhaupt nicht bereit, ein eigenes Leben anzufangen.
Barbara Dobrick, die alle Facetten dieses besonderen Generationen-Konflikts unserer Zeit beschreibt, ermutigt Eltern, den Abschied von ihren Kindern bewußter zu erleben, sich den Auseinandersetzungen offener zu stellen und – heute ein verbreitetes Phänomen – sich nicht auf Dauer in die Defensive drägen zu lassen von den Vorwürfen der Söhne und Töchter, von der eigenen Unsicherheit, den eigenen Schuldgefühlen, Ängsten und Wünschen. Sie plädiert für ein neues Selbtbewußtsein der Eltern und zeigt, daß Selbstachtung und Respekt vor dem anderen gleichermaßen wichtig sind für die Entwicklung neuer Möglichkeiten, einander zu begegnen.

»Fazit des Buches – und Bilanz vieler Eltern, die erwachsene Kinder haben: Es gibt eine Phase im Leben der Töchter und Söhne, da können die Erziehungsberechtigten eigentlich nur alles falsch machen. Zuviel Verständnis wird zurückgewiesen, Nachgiebigkeit als Hilflosigkeit verachtet, Strenge oder auch nur Abgrenzung führt zu Dauerkrächen. Bemerkenswert ist, wie groß heutzutage die Bereitschaft der Eltern ist, alle Schuld auf sich zu nehmen.«

Deutsches Allgemeines Sonntagsblatt

SERIE PIPER

Hans Jellouschek

»Warum hast du mir das angetan?«

Untreue als Chance. 191 Seiten. SP 2465

Wenn einer von beiden fremdgeht und der andere das erfährt, erlebt der Betrogene einen Schock, einen Bruch des Vertrauens und fühlt dann meistens nur noch, daß alles zu Ende ist... Daß ein Seitensprung keineswegs der Tod der Beziehung sein muß, daß diese Situation viele Chancen für einen neuen und gemeinsamen Aufbruch birgt, beschreibt der Therapeut Hans Jellouschek in diesem Buch am Beispiel von drei Paaren, die es anders machen. Untreue kann auch als »kritisches Lebensereignis« gewertet werden, das alle herausfordert, alte, eingefahrene Gleise zu verlassen und zu neuen Ufern aufzubrechen. Durch den Seitensprung nämlich werden oft zum ersten Mal wichtige Themen des Paares und seiner Beziehung angesprochen, die bisher unter den Teppich gekehrt wurden. Jellouschek plädiert gegen schnelle »Alles-oder-nichts-Lösungen«, wohl aber für einen langen Atem, Geduld und viel Toleranz.

»Kann ein Seitensprung gut sein für die Beziehung? Hans Jellouschek meint ja. Er glaubt, daß das Ausbrechen eines Partners aus der Ehe ein ›Aufbruch in ein unbekanntes Land‹ ist, das ein ›gelobtes Land‹ sein kann, ›wenn alle Beteiligten sich den Erfahrungen ehrlich stellen, die sie auf dem Weg machen werden‹. Das wird bei manchen Betroffenen ungläubiges Kopfschütteln auslösen. In seinem Buch erklärt der Theologe und Eheberater jedoch, warum man eine solche Krise als Aufforderung zum Wandel betrachten und wie man das beste daraus machen kann...
Die Stärke des Buches zeigt sich da, wo der Autor auf seine langjährigen Erfahrungen als Therapeut zurückgreift, nämlich bei den Lösungsvorschlägen.«

Psychologie heute

SERIE PIPER

Thomas Weiss / Gabriele Haertel-Weiss

Familientherapie ohne Familie

Kurztherapie mit Einzelpatienten. Mit einem Vorwort von Helm Stierlin und einem Nachtrag der Autoren zur Taschenbuchausgabe. 222 Seiten. SP 1161

Die Familientherapie hat eine faszinierende Entwicklung in der Psychotherapie bewirkt. Bis dahin ungewöhnliche therapeutische Interventionen führten häufig zu schnellen Erfolgen.

Der Schwerpunkt des Buches liegt in der lebensnahen Vermittlung der therapeutischen Interviewtechnik, dem sogenannten »zirkulären« Fragen. Dieses Verfahren versucht, das jeweilige Symptom in seiner aktuellen Einbindung in das Beziehungssystem des Patienten zu verstehen und die »gesunden«, positiven Anteile des Patienten herauszufinden und für die Therapie zu mobilisieren. Die Autoren gehen davon aus, daß der Patient selbst den Schüssel zur Lösung in sich trägt und die Aufgabe des Therapeuten lediglich darin besteht, ihm beim Suchen zu helfen.

Renate Daimler

Warum wir streiten, wenn wir lieben

Familienmuster als unsichtbare Mitspieler in der Partnerschaft. 240 Seiten. SP 2430

Zwei Menschen lieben sich und wählen einander aus freiem Willen. Doch immer sind sie in Begleitung von unsichtbaren Mitspielern. Diese beeinflussen unsere Partnerwahl. Ihre geheimen Botschaften und Aufträge erfüllen wir unbewußt in unseren Beziehungen. Es sind nicht nur unsere Eltern, die so mächtig hinter uns stehen, auch Großeltern, der Bruder, die Tante... In diesem Buch kommen fünf Paare zu Wort: Frauen und Männer, die nach gemeinsam verbrachten Jahren Bilanz ziehen. Unabhängig voneinander erzählen sie über ihr Leben mit dem andern, die eigene Kindheit, über Träume und Sehnsüchte, über Enttäuschungen und Betrug. Hierzu hat die Autorin Auskünfte von Paartherapeuten gestellt, die nicht nur unbewußte Zusammenhänge erhellen, sondern auch Wege weisen für eine glücklichere Paarbeziehung.

SERIE PIPER

Rosmarie Welter-Enderlin

Paare – Leidenschaft und lange Weile

Frauen und Männer in Zeiten des Übergangs. 336 Seiten. SP 2164

Der Anspruch auf Gleichberechtigung von Frauen und Männern stellt auch – oder gerade – die Beziehungen zwischen den Geschlechtern auf die Probe. Daß es dabei häufiger kriselt als im herkömmlichen Eheschema unserer Eltern und Großeltern, ist kein Wunder.
Krisen gehören zu jeder lebendigen Paarbeziehung, wenn die Liebe nicht zur leeren Form erstarren soll. Sie sind Vorboten von fälligem Wandel, für die wir eigentlich dankbar sein müßten. Wer aber mittendrin steckt, wünscht sie zum Kuckuck und sehnt sich zurück nach der »guten alten Zeit«, als Mann und Frau noch wußten, wo sie hingehörten und nicht jeden Morgen die moderne Frage beantworten mußten: Bleiben wir in der Beziehung, weil wir glücklich sind – oder einfach aus Gewohnheit?
Hier geht es nicht um simple Reparaturmodelle für Beziehungskonflikte; die Autorin sucht vielmehr die vielfältigen Entwicklungschancen für das Zusammenleben von Mann und Frau in der Auseinandersetzung mit historisch und biographisch gewachsenen inneren Leitbildern und äußeren Strukturen – so wenn sie etwa dazu auffordert, die herrschenden Bilder von »Männlichkeit« und »Weiblichkeit« aufzuweichen und individuell neu zu bestimmen.
Die hier versammelten Fallbeispiele zeigen, wie Menschen ihre Lebensläufe neu definieren können, wenn sie in der Lage sind, eingefahrene Wege zu verlassen.

»Die Schweizer Familientherapeutin hat 33 Paare, die vor Jahren bei ihr zur Beratung waren, gefragt, wie sie sich inzwischen entwickelt haben, und ihre Berichte aufgeschrieben. Hier werden ›Fälle‹ nicht in Ratgebermanier über einen Kamm geschoren, sondern individuell ausgeleuchtet. Wer sich darauf einläßt, bekommt Denkanstöße für den eigenen Weg.«
Brigitte

SERIE PIPER

Sandra S. Kahn

Scheiden tut weh – wenn Frauen nicht loslassen können

Aus dem Amerikanischen von Brigitte Stein. 315 Seiten. SP 1738

Sandra S. Kahn geht von der überzeugenden Grundthese aus, daß Frauen – bedingt durch Erziehung und Geschichte – dazu neigen, ihr Selbstwertgefühl durch die Bindung an andere zu definieren und daraus zu beziehen. Anhand vieler konkreter Beispiele zeigt die Autorin auf, wie sich im therapeutischen Prozeß die geheimen Verklammerungen an den Ex-Partner und damit an die Vergangenheit lösen zugunsten eines selbständigen Handelns, das sich auf Gegenwart und Zukunft richtet.

»Ein handfester Ratgeber ohne Schönfärberei und falsche Versprechungen. Sandra S. Kahn gibt auch konkrete Rechts- und Lebenshilfen zum Umgang mit Kindern und Familie(n), mit Geld und Anwälten sowie zum schwersten Teil des Geschehens: zur Rückkehr in ein eigenes soziales und sexuelles Leben.«
Brigitte

Helga Felbinger

Nimm dir Zeit, nicht gleich den Nächsten

Ratgeber für Geschiedene. 158 Seiten. SP 1646

Ende (der Ehe) gut, alles gut – das ist leider ein weitverbreiteter Irrtum. Helga Felbinger zeigt in diesem »Ratgeber für Geschiedene«, was zu tun ist, um nach einer Scheidung den Weg zu neuem Glück zu ebnen: daß das Ende einer Ehe erst einmal betrauert werden, das Selbstbewußtsein wieder gestärkt und eine neue Rolle in der Gesellschaft gefunden werden muß, bevor eine neue Liebe Aussicht auf Befriedigung und Dauer versprechen kann. Wie man nach einer Zeit bejahten und genutzten Alleinlebens einen neuen Partner sucht und findet; was Mann und Frau von einer neuen Bindung erwarten und welche Vereinbarungen sie treffen sollten, um ihr Glück zu sichern, auch darauf geht dieses Buch einfühlsam und wegbegleitend ein.

»Die Autorin, selbst geschieden, rät: Erstmal allein leben! Ja nicht unter Mutters Rockschöße zurückkriechen!
EMMA